Morning by Morning

스펄전과 함께하는 365 아침묵상

Charles H. Spurgeon

찰스 스펄전 지음 | 안보헌 옮김

생명의말씀사

MORNING BY MORNING
by Charles H. Spurgeon

Korean Edition published by Word of Life Press, Seoul ⓒ 1997, 2008
All rights reserved.
Printed in Korea.

ⓒ **생명의말씀사** 1997, 2008

1997년 12월 10일 1판 1쇄 발행
1998년 12월 20일   3쇄 발행
2008년 12월 10일 2판 1쇄 발행
2022년 7월 11일   8쇄 발행

펴낸이 | 김창영
펴낸곳 | 생명의말씀사

등록 | 1962. 1. 10. No.300-1962-1
주소 | 서울시 종로구 경희궁1길 6 (03176)
전화 | 02)738-6555(본사) · 02)3159-7979(영업)
팩스 | 02)739-3824(본사) · 080-022-8585(영업)

기획편집 | 유선영, 정순화, 김지혜
디자인 | 김혜진, 백선웅
인쇄 | 영진문원
제본 | 다온바인텍

ISBN 978-89-04-15808-9 (03230)

저작권자의 허락없이 이 책의 일부 또는 전체를
무단 복제, 전재, 발췌하면 저작권법에 의해 처벌을 받습니다.

스펄전과 함께하는 **365** 아침묵상

Charles H. Spurgeon

"그리스도의 고난이 우리에게 넘친 것같이
우리가 받는 위로도
그리스도로 말미암아 넘치는도다"

_고후 1:5

... Morning by Morning

JANUARY
MORNING BY MORNING
01 / 01

"또 그 땅의 소산물을 먹은 다음 날에 만나가 그쳤으니 이스라엘 사람들이 다시는 만나를 얻지 못하였고 그 해에 가나안 땅의 소출을 먹었더라"_수 5:12

이스라엘 백성들은 고단한 광야 생활을 끝내고 마침내 약속의 땅 가나안에 들어가 하나님이 약속하신 안식을 누리게 되었습니다. 더 이상 황량하고 쓸쓸한 광야를 떠돌며 장막 생활을 하지 않아도 되고 불뱀에게 물리거나 사나운 아말렉 군과 싸우는 일도 없습니다. 이제는 젖과 꿀이 흐르는 땅 가나안에서 그 땅의 열매를 먹게 되었습니다. 올해 당신도 바로 이런 체험을 하게 될 것입니다. 감사의 한 해가 되리라는 믿음으로 살아간다면 틀림없이 순전한 기쁨을 맛보는 해가 될 것입니다.

올해도 여호와의 군대 중 일부가 이 땅에 체류하면서 주님을 섬길 것입니다. 우리가 그 군대의 일원으로 남게 된다면, 이 말씀은 우리에게서 그대로 이루어집니다. 성경은 "믿는 우리가 안식에 들어간다"고 했습니다. 성령은 바로 우리가 받아 누릴 그 기업의 전조입니다. 이미 천국에 거하고 있는 성도들이 그러하듯, 이 땅에 남아 있는 우리도 그리스도 안에서 안전히 보존되고 있습니다. 천국의 성도들이 원수를 이기고 승리하는 것처럼 우리 역시 여기서 승리를 거둡니다. 천상에 있는 영들이 주님과 교제하듯이 우리도 여기서 주님과 교제를 나누고 있습니다. 그들이 주님의 사랑 안에서 안식을 누리는 것처럼 우리 역시 주님 안에서 온전히 평안을 누리고 있습니다. 당신에게 올 한해는 믿음과 소망 안에서 천상의 열매를 긁어모으는 멋진 날들이 될 것입니다.

주님, 올 한 해 우리가 가나안 땅의 열매를 먹을 수 있게 해 주소서!

"기도를 계속하고 기도에 감사함으로 깨어 있으라"_골 4:2

성경을 보십시오. 기도에 대한 이야기들이 얼마나 많은지 모릅니다. 기도에 관한 예화, 기도하라는 교훈, 기도에 관한 약속들이 한가득입니다. 성경을 펴서 조금만 읽어 보세요. 그러면 벌써 "그때에 사람들이 여호와의 이름을 부르기 시작했더라"는 말씀이 나옵니다. 성경을 다 읽고서 덮으려고 할 때에도 "아멘 주 예수여 오시옵소서" 하는 간구가 귓가를 울립니다. 기도에 관한 예화들도 가득합니다. 하나님과 씨름하던 야곱, 하루에 세 번씩 기도한 다니엘, 온 마음을 다해 자기의 하나님을 불렀던 다윗, 갈멜산에서 기도하던 엘리야, 감옥에 갇혀서도 찬양과 기도를 했던 바울과 실라. 그뿐 아니라, 기도에 관한 약속들도 엄청납니다.

이 사실이 우리에게 주는 교훈은 과연 무엇일까요? 기도가 그만큼 중요하고 필수적이라는 깨달음 아닐는지요. 하나님이 말씀 속에서 특히 강조하고 계시다면 그게 무엇이든 우리는 생활 속에서 분명히 실천해야 합니다. 그러나 기도하지 않는 영혼은 그 안에 그리스도가 없는 영혼입니다. 이제 막 믿기 시작한 어린 신자가 혀짤배기소리로 더듬거리며 하나님께 자신의 연약한 처지를 말씀드리는 것도 기도요, 악한 세력과 싸우는 성도가 하나님께 외치는 고함 소리도 기도요, 예수 그리스도 안에서 죽어 가는 성도가 주님께 드리는 진혼곡도 기도입니다. 기도는 성도의 호흡이요, 성도의 위로요, 성도의 힘입니다. 당신이 하나님의 자녀라면 분명 아버지의 얼굴을 구할 것이요, 그 아버지의 사랑 안에서 살 것입니다.

JANUARY
MORNING BY MORNING
01 / 03

"여호와께서 이같이 이르시되 은혜의 때에 내가 네게 응답하였고 구원의 날에 내가 너를 도왔도다 내가 장차 너를 보호하여 너를 백성의 언약으로 삼으며 나라를 일으켜 그들에게 그 황무하였던 땅을 기업으로 상속하게 하리라"_사 49:8

예수 그리스도는 언약의 총체요 언약의 실체십니다. 언약의 선물로 모든 신자는 그리스도를 소유하게 되었습니다. 지금 그리스도 안에서 당신이 얻게 된 것이 얼마나 엄청난지 짐작이나 하십니까? "그 안에는 신성의 모든 충만이 육체로 거하신다"고 했습니다. '하나님'과 하나님이라는 단어에 담겨 있는 무한성에 대해 한번 생각해 보십시오. 그 다음엔 '완전한 인간'에 대해 그리고 완전한 인간이신 그리스도 안에 담긴 그 모든 아름다움에 대해 깊이 묵상하십시오. 하나님이며 동시에 인간이신 그리스도께서 일찍이 갖고 계셨던 모든 것과 가지실 만한 모든 것이 바로 당신의 것이 되었습니다. 거저 주시는 하나님의 은혜로 말미암아 이 모든 것이 영원토록 당신의 소유가 되었습니다.

위로가 되지 않으십니까? 그리스도께 속한 능력, 그 능력이 바로 당신의 것입니다. 그 능력은 지금 당신을 강건하게 붙들어 주고 있을 뿐 아니라 원수들과 싸워 이길 수 있도록 끝날까지 도와주며 지켜줄 것입니다. 그리스도께서 사랑을 갖고 계시다고 확신합니까? 그렇다면 그리스도의 가슴 속에 있는 그 모든 사랑이 다 당신의 것입니다. 이것만이 아닙니다. 그리스도께서 완전한 인간으로서 갖고 계신 모든 것 역시 다 당신의 것입니다. 하나님 아버지께서는 완전한 인간 그리스도를 몹시 기뻐하셨듯 당신을 기뻐하십니다. 때문에 예수님이 이루었던 온전한 의도 이제는 당신의 것입니다. 그리스도께서 그 언약 속에 계십니다.

JANUARY
MORNING BY MORNING
01 / 04

"오직 우리 주 곧 구주 예수 그리스도의 은혜와 그를 아는 지식에서 자라 가라 영광이 이제와 영원한 날까지 그에게 있을지어다"_벧후 3:18

우선 은혜의 뿌리인 믿음 안에서 자라 가십시오. 당신이 지금까지 믿어 온 것보다 더욱 확고하게 하나님의 약속들을 믿으십시오. 단순하고 온전한 믿음 속에서 계속 자라 가십시오. 뿐만 아니라 사랑 안에서도 자라 가십시오. 당신의 사랑이 더욱 넓고 강하고 실제적이 되어, 당신의 모든 생각과 말과 행동에까지 영향을 미칠 수 있도록 기도하십시오. 사랑 안에서와 마찬가지로 겸손 안에서도 자라 가십시오. 자신이 아주 낮아질 수 있도록, 자기가 아무것도 아니라는 사실을 깨달을 수 있게 해 달라고 간구하십시오. 이처럼 밑으로는 점점 낮아져 겸손해지는 반면 위로도 자라날 수 있도록 구하십시오.

예수님을 아는 지식에서 자라 가지 않는 사람은 축복 받지 않기로 작정한 사람입니다. 그리스도를 아는 것이 곧 "영생"이요, 그리스도를 아는 지식에서 꾸준히 자라 갈 때 더욱더 행복해질 수 있습니다. 실로 그리스도에 대해 좀더 알고자 하는 간절한 소원이 없는 사람은 아직 그리스도에 대해 아무것도 모르는 사람입니다. 예수님의 사랑을 일단 알게 되면 목마른 사슴이 시냇물을 찾듯 그렇게 예수님의 사랑을 사모하게 됩니다. 주님을 좀더 알고자 하지 않는다면 주님을 사랑하고 있지 않은 것입니다. 사랑한다면 항상 "더 가까이, 더 가까이" 있고 싶어 하기 때문입니다. 그러므로 예수님을 아는 지식에서 자라 가지 못하는 상황에 절대 안주하지 마십시오. 예수님을 점점 더 사랑하기, 우리를 향하신 그분의 사랑을 좀더 깊고 온전하게 이해하기. 이것이야말로 우리가 은혜 안에서 자라 가고 있음을 가장 잘 입증해 주는 증거입니다.

JANUARY MORNING BY MORNING
01 / 05

"빛이 하나님이 보시기에 좋았더라 하나님이 빛과 어둠을 나누사"
_창 1:4

빛은 하나님의 선하신 명령에 의해 생겨났으니 좋을 수밖에 없습니다. 사실 빛의 혜택을 누리고 있는 우리는 빛에 대해 현재보다 더 많이 감사해야 합니다. 뿐만 아니라 그 빛 안에서 그리고 그 빛으로 인해 하나님을 더욱 많이 볼 수 있어야 합니다. 솔로몬은 물리적인 빛을 보고 아름답다고 말했는데 복음의 빛은 그에 견줄 수 없을 만큼 소중합니다. 복음의 빛은 영원한 일들을 계시할 뿐 아니라 죽을 수밖에 없는 우리의 본성을 향해 역사하기 때문입니다.

성령께서 우리에게 영적인 빛을 주사 영안을 뜨게 하고 예수 그리스도의 얼굴 안에 나타난 하나님의 영광을 볼 수 있게 하실 때, 우리는 죄를 죄의 모습 그대로 볼 수 있으며 우리의 실상을 있는 그대로 목격하게 됩니다. 뿐만 아니라 지극히 거룩하신 하나님을 그분이 계시해 주신 모습대로 볼 수 있으며, 하나님의 긍휼하신 계획을 그분이 제안하신 대로 보고 장차 올 세상을 하나님의 말씀이 설명하는 그대로 볼 수 있게 됩니다. 그런데 이처럼 좋은 것이 창조되자마자 세상에서는 분리가 불가피해졌습니다. 빛과 어둠은 서로 공존할 수 없습니다. 그래서 하나님은 그 둘을 갈라 놓으셨습니다. 따라서 교회는 징계를 통해 어둠과 빛을 분리해야 하며, 우리 역시 이 세상과 분명히 분리됨으로써 그와 똑같이 행해야 합니다. 그렇게 함으로써 여호와께서 이 세상을 창조하신 첫날에 행하신 그 위대한 분리의 작업을 계속 유지해야 합니다.

JANUARY 01 / 06

"너희 염려를 다 주께 맡기라 이는 그가 너희를 돌보심이라"_벧전 5:7

슬플 때마다 "주께서 나를 돌보신다"는 사실을 떠올리십시오. 그러면 슬픔이 곧 사라질 것입니다. 늘 수심 어린 표정을 짓고 다니면서 당신이 믿고 있는 기독교를 욕되게 하지 마십시오. 모든 짐을 주님께 맡기십시오. 당신이 지금 끙끙대며 지고 다니는 짐이 사실 하나님 아버지께는 조금도 무겁지 않습니다. 어깨를 짓누르는 산 같은 짐이라 할지라도 하나님께는 훅 불면 날아가 버릴 먼지에 불과합니다. 하나님의 섭리는 당신을 그냥 지나치지 않을 것입니다. 참새도 먹이시는 하나님 아버지께서 당신이 필요로 하는 것을 머지않아 공급하실 것입니다. 그러니 절망에 빠져 앉아 있지 말고 소망을 절대 포기하지 마십시오.

지금 환난의 바다 한가운데 있습니까? 믿음의 팔을 걷어붙이고 싸우십시오. 그러면 고통이 사라질 것입니다. 당신을 돌보시는 주님이 거기 계십니다. 주님의 눈이 당신에게 고정되어 있습니다. 재난 속에서 괴로워하는 당신을 주께서 가엽게 여기십니다. 머잖아 전능하신 주님께서 필요로 하는 도움을 당신에게 가져다주실 것입니다. 그분의 자비 아래서는 시커먼 구름이 다 흩어지며 아무리 깜깜한 어둠이라도 곧 아침으로 변하게 됩니다. 당신은 하나님의 자녀입니까? 그렇다면 그분이 당신의 상처를 싸매고 상한 심령을 치유해 주실 것입니다. 지금 당하고 있는 고난 때문에 주님의 은혜를 의심하지 마십시오. 행복할 때와 마찬가지로 주님은 환난 가운데서 당신을 사랑하고 계십니다. 부디 이 사실을 굳게 믿으십시오.

"이는 내게 사는 것이 그리스도니 죽는 것도 유익함이라"_빌 1:21

그리스도인이라고 해서 항상 그리스도를 위해 사는 것은 아닙니다. 성령 하나님께서 죄를 깨닫게 해 주시고 은혜를 부어 주어 그 죽어 가는 구세주가 바로 자기 죄 사함을 위해 간구하고 계시다는 사실을 알게 하셔야 비로소 그리스도를 위해 살기 시작합니다. 즉 천상에서 거듭나는 순간부터 그리스도를 위해 살기 시작하는 것입니다. 예수님은 우리 성도들에게 말할 수 없이 소중한 진주, 오직 하나밖에 없는 진주입니다. 그분을 위해서라면 우리의 모든 것을 기꺼이 내놓을 수 있을 만큼 소중한 진주입니다. 우리는 그분의 영광을 위해 살고 그분의 복음을 사수하기 위해 죽을 것입니다. 예수님은 우리 인생의 모본이시며 그 인품을 본받고자 하는 이들의 모델이십니다. 바울이 오늘 본문에서 한 말은 생각보다 훨씬 더 많은 의미를 함축하고 있습니다. 이 말은 "바울의 인생의 목적과 목표가 곧 그리스도였다"는 뜻입니다. 아니, 예수님이 바로 바울의 생명이었습니다.

당신의 사업은 그리스도를 위한 것입니까? 혹시 자기 권력이나 재산을 증식시키기 위해 또는 가족의 유익을 위해서만 일하고 있지 않습니까? 이러한 질문에 대해 "그렇다고 대답하면 이기적이고 비열한 동기인가요?"라고 되물을 수 있을 겁니다. 그러나 단언컨대, 그렇습니다. 그것은 곧 영적인 간음입니다. 그리스도인의 참 생명은 오직 예수 그리스도뿐입니다. 그리스도인의 생명의 원천, 그 실체, 그 방식, 그 목적, 이 모든 것이 예수 그리스도라는 한마디에 집약되어 있어야 합니다.

JANUARY 01/08

"이 패를 아론의 이마에 두어 그가 이스라엘 자손이 거룩하게 드리는 성물과 관련된 죄책을 담당하게 하라 그 패가 아론의 이마에 늘 있으므로 그 성물을 여호와께서 받으시게 되리라"_출 28:38

이 말씀이 그 큰 베일을 벗기고 우리에게 보여 주는 진상을 바라보십시오. 이 슬픈 장면을 직시하는 일이 몹시 창피하고 괴롭겠지만 이는 또한 우리 자신에게 큰 유익이 됩니다. 먼저 우리가 드리고 있는 예배의 죄건들을 봅시다! 그 위선, 그 형식주의, 그 뜨뜻미지근하고 불손한 태도, 몸만 거기 있을 뿐 하나님은 잊어버린 채 딴 생각에 빠져 있는 우리들…. 주님을 위해서 한다는 우리의 사역은 또 어떻습니까? 경쟁심, 이기심, 소홀함과 태만, 불신 등 그 얼마나 불결하고 더러운 것들로 잔뜩 얼룩져 있는지 모릅니다! 우리가 개인적으로 갖는 경건의 시간은 또 어떻습니까? 냉랭하고 무관심한 마음으로 졸면서 공허하게 시간을 보낼 때가 얼마나 많습니까! 좀더 주의 깊게 살펴보십시오. 그러면 우리가 저지르는 이런 죄악들이 훨씬 더 많다는 사실을 알게 될 것입니다.

때론 거룩한 일에 대한 소원조차도 아주 나쁜 동기에서 나올 때가 있습니다. 하지만 벌레가 제아무리 새파란 잔디 밑에 몸을 숨긴다 해도 결국에는 발각되고 맙니다. 그런데 대제사장 되신 예수님께서 성물의 죄건을 짊어지셨을 때, 그 이마에 "여호와께 성결"이라는 글씨가 쓰여 있었다니 얼마나 위로가 되는지 모릅니다. 즉 예수님께서는 우리의 죄를 담당하실 때조차 하나님 아버지 앞에 우리의 불결함을 내보이는 대신 예수님 자신의 거룩함을 제시하셨던 것입니다. 오, 믿음의 눈으로 우리의 대제사장 되신 예수 그리스도를 바라볼 수 있다는 것이 얼마나 큰 은혜인지요!

JANUARY 01 / 09
MORNING BY MORNING

"그러나 그날 후에 내가 이스라엘 집과 맺을 언약은 이러하니 곧 내가 나의 법을 그들의 속에 두며 그들의 마음에 기록하여 나는 그들의 하나님이 되고 그들은 내 백성이 될 것이라 여호와의 말씀이니라"
_렘 31:33

오늘 본문 말씀 속에는 당신이 요구할 수 있는 모든 것이 다 들어 있습니다. 이 약속의 말씀이면 충분하지 않을까요? 이 약속만 자신의 것으로 삼는다면 당신은 다윗과 더불어 이렇게 고백할 수 있습니다. "내 잔이 넘치나이다. 내 마음이 원하는 것보다 더 많이 갖고 있습니다!" "내가 너의 하나님이 되고"라는 말씀이 성취된다면 여러분은 모든 것을 소유하게 됩니다. 욕망이나 소원은 사망처럼 만족할 줄 모릅니다. 그러나 모든 것을 채우시는 분이 그마저도 다 채워 주실 것입니다. 우리의 소원이 어느 정도인지 그 누가 측량할 수 있겠습니까? 그러나 부요하신 하나님께서는 넘치도록 채워 주실 수 있습니다.

그렇다면 당신에게 이와 같이 묻겠습니다. 하나님이 당신의 하나님인데도 더 이상 바라는 게 있습니까? 설사 어떤 것을 가지지 못했다 해도 모든 것을 채워 주시는 하나님 한 분이면 족하지 않습니까? "나는 그들의 하나님이 되고." 이 말씀을 보고도 두 눈이 반짝이지 않는다면, 이 말씀을 보고도 그 가슴이 천상의 기쁨으로 뛰놀지 않는다면, 당신의 영혼은 틀림없이 병든 것입니다. 당신은 지금 자신의 소망을 걸 만한 무언가를 갖고 싶어 합니다. 그런데 "나는 그들의 하나님이 되고"라는 이 위대한 약속이 성취되는 것보다 더 큰 소망이 어디 있겠습니까? 이것은 모든 약속들 가운데서도 가장 소중한 약속입니다. 이 약속을 받아 누릴 때 이 땅에서의 삶이 곧 천상의 삶이 됩니다. 주님의 빛 안에 거하십시오. 아무쪼록 당신이 갖고 있는 특권에 따라 살며 말할 수 없는 기쁨을 누리시기 바랍니다.

JANUARY
MORNING BY MORNING
01 / 10

"이제 후로는 나를 위하여 의의 면류관이 예비되었으므로 주 곧 의로우신 재판장이 그날에 내게 주실 것이며 내게만 아니라 주의 나타나심을 사모하는 모든 자에게도니라"_딤후 4:8

당신은 종종 천국에 들어가지 못할까봐 두려워하지 않습니까? 그러나 걱정하지 마십시오! 하나님의 백성들은 모두 다 그곳에 들어갑니다. 저는 어떤 이의 유언을 아주 좋아합니다. "나는 본향에 가는 것이 조금도 두렵지 않아요. 앞서 간 모든 성도들이 이미 그곳에 들어갔지요. 그런데 이제 하나님의 손이 내 문고리를 잡고 계십니다. 나는 그분을 위해 그곳에 들어갈 준비가 되어 있어요." 그러자 누군가 "허나 혹시라도 당신의 기업을 받지 못할까 두렵진 않습니까?"라고 물었습니다. 이 말에 그는 이렇게 대꾸했습니다. "아니오. 절대 두렵지 않습니다. 천국에는 가브리엘 천사가 쓸 수 없는 면류관이 하나 있는데, 그것은 바로 저의 면류관으로 오직 제 머리에만 맞게 되어 있습니다. 또 천국에는 사도 바울이 채울 수 없는 보좌가 하나 있는데, 그건 나를 위해 만들어진 보좌입니다."

이 얼마나 멋지고 신나는 생각입니까! 천국에는 당신의 몫이 분명히 있습니다. 하나님의 자녀라면 절대로 자기 몫을 잃지 않을 겁니다. 천국에 가는 것만큼이나 확실하게 예비된 몫입니다. 자, 이제 저와 함께 느보산 꼭대기에 앉아 젖과 꿀이 흐르는 가나안 땅을 바라봅시다. 황혼에 반짝이는 저 작은 죽음의 강이 보이십니까? 그리고 그 너머로 영원한 도성의 첨탑들이 보이십니까? 그곳에 거하는 사람들이 보이십니까? 그렇다면, 당신이 그곳으로 날아갔을 때 그곳에 있는 많은 처소 중 한 곳에 이런 글이 쓰여 있을 것입니다. "여기는 ○○(을)를 위한 집으로, 오직 이 사람만 거할 수 있다. 그는 이곳에서 영원토록 하나님과 함께 거할 것이다."

JANUARY 01 / 11

"바위 위에 있다는 것은 말씀을 들을 때에 기쁨으로 받으나 뿌리가 없어 잠깐 믿다가 시련을 당할 때에 배반하는 자요"_눅 8:13

오늘 본문의 비유에서 씨는 얇은 흙으로 덮인 돌밭에 떨어졌습니다. 씨는 뿌리를 내리려 했으나 밑에 있는 딱딱한 바위에 걸려 더 이상 뿌리를 뻗지 못했습니다. 있는 힘을 다해 위로 푸른 싹을 내며 자라긴 했지만 뿌리에서 수분과 양분을 빨아들이지 못하자 결국 시들어 버리고 말았습니다. 혹시 지금 우리는 이런 처지에 있지 않습니까? 그동안 내적인 생명력 없이 육적으로만 꽤 괜찮아 보이는 쇼를 해 온 것은 아닙니까? 잘 성장하려면 위로 자람과 동시에 밑으로도 뻗어 내려가야 합니다. 그러나 우리는 정말로 예수님에 대한 신실한 사랑 속에 뿌리를 내리고 있습니까? 만일 우리의 마음이 주님의 은혜로 경작되어 부드럽고 비옥하게 변화되지 않는다면, 그 좋은 씨앗은 한동안 싹을 틔울지라도 결국 시들어 버릴 것입니다.

요나의 호박 넝쿨처럼 신속히 자라긴 하나 오래가지 못하는 경건을 두려워합시다. 예수님의 제자가 되기 위해 치러야 할 대가가 무엇인지 생각해 봅시다. 무엇보다도 성령이 주시는 힘을 느끼도록 합시다. 그러면 우리의 영혼 속에 오랫동안 지속적으로 뿌리내릴 씨앗을 소유하게 될 것입니다. 만일 악한 본성이 그대로 남아 있는 상황에서 강하게 내리쬐는 시련의 햇빛에 노출된다면, 완악한 마음은 그 열기를 흙이 잘 덮이지 않은 씨앗 위로 강하게 반사시켜 결국 우리의 신앙을 죽이고 말 것입니다. 그 상태는 얼마나 절망적이겠습니까? 그러니 천국에서 씨앗을 뿌리는 하나님 아버지, 부디 우리의 마음밭을 갈아엎으신 후에 진리를 심어 주소서. 그래서 하나님께 보다 풍성한 열매를 맺어 드릴 수 있게 해 주소서.

JANUARY
MORNING BY MORNING
01 / 12

"너희는 그리스도의 것이요 그리스도는 하나님의 것이니라"_고전 3:23

당신은 피값으로 그리스도의 것이 되었습니다. 그리스도께서는 당신을 구속하시려고 그 대가를 지불하셨습니다. 또한 당신은 헌신으로 말미암아 그리스도의 것이 되었습니다. 당신 자신이 스스로를 성별하여 그분께 드렸기 때문입니다. 또 관계상으로도 그리스도의 것이 되었습니다. 이제 당신은 그분의 이름으로 불리며 그의 형제 중 한 사람이요 그와 함께 유업을 받을 자가 되었습니다. 그러므로 지금부터 당신은 예수님의 종이요, 친구요, 신부라는 사실을 이 세상에 보여 주기 위해 실제로 수고해야 합니다. 죄의 유혹에 빠질 때마다 "나는 그리스도의 것이기 때문에 이런 큰 죄를 범할 수 없다"며 저항해야 합니다.

혹시 어려운 일이나 위험에 처해 있습니까? 부디 당신 자신이 그리스도의 소유란 사실을 기억하며 가장 악한 때에도 믿음으로 견고히 서 계십시오. 혹시 아무 일도 하지 않고 게으르게 앉아 있는 사람들 가운데 있지는 않습니까? 그렇다면 온 힘을 다해 그곳에서 일어나 일하러 가십시오. 만약 하나님을 위해 할 일이 생기면 즉시 그 일을 하십시오. 가난한 사람이 구걸하거든 갖고 있는 물건뿐 아니라 당신 자신까지 그에게 기꺼이 내어 주십시오. 당신은 그리스도의 것이기 때문입니다. 그리스도를 믿는다는 신앙고백이 절대 거짓되지 않게 하십시오. 말하는 것이 나사렛 사람 같으며, 그 행동과 대화가 천국의 향내를 물씬 풍기는 사람, 그래서 당신을 보는 모든 사람들이 당신 안에서 주님의 사랑과 거룩한 표정을 발견하고 당신이 구세주의 것임을 알아볼 수 있게 하십시오.

JANUARY
MORNING BY MORNING
01 / 13

"여호사밧이 다시스의 선박을 제조하고 오빌로 금을 구하러 보내려 하였더니 그 배가 에시온게벨에서 파선하였으므로 가지 못하게 되매"_
왕상 22:48

솔로몬의 배들은 안전하게 돌아왔지만 여호사밧의 배들은 결국 금맥의 땅 오빌에 가지 못했습니다. 하나님의 섭리로 흥하는 사람이 있는가 하면 그 소원이 좌절되는 사람도 있습니다. 그러나 우주의 통치자 되시는 우리 하나님은 양쪽 모두에 대해 선하고 지혜롭게 섭리하십니다. 오늘 말씀을 기억하면서, 일시적인 축복을 받은 배들뿐 아니라 에시온게벨에서 파선한 배들을 인해서도 아버지께 감사할 수 있는 은혜를 받으시길 바랍니다. 우리보다 더 성공한 이들을 부러워하지 말고, 무언가 상실했을 때도 마치 나만 특별한 시련을 당한다고 원망하지 마십시오. 여호사밧처럼 비록 계획했던 일들이 이루어지지 않아 낙심한다 해도 우리는 여전히 하나님 보시기에 소중한 존재들입니다.

여기서는 여호사밧이 왜 이런 일을 당하게 되었는지 그 내막을 아는 것이 중요합니다. 바로 이 내막이야말로 하나님의 백성들이 겪곤 하는 많은 고통의 뿌리입니다. 여호사밧이 이런 낭패를 당한 까닭은 그가 심히 죄악된 가정과 교제를 나누었기 때문입니다. 즉 죄인들과 교제를 나누었던 것입니다(대하 20:37). 그러나 이 징계는 결과적으로 여호사밧에게 축복이 되었습니다. 앞서 받은 그 징계 덕분에 여호사밧은 아하시야의 요청을 거절할 수 있었기 때문입니다. 여호사밧의 이 체험은 주께서 우리에게 주시는 전언, 즉 불신자들과는 멍에를 같이 메지 말라는 경고일 수 있습니다.

JANUARY 01 / 14

"에돔에서 오는 이 누구며 붉은 옷을 입고 보스라에서 오는 이 누구냐 그의 화려한 의복 큰 능력으로 걷는 이가 누구냐 그는 나이니 공의를 말하는 이요 구원하는 능력을 가진 이니라"_사 63:1

성도의 일생은 "전능하신 하나님"께서 이루어 주시는 기적의 연속이라 할 수 있습니다. 떨기나무에 불이 붙었는데도 나무는 타지 않았습니다. 이처럼 그리스도는 그의 백성들이 변화된 이후 계속해서 거룩함에 거할 수 있도록 보존해 주십니다. 또 그들의 영적 체험이 천국에서 완성될 때까지 그분을 경외하고 사랑하도록 지켜 주십니다. 그리스도의 능력은 죄인을 성도로 만든 후에 그 성도가 혼자 요동하도록 내버려 두는 능력이 아니라, 한번 시작하신 선한 일을 계속 이루어 나가는 능력입니다. 죽은 영혼에 생명의 씨앗을 심어 놓은 주님께서는 그 생명이 계속 자라 마침내 죄의 모든 줄을 끊어 놓을 때까지, 그래서 그 영혼이 이 땅에서 도약하여 영광 중에 완전케 될 때까지 강건케 해 주십니다.

바로 여기에 위로의 말씀이 있습니다. 혹시 지금 사랑하는 누군가를 위해 기도하고 계십니까? 그렇다면 그 기도를 절대 포기하지 마십시오. 왜냐하면 그리스도는 "구원하기에 능하신" 분이기 때문입니다. 당신이 믿고 따르는 주님은 전능하신 분입니다. 그 전능하신 분에게 붙들린 채로 그분이 힘을 발휘하도록 간구하십시오. 자신의 문제로 골치가 아픕니까? 결코 두려워 마십시오. 주님은 당신에게도 충분히 베풀어 주실 것입니다. 다른 사람들에게도 당신에게도, 예수님은 "구원하기에 능하신" 분입니다. 이 사실의 가장 복된 증거가 무엇인지 아십니까? 그것은 주님께서 바로 "당신"을 구원해 주셨다는 점입니다. 주님이 우리 같은 자들을 멸하지 않고 구원해 주시다니 이보다 더 큰 긍휼이 어디 있겠습니까!

JANUARY 01 / 15

"여호와 하나님이여 이제 주의 종과 종의 집에 대하여 말씀하신 것을 영원히 세우셨사오며 말씀하신 대로 행하사"_삼하 7:25

하나님이 우리에게 약속을 주실 때엔 그것을 아무렇게나 방치하라고 주시는 것이 아닙니다. 주께서는 그 약속들을 소중히 활용하라고 말씀하십니다. 자녀들이 그가 하신 약속을 들고 와서 "하나님, 하나님이 이렇게 말씀하셨으니 말씀하신 대로 행하십시오"라고 요청하는 모습을 몹시 보고 싶어하십니다. 사실 그리스도인이 하나님의 약속을 보고도 그것을 들고 하나님께 나아가지 않는다면 오히려 하나님을 욕되게 하는 것입니다. 그가 급히 은혜의 보좌로 나아가 "주님, 저는 '주께서 이 약속의 말씀을 하셨다'는 것 외에는 아무것도 내놓을 게 없습니다"라며 부르짖는다면 하나님이 그의 소원을 들어 주실 것입니다.

우리의 천국 은행장이신 하나님은 직접 지폐를 발행하여 내어 주실 것입니다. 그러므로 절대 약속에 녹이 슬도록 그냥 버려두지 마십시오. 칼집에 들어 있는 약속의 말씀을 빼내어 그것을 거룩하고 단호하게 사용하십시오. 하나님께 약속의 말씀을 들고 가면 성가시거나 골치 아파하실거라 생각하지 마십시오. 그런 일은 절대 없습니다. 하나님은 오히려 곤궁한 영혼들이 부르짖는 소리를 듣고자 하십니다. 그분은 은총 베풀기를 몹시 즐거워하십니다. 당신이 구하려는 것보다 더 많은 간구를 들으실 준비가 되어 있으십니다. 태양이 지치지 않고 빛을 발하며 샘물이 쉼 없이 흐르듯, 자신이 한 약속을 지키는 것이 우리 하나님의 본성입니다. 그러니 지금 당장 그분의 보좌로 나아가 "말씀하신 대로 행하시옵소서"라고 말하십시오.

JANUARY 01 / 16

"버러지 같은 너 야곱아, 너희 이스라엘 사람들아 두려워하지 말라 나 여호와가 말하노니 내가 너를 도울 것이라 네 구속자는 이스라엘의 거룩한 이이니라"_사 41:14

오늘 아침, 주님께서 각자에게 하시는 말씀을 들어 봅시다. "내가 너를 도울 것이라. 내가 너를 돕기란 아주 작은 일이다. 내가 이미 한 일들을 떠올려 보거라. 그런데 왜 너는 내가 돕지 않았다고 생각하느냐? 내 피로 너를 샀는데, 왜 내가 너를 돕지 않겠느냐? 내가 너를 위해 그렇게 큰일도 했건만 아무렴 그보다 못한 것을 너에게 주지 않겠느냐? 나는 너를 도울 것이다! 사실 그건 내가 너를 위해 할 수 있는 가장 작은 일이란다. 나는 이미 그보다 더 많은 일들을 네게 해 주었고 또 앞으로도 더 많이 베풀 것이다. 아무리 많은 도움을 청해도 다 응답하겠다. 하지만 너는 항상 내가 주려고 준비했던 것보다 더 적은 것들만 요구한단다. 너에게는 그 필요가 대단히 커 보이겠지만 나한테는 아무것도 아니란다. 개미 한 마리가 네 창고 앞에 와서 네게 도움을 청한다면 그 개미에게 쌀 한 줌을 준다고 네가 망하겠느냐? 아무 부족함이 없는 내 창고 앞에서 너 역시 그 작은 한 마리 개미에 불과하단다. 그러니 '반드시 내가 너를 도울 것이다.'"

이로써 충분하지 않습니까? 혹시 전능하신 삼위일체 하나님의 힘보다도 더 큰 힘을 필요로 하십니까? 성부 하나님 안에 있는 지혜보다 더 큰 지혜, 성자 예수님 안에 나타난 사랑보다 더 큰 사랑, 성령님 안에 있는 능력보다 더 큰 능력을 원하십니까? 당신이 원하는 것들-당신의 빈손, 당신의 고난, 당신의 필요-을 모두 모아 다 이리로 가져오십시오. 하나님은 영원히 당신을 도우십니다!

JANUARY
MORNING BY MORNING
01 / 17

"또 내가 보니 보라 어린 양이 시온 산에 섰고 그와 함께 십사만 사천이 서 있는데 그들의 이마에는 어린 양의 이름과 그 아버지의 이름을 쓴 것이 있더라"_계 14:1

사도 요한은 천국 문 안을 들여다보는 특권을 누렸습니다. 천국의 광경을 묘사하면서 그는 이렇게 시작합니다. "또 내가 보니 보라 어린 양!" 여기서 우리는 천국에서 주로 묵상하는 대상이 바로 "세상 죄를 지고 가는 하나님의 어린 양"이라는 사실을 알 수 있습니다. 그 피로 우리를 구속하신 주님보다 사도 요한의 주목을 끄는 것은 없었습니다. 당신도 그 하나님의 어린 양을 뵈었으니 얼마나 기쁩니까? 흐르는 눈물 사이로 당신은 당신의 죄를 지고 가는 하나님의 어린 양을 보았습니다. 그러니 기뻐하십시오. 머잖아 눈물이 마를 때에는 바로 그 어린 양이 그의 보좌에 높이 앉아 계신 것을 보게 될 것입니다.

당신은 매일 예수님과 영적인 교제를 나누며 마음으로 그 기쁨을 체험합니다. 천국에서는 그런 기쁨을 더욱 많이 누리게 될 것입니다. 그분을 끊임없이 뵙고 즐거워할 뿐 아니라 그분과 영원히 함께 거할 테니 말입니다. 러더퍼드의 말처럼 "천국과 그리스도는 동일"합니다. 그리스도와 함께함이 천국에 있는 것이요 천국에 있는 것이 곧 그리스도와 함께함입니다. 주님의 포로가 된 그는 자신의 서신 중 하나에서 이렇게 쓰고 있습니다. "오 나의 주 예수 그리스도시여, 만일 제가 주님 없이 천국에 가 있다면 그곳이 곧 지옥이요, 만일 제가 지옥에 가 있지만 여전히 주님을 모실 수 있다면 그곳이 바로 천국입니다. 주님이야말로 제가 원하는 천국의 전부이십니다." 참으로 맞는 말입니다. 그렇지 않습니까? 부디 당신의 영혼도 그렇다고 대답할 수 있기를 바랍니다.

JANUARY MORNING BY MORNING 01 / 18

"그런즉 안식할 때가 하나님의 백성에게 남아 있도다"_히 4:9

천국에 가면 이 땅에서와는 얼마나 다른 상태에서 살게 될까요! 이 땅에서는 수고하며 땀 흘리는 가운데 곤하고 지치게 되나 불멸의 땅 천국에서는 피곤을 전혀 모를 것입니다. 이 땅에서는 아무리 주님을 열심히 섬기고 싶어도 그 마음만큼 몸이 따라 주지 않습니다. 그렇기에 끊임없이 "오 나의 하나님, 제가 하나님을 잘 섬길 수 있도록 도와주십시오"라고 부르짖어야 합니다. 보다 적극적이고 활동적인 성도라면 다른 이에 비해 더 많은 수고를 할 것입니다. 그런데 이 경우 그는 자기의 포부보다 더 많은 수고를 하는 것이 아니라 자기 능력에 비해 더 많은 수고를 하는 것입니다. 그래서 "수고하는 것 자체는 피곤하지 않지만 할 일이 너무 많아 피곤하다"고 하소연하곤 합니다. 그러나 천국에서는 모두가 다 편안히 쉴 수 있습니다. 먼저 간 자들은 하나님의 품 안에 안겨 있습니다.

영원히 쉴 그때를 한번 상상해 보십시오. 한 장면이 마음속에서 떠오르지 않습니까? 그것은 우리에게 "남아 있는" 영원한 안식입니다. 이 땅에서 우리가 누리는 기쁨이 아무리 크다 할지라도 그 이마에는 "죽을 수밖에 없는"이라는 글씨가 새겨져 있습니다. 가장 아름다운 새들이 죽음의 화살 앞에 쓰러지고, 가장 즐거웠던 날들도 이슬 속으로 사라져 버립니다. 그러나 천국에서는 모든 것이 다 불멸합니다. 복된 날! 참으로 복된 날! 죽을 수밖에 없는 이 몸이 영원한 생명에 사로잡힐 때, 비로소 우리의 영원한 안식이 시작될 것입니다.

"내가 밤에 침상에서 마음으로 사랑하는 자를 찾았노라 찾아도 찾아내지 못하였노라"_아 3:1

혹시 당신이 그리스도와 동행하다 그분을 잃어버렸다면 어디서 그렇게 되었는지 제게 말해 보십시오. 그러면 그분을 되찾을 만한 곳을 알려 드리겠습니다. 혹시 골방에서 기도하다 쉬는 바람에 그리스도를 잃어버렸습니까? 그렇다면 바로 그 골방에서 그분을 구하고 발견해야 합니다. 혹시 죄를 짓다 그분을 잃어버렸습니까? 그럼 그 죄를 끊어버려야 그리스도를 되찾을 수 있습니다. 이 외에 다른 방법은 없습니다. 성경 읽기를 등한시하다 그리스도를 잃어버리셨습니까? 그럼 성경 속에서 그리스도를 발견해야 합니다. "무언가를 떨어뜨렸다면 그곳에 다시 가서 찾으라. 분명 거기 있을 것이다"라는 금언이 현답입니다.

여러분도 그리스도를 잃어버린 곳으로 돌아가서 그분을 찾으십시오. 그분은 반드시 그곳에 계십니다. 그러나 그리스도께로 다시 돌이키는 것은 그리 쉬운 일이 아닙니다. 존 번연의 「천로역정」에 나오는 순례자는 자기 두루마리를 잃어버렸던 "안심 정자"(Arbour of Ease)로 다시 돌아갑니다. 그는 이 여정이 일찍이 겪었던 것 가운데 가장 힘든 길이었다고 고백하고 있습니다. 앞으로 20킬로미터를 나아가는 것보다 잃어버린 증거를 찾기 위해 1킬로미터를 되돌아가는 일이 훨씬 어렵다는 것입니다. 그러니 주님 되신 예수 그리스도를 발견했다면 그분에게 꼭 매달려 있으십시오. 그리고 주님을 잃어버린 분은 계속해서 그분을 찾으십시오. 주님을 찾는 일에만 전념하십시오. 그러면 주님과 더불어 큰 기쁨을 누리게 될 것입니다.

"그가 또 가인의 아우 아벨을 낳았는데 아벨은 양 치는 자였고 가인은 농사하는 자였더라"_창 4:2

목자인 아벨이 하나님의 영광을 위해 자기의 일을 거룩하게 하고 그 제단에 피의 제물을 바쳤을 때 여호와는 아벨과 그의 제물을 열납하셨습니다. 여기서 아벨은 지극히 분명하고 확실한 믿음의 모델이 됩니다. 목자요 제사장으로서 향기로운 제물을 하나님께 바친 아벨의 모습 속에서, 우리는 여호와께서 가장 귀히 여기실 제물을 바치신 주님의 모습을 발견합니다. 하지만 아벨은 형의 미움을 받게 됩니다. 그것도 아무 이유 없이 말입니다. 우리 구세주도 마찬가지로 미움을 받으셨습니다.

천성적으로 육적인 인간은 주님을 증오합니다. 은혜의 영이 내재하며 자신의 피를 흘리고 나서야 비로소 안식하신 주님, 인간으로서 하나님께 열납된 그 주님을 증오합니다. 아벨은 살해되어 쓰러짐으로써 그 제단에 피를 뿌려 자기 피로 제물을 삼았습니다. 아벨의 예에서 우리는 인간의 증오심 때문에 피를 흘리신 예수님의 모습을 발견하게 됩니다. "선한 목자는 양들을 위하여 자기 목숨을 버리느니라." 인류의 증오심 때문에 죽임 당하고 그 피로 자기 제단 뿔을 물들이신 예수님을 생각하면서 우리 모두 그분 위에 엎드려 웁시다. 아벨의 피는 말합니다. "네가 무엇을 하였느냐 네 아우의 핏소리가 땅에서부터 내게 호소하느니라"(창 4:10). 예수님의 피도 강력히 부르짖습니다. 그러나 주님은 원수를 갚아 달라고 울부짖는 것이 아니라 자비를 베풀어 달라고 부르짖고 계십니다. 이처럼 선한 목자 되신 우리 주님의 제단 앞에 설 수 있다니 이 얼마나 귀하고 복된 일입니까!

JANUARY 01 / 21

"그리하여 온 이스라엘이 구원을 받으리라 기록된 바 구원자가 시온에서 오사 야곱에게서 경건하지 않은 것을 돌이키시겠고"_롬 11:26

모세는 홍해에서 왜 그렇게 기뻐하며 찬양했을까요? 그것은 온 이스라엘이 안전하다는 사실을 알았기 때문입니다. 하나님의 백성, 이스라엘의 마지막 한 사람까지도 다 안전하게 홍해를 건널 수 있도록 좌우로 갈라 선 물벽에서 한 방울의 물조차 떨어지지 않았습니다. 그때 모세는 이런 노래를 불렀습니다. "주께서 구속하신 백성을 인도하시되"(출 15:13). 마지막 때, 다시 말해 하나님의 택함 받은 백성들이 이 모세의 노래를 부르게 되는 바로 그날, 우리 예수님은 이렇게 자랑하실 것입니다. "아버지께서 내게 주신 자 중 한 사람도 내가 잃지 않았습니다." 그날에는 천국에 있는 보좌 중 빈 자리가 하나도 없을 것입니다. 왜냐하면 택함 받은 모든 족속들이 그 보좌 주변으로 모여들어 그가 은혜로 행하신 일을 찬양하며 그의 영광을 널리 선포할 것이기 때문입니다.

하나님이 택하셔서 그리스도의 구속함을 입고 성령의 부르심을 받아 우리 주 예수 그리스도를 믿게 된 사람들은 모두 다 안전하게 그 바닷길을 건널 것입니다. 그러나 아직은 모두 다 바다를 건너온 것이 아닙니다. 무리 중 일부는 지금 바다를 건너고 있는 중입니다. 군대의 앞머리는 이미 맞은편 해안가에 닿았지만 지금의 우리는 바다 깊은 곳을 행군하고 있는 중입니다. 바로 오늘도 우리는 인도자를 따라 바다 한가운데로 열심히 들어가고 있습니다. 그러나 용기를 잃지 마십시오. 우리도 곧 앞선 이들이 머무는 곳에 가 닿을 것이기 때문입니다.

JANUARY
MORNING BY MORNING
01 / 22

"인자야 포도나무가 모든 나무보다 나은 것이 무엇이랴 숲속의 여러 나무 가운데에 있는 그 포도나무 가지가 나은 것이 무엇이랴"_겔 15:2

이것은 하나님의 백성들을 겸손케 만들기 위한 말씀입니다. 하나님의 백성은 하나님의 포도나무라 불립니다. 이들이 본성상 다른 사람들보다 더 나은 게 무엇입니까? 그들은 하나님의 선하심에 의해 좋은 땅에 심긴 고로 열매를 맺게 되었습니다. 여호와께서 그들로 하여금 성소의 벽을 향해 뻗어 나가게 허락하셨기에 그들은 여호와의 영광을 위해 열매를 맺을 수 있습니다. 그러나 만일 하나님이 계시지 않다면 그들은 어떤 존재가 되었겠습니까? 성령께서 그들 안에 계시면서 계속 열매를 맺도록 영향을 미치지 않으신다면 그들은 과연 어떻게 되겠습니까?

당신에게는 자만할 근거가 전혀 없습니다. 이 사실을 깨닫고 교만해지지 않도록 조심하십시오. 현재 당신이 어떤 존재든 당신에겐 스스로 자랑할 만한 것이 하나도 없습니다. 다른 이들보다 더 많은 소유물을 가지고 있습니까? 그렇다면 그만큼 하나님께 빚지고 있는 것입니다. 당신이 지닌 것이 무엇이든 그것은 하나님께로부터 온 것입니다. 그러니 절대 자랑하지 마십시오. 대신 당신의 근원을 한번 생각해 보십시오. 과거에 당신이 어떤 존재였는지 돌이켜 회상해 보십시오. 하나님의 은혜가 아니었다면 당신은 지금쯤 어떤 존재가 되었을까요? 양심이 여러분을 책망하지 않습니까? 과거의 숱한 방황과 과오들이 당신의 앞을 굳게 가로막은 채 '너는 하나님의 자녀라 일컬음을 받기에 합당치 않다'고 속삭이고 있습니까? 만일 하나님이 당신을 독특하게 만드셨다면, 그와 같은 하나님의 은혜에 감사하십시오.

JANUARY 01 / 23
MORNING BY MORNING

"그때에 주께서 환상 중에 주의 성도들에게 말씀하여 이르시기를 내가 능력 있는 용사에게는 돕는 힘을 더하며 백성 중에서 택함 받은 자를 높였으되"_시 89:19

그리스도는 왜 백성 중에 택함을 받았을까요? 가슴 속 가장 깊은 곳에서 우러나오는 생각이 가장 좋은 생각이니 한번 생각해 보고 말해 보십시오. 그리스도를 믿는 신자들은 이렇게 말할 수 있습니다. "나는 천국에 거하는 형을 갖고 있어. 나는 가난하지만 우리 형은 부자야. 게다가 그는 왕이기도 하지. 왕인 형이 보좌에서 그저 나의 부족함을 묵묵히 바라보고만 있을까? 아니, 절대 그렇지 않아. 그는 나를 사랑해. 그가 곧 나의 형이며 내가 그의 동생이기 때문이지." 이 복된 생각을 다이아몬드 목걸이처럼 당신의 기억 속에 늘 간직하고 다니십시오. 금반지처럼 회상의 손가락에 늘 끼고 다니십시오. 나의 모든 간청과 간구들을 반드시 들어 주시는 왕을 당신 자신의 인장으로 내세우십시오. 그분은 역경을 위해 태어나신 우리의 형이니, 반드시 그렇게 대우하십시오.

그리스도는 우리의 필요를 아시고 우리를 불쌍히 여기시기 위해 택함 받은 분이십니다. "모든 일에 우리와 똑같이 시험을 받으신 이로되 죄는 없으시니라"(히 4:15). 주님은 우리가 당하는 모든 불행과 슬픔들을 보시고 불쌍히 여기십니다. 우리가 당하는 유혹과 고통, 실망과 연약함을 주님은 모두 다 알고 계십니다. 어떻게 그럴 수 있는 걸까요? 바로 주님도 이 땅에 계실 때 이 모든 것을 다 체휼하셨기 때문입니다. 부디, 이 사실을 기억하고 위로 받기를 바랍니다. 지금 당신이 가는 길이 아무리 힘들고 고통스럽다 해도 그 길 위엔 이미 구세주가 밟고 가신 발자국이 나 있습니다.

JANUARY 01 / 24

"이는 그가 너를 새 사냥꾼의 올무에서와 심한 전염병에서 건지실 것임이로다"_시 91:3

하나님은 자신의 백성들을 새 사냥꾼의 올무에서 건져 내시되 다음의 두 가지 의미에서 건져 내십니다. 첫째, 그 올무에서(from) 건져 내십니다. 즉 올무에 걸리지 않도록 돌보십니다. 둘째, 올무에 걸리면 그 올무로부터 (out of) 꺼내 주십니다. 성도들 중에는 첫 번째 약속을 소중히 여기는 사람들이 있는가 하면, 두 번째 약속을 좋아하는 사람들도 있습니다.

그렇다면 어떻게 건지실까요? 환난이야말로 하나님이 우리를 건지시는 좋은 도구입니다. 우리가 계속 패역해지다 보면 결국엔 망하고 말 것입니다. 하나님께서는 이 사실을 잘 알고 계십니다. 그래서 긍휼을 베푸사 우리에게 매를 드십니다. 하지만 우리는 환난이 우리를 훨씬 더 큰 죄로부터 구원하시기 위한 방편임을 깨닫지 못합니다. 그래서 오히려 "주님, 왜 제게 이런 일이 일어났습니까?"라고 불만을 표합니다. 그러나 슬픔을 겪고 십자가를 짊어짐으로써 멸망으로부터 구원 받은 자들의 수는 진실로 헤아리기 어렵습니다. 그들은 슬픔과 십자가로 인해 올무에 빠지지 않게 되었습니다. 뿐만 아니라 하나님은 영적으로 큰 힘을 계속 불어넣으심으로써 하나님의 백성들이 새 사냥꾼의 올무에 빠지지 않도록 건져 내시기도 합니다. 즉 악의 유혹을 받을 때, "내가 어떻게 이토록 큰 악을 행하여 하나님께 득죄하리이까?"라고 부르짖을 수 있도록 영적인 힘을 주시는 것입니다. 한편 우리가 환난 중에 올무에 빠졌을 때 하나님이 나를 꺼내 주신다면 이 또한 얼마나 복된 일이겠습니까!

JANUARY 01 / 25

MORNING BY MORNING

"내가 여호와께서 우리에게 베푸신 모든 자비와 그의 찬송을 말하며 그의 사랑을 따라, 그의 많은 자비를 따라 이스라엘 집에 베푸신 큰 은총을 말하리라"_사 63:7

도무지 말씀대로 행할 수가 없니까? 그동안 하나님의 긍휼을 하나도 체험하지 않았습니까? 현재의 침울함에 빠져, 예수님께서 당신을 처음 만나 "내게 오라"고 말씀하셨던 그 복된 순간을 잊으셨습니까? 주님께서 당신의 족쇄를 낚아채시고 당신을 묶고 있던 사슬들을 집어 던져 박살내면서 "내가 네 결박을 끊고 너를 자유케 하려 왔다"고 말씀하시던 그 황홀한 순간이 기억나지 않습니까? 설사 주님과 나눈 그 첫사랑은 잊었다 해도, 지금껏 살아오면서 당신을 향한 주님의 긍휼을 생각나게 하는 획기적인 사건들, 아직 이끼가 덮이지 않은 소중한 이정표들은 어딘가에 틀림없이 남아 있을 것입니다. 기억의 책장을 넘기며 옛일을 한번 회상해 보십시오.

미살 산에서의 일이 기억나지 않습니까? 헤르몬 산에서 주님을 만난 적이 없습니까? 혹시 그동안 유쾌한 산에 오른 적이 없었습니까? 궁핍할 때 하나님의 도움을 받은 적이 단 한 번도 없습니까? 아니요, 당신은 분명히 이런 체험들이 있습니다. 하나님께서 이전에 베풀어 주신 그 모든 긍휼들을 천천히 떠올려 보십시오. 비록 지금은 모든 것이 어둡고 캄캄할지라도 과거의 그 등불들을 높이 치켜들어 모든 그늘을 밝히십시오. 등불이 어둠을 뚫고 찬란한 빛을 발할 때, 당신은 밤이 물러가고 날이 밝아 올 때까지 주님을 신뢰할 수 있게 될 것입니다. "여호와여 주의 긍휼하심과 인자하심이 영원부터 있었사오니 주여 이것들을 기억하옵소서"(시 25:6).

JANUARY 01 / 26

"공중의 새를 보라 심지도 않고 거두지도 않고 창고에 모아들이지도 아니하되 너희 하늘 아버지께서 기르시나니 너희는 이것들보다 귀하지 아니하냐"_마 6:26

하나님의 백성은 이중의 의미에서 하나님의 자녀입니다. 먼저 하나님이 창조하셨기 때문에 하나님의 자녀고, 그리스도 안에서 양자로 입양되었기에 하나님의 자녀입니다. 우리에게는 하나님을 "하늘에 계신 우리 아버지"라 부를 수 있는 특권이 주어졌습니다. 아버지라니! 이 얼마나 귀한 말입니까! 여기에는 권위가 들어 있습니다. "만일 내가 아버지라면, 나를 존중함이 어디 있느냐? 만일 네가 나의 자녀라면, 너의 순종이 어디 있느냐?" 아버지라는 단어에는 권위와 애정이 함유되어 있습니다. 반항을 불러일으키지 않는 권위가 들어 있으며 그 권위에 대해 마음으로부터 우러나서 하는 순종이 요구됩니다.

여기에서 말하는 순종이란 설사 불순종할 자유가 있다 하더라도 하나님의 뜻이면 무엇이든 기쁘게 따르는 그런 순종입니다. 사랑에서 솟아나는 순종입니다. 그리고 당신의 몸을 의의 병기로 사용하십시오. 아버지라는 말 속에는 왕의 속성 역시 들어 있습니다. 주님의 얼굴에 가득한 사랑의 표정 때문에 우리는 그가 쓰신 면류관을 잊곤 합니다. 하나님의 손이 너무나 다정하고 친절한 나머지 엄한 통치를 상징하는 그 홀에 대해서는 까맣게 잊어버립니다. 아버지! 이 말 속엔 또한 영예와 사랑이 담겨 있습니다. 자녀들을 향한 하나님 아버지의 사랑은 얼마나 깊고 넓은지요! 자녀들을 위해 아버지의 손은 그 누구도 해 줄 수 없으며 시도조차 하지 않을 그런 일들을 기꺼이 감당합니다. 그것이 하늘 아버지의 사랑입니다.

JANUARY 01 / 27

"우리가 다 그의 충만한 데서 받으니 은혜 위에 은혜러라" _ 요 1:16

본문 말씀은 그리스도 안에 충만이 있다는 사실을 말해 줍니다. 그 안에는 본질적인 신성의 충만함이 있습니다. 왠지 아십니까? 그 안에서 "신성의 모든 충만이 육체로 거하시기" 때문입니다(골 2:9). 또한 그리스도의 생명 안에는 의롭게 하는 의의 충만도 포함되어 있습니다. "이제 그리스도 예수 안에 있는 자에게는 결코 정죄함이 없기" 때문입니다(롬 8:1). 뿐만 아니라 그의 간구 속에는 하나님의 능력의 충만이 있습니다. 왜냐하면 그는 "자기를 힘입어 하나님께 나아가는 자들을 온전히 구원하실 수 있으니 이는 그가 항상 살아 계셔서 그들을 위하여 간구하시기" 때문입니다(히 7:25). 이처럼 그리스도 안에 있는 충만은 우리가 다 알기는커녕 그것을 다 조사하기도 불가능할 정도입니다.

"아버지께서는 모든 충만이 그 안에 거하는 것을 기뻐하십니다." 그러니 우리가 모두 받게 될 충만이 얼마나 클지 한번 생각해 보십시오! 시내가 쉼 없이 흐르는 곳엔 언제나 충만함이 있습니다. 더욱이 하나님의 샘은 영원토록 충만하고 풍부하며 자유롭게 솟아오르는 샘입니다. 그러니 와서 당신이 필요한 모든 것을 다 받아 가십시오. 구하되 크게 구하십시오. 그러면 크게 받을 것입니다. 하나님의 "충만"은 절대로 다함이 없는 충만이요 궁핍한 자들이 모두 닿을 수 있는 곳까지 쌓여 있는 충만입니다. 때문에 우리와 함께 계신 하나님, 임마누엘 예수님 안에서 우리는 그 샘에 닿을 수 있고, 모든 것을 얻을 수 있습니다.

JANUARY 01 / 28
MORNING BY MORNING

"우리가 그를 전파하여 각 사람을 권하고 모든 지혜로 각 사람을 가르침은 각 사람을 그리스도 안에서 완전한 자로 세우려 함이니"_골 1:28

영혼의 저 깊은 곳에서부터 우리 안에는 완전함이 없다는 사실이 느껴지지 않습니까? 당신의 영혼이 이 사실을 날마다 가르쳐 주지 않습니까? 당신의 눈에서 떨어지는 모든 눈물은 바로 당신 자신의 "불완전함"을 애통해 하고 있습니다. 가슴에서 터져 나오는 모든 한숨 소리가 스스로의 "불완전함"을 한탄하고 있습니다. 입술에서 나오는 모든 거친 말들이 "불완전한" 이야기를 내뱉고 있습니다. 아마도 당신은 지금껏 자기 안에 한순간이나마 완전함이 존재하리라 꿈꾼 적이 있을 것입니다. 실상은 전혀 그렇지 않은데도 말입니다. 그러나 자신의 불완전함에 대한 이 서글픈 자각 속에도 한 가지 위로가 남아 있습니다. 그것은 우리가 "그리스도 예수 안에서 완전하다"는 사실입니다.

하나님의 눈에 우리는 "그분 안에서 완전합니다." 지금도 하나님은 "그의 사랑하는 아들 예수 그리스도 안에서 여러분을 용납하고 계십니다." 이에 더해 두 번째 완전함도 존재합니다. 그것은 장차 실현될 약속으로, 모든 믿는 자들에게 분명히 이루어질 완전함입니다. 모든 죄의 얼룩들이 제거되어 아무 흠도 없고 점도 없이 보좌 앞에 나타나게 될 때를 기다리는 일은 얼마나 즐거운지요. 그때 그리스도의 교회는 너무나 순전하고 깨끗한 나머지 전지하신 하나님의 눈으로 보아도 아무 흠이나 점을 찾아볼 수 없을 것입니다. 그때 우리는 "그리스도 안에서 완전한"이라는 짧지만 엄청나게 넓은 이 말씀이 의미하는 행복을 충분히 알고 맛보고 느끼게 될 것입니다.

JANUARY
MORNING BY MORNING
01 / 29

"우리가 주목하는 것은 보이는 것이 아니요 보이지 않는 것이니 보이는 것은 잠깐이요 보이지 않는 것은 영원함이라"_고후 4:18

이 땅의 순례길을 가는 동안 그리스도인들은 소망을 품고 평온히 기다려야 합니다. 바라는 것이 무엇이든, 그것이 소망이든, 기쁨이든, 위로든, 사랑이든 간에 우리는 믿음의 눈을 통해 미래라는 거대한 목적지를 주시해야 합니다. 미래를 바랄 때에 죄가 쫓겨나고 우리 영혼이 온전해져서 빛의 자녀들이 누릴 기업에 참여할 수 있기 때문입니다. 성도의 밝아진 두 눈 안에 사망의 강과 음침한 냇물 너머 저 멀리 빛의 언덕에 우뚝 서 있는 천성이 담길 것입니다.

성도는 그 진주문 안으로 들어가 승리자 이상의 환영을 받으면서 그리스도께서 친히 씌워 주시는 면류관을 받아 쓰고 그의 팔에 안겨 영화롭게 그리스도의 보좌에 앉게 될 것입니다. 마치 그리스도께서 이기고 하나님 아버지와 함께 그의 보좌에 앉아 계시듯 말입니다. 머잖아 다가올 이런 일들을 생각하면 틀림없이 과거의 어둠과 현재의 침울함을 물리칠 수 있습니다. 천국의 기쁨들을 맛볼 때 이 땅에서 당한 슬픔들은 모두 사라질 것입니다. 그러니 두려워 마십시오! 이 세상은 순식간에 지나가 버릴 것입니다. 온갖 의심을 버리십시오. 사망은 좁은 개울에 지나지 않습니다. 당신은 그 개울을 곧 건널 것입니다. 찰나에 지나지 않는 지상의 세월에 비하면 영원은 정말이지 얼마나 긴 시간입니까! 사망은 순식간에 지나가지만 불멸은 영원히 지속됩니다. 지금도 나는 에스골의 열매들을 먹으며 그 문 안에 있는 샘물을 마시고 있을 나의 모습을 그려 봅니다. 천성까지 가는 길은 아주 짧기에 우리는 곧 거기에 도착할 것입니다!

JANUARY
MORNING BY MORNING
01 / 30

"뽕나무 꼭대기에서 걸음 걷는 소리가 들리거든 곧 공격하라 그때에 여호와가 너보다 앞서 나아가서 블레셋 군대를 치리라 하신지라"
_삼하 5:24

그리스도의 교회에 속한 지체들은 항상 성령의 능력이 그 마음에 거하시길 구하며 그리스도의 나라가 속히 임하도록, 그의 "뜻이 하늘에서 이루어짐같이 이 땅에서도 이루어지도록" 기도해야 합니다. 그런데 하나님께서 시온을 특히 사랑하실 때가 있습니다. 교회의 지체들에게는 그때가 "뽕나무 꼭대기에서 걸음 걷는 소리가 들리는" 시점과 같아야 합니다. 이런 때에 이르러 우리는 갑절로 기도해야 하며, 갑절의 열심을 내어 그동안 해 온 것보다 훨씬 더 많이 은혜의 보좌로 나아가 씨름해야 합니다. 그 후에는 신속하고 박력 있게 행동해야 합니다.

밀물이 들어오고 있습니다. 대장부답게 뭍으로 나아갑시다. 오순절 때처럼 성령께서 임할 수 있도록 부지런히 열심히 기도합시다. 당신의 내면에서도 "뽕나무 꼭대기에서 걸음 걷는 소리가 들릴 때"가 있을 겁니다. 이때 당신이 기도한다면 독특한 능력을 맛보게 될 것입니다. 성령께서 기쁨과 즐거움을 주실 것입니다. 성경을 펼치고 그 약속들을 당신 자신의 것으로 삼게 될 것입니다. 또한 하나님의 얼굴빛이 환히 비치는 가운데 걸을 것입니다. 경건의 시간에 혹은 주를 위해 일하는 가운데 특별한 자유와 해방감을 맛보게 될 것입니다. 그리고 마침내 그리스도와도 더욱 친밀한 교제를 나눌 수 있을 것입니다. 요컨대 "뽕나무 꼭대기에서 걸음 걷는 소리"를 듣는 즐거운 때는 바로 당신 자신을 분발케 해야 할 때입니다. 하나님의 성령이 당신의 무기력함을 도우시는 동안 어떤 악한 습관도 모두 제거해 버리도록 애쓰십시오.

JANUARY
MORNING BY MORNING
01 / 31

"그의 날에 유다는 구원을 받겠고 이스라엘은 평안히 살 것이며 그의 이름은 여호와 우리의 공의라 일컬음을 받으리라"_렘 23:6

그리스도의 완전하신 의를 생각할 때마다 우리는 가장 큰 위로와 평강을 얻을 수 있습니다. 허나 하나님의 성도들이 얼마나 자주 낙심하며 슬퍼하는지요! 그래서는 안 된다고 생각지 않으십니까? 만일 우리가 그리스도 안에서 온전한 우리 자신의 모습을 항상 볼 수 있다면 침울함에 빠지는 일은 분명 없을 것입니다. 개중에는 우리가 부패했다느니, 우리의 마음이 전적으로 타락했다느니, 우리 영혼은 본래 악하다느니 하면서 언제나 부정적인 것에 대해서만 말하는 사람들도 있습니다.

예, 따져 보면 모두 맞는 말입니다. 그러나 왜 거기서 한 발짝 더 나아가지 않으십니까? 우리가 지금 "그리스도 예수 안에서 완전하다"는 사실을 왜 기억하지 않습니까! 자신의 타락과 부패에 대해서만 늘 생각하고 있으니 그렇게 풀죽은 얼굴을 하고 다니는 것도 당연합니다. 그러지 말고 "그리스도께서 우리에게 의가 되셨다"는 사실을 기억하십시오. 그러면 기분이 아주 명랑하고 쾌활해질 것입니다. 설사 골치 아픈 일들이 나를 짓누르고, 사탄이 나를 맹공격하며, 천국에 이르기 전에 치러야 할 단계들이 아직 많이 남아 있다 한들 그게 뭐 그리 대수입니까? 이런 것들은 이미 하나님의 은혜 언약 안에서 다 이룬 바 되었습니다. 우리 주님 안에는 부족함이 전혀 없습니다. 그리스도께서 그 모든 것을 다 이루셨습니다. 주님은 십자가 위에서 "다 이루었다!"고 말씀하셨습니다. 주님께서 다 이루셨기에, 우리는 주님 안에서 온전합니다. 그러므로 말할 수 없는 기쁨과 충만한 영광 속에서 마음껏 기뻐할 수 있습니다.

"그들이 여호와의 도를 노래할 것은 여호와의 영광이 크심이니이다"_ 시 138:5

우리 성도들이 여호와의 도를 노래하게 되는 때가 언제인지 아십니까? 십자가 밑에 자기 짐을 처음 내려놓을 때입니다. 천사의 합창마저도 용서받은 하나님의 자녀가 처음으로 그 영혼 깊은 곳에서 쏟아 내는 환희의 노랫소리만큼은 아름답지 않습니다. 존 번연의 책에 보면 이것이 아주 잘 묘사되어 있습니다. 가련한 순례자는 십자가 밑에 자기 짐을 내려놓은 다음 너무나 기뻐 세 번씩이나 펄쩍펄쩍 뛰고서 이렇게 노래합니다. "십자가를 찬양하라! 주님의 무덤을 찬양하라! 아니, 나를 위해 수치를 당하신 인자를 찬양하라!"

당신은 어떻습니까? 스스로를 묶고 있던 그 족쇄들이 떨어져 나간 날을 기억하십니까? 예수님께서 처음으로 당신을 만나 "내가 영원한 사랑으로 너를 사랑하기에 인자함으로 너를 이끌었다"(렘 31:3) "내가 네 허물을 빽빽한 구름같이, 네 죄를 안개같이 없이하였으니"(사 44:22) 라고 말씀하셨던 장소를 기억하십니까? 저는 주님께서 죄를 용서하셨을 때, 어찌나 기쁘던지 춤을 추지 않고는 못 견딜 정도였습니다. 심지어 죄에서 해방되어 집으로 가는 도중 거리에 있는 돌들에게조차 나의 구원에 대해 이야기해 주고 싶은 심정이었습니다. 하지만 성도들이 찬양할 이유를 갖게 되는 시점은 비단 처음으로 그리스도인이 되었을 때뿐만은 아닙니다. 우리는 이 땅에 사는 내내 여호와의 도를 노래해야 할 이유를 발견합니다. 여호와의 계속적인 자비를 체험할 때마다 "나는 항상 주님을 찬양할 것이다. 내 입으로 끊임없이 주를 찬양할 것이다"라고 말하게 됩니다.

"율법을 따라 거의 모든 물건이 피로써 정결하게 되나니 피흘림이 없은즉 사함이 없느니라"_히 9:22

오늘의 본문 말씀은 절대 변경될 수 없는 진리입니다. 유대인들이 드리던 의식에서는 피 흘림 없이 죄가 도말되는 경우가 없었습니다. 대속 없이는 절대 죄 사함이 있을 수 없습니다. 다시 말해 그리스도 밖에서는 우리의 소망이 없다는 이야기입니다. 우리 죄를 대속해 줄 만한 다른 피는 없습니다. 당신은 지금 그리스도를 믿고 있습니까? 그의 대속의 피가 당신의 영혼에도 적용되고 있습니까? 죄의 대속을 위해 그리스도를 필요로 한다는 점에서는 모든 인간이 다 동등합니다.

단순히 형식적으로만 기독교를 믿는 사람들은 그리스도로 인해 모든 죄가 사해졌다는 사실을 깨닫고 기뻐하는 우리를 이해하지 못합니다. 그들은 자신의 선행이나 기도 혹은 예배 의식을 통해 아주 작은 위로를 받을 뿐입니다. 그들은 가끔씩 심한 불안감에 휩싸이기도 하는데, 그 이유는 큰 구원을 등한시하고 피 없이 죄 사함을 받으려 수고하기 때문입니다. 가만히 앉아 하나님의 공의를 보되 그것이 죄를 벌하기 위한 한계선임을 잊지 마십시오. 모든 형벌이 주 예수님에게서 집행된 것을 보고, 기뻐하며 겸손히 엎드려 당신을 피로써 대속해 주신 주님의 발에 입 맞추십시오. 양심을 달래기 위해 감정과 증거에 매달려 보았자 아무 소용없습니다. 그것은 우리가 율법의 노예로 있던 애굽에서 익힌 습관일 뿐입니다. 가책에 시달리는 양심이 소생할 수 있는 길은 오직 십자가에서 고난 당하신 주 예수님을 바라보는 것뿐입니다. 레위기에서는 "피는 그 생명인즉"이라고 말합니다. 부디 확신하고 편안한 마음을 가집시다.

FEBRUARY
MORNING BY MORNING
02 / 03

"그러므로 형제들아 우리가 빚진 자로되 육신에게 져서 육신대로 살 것이 아니니라"_롬 8:12

하나님의 피조물인 우리는 모두 하나님께 빚진 자들입니다. 우리는 온몸과 영혼과 힘을 다해 순종해야 할 빚을 지고 있습니다. 하나님의 계명들을 범한 우리는 또 그의 공의에 대해서도 빚진 자들입니다. 우리는 우리 힘으로 도저히 갚을 수 없는 엄청난 빚을 하나님께 지고 있습니다. 그러나 그리스도인은 하나님의 공의에 대해 아무 빚도 지지 않았노라 말할 수 있습니다. 그리스도께서 그의 백성들이 진 빚을 대신 갚아 주셨기 때문입니다. 바로 이런 이유에서 성도는 더욱 많은 사랑의 빚을 지고 있는지 모릅니다. 저는 하나님의 은혜와 용서의 긍휼에는 빚진 자지만 하나님의 공의에 대해서는 절대 빚진 자가 아닙니다.

어째서일까요? 하나님은 이미 갚은 빚으로 저를 송사하지는 않으시기 때문입니다. 그리스도께선 십자가 위에서 "다 이루었다!"고 말씀하셨습니다. 이것은 그의 백성들이 어떤 빚을 졌든 하나님께서 그 모든 빚을 기억하지 않으리란 메시지입니다. 그러나 바로 이로 인해 우리는 구원 받기 전보다 훨씬 더 많은 빚을 하나님께 진 자들이 되었습니다. 당신이 하나님의 주권에 대해 진 빚들을 한번 꼽아 보십시오. 사심 없이 순수한 하나님의 사랑에 대해 얼마나 많은 빚을 졌고, 용서하시는 하나님의 은혜에 또 얼마나 많은 빚을 졌습니까? 하나님의 불변성에 대해서는 또 얼마나 많은 빚을 지고 있습니까! 당신은 그동안 수없이 변절했으나 하나님은 한 번도 변하지 않으셨습니다. 그러니 당신 자신을 산 제물로 하나님께 바치십시오. 그 길만이 하나님을 합당하게 섬길 수 있는 유일한 방법입니다.

FEBRUARY
MORNING BY MORNING
02 / 04

"여호와께서 내게 이르시되 이스라엘 자손이 다른 신을 섬기고 건포도 과자를 즐길지라도 여호와가 그들을 사랑하나니 너는 또 가서 타인의 사랑을 받아 음녀가 된 그 여자를 사랑하라 하시기로"_호 3:1

당신이 그동안 체험한 것들을 하나하나 회상해 보십시오. 여호와 하나님이 광야에서 어떻게 인도하셨으며 또 어떻게 먹이고 입히셨는지 생각해 보십시오. 그동안 당신의 나쁜 태도들을 얼마나 오랫동안 참으셨는지, 수시로 원망하던 소리를 얼마나 오래 견디셨는지 떠올려 보십시오. 그리고 그동안 베풀어 주신 모든 사랑을 되새기면서 앞으로 그분이 내려 주실 사랑도 믿음의 눈으로 한번 상상해 보십시오. 그리스도의 언약과 피는 단순히 과거만을 위한 언약과 피가 아니라 그 이상이기 때문입니다. 지금까지 당신을 사랑하고 용서해 주신 하나님은 앞으로도 그 사랑과 용서를 절대 중단하시지 않을 것입니다. 현재 알파인 그는 미래의 오메가가 될 것입니다. 그는 처음이자 마지막입니다.

그러므로 혹시 사망의 음침한 골짜기를 지나게 된다 해도 조금도 두려워 마십시오. 그분은 당신과 함께하고 계십니다. 요단강의 차가운 물 안에 발을 딛고 서게 된다 해도 놀라지 마십시오. 사망조차 당신을 하나님의 사랑에서 떼어 놓을 수 없습니다. 또한 영원이라는 신비 속으로 들어가게 될 때도 전혀 두려워 마십시오. "내가 확신하노니 사망이나 생명이나 천사들이나 권세자들이나 현재 일이나 장래 일이나 능력이나 높음이나 깊음이나 다른 어떤 피조물이라도 우리를 우리 주 그리스도 예수 안에 있는 하나님의 사랑에서 끊을 수 없으리라"(롬 8:38-39). 주님을 향한 당신의 사랑이 이제 새로워지지 않았습니까? 이로 인해 예수님을 더욱 사랑하게 되지 않았습니까? "여호와의 사랑"을 묵상할 때 우리는 가슴이 뜨거워질 것입니다.

FEBRUARY 02 / 05

"아버지가 아들을 세상의 구주로 보내신 것을 우리가 보았고 또 증언하노니"_ 요일 4:14

예수 그리스도는 하나님 아버지의 허락이나 동의 없이, 하나님 아버지의 권세와 도우심을 입지 않고 이 땅에 오신 것이 아닙니다. 예수님은 인류의 구세주가 되시려고 하나님 아버지로부터 보내심을 받아 이 땅에 오셨습니다. 우리는 무심코 삼위 하나님이 그 위격은 서로 다를지라도 영광을 받으시는 데는 아무 차이가 없다는 사실을 망각하곤 합니다. 그래서 구원에 대해 하나님 아버지보다 예수 그리스도께 영광을 돌리기가 더 쉽습니다. 그러나 이것은 아주 큰 잘못입니다. 예수님이 이 땅에서 고난 당하신 바로 그분이 아니냐구요? 맞습니다. 그렇지만 하나님 아버지께서 그를 보내셨기에 그분이 오실 수 있었습니다. 하나님께서 도우셨기에 예수님께서 놀랍고 진귀한 말씀을 하셨고 기적을 행하셨던 것입니다.

성부와 성자와 성령을 제대로 아는 사람이라면 절대 이 세 위격 중 어느 하나에 치우치지 않습니다. 그는 이 세 분이 베들레헴, 겟세마네, 갈보리에 모두 함께 계시면서 구원 사역에 동참하신 것을 압니다. 당신은 그동안 인자되신 예수 그리스도를 믿었습니까? 오직 그리스도만을 의지했습니까? 그 결과 지금 그분과 연합되어 살아갑니까? 만약 그렇다면, 당신은 예수님뿐 아니라 하나님과도 연합되어 있다는 사실을 믿으십시오. 당신은 인자되신 예수 그리스도의 형제요 그와 아주 친밀한 교제를 나누고 있기에 그로 인해 영원하신 하나님과도 연결되었습니다. "옛적부터 항상 계신 분"은 바로 당신의 아버지요 당신의 친구십니다.

"모든 기도와 간구를 하되 항상 성령 안에서 기도하고 이를 위하여 깨어 구하기를 항상 힘쓰며 여러 성도를 위하여 구하라"_엡 6:18

처음 기도를 배운 순간부터 오늘에 이르기까지, 우리는 얼마나 많은 기도를 드렸습니까! 우리가 맨 처음 드린 기도는 우리 자신을 위한 기도로써 우리 죄를 없애 달라는 기도였습니다. 하나님은 그 기도에 응답하셨습니다. 죄 문제가 해결되자 우리는 다시 성화와 은혜를 위해 간구했습니다. 그러자 성령께서는 우리가 믿음의 확신을 갖고, 약속의 말씀에 대해 주장하며, 시험 받을 때에 원조를 요청하도록 인도해 주셨습니다. 우리는 모든 것을 위해 끊임없이 요청하는 간구자로서 자신의 영혼을 위해 하나님께로 나아갈 수밖에 없었습니다.

그동안 당신의 영혼이 취한 모든 양식은 하늘로부터 내려왔으며 당신의 영혼이 마신 모든 물은 살아 있는 반석이신 주 예수 그리스도로부터 흘러나온 것입니다. 당신의 영혼은 절대 저절로 자란 것이 아닙니다. 하나님께서 매일매일 풍성하게 내려 주신 것들을 받아먹고 자랐습니다. 하나님의 긍휼이 셀 수 없이 다양했듯이 당신의 기도 또한 광범위했습니다. 마침내 당신은 "여호와께서 내 음성과 내 간구를 들으시므로 내가 그를 사랑하는도다"(시 116:1)라고 고백하게 되었습니다. 당신이 드린 그 많은 기도에 하나님이 응답해 주셨기 때문입니다. 하나님은 환난 날에 부르짖는 기도 소리를 들으시고 당신을 강건케 하셨습니다. 반드시 이 사실을 기억하십시오. 그리고 이토록 자비롭게 당신의 딱하고 약한 기도를 들어주신 하나님께 감사하십시오. "내 영혼아 여호와를 송축하며 그 모든 은택을 잊지 말지어다"(시 103:2).

FEBRUARY
MORNING BY MORNING
02 / 07

"이것은 너희가 쉴 곳이 아니니 일어나 떠날지어다 이는 그것이 이미 더러워졌음이니라 그런즉 반드시 멸하리니 그 멸망이 크리라"_미 2:10

모든 사람들에게 적용되었던 이 메시지를 이제는 자신에게 실제적으로 적용해 볼 때입니다. "네가 거하고 있던 집에서, 네 사업을 경영하던 도시에서, 너의 가정과 친구들로부터 일어나 떠날지어다. 일어나 너의 남은 마지막 순례길을 떠날지어다." 당신은 그 순례길에 대해 얼마나 알고 계십니까? 물론 성도라면 여기에 대해 어느 정도는 알고 있을 겁니다. 그러나 미래의 영역에 대한 우리의 지식은 지극히 미약합니다. "사망"이라 불리는 사납고 음흉한 강이 있다는 사실은 알지만, 그 사망 뒤에 무엇이 기다리고 있는지는 정확히 모릅니다. 다만 우리는 천국에 와 거하라는 하나님의 부르심에 기꺼이 따를 정도는 천국에 대해 알고 있습니다. 사망의 강을 건널 때 어둡고 캄캄할지라도 하나님이 우리와 함께하시기에 아무런 해도 당하지 않는다는 사실을 압니다.

이 땅에서 알고 사랑하던 모든 것들을 뒤로 한 채 지금 우리는 떠나려 합니다. 우리는 우리 아버지의 집으로 갈 것입니다. 예수님이 계신 곳에서 거하려 합니다. 그에 앞서, 하나님의 임재 가운데 그분의 다른 백성들과 더불어 영원히 거하기 위해 우리는 반드시 우리의 모든 소유를 떠나야 합니다. 사랑하는 자여, 천국에 대해 많이 묵상하십시오. 그러면 천국만 바라보고 좇아가는 데 도움이 될 뿐 아니라 그 길에서 겪게 될 수고들에 대해서도 잊을 수 있을 것입니다. 우리가 걸어가는 이 눈물 골짜기는 보다 나은 나라로 연결되는 통로에 지나지 않습니다. 슬픔 많은 이 세상은 축복의 나라로 가기 위한 하나의 디딤돌입니다.

"아들을 낳으리니 이름을 예수라 하라 이는 그가 자기 백성을 그들의 죄에서 구원할 자이심이라 하니라"_마 1:21

누군가를 소중하게 여기게 되면 그와 관련된 모든 것이 다 소중해 보입니다. 마찬가지로 참 성도라면 누구나 주 예수님을 소중히 생각하므로 주님과 관련된 모든 것을 말할 수 없이 소중히 대하게 될 것입니다. 다윗은 구세주로 인해 그분이 입고 계신 의복마저 향기로워 그 옷을 사랑할 수밖에 없다는 듯이 "왕의 모든 옷은 몰약과 침향과 육계(肉桂)의 향기가 있으며"(시 45:8)라고 노래했습니다. 진실로 그렇습니다. 주님의 거룩하신 발이 밟은 곳 중 어느 한 곳도, 그의 사랑스러운 말씀이 계시한 생각 중 어느 한 생각도 우리에게 소중하지 않은 것이 없습니다.

그리스도의 이름에 관해서도 마찬가지입니다. 우리 성도들의 귀에는 그리스도의 이름이 너무나 아름답게 들립니다. 그가 교회의 남편이라 불리든, 교회의 신랑이라 불리든, 교회의 친구라 불리든, 태초부터 죽음 당한 어린 양으로 불리든, 그리스도의 모든 이름은 꿀이 방울져 떨어지는 벌집처럼 향기롭습니다. 그러나 성도의 귀에 가장 아름답게 들리는 이름이 있다면 그것은 바로 예수라는 이름입니다. 예수! 그는 우리의 모든 기쁨의 원천이십니다. 어떤 이름보다도 더 매력적이요 소중한 이름이 바로 예수라는 이름입니다. 이 이름은 우리 찬송가의 기초를 이루고 있는 이름이기도 합니다. 우리가 부르는 많은 노래들이 바로 이 이름으로 시작되고 있을 뿐 아니라 이 이름으로 끝맺지 않는 찬송이 거의 없을 정도입니다. 두 글자로 이루어진 예수라는 이 이름 속에 비할 데 없이 장엄하고 아름다운 오라토리오가 들어 있습니다.

FEBRUARY 02 / 09

"다윗이 여호와께 여쭈니 이르시되 올라가지 말고 그들 뒤로 돌아서 뽕나무 수풀 맞은편에서 그들을 기습하되"_삼하 5:23

다윗이 여호와께 이렇게 물은 것은 블레셋 사람들과 싸우고 난 직후였습니다. 그는 이 질문을 통해 승리의 신호를 얻었습니다. 블레셋 사람들이 잔뜩 몰려왔지만 하나님의 도우심을 입은 다윗은 아주 수월히 그들을 물리쳤습니다. 블레셋 사람들이 다시 공격해 오자 다윗이 또다시 여호와께 먼저 묻고 싸우러 올라갔다는 사실에 유의하십시오. 다윗은 먼저 "내가 블레셋 사람에게로 올라가리이까?"라고 여호와께 여쭈었습니다. 그리고는 하나님께서 신호를 주실 때까지 기다렸습니다.

당신도 다윗에게서 하나님 없이는 한 발자국도 움직이지 않는 법을 배우십시오. 하나님을 당신의 나침반으로 삼으십시오. 혹시 배의 키를 조종해서 흉흉한 파도 밑을 통과하려 하십니까? 그렇다면 그 키의 손잡이를 전능하신 하나님 손에 맡기십시오. 키자루를 하나님께 맡기면 좌초하게 만드는 수많은 암석들을 피해 갈 수 있을 것입니다. 어떤 목사는 "하나님이 섭리하시는 구름 기둥보다 먼저 가는 자는 결국 헛걸음을 치고 말 것이다"라고 했는데 맞는 말입니다. 우리는 하나님의 섭리가 인도하는 대로 따라야 합니다. 하나님의 섭리가 지체되고 있습니까? 그렇다면 그 섭리가 임할 때까지 기다리십시오. 하나님의 섭리보다 먼저 가는 사람은 틀림없이 그 길을 되돌아와야 합니다. "내가 네 갈 길을 가르쳐 보이고 너를 주목하여 훈계하리로다"(시 32:8)라는 것이 하나님께서 그의 백성들에게 주신 약속입니다. 그러므로 우리의 온갖 곤란한 문제들을 모두 다 하나님께 들고 가서 "하나님, 제가 어떻게 하면 좋습니까?"라고 물어봅시다.

FEBRUARY 02/10

"나는 비천에 처할 줄도 알고 풍부에 처할 줄도 알아 모든 일 곧 배부름과 배고픔과 풍부와 궁핍에도 처할 줄 아는 일체의 비결을 배웠노라"_빌 4:12

그리스도인들 가운데는 "비천에 처할 줄"은 알면서 "풍부에 거하는 법"은 배우지 못한 이들이 많이 있습니다. 이런 사람들이 정상에 올라가면 머리가 빙빙 돌아 금세 아래로 떨어지고 맙니다. 이런 성도라면 역경에 처했을 때보다 오히려 형통할 때 자신이 믿는다고 고백하는 기독교 신앙을 훨씬 더 욕되게 만듭니다. 형통하게 되는 것이 오히려 위험한 셈입니다. 이들에게는 역경이라는 도가니보다 번영이라는 유리병이 더 호된 시험입니다. 하나님의 긍휼과 풍성하신 은혜를 받았는데도 어찌 영혼이 메말라 영적인 일을 등한시할 수 있을까요!

오늘의 말씀에서 사도 바울은 풍부에 처할 줄 아는 법을 배웠노라 말하고 있습니다. 많이 가졌을 때 그는 제 소유를 어떻게 사용해야 할지 알고 있었습니다. 족한 은혜와 풍부한 번영 속에서도 제대로 처신할 줄 알았던 것입니다. 세상적인 기쁨으로 가득한 잔이 넘치지 않도록 하기 위해서는 인간적인 기술 그 이상이 필요합니다. 바울은 바로 그 기술을 배웠다고 말합니다. 그는 "내가 배부르든 배고프든 모든 일에 처할 줄 아는 일체의 비결을 배웠다"고 선언하고 있습니다. 배부름에 처하는 법을 아는 것은 거룩한 교훈입니다. 이스라엘 백성들도 배부른 적이 있었지만 고기가 아직 입에 있을 때 하나님의 저주가 그들에게 임했습니다. 얼마나 많은 사람들이 정욕을 채우기 위해 하나님의 자비를 구했는지요. 그러나 배부르면 교만해져 하나님을 잊는 것이 인간의 본성입니다. 그러므로 기도할 때마다 "배부름에 처할 줄 아는 법"을 가르쳐 달라고 하나님께 구하십시오.

"그들이 베드로와 요한이 담대하게 말함을 보고 그들을 본래 학문 없는 범인으로 알았다가 이상히 여기며 또 전에 예수와 함께 있던 줄도 알고"_행 4:13

성도는 예수 그리스도를 쏙 빼닮아야 합니다. 당신은 그동안 그리스도의 삶에 관한 매우 아름답고도 웅변적인 이야기들을 읽었습니다. 그러나 그리스도의 가장 훌륭한 삶은 바로 그 백성들의 언행에 기록된 살아 있는 전기입니다. 세상 사람들이 우리를 보기만 해도 "저 사람은 예수와 함께 있던 사람이야. 예수에게서 가르침을 받았지. 그래서 예수를 아주 많이 닮았어"라고 외칠 것입니다. 진실로 그리스도인은 담대함에 있어서도 그리스도를 닮아야 합니다. 당신이 믿는 주님을 절대 부끄러워하지 마십시오. 그 고백이 절대 당신을 욕되게 하지 않을 것입니다.

또한 사랑하는 것에도 예수님을 닮으십시오. 사람들이 당신을 보고 "그가 예수님과 함께 있었다"고 말할 수 있도록 우호적으로 생각하고, 친절하게 말하며, 예의바르게 행동하십시오. 그러나 무엇보다도 예수님을 가장 잘 나타낼 수 있는 것은 바로 그분의 용서입니다. 그러므로 당신도 주님처럼 원수를 용서하도록 노력하십시오. "아버지여 저들을 사하여 주옵소서 자기들이 하는 것을 알지 못함이니이다"(눅 23:34). 용서 받기 원하십니까? 그렇다면 먼저 다른 이들을 용서하십시오. 당신의 원수에게 친절히 대함으로써 그의 머리에 숯불을 쌓으십시오. 악을 선으로 갚는 것이 주님의 방법임을 기억하고 주님처럼 선하게 행동하십시오. 누구든지 당신을 보고 "그가 예수님과 함께 있었다"고 말할 수 있도록 매 순간을 주님의 빛으로 가득 채우십시오.

"그리스도의 고난이 우리에게 넘친 것같이 우리가 받는 위로도 그리스도로 말미암아 넘치는도다"_고후 1:5

여기 복된 말씀이 있습니다. 온 세상을 섭리하시는 통치자, 우리 하나님은 천칭을 갖고 계십니다. 하나님은 이쪽 저울에 그의 백성들이 받을 시련을, 저쪽 저울에는 그들이 받을 위로를 올려놓으십니다. 시련의 저울이 비면 위로의 저울도 비게 됩니다. 시련의 저울이 가득 차 있으면 위로의 저울 역시 무거워집니다. 검은 구름이 잔뜩 끼어 있을 때 햇빛이 비치면 그 빛이 더욱 환해 보이는 법입니다. 마찬가지로 밤이 깊고 사나운 비바람이 계속 몰아칠 때는 천국의 대장 되신 주님께서 배에 타고 있는 자들의 가장 가까이 자리하십니다. 가장 낙심될 때가 실은 성령의 위로를 가장 많이 받을 때라니 얼마나 복된 일입니까?

그렇다면 어떻게 그런 걸까요? 시련이 위로 받을 여지를 만들어 놓기 때문입니다. 큰 시련들을 통과하다 보면 자연히 마음이 넓어집니다. 환난이라는 삽이 위로의 저수지를 더욱 깊이 파놓으므로 위로 받을 여지가 더 많이 만들어집니다. 하나님은 우리 마음속에 오시어 그 안에 가득 찬 것들을 보십니다. 그리고는 우리에게 있는 그 세상적인 위로들을 다 부수기 시작합니다. 하나님은 우리 마음을 텅 비게 만드십니다. 그러면 그 안에 하나님의 은혜를 받을 여지가 그만큼 많이 생기게 됩니다. 저 산 밑에서 외쳐 대는 함성만큼 듣기 좋은 함성은 없습니다. 마찬가지로 깊은 시험과 고통을 통과하고 있는 영혼으로부터 터져 나오는 기도만큼 진실한 기도도 없습니다. 그런 기도는 우리를 하나님 가까이에 데려다 주기에 우리는 그만큼 더 행복해집니다. 하나님 가까이 있는 그 자체가 바로 행복입니다.

FEBRUARY
MORNING BY MORNING
02 / 13

"보라 아버지께서 어떠한 사랑을 우리에게 베푸사 하나님의 자녀라 일컬음을 받게 하셨는가, 우리가 그러하도다 그러므로 세상이 우리를 알지 못함은 그를 알지 못함이라 사랑하는 자들아 우리가 지금은 하나님의 자녀라…"_요일 3:1-2

우리가 전에 어떤 사람이었는지 한번 돌이켜 보십시오. 아니, 지금도 더러운 것이 우리 안에서 강하게 역사할 때마다 우리가 어떻게 변하는지 한번 생각해 보십시오. 그러면 어찌 감히 우리가 하나님의 자녀가 되었는지 기이할 것입니다. 하지만 분명히 지금 우리는 "하나님의 자녀"라 일컬음을 받고 있습니다. 하나님의 자녀라니, 이 얼마나 친밀한 관계입니까! 그로 인해 우리가 누리는 특권은 또 얼마나 크겠습니까! 자녀가 아버지의 사랑과 보살핌에 거는 기대가 얼마나 크며 아버지가 자녀에 대해 품는 사랑이 또 얼마나 큽니까! 그런데 우리는 그 모든 것을, 아니 그보다 더한 것을 지금 그리스도를 통해 소유하고 있습니다.

우리의 큰형 되신 예수님과 더불어 일시적으로 고난 당하는 것이 우리에게는 오히려 더욱 큰 영광이 됩니다. "그러므로 세상이 우리를 알지 못함은 그를 알지 못함이라." 그리스도께서 낮은 자리로 임하셨듯이 세상이 우리를 알아주지 않아도 우리는 만족합니다. 그 이유는 머잖아 하나님께서 그리스도와 더불어 우리를 높여 주실 것이기 때문입니다. "사랑하는 자들아 우리가 지금은 하나님의 자녀라." 이 말씀을 글로 읽기는 어렵지 않으나 막상 마음으로 느끼기란 그리 쉽지 않습니다. 이 아침, 당신의 마음은 어떻습니까? 혹시 아주 깊은 슬픔의 골짜기에 있지 않습니까? 믿음이 거의 다 사라졌다고 생각됩니까? 그러나 두려워 마십시오. 당신이 받은 은혜나 당신이 느끼는 기분에 의지해 살지 마십시오. 오직 그리스도를 믿는 믿음으로 살아가십시오.

"그가 쓸 것은 날마다 왕에게서 받는 양이 있어서 종신토록 끊이지 아니하였더라"_열하 25:30

유다 왕 여호야긴은 몇 달 동안 먹을 것을 지닌 채 바빌론 왕의 궁전에서 멀어진 것이 아닙니다. 그날그날 필요한 것들을 그는 날마다 왕에게 받았습니다. 이러한 그의 처지는 여호와의 모든 백성들이 누리고 있는 행복한 상황을 아주 잘 대변하고 있습니다. 날마다 그날 필요한 것들을 받으면 생존에 있어 정말로 필수적인 것만을 가려내어 밝히 볼 수 있습니다. 날이 채 밝지 않았기에 내일 무엇이 필요할지 확실히 알지 못합니다. 더욱이 6월에 가서 겪을지 모를 갈증을 2월에 미리 해소할 필요는 없습니다. 우리는 아직 그 갈증을 느끼지도 않기 때문입니다.

그날을 위해 충분한 양, 이것이 우리가 행복하게 누릴 만한 전부입니다. 우리는 그날 공급되는 식량이나 의복보다 더 많은 것을 먹고 마시고 입을 수 없습니다. 만약 여분이 생기게 된다면 그것을 저장할 걱정과 혹시 도둑이 들지 않을까 망을 보느라 염려할 것입니다. 지팡이 한 개는 여행객을 도와주지만 한 꾸러미의 지팡이는 무거운 짐이 될 뿐입니다. 족한 식사는 잔칫상만큼이나 좋을 뿐 아니라 최고의 대식가마저도 진실로 즐길 수 있는 충만입니다. 이것이 우리가 기대해야 할 전부입니다. 이보다 더 많이 갖기를 원한다면 그건 배은망덕한 짓입니다. 하나님 아버지께서 우리에게 더 이상 주시지 않을 때는 그것에 만족해야 합니다. 여호야긴의 경우가 바로 우리의 경우입니다. 우리에게는 분명한 정수, 은혜로운 정수, 약속된 정수가 있습니다. 우리는 바로 이에 대해 하나님께 감사해야 합니다.

"오직 우리 주 곧 구주 예수 그리스도의 은혜와 그를 아는 지식에서 자라 가라 영광이 이제와 영원한 날까지 그에게 있을지어다"
_벧후 3:18

오늘 당신은 저 천국에 있는 믿음의 백성들과 함께 모든 영광을 예수님께 돌리게 될 때를 고대하고 있습니다. 그런데 바로 지금은 어떠합니까? 바로 이 순간 여기서 예수님을 영화롭게 하고 계십니까? 베드로 사도는 "영광이 이제와 영원한 날까지 그에게 있을지어다"라고 했습니다. 당신도 오늘 이 말씀을 기도 제목으로 삼지 않으시렵니까?

그렇다면 다음과 같이 기도해 보십시오. "주여, 제가 주님을 영화롭게 할 수 있도록 도와주십시오. 저는 은사들을 갖고 있습니다. 제가 주님을 위해 이 은사들을 사용함으로써 주님을 높일 수 있도록 도와주십시오. 저는 또 시간을 갖고 있습니다. 이 시간을 통해 주님을 섬길 수 있도록 도와주십시오. 주님, 저는 느낄 줄 아는 가슴도 갖고 있습니다. 이 가슴으로 오직 주님만 사랑할 수 있도록, 오직 주님을 향한 사랑으로만 불타오를 수 있도록 도와주십시오. 저는 생각할 줄 아는 머리도 갖고 있습니다. 이 머리로 주님을 생각할 뿐 아니라 주님만 위해 생각할 수 있도록 도와주십시오. 주님은 어떤 목적이 있어서 저를 이 세상에 보내셨습니다. 그 목적이 무엇인지 깨닫도록 하셔서 제가 제 인생을 향한 주님의 계획을 이룰 수 있도록 도와주십시오. 저를 취하시어 저로 하여금 지금 주님을 영화롭게 할 수 있도록 만들어 주십시오. 제가 하는 모든 말 속에서, 제가 행하는 모든 행위 속에서, 그리고 제가 갖고 있는 모든 소유를 가지고 지금 여기서 주님을 영화롭게 할 수 있도록 도와주소서."

"내가 궁핍하므로 말하는 것이 아니니라 어떠한 형편에든지 나는 자족하기를 배웠노니"_빌 4:11

오늘의 말씀은 자족하는 것이 인간의 자연적인 성향이 아님을 우리에게 보여 줍니다. "잡초는 빨리 자랍니다." 땅에 가시덤불이 나는 것은 아주 자연스러운 일입니다. 마찬가지로 탐욕을 부리고 불만을 품으며 원망하는 것이 인간에게는 매우 자연스럽습니다. 엉겅퀴는 구태여 심지 않아도 저절로 무럭무럭 자랍니다. 마찬가지로 우리는 사람들에게 불평하라고 가르칠 필요가 전혀 없습니다. 그런 교육을 받지 않아도 어느새 불평하고 있을 것입니다. 그러나 이 땅에서 소중한 것들은 반드시 심고 가꿔야 합니다. 밀이 갖고 싶으면 땅을 갈아 밀을 심어야 합니다. 꽃을 원하면 정원을 꾸리고 보살펴야 합니다. 자족할 줄 아는 마음은 천국의 꽃 중 하나입니다. 만일 우리가 자족하고 싶다면 우리 안에 자족을 심고 가꿔야 합니다. 그것은 결코 우리 안에서 저절로 자라지 않습니다.

오직 새로운 본성만이 그런 성품을 만들어 낼 수 있습니다. 그런데 설사 새 본성이 심겨졌다 해도 하나님께서 우리 안에 심으신 그 은혜가 잘 자라기 위해서는 각별한 보살핌이 필요합니다. 바울은 "내가 자족하기를 배웠다"고 말하고 있습니다. 이 말은 곧 그가 이전까지는 자족하는 법을 몰랐다는 뜻입니다. 고통을 겪고 나서야 바울은 비로소 그 위대한 진리의 신비를 터득하게 되었습니다. 틀림없이 자신이 자족하기를 배웠다고 생각했다가 다시 무너져 내린 적도 여러 번 있었을 것입니다. 여기서 배운다는 것은 그저 학습(learning)한다든가 훈련 없이 배우기만 한다는 뜻이 아니라 점진적으로 그것을 획득해 가는 하나의 기술인 것입니다.

"아브라함이 죽은 후에 하나님이 그의 아들 이삭에게 복을 주셨고 이삭은 브엘라해로이 근처에 거주하였더라"_창 25:11

하갈이 이곳 브엘라해로이 근처에서 구출된 적이 있으며 이스마엘이 자비로운 하나님(살아 계셔서 사람의 아들들을 보고 계시는)의 계시로 그곳에서 물을 마신 적이 있습니다. 그러나 그들은 마치 세상 사람들이 필요할 때에만 주님께 주목하듯 어쩌다 그곳에 들렀을 뿐입니다. 그런 자들은 곤경에 빠지면 주님께 부르짖지만 형통하면 곧 주님을 잊어버립니다. 그러나 이삭은 그곳에 거했습니다. 그리고 자기가 필요한 것을 계속 공급해 주시는 살아 계신 하나님, 모든 것을 다 보고 계시는 하나님의 샘을 팠습니다. 그 인생의 전반적인 방향, 그 영혼의 거처야말로 한 사람의 상태를 알아볼 수 있는 시금석입니다.

어쩌면 이삭은 하갈이 하나님의 섭리로 그곳을 방문하게 된 것에 큰 충격을 받아 브엘라해로이를 공경하게 되었는지 모릅니다. 아무튼 이삭은 그 신비한 이름 때문에 그곳을 더욱 사랑하게 되었는데, 저녁때면 그 근처에서 자주 묵상했기에 그 우물과 친숙하게 되었습니다. 또한 그곳에서 리브가를 만났기 때문에 그 근처가 고향처럼 느껴지기도 했습니다. 그러나 무엇보다도 거기서 살아 계신 하나님과 교제했기 때문에 그 신성한 곳을 자기 거처로 삼았습니다. 우리도 이삭처럼 살아 계신 하나님 앞에서 사는 법을 배웁시다. 지금 이 자리에서 오늘도, 그리고 다른 모든 날에도 "하나님이 나를 보고 계신다"고 느낄 수 있게 해 달라고 성령님께 기도합시다.

주님, 저희가 주님을 떠나지 않고 살아 계신 하나님의 샘물 곁에 영원히 거하도록 붙잡아 주소서.

"내가 하나님께 아뢰오리니 나를 정죄하지 마시옵고 무슨 까닭으로 나와 더불어 변론하시는지 내게 알게 하옵소서"_욥 10:2

어쩌면 주님은 당신에게 더 많은 은혜를 주시려고 이 순간에도 당신과 더불어 쟁변하고 계신지 모르겠습니다. 우리가 받는 은혜 가운데는 시험을 당하지 않고서는 생전 발견할 수 없는 은혜들이 있습니다. 편안하고 좋을 때보다는 역경을 통해 믿음이 훨씬 강해집니다. 사랑은 주변이 캄캄할 때 외에는 그 빛을 발하지 않는 반딧불 같을 때가 많습니다. 또 소망은 하늘의 별과 같아서 번영의 태양이 내리쬐고 있는 곳에서는 보이지 않고 오직 역경의 밤에만 보입니다. 이처럼 고통과 재난은 하나님이 그 자녀들을 위해 은혜의 보석들을 담아두는 검은 알루미늄 종이와 같습니다. 그 안에 싸여 있을 때 그 보석들은 더욱 광채를 발합니다.

당신은 언젠가 하나님께 이런 기도를 드렸을 것입니다. "주님, 저는 믿음이 조금도 없는 것 같아 두렵습니다. 제게도 믿음이 있다는 사실을 알게 해 주십시오." 비록 무의식적이기는 하지만 사실 이것은 시련을 달라는 기도 아닙니까? 당신의 믿음을 행사해 보지 않고서야 어떻게 믿음이 있는지 알 수 있겠습니까? 하나님은 우리의 이런 기도를 들으시고 우리에게 종종 시련을 보내십니다. 그것은 그 시련 가운데서 하나님으로부터 받은 은혜를 발견하고, 그 은혜가 존재한다는 사실을 우리에게 확증시켜 주시기 위해서 입니다. 더욱이 우리는 그 시련 가운데서 단순히 은혜만 발견하는 것이 아닙니다. 그 시련을 이기고 나면 은혜 안에서 진실로 성장합니다. 하나님은 그의 군사들을 훈련시키실 때 편안하고 사치스러운 텐트 속에서 거하도록 놔두시지 않듯 말입니다.

FEBRUARY
MORNING BY MORNING
02 / 19

"주 여호와께서 이같이 말씀하셨느니라 그래도 이스라엘 족속이 이같이 자기들에게 이루어 주기를 내게 구하여야 할지라 내가 그들의 수효를 양 떼같이 많아지게 하되"_겔 36:37

하나님의 긍휼을 맛보려면 먼저 기도해야 합니다. 이스라엘 역사와 교회사를 돌아보십시오. 그러면 먼저 하나님께 간청함 없이 이 땅 위에 하나님의 크신 긍휼이 임한 적이 거의 없었다는 사실을 발견할 것입니다. 당신은 자신의 개인적 체험을 통해 이미 이것이 사실임을 깨달았을 것입니다. 물론 하나님은 그동안 당신에게 셀 수 없을 만큼 많은 은총을 베푸셨습니다. 그리고 하나님의 그 크신 은혜가 임하기 전에 당신은 항상 많은 기도를 드렸을 것입니다. 말로 다할 수 없이 큰 기쁨을 누리면서 당신은 기도에 대한 하나님의 응답에 행복했을 것입니다.

또 쓰라린 고통 가운데서 건짐을 받고 엄청난 위험 속에서 도우심을 받았을 때도 "내가 여호와께 간구하매 내게 응답하시고 내 모든 두려움에서 나를 건지셨도다"(시 34:4)라고 고백했을 것입니다. 이처럼 축복에는 항상 기도가 선행됩니다. 기도는 축복의 그림자로 언제나 축복보다 앞서갑니다. 하나님이 우리에게 베푸실 자비의 언덕을 쌓아 올리실 때, 즉 하나님 자신이 그 뒤에서 빛을 발하실 때에는 우리 영혼에 미리 기도의 그림자를 드리우신다는 겁니다. 그래서 기도로 간구한 것들은 반드시 응답되기에 하나님이 자비를 베풀어 주시리란 확신을 얻고서 안심할 수 있도록 해 주십니다. 기도는 이런 식으로 우리가 받은 축복이 얼마나 소중한 것인지를 알게 해 줍니다. 만일 우리가 구하지 않았는데도 축복을 받게 된다면 우리는 그 축복을 대수롭지 않게 생각하고 말 것입니다.

FEBRUARY
MORNING BY MORNING
02 / 20

"그러나 낙심한 자들을 위로하시는 하나님이 디도가 옴으로 우리를 위로하셨으니"_고후 7:6

하나님처럼 우리를 위로하실 수 있는 분이 또 어디 있겠습니까? 슬픔과 비통에 잠긴 가엾은 형제에게 가서 위로해 보십시오. 아무리 지혜로운 말로 다독여도 그는 듣지 않을 것입니다. 힘써 위로해도 찬양의 시를 읊거나, 할렐루야 소리를 내거나, 기쁜 소리를 발하지 않을 것입니다. 그러나 하나님이 그를 직접 위로하시면 어떨까요? 머잖아 그의 안색이 환해질 것입니다. 슬피 울던 두 눈이 희망으로 반짝일 것입니다. 그리고는 "주께서 계신 이곳이 바로 낙원입니다. 하지만 주가 떠나시면 곧 지옥이 되고 맙니다"라며 노래할 것입니다. 길르앗에는 유향이 없지만 "모든 위로의 하나님"께는 있습니다. 피조물 가운데는 의원이 없지만 창조주 하나님은 "여호와 라파"십니다. 하나님의 달콤한 한마디로 그리스도인들이 부르는 그 모든 찬송이 생겨났습니다.

당신도 하나님께로 가서 위로를 구하십시오. 당신은 지금 물이 바짝 마른 우물과 같습니다. 펌프의 물이 마르면 먼저 그 안에 물을 붓고 펌프질을 해야 물이 나오는 법입니다. 당신 마음속에 기쁨의 빛을 환히 비추시기를 구하십시오. 곧 진정으로 마음에 기쁨이 차고 넘칠 것입니다. 세상의 아는 자들에게로 가지 마십시오. 그들은 욥을 위로하러 왔던 세 친구와 다를 바가 없습니다. 가장 먼저 당신의 하나님, "비천한 자들을 위로하시는 하나님"께로 향하십시오. 그러면 곧 "내 속에 근심이 많을 때에 주의 위안이 내 영혼을 즐겁게 하시나이다"(시 94:19)라는 고백이 터져 나올 것입니다.

FEBRUARY
MORNING BY MORNING
02 / 21

"돈을 사랑하지 말고 있는 바를 족한 줄로 알라 그가 친히 말씀하시기를 내가 결코 너희를 버리지 아니하고 너희를 떠나지 아니하리라 하셨느니라"_히 13:5

이 말씀을 믿음으로 이해한다면, 우리는 모든 것을 정복할 무기를 갖는 셈입니다. 날 선 검을 당할 의심이 어디 있겠습니까? 하나님의 언약의 화살에 치명타를 입지 않을 의심이 어디 있겠습니까? 인생의 고뇌, 사망의 고통, 우리 안에서 일어나는 온갖 더러움, 우리 밖에 있는 올무들, 위에서부터 오는 시련, 밑에서 오는 유혹, 이 모두는 "그가 친히 말씀하시기를"이란 방패 아래서 지극히 미약한 적에 지나지 않습니다.

차분한 가운데 기뻐하길 원하든, 투쟁 가운데서 힘을 얻기 원하든, 우리는 날마다 "그가 친히 말씀하시기를"이란 메시지에 의지해야 합니다. 이 말씀은 또한 성경 보기의 중요성을 가르쳐 줍니다. 성경 속에는 각자에게 딱 들어맞는 약속의 말씀이 있지만 그것을 모르기에 받을 위로를 놓치는 수가 허다합니다. 감옥에 갇힌 당신 앞의 두툼한 열쇠 꾸러미 가운데 문을 열 수 있는 열쇠는 오직 하나뿐입니다. 그 열쇠를 사용하면 금세 자유의 몸이 될 것입니다. 그러나 아무런 시도 없이 앉아 있다면 자유의 길이 아무리 가까이 있을지라도 그저 죄수로 남을 뿐입니다. 그러므로 약속의 말씀을 많이 암기해 간직하십시오. 당신은 위인들의 경구를 기억하고 유명한 시구를 읊기도 할 것입니다. 하물며 문제를 해결하고 의심을 물리치기 위해 하나님의 말씀을 많이 알아두는 것이 유익하지 않겠습니까? "그가 친히 말씀하신" 바는 모든 지혜의 원천이요 모든 위로의 샘입니다. 부디 당신 안에 하나님의 말씀이 풍성히 거하게 하십시오.

"요셉의 활은 도리어 굳세며 그의 팔은 힘이 있으니 이는 야곱의 전능자 이스라엘의 반석인 목자의 손을 힘입음이라"_창 49:24

하나님이 요셉에게 주신 힘은 진짜 힘입니다. 괜한 용맹이나 요란한 허풍이 아닙니다. 하나님의 힘은 진실로 발하는 힘입니다. 요셉은 유혹을 어찌 그리 가뿐하게 물리칠 수 있었을까요? 바로 하나님께서 도와주신 덕분입니다. 하나님의 능력 없이 할 수 있는 일은 하나도 없습니다. 모든 진정한 힘은 "야곱의 전능하신 하나님"으로부터 옵니다. 하나님께서 요셉에게 얼마나 허물없이 친밀한 방법으로 힘을 주셨는지 눈여겨보십시오. "그의 팔은 힘이 있으니 이는 야곱의 전능자의 손을 힘입음이라." 하나님은 그의 팔과 그의 양손을 요셉에게 올려놓으셨습니다. 마치 아버지가 자녀들을 가르치듯 하나님도 그의 자녀들이 그를 경외하도록 가르치고 계십니다. 이 얼마나 놀라운 겸손입니까! 전능하신 하나님께서 요셉을 강건케 하시려 친히 그의 보좌에서 몸을 굽히시다니요!

여호와의 힘은 또한 언약의 힘이기도 합니다. 그러므로 이제 야곱의 하나님을 떠올릴 때마다, 하나님이 야곱과 맺으신 그 언약을 기억하십시다. 모든 능력, 모든 은혜, 모든 축복, 모든 긍휼, 모든 위로는 다 이 언약을 통해 하나님의 샘에서 우리에게로 흘러 들어옵니다. 빛과 열이 태양에서 나오듯 모든 은혜가 하나님의 언약에서 샘솟습니다. 야곱이 본 그 사다리를 타지 않고서는 언약의 하나님이 서 계신 꼭대기에 어떤 천사도 감히 오르내리지 못합니다. 혹시 사수들이 당신을 명중시켜 고약한 상처를 입혔는지 모르겠습니다. 그럴지라도 당신의 활이 여전히 견고함을 믿으십시오. 그리고 이 모든 영광을 야곱의 하나님께 돌리십시오.

FEBRUARY
MORNING BY MORNING
02 / 23

"돈을 사랑하지 말고 있는 바를 족한 줄로 알라 그가 친히 말씀하시기를 내가 결코 너희를 버리지 아니하고 너희를 떠나지 아니하리라 하셨느니라"_히 13:5

하나님의 약속은 어떤 한 개인에게만 주어지지 않았습니다. 하나님의 말씀은 모든 이에게 동일하게 적용됩니다. 하나님이 누군가를 위해 샘을 여신다면 곧 모든 이들에게 주시려고 그리 하시는 것입니다. 하나님이 굶주린 한 백성을 위해 천국의 곳간 문을 여셨더라도 배고픈 성도라면 누구나 그 식량을 먹을 수 있습니다. 하나님의 말씀이 아브라함에게 임했든 모세에게 임했든 마찬가지입니다. 그 말씀은 언약의 후손인 우리에게도 동일하게 내려졌습니다. 그러므로 너무 고귀해서 받을 수 없는 축복도 없고, 너무 광활해서 얻을 수 없는 긍휼도 없습니다. 눈을 들어 사방을 바라보십시오. 이 모든 게 바로 당신 것입니다.

그 땅에 젖과 꿀이 흐릅니까? 그렇다면 그 젖과 꿀을 마시고 취하십시오. 부디 담대하십시오. 하나님은 친히 "내가 결코 너희를 버리지 아니하고 너희를 떠나지 아니하리라"고 말씀하십니다. 능력의 하나님이 백성들을 위해 자신의 강함을 보여 주실 것입니다. 사랑의 하나님이 그 사랑 속에서 우리에게 긍휼을 베푸실 것입니다. 하나님의 신성을 이루는 모든 속성 하나하나가 최대한으로 우리를 위해 역사할 것입니다. "내가 결코 너희를 떠나지 아니하고 너희를 버리지 아니하리라." 이 말씀 속에 해당되지 않는 것은 아무것도 없습니다. 당신이 원하는 것 무엇이든, 이 땅이나 영원한 세계에서 필요로 하는 것이면 무엇이든, 살아 있는 것이나 죽어가는 것 중 어느 것도, 현재나 부활한 아침에 있을 것 중 그 무엇이라도 이 약속의 말씀에 해당되지 않는 것은 하나도 없습니다.

"내가 그들에게 복을 내리고 내 산 사방에 복을 내리며 때를 따라 소낙비를 내리되 복된 소낙비를 내리리라"_겔 34:26

여기에 하나님의 주권적 긍휼이 있습니다. "내가 그들에게 때를 따라 비를 내리리라." 하나님이 아니고서야 누가 감히 이렇게 말할 수 있겠습니까? 구름에게 온 천지에 비를 내리도록 명할 수 있는 분은 오직 하나님뿐입니다. 단언컨대 은혜는 오직 하나님의 선물입니다. 또한 하나님의 은혜는 반드시 필요한 은혜입니다. 만일 비가 내리지 않으면 이 땅이 어찌 되겠습니까? 설사 우리가 밭을 일궈 씨를 심는다 해도 무슨 소용이 있겠습니까? 이처럼 하나님의 축복은 절대적입니다. 하나님의 은혜는 또한 풍성한 은혜입니다. 하나님은 "빗방울을 내리겠다"고 하시지 않고 "소낙비"를 내리겠다고 말씀하고 계십니다.

하나님은 축복을 다 받지 못할 만큼 그렇게 많이 축복하십니다. 이 풍성한 은혜로 말미암아 우리는 하나님을 위해 열심을 내고 생을 잘 통과하여 마침내 천국에 들어가게 됩니다. 하나님의 은혜는 또한 때에 맞는 은혜입니다. "내가 때를 따라 비를 내리되." 오늘 아침 당신은 어느 때에 있습니까? 가뭄의 때에 있습니까? 그렇다면 소낙비를 구하십시오. 하나님의 은혜는 또한 다양한 축복입니다. "네가 네 날 수대로 강건하리라.", "내가 너희에게 복된 소낙비를 내리리라." 여기서 소낙비는 복수(showers)로 되어 있습니다. 하나님은 온갖 종류의 축복을 다 보내십니다. 마치 사슬에 엮인 고리들처럼 하나님의 축복은 서로 연결되어 내려옵니다. 회심케 하는 은혜를 주셨다면 또한 위로의 은혜도 주실 것입니다. 그는 "복된 소낙비"를 보내실 것입니다.

FEBRUARY
MORNING BY MORNING
02 / 25

"요한이 많은 바리새인들과 사두개인들이 세례 베푸는 데로 오는 것을 보고 이르되 독사의 자식들아 누가 너희를 가르쳐 임박한 진노를 피하라 하더냐"_마 3:7

우리는 지금 구세주의 머리 위로 폭풍우가 쏟아져 내린 땅을 통과하고 있습니다. 방울져 내리는 슬픔은 긍휼의 구름에서 떨어지는 이슬입니다. 예수님은 우리의 기운을 북돋워 주십니다. 그러나 곧 몰아칠 폭우를 예감하는 것은 정말이지 두렵습니다. 날갯죽지를 축 늘어뜨린 새들과 공포에 떠는 소떼, 잔뜩 찌푸린 하늘은 염려와 불안을 불러옵니다. 머지않아 사나운 태풍이 나무들을 뿌리째 찢고 축대를 무너뜨리고 사람이 사는 곳을 다 휩쓸고 지나갈 것입니다.

얼마나 무서운 노릇입니까! 죄인인 우리는 바로 이러한 상황에 처해 있습니다. 곧 불 소낙비가 내리려 하고 있습니다. 하나님의 사나운 바람이 금세라도 불 것처럼 몰려오고 있습니다. 아직은 자비 가운데 홍수의 댐이 막혀 있으나 곧 그 문이 열릴 것입니다. 만약 하나님이 복수의 맹렬한 폭우로 들이닥친다면 그때에는 얼마나 끔찍하겠습니까! 이럴 때 당신은 어디에 숨으시겠습니까? 어느 길로 도망하겠습니까? 그러나 기뻐하십시오. 아직은 은혜 받을 만한 때입니다. 하나님의 긍휼의 손길이 당신을 그리스도께로 인도할 수 있는 때입니다! 당신이 복음 안에서 값없이 자유를 얻을 수 있도록 하나님이 다 마련해 두셨습니다. 창에 찔린 예수님의 옆구리야말로 당신이 피할 반석입니다. 이미 그리스도가 당신에게 필요하다는 사실을 알고 있지 않습니까? 자, 이제 그리스도를 믿고 그분에게 자신을 맡기십시오. 그러면 그 맹렬한 폭우가 당신을 지나쳐 영원히 사라질 것입니다.

FEBRUARY 02 / 26

"나는 감사하는 목소리로 주께 제사를 드리며 나의 서원을 주께 갚겠나이다 구원은 여호와께 속하였나이다 하니라"_욘 2:9

구원은 하나님의 사역입니다. "죄와 허물로 죽어 있는" 영혼을 소생시키시고 그 영혼을 새 생명 안에서 유지하는 분은 오로지 하나님이십니다. 하나님은 "알파요 오메가"십니다. 하나님이 당신 안에서 먼저 역사하셨기에 당신은 모든 은혜와 사랑과 안정을 누릴 수 있습니다. 당신이 스스로를 보존하기 위해 한 일은 아무것도 없습니다. 당신은 오직 죄를 범할 뿐입니다. 당신의 그 모든 선함조차 오직 여호와께로 말미암은 것입니다. 영적인 원수를 물리쳤습니까? 여호와의 힘이 당신의 팔을 담대하게 해 주셨기에 가능했습니다. 사람들 앞에서 구별된 삶을 삽니까? 그렇다면 그리스도께서 당신 안에 거하시기 때문입니다.

하나님의 성령이 당신을 성화시키고, 세상을 멀리하도록 하며, 하나님을 아는 지식에서 자라나게 하십니다. 당신에게 있는 모든 진주는 천국의 것을 본뜬 것입니다. 하나님 안에서는 당신이 원하는 모든 것을 발견하지만 당신 자신 안에서는 오직 죄와 비참함밖에 찾지 못합니다. "오직 하나님만 당신의 반석이시요 구원입니다." 하나님께서 당신의 영혼을 위해 말씀을 양식으로 만드시고 당신이 그것을 먹을 수 있도록 도와주셨습니다. 하늘에서 내려오는 만나를 먹으며 사십니까? 당신의 모든 도움은 저 천국에서부터 옵니다. 예수님이 없으면 당신은 아무것도 아닙니다. 포도나무에 붙지 않은 가지가 스스로 열매를 맺을 수 없듯 당신도 그리스도를 떠나서는 어떤 열매도 맺을 수 없습니다.

FEBRUARY
MORNING BY MORNING
02 / 27

"네가 말하기를 여호와는 나의 피난처시라 하고 지존자를 너의 거처로 삼았으므로"_시 91:9

이스라엘 백성들은 광야에서 끊임없이 변화에 적응해야만 했습니다. 그들은 구름 기둥이 머무는 곳이면 어느 곳에서든 장막을 쳐야 했습니다. 그러다 아침 해도 뜨기 전에 나팔이 울리고 언약궤가 움직이면 구름 기둥과 불 기둥이 가는 대로 무작정 좇았습니다. 좁은 산골짜기를 통과하든, 언덕길을 오르든, 그 광야의 황폐한 불모지를 가든 줄곧 따라야 했습니다. 잠시 쉴 시간도 없이 "출발! 이곳은 너희가 쉴 곳이 아니다. 너희들은 아직도 계속해서 가나안을 향해 가야 한다!"라는 소리를 들어야만 했습니다. 한 곳에서 지체한 적이 한 번도 없었습니다. 샘물이나 야자수 나무를 만나도 머물지 않았습니다. 그러나 그들은 여호와 하나님 안에 변하지 않는 처소를 갖고 있었습니다.

하나님의 구름 기둥이 곧 그들의 지붕이요, 밤이면 불 기둥의 불꽃이 그들의 난로와 모닥불이 되었습니다. 그들은 한 번도 "우리는 이제 안전하다. 바로 여기서 거할 것이다"라고 말할 기회를 갖지 못했습니다. 그런데도 모세는 이렇게 이야기하고 있습니다. "주여 주는 대대에 우리의 거처가 되셨나이다"(시 90:1). 우리는 오늘 부자였다가 내일 가난해질 수 있고, 오늘 행복했다가 내일 낙심에 빠질 수 있습니다. 그러나 하나님과의 관계에 관한 한 그리스도인에게는 아무것도 변화하지 않습니다. 기대가 무너져 내리고, 희망이 사라지고, 기쁨이 시들해지며, 곰팡이가 나 모든 것이 다 못쓰게 되어도 나는 하나님 안에서 아무것도 잃어버리지 않습니다. 하나님은 기꺼이 "내가 계속해서 의지할 수 있는 견고한 처소"가 되십니다.

"나의 영혼아 잠잠히 하나님만 바라라 무릇 나의 소망이 그로부터 나오는도다"_시 62:5

오직 성도들만이 이 특권을 말할 수 있습니다. 세상으로부터 무엇을 얻으려는 것은 정말이지 딱한 "소망"입니다. 그러나 필요한 것들을 하나님이 공급하실 줄 믿고 바라본다면, 그의 "소망"은 절대 헛되지 않습니다. 나는 이 땅의 모든 능력자들 대신 하나님을 나의 은행가로 모셨습니다. 내 주님은 자신의 약속을 항상 존중하십니다. 그래서 그 약속들을 그의 보좌로 가져가면 하나님은 반드시 응답을 우리에게 돌려보내십니다. 그러므로 나는 오직 그분의 문 앞에서만 기다릴 것입니다. 항상 은혜의 손이 아낌없이 풍성하게 주시기 때문입니다.

이뿐만이 아닙니다. 우리의 소망은 이 세상을 뛰어넘는 "소망"입니다. 우리는 주님께서 천사들을 보내어 우리를 그의 품으로 데려가시리라 기대합니다. 맥박 뛰는 소리가 약해지고 가슴이 답답하여 신음소리를 토해 낼 때면, 천국에서 온 사자가 옆에 서서 사랑스러운 눈으로 우리에게 "형제(또는 자매)여, 함께 갑시다!"라고 속삭일 것입니다. 그리고 천국문이 가까워지면 "내 아버지께 복받을 자들이여 나아와 창세로부터 너희를 위하여 예비된 나라를 상속받으라"(마 25:34)며 우리를 환영하는 소리를 듣게 될 것입니다. 우리는 천국에 금거문고와 영광의 면류관이 있을 것으로 기대하며 보좌 앞에 선 빛나는 무리 중에 속하기를 소망합니다. 또한 주님처럼 될 때를 간절히 사모하며 학수고대합니다. 그때에야 비로소 "우리가 그의 계신 그대로 보게 될 것"이기 때문입니다.

FEBRUARY 02 / 29

"옛적에 여호와께서 나에게 나타나사 내가 영원한 사랑으로 너를 사랑하기에 인자함으로 너를 이끌었다 하였노라"_렘 31:3

율법이 주는 위협이나 심판에 대한 공포는 우리를 그리스도께로 인도하기 위한 수단입니다. 그러나 그리스도를 좇도록 하는 결정적인 계기는 바로 하나님의 자비하심입니다. 하나님의 자비는 돌 같은 마음도 쪼개십니다. 탕자의 비유를 떠올려 보십시오. 탕자가 제 필요에 의해 아버지 집으로 향했을지라도, 아버지는 멀리서부터 아들을 향해 달려 나옵니다. 그리고 여전히 따뜻한 아버지의 입맞춤과 환영의 풍악 소리를 들으면서 아들은 마침내 아버지 집에 영원히 거합니다.

주님이 율법의 강철 같은 손으로 문을 두드리실 때, 집주인은 그를 반기지 않았습니다. 어쩔 수 없이 주님은 돌아가셨으나, 머지않아 다시 찾아오셨습니다. 그리고 이번엔 못 자국 난 부드러운 손으로 그 문을 살살 두드리셨습니다. 그러자 곧 문이 열렸습니다. 무릎을 꿇은 집주인은 주님께 이렇게 말했습니다. "어서 오세요, 주님. 주님의 못 자국 난 그 손에 피만 내고 정작 들어갈 곳은 없어 '내 머리에는 이슬이, 내 머리털에는 밤이슬이 가득하였다'(아 5:2)고 탄식하실 생각에 도저히 견딜 수가 없었습니다. 그래서 이렇게 항복합니다. 주님의 사랑에 제 마음이 녹았습니다." 이처럼 어떤 경우든 인자함이 승리합니다. 모세가 돌비를 갖고도 절대 할 수 없던 일을 그리스도는 못 자국 난 손으로 이루십니다. 이것이 바로 유효한 부르심의 교리입니다. 당신은 그것을 깊이 이해하고 있습니까? 부디 주께서 어린 양의 혼인 잔치에 참여하기까지 당신을 계속 이끌어 주시길 소망합니다.

"북풍아 일어나라 남풍아 오라 나의 동산에 불어서 향기를 날리라 나의 사랑하는 자가 그 동산에 들어가서 그 아름다운 열매 먹기를 원하노라"_아 4:16

환난이 도리어 유익이 되어 은혜의 향기를 가져다준다면, 우리 영혼은 환난의 폭풍을 원할지 모릅니다. "주님이 그 바람 속에 계시지 않은" 것만 아니라면, 우리는 은혜의 초목 위에 항상 부는 그 북풍 앞에서 결코 움츠러들지 않을 것입니다. 오늘 말씀에서 신부는 자기가 사랑하는 사람의 책망에 겸손히 순복합니다. 그저 사랑하는 이에게 어떤 형태로든 은혜를 보내 달라고 간청할 뿐 그 은혜를 어떤 방식으로 보내 달라는 조건은 내걸지 않습니다. 혹시 신부는 지친 나머지 자신을 자극하는 것이면 무엇이든 좋다면서 자포자기한 것이 아닐까요?

그러나 한편으로 그녀는 따스한 위로의 남풍, 하나님의 사랑의 미소, 구세주의 임재의 기쁨도 원하고 있습니다. 신부는 자기 정원의 각종 향품들로 사랑하는 이를 즐겁게 하고자 합니다. 그녀는 무익하게 되는 것이 견딜 수 없었습니다. 이런 신부와 우리는 꼭 닮았습니다. 예수님께서는 우리의 보잘것없는 미덕에서 위로를 얻으십니다. 이 얼마나 기분 좋은 소식입니까? 임마누엘 되신 예수님의 마음을 기쁘게 하는 데에 조금이나마 보탬이 된다면, 시련은 물론이요 심지어 죽음마저도 불사할 것입니다. 우리 마음이 산산이 부서지는 것만이 주 예수 그리스도를 영화롭게 한다면 기꺼이 그리 되도록 할 것입니다. 충분히 훈련 받지 못한 은혜는 마치 꽃 속에 잠들어 있는 향기와 같습니다. 그리고 위대한 농부 되신 우리 하나님은 고통과 위로를 활용하여 믿음, 사랑, 인내, 소망, 복종, 기쁨의 기분 좋은 향내를 피울 수 있도록 도우십니다.

MARCH 03/02

"온 이스라엘 사람들이 각기 보습이나 삽이나 도끼나 괭이를 벼리려면 블레셋 사람들에게로 내려갔었는데"_삼상 13:20

우리는 악한 블레셋 사람들과 전쟁 중입니다. 쓸 수 있는 무기는 모조리 사용해야 합니다. 설교, 가르침, 기도, 베풂, 이 모두를 실행해야 하며 그동안 하찮다고 생각했던 은사들도 다 활용해야 합니다. 우리는 적을 완전히 무찔러야 합니다. 그러나 꼭 멋지게 승리할 필요는 없습니다. 때를 얻든지 못 얻든지 모든 순간에, 배운 자든 배우지 못한 자든 자신이 갖고 있는 모든 능력으로, 기회가 좋든 나쁘든 모든 기회를 다 놓치지 말고 싸워야 합니다.

무엇보다 우리의 도구들이 대개 치명적이지 않다는 사실을 간파하며 신속해질 필요가 있습니다. 우리는 주님의 일에 자신을 완전히 적응시켜야 합니다. 가능하다면 원수에게서라도 배워 그를 활용해야 합니다. 이 아침에 성령의 도우심을 힘입어 하루 동안 우리의 열심을 예리하게 갈고 닦도록 합시다. 가톨릭교도들이 얼마나 열심을 내는지 한번 보십시오. 전도를 위해 온 바다와 땅을 일주하는 그들을 떠올려 보십시오. 지금 우리는 어떻습니까? 어둠의 권세 잡은 자를 유심히 관찰해 보십시오. 얼마나 끈기 있게 노력하며, 얼마나 침착하고 차분하게 일을 시도해 나갑니까? 또 얼마나 담대한 계획과 주도면밀한 계략을 꾸미며 모든 일에 정력적으로 일하고 있습니까! 마귀들은 악착같이 반항할 때 마치 한 사람처럼 단합하는데, 예수님을 믿는 성도들은 하나님을 섬기는 일에도 사분오열하는 경우가 다반사니 이를 어찌하면 좋겠습니까?

"보라 내가 너를 연단하였으나 은처럼 하지 아니하고 너를 고난의 풀무 불에서 택하였노라"_사 48:10

고난 가운데 있는 당신, 하나님의 말씀을 생각하며 위로를 받으십시오. "내가 너를 고난의 풀무 불에서 택하였노라." 이 말씀은 마치 사나운 불길을 잠재우는 부드러운 소나기 같습니다. 거친 열기에도 끄떡없이 견디는 소방복이나 다름없습니다. 고난이여 내게 오라. 하나님이 나를 택하셨다. 빈곤이여, 네가 문턱을 넘어 성큼성큼 들어온다 해도 겁나지 않는다. 하나님이 나를 택하셨다. 질병이여, 네가 나를 덮친다 해도 겁나지 않는다. 내게는 그 질병을 치료할 연고가 있다. 하나님이 나를 택하셨다. 이 눈물의 베일 속에서 내게 어떤 일이 발생하든, 나는 하나님이 나를 "택하셨음"을 압니다.

당신은 아직도 더 큰 위로를 구하십니까? 부디 풀무 불 속에 인자가 함께 계신 사실을 기억하십시오. 이 순간에도 사랑하는 그분, 주님은 바로 당신 곁을 지키십니다. 비록 알아차리지는 못했을지라도 당신이 아플 때 주님께서 친히 침상을 펴 주고 당신의 머리맡을 지키신 적이 아주 많습니다. 가난한 당신을 위해, 생명과 영광의 주님은 그 쓸쓸하고 적막한 처소에 이르시기를 마다하지 않으십니다. 주님께서는 늘 당신 가까이 계십니다. 비록 그분의 얼굴은 뵙지 못하나 그 양손의 무게는 느낄 수 있습니다. 주님의 음성이 들리지 않습니까? 주님은 그의 것으로 친히 택하신 자를 절대 떠나지 않습니다. "두려워 말라 내가 너와 함께함이니라"는 말씀은 그분이 "고난의 풀무"에서 택한 자들에게 친히 주신 약속입니다.

MARCH 03 / 04

"나에게 이르시기를 내 은혜가 네게 족하도다 이는 내 능력이 약한 데서 온전하여짐이라 하신지라 그러므로 도리어 크게 기뻐함으로 나의 여러 약한 것들에 대하여 자랑하리니 이는 그리스도의 능력이 내게 머물게 하려 함이라"_고후 12:9

만일 가난이나 고난이 존재하지 않는다면, 우리는 하나님의 은혜가 주시는 위로에 대해 알기 어려울 것입니다. 머리 둘 곳도 없는 방랑객이 "그래도 여전히 여호와를 신뢰한다"고 말하는 것을 볼 때, 먹고 마실 것이 없어 굶주리면서도 여전히 예수님을 자랑스러워하는 가난한 이를 볼 때, 남편을 잃고 슬퍼 어쩔 줄 모르면서도 여전히 믿음을 지켜 나가는 과부를 볼 때, 우리는 복음에 대해 얼마나 큰 영광을 맛보는지요! 하나님의 은혜는 성도들의 가난과 시련 속에서 더욱 두드러집니다. 모든 것이 합력해 선을 이룬다고 믿기에, 겉으로 보이는 분명한 악에서도 궁극적으로 진정한 축복이 솟아날 것이라 믿기에, 또 하나님이 자기를 속히 구원하시거나 그 환난 가운데서 확실히 지원하시리라 믿기 때문에 성도는 모든 낙망을 참고 견딜 수 있습니다.

성도들의 이런 인내는 곧 하나님의 은혜의 능력을 입증합니다. 칠흑같이 어둡고 조용한 밤에 폭풍우가 사납게 휘몰아쳐야 비로소 우리는 등대가 든든한지의 여부를 확인할 수 있습니다. 성령의 역사도 마찬가지입니다. 하나님의 최대 걸작이 무엇인지 아십니까? 어려움 가운데서도 요동치 않고 끝까지 견디며 서 있는 성도들입니다. 많은 시련을 겪을 때 그로써 오히려 부족함이 없는 하나님의 은혜를 더 잘 나타낼 수 있으니 그 안에서 기뻐하십시오. 하나님이 당신을 모른 체하실 거란 생각은 꿈에도 하지 말고, 지금껏 족한 은혜를 주셨던 하나님을 끝까지 신뢰하십시오.

"그러므로 우리는 다른 이들과 같이 자지 말고 오직 깨어 정신을 차릴지라"_살전 5:6

다른 성도와 더불어 여호와의 도에 관해 이야기하며 깨어 있으십시오. 존 번연의 「천로역정」에 나오는 기독도와 소망은 천성을 향해 가는 동안 이렇게 얘기합니다. "우리 졸지 않기 위해 서로 좋은 대화를 나눕시다." 기독도가 묻습니다. "형제여, 어디서부터 시작할까요?" 그러자 소망은 "하나님이 우리들과 시작하신 데서부터 시작하지요"라고 대답합니다. 바로 이때 기독도는 다음과 같이 노래합니다. "자꾸 졸린 성도가 있으면 이리 오게 하시오. 와서 이 두 순례자들의 이야기를 듣게 하시오. 성도의 교제가 잘만 이루어진다면 그들은 계속 깨어 있을 수 있다오. 지옥의 권세도 그들을 잠들게 할 수 없다오."

다른 이들에게서 고립되어 혼자 걷는 성도는 졸릴 가능성이 많습니다. 그러니 교제하십시오. 반드시 주 예수 그리스도에 대한 "아름다운 권면"을 나누십시오. 믿음의 눈으로 계속 주님을 바라보십시오. 당신의 입술로 항상 주님의 소중함을 말하십시오. 십자가 가까이 사십시오. 그러면 결코 졸지 않게 될 것입니다. 등 뒤의 지옥에서 마귀가 당신을 쫓는다고 생각해 보십시오. 그런데도 한가롭게 걸을 수 있겠습니까? 눈앞에 도피성이 보이는데 살인자가 어찌 뒤를 쫓는 피의 보수자와 더불어 잠을 잘 수 있겠습니까? 열린 진주문 안에서 천사들이 노래하며 당신이 속히 들어오기를 기다리고 있습니다. 금 면류관도 당신을 기다리고 있습니다. 그런데 어찌 졸 수 있겠습니까? 부디 시험에 들지 않도록 다른 성도들과 함께 거룩한 교제를 나누며 계속 깨어 기도하십시오.

"내가 네게 거듭나야 하겠다 하는 말을 놀랍게 여기지 말라"_요 3:7

중생은 구원에 있어 아주 기초적인 부분입니다. 우리는 우리가 정말로 "거듭났는지" 알아보아야 합니다. 그리고 정말로 거듭났다면 한껏 기뻐해야 합니다. 실제로는 중생하지 않았는데도 자기 혼자 착각하는 이들이 아주 많습니다. 그러나 그리스도인으로 불린다고 해서 모두가 믿는 백성은 아닙니다. "거듭남"은 형언할 수 없을 만큼 신비로운 일입니다. "바람이 임의로 불매 네가 그 소리는 들어도 어디서 와서 어디로 가는지 알지 못하나니 성령으로 난 사람도 다 그러하니라"(요 3:8). 그럼에도 불구하고 "거듭남"은 우리가 체감할 수 있는 변화, 즉 거룩한 행위에 의해 알려지고 은혜로운 체험에 의해 느껴지는 변화입니다.

중생은 인간이 행할 만한 작용이 아닙니다. 그것은 가슴 속에서 역사하고, 영혼을 새롭게 하며, 그 전인에게 영향을 미치는 새로운 원리가 그 사람 안에 불어넣어지는 것입니다. 단지 이름이 바뀌는 것이 아니라 본성이 새로워지는 일입니다. 과거의 내가 그리스도 예수 안에서 새 사람이 되는 것입니다. 시체를 씻겨 옷을 입히는 일과 그 시체를 살아나게 하는 일은 전혀 별개입니다. 전자는 인간이 할 수 있으나, 후자는 오직 하나님만이 하실 수 있습니다. 거듭나셨습니까? 그렇다면 이렇게 외치십시오. "오, 주여. 주님의 영이 제 안에 거룩한 생령을 불어넣어 주셨습니다! 제 생명은 하나님 안에서 그리스도와 함께 감추인 바 되었습니다. 이제 사는 것은 내가 아니요 내 안에 살아 계신 그리스도십니다." 중생하지 않은 것은 곧 구원을 얻지 못한 것이요, 용서 받지 못한 것이요, 하나님도 소망도 없는 것입니다.

"예수께서 그들에게 대답하여 이르시되 하나님을 믿으라"_막 11:22

믿음은 영혼의 발입니다. 우리는 그 발로 하나님의 계명의 길을 따라갑니다. 사랑은 그 발을 보다 빨리 움직이게 하고, 믿음은 영혼의 발을 지탱합니다. 믿음은 거룩한 헌신과 성실한 경건의 바퀴들이 잘 굴러가게 하는 기름과 같습니다. 우리는 믿음으로 모든 것을 다 할 수 있습니다. 그러나 믿음이 없으면 하나님 섬김에 있어 아무것도 할 의향이 없으며 또 할 능력도 없어집니다. 때로 적은 믿음이 사람을 구원하기도 합니다. 그러나 적은 믿음으로는 하나님을 위해 큰일을 할 수 없습니다.

「천로역정」에 나오는 소신(小信)은 무지갱의 사자 "아볼루온"과 싸울 수 없었습니다. 그와 싸우려면 "기독도"가 필요했습니다. 또한 그는 "거인 절망"도 죽일 수 없었습니다. 그 괴물을 때려눕히는 데는 "위대한 가슴"의 팔이 필요했습니다. 적은 믿음은 늘 "뾰족한 가시덤불과 위험으로 가득 찬 거친 길이라 지나가기 두렵다"고 속삭입니다. 반면 큰 믿음은 "네게 철과 놋으로 된 단단한 신을 줄 것이며, 네 날수 대로 강건한 힘도 줄 것이라"는 하나님의 약속을 기억합니다. 그래서 담대히 그 길을 걸을 수 있습니다. 적은 믿음이 강을 보며 낙심한 채 서 있을 때, 큰 믿음은 이렇게 노래합니다. "네가 물 가운데로 지날 때에 내가 함께할 것이라. 강을 건널 때에 물이 너를 엄몰하지 못할 것이라." 그러고는 그 강물을 즉시 건넙니다. 만일 흑암을 사랑하며 침울한 비참에 만족한다면, 적은 믿음으로도 가능합니다. 그러나 빛을 사랑하며 기쁜 찬양을 부르고 싶다면, 가장 좋은 선물인 "큰 믿음"을 열렬히 사모하십시오.

"제자들의 마음을 굳게 하여 이 믿음에 머물러 있으라 권하고 또 우리가 하나님의 나라에 들어가려면 많은 환난을 겪어야 할 것이라 하고"
_행 14:22

하나님의 백성은 누구나 다 시련을 겪습니다. 하나님의 백성은 고난의 풀무에서 택함 받았지 절대 이 세상의 평화와 기쁨을 누리기 위해 택함 받지 않았습니다. 하나님은 질병과 사망의 고통에서 해방되리라는 약속을 절대 하시지 않았습니다. 오히려 그들이 누리게 될 특권의 도표 가운데 징계도 포함시키셨습니다. 이처럼 시련은 하나님의 백성이 겪어야 할 운명의 일부입니다. 시련은 그리스도의 마지막 유산 속에 우리를 위해 예정되어 있습니다. 하나님께서 친히 하늘의 별들을 조성하고 그 궤도를 정하셨듯이, 시련도 우리의 운명으로 정해졌습니다. 믿음의 선진 중에도 환난 없이 지낸 이는 한 사람도 없었습니다.

욥과 아브라함을 기억하십시오. 그들은 시련을 당했을 뿐 아니라 믿음으로 승리해 "믿음의 조상"이 되었습니다. 모든 족장들과 선지자, 사도 및 순교자들의 전기를 살펴보십시오. 하나님이 긍휼의 그릇으로 만든 이 중에 고난의 불을 통과하지 않았던 사람은 한 명도 없었습니다. 모든 긍휼의 그릇마다 환난이라는 십자가가 새겨져야 한다는 것, 이것은 이미 오래 전에 정해진 일입니다. 주께서도 이미 그 길을 지나가셨습니다. 이 사실을 알고 부디 위로를 받길 바랍니다. 성도에게는 주님의 임재와 동정심, 그들을 지원해 주실 주님의 은혜, 어떻게 참고 견뎌야 할지를 가르쳐 주시는 주님의 모범이 주어져 있습니다. 그리고 마침내 "그 나라"에 도착하면, 천국은 그 "많은 고난들"을 변상해 주고도 남을 것입니다.

MARCH 03 / 09

"입은 심히 달콤하니 그 전체가 사랑스럽구나 예루살렘 딸들아 이는 내 사랑하는 자요 나의 친구로다"_아 5:16

예수님의 완벽한 아름다움은 그 무엇에도 비할 수 없습니다. 그 아름다움은 사랑받기 마땅한 아름다움입니다. 하나님의 백성이라면 누구나 이 귀한 사랑이란 말을 주님께 드려야 합니다. 이 사랑은 주님의 내적인 탁월성에 근거해서 나온 사랑입니다.

주의 말씀에 가슴이 벅차 오지 않습니까? 정금으로 된 그분의 머리를 올려다보십시오. 레바논의 백향목 같은 그 얼굴 앞에 겸손히 머리 숙일 때 사모하는 마음이 사랑의 향기로 가득해지지 않습니까? 어느 한 군데라도 아름답지 않은 곳이 있습니까? 그의 인품은 또 어떻습니까? 그의 직임은 또 어떻습니까? 우리 영혼을 사로잡지 않는 부분이 하나도 없습니다. 주님을 향한 우리의 사랑은 우리를 사랑하시는 주님의 마음에만 고정되어 있지 않습니다. 우리의 사랑은 또한 주님의 능력의 팔에도 고정되어 있습니다. 주님의 모든 지체를 우리는 다 사랑합니다. 우리는 열렬한 사랑의 나드향을 주님께 부어 드립니다. 우리는 그의 전 생활을 모방하며 그분의 전 인품을 복사합니다. 주님 안에서는 모든 것이 완벽합니다. 주님이 가장 아끼고 사랑하는 최고의 성도라 할지라도 그 옷이 얼룩져 있고 그 이마에는 주름이 있습니다. 그러나 주님은 완벽한 사랑스러움 그 자체십니다. 모든 태양은 흑점을 갖고 있으며 아무리 티 없는 세상이라 해도 그 속에는 광야가 있습니다. 지상의 아무리 사랑스러운 것에도 반드시 있습니다. 그러나 예수 그리스도는 불순물이 전혀 없는 순금이시요 어둠이 전혀 없는 빛이시며 구름 한 점 없는 영광이십니다. 사랑 그 자체이신 주님을 사랑합시다!

MARCH 03 / 10

"내가 형통할 때에 말하기를 영원히 흔들리지 아니하리라 하였도다"
_시 30:6

"모압이 그 찌끼 위에 안연히 처하여 한 번도 어려움을 당한 적이 없구나." 인간에게 많은 재물을 주어 보십시오. 그의 배가 계속해서 풍성한 화물을 싣고 귀항하게 해 보십시오. 연이어 성공하며 사람들에게서 높임 받는 상인이 되게 해 보십시오. 빛나는 눈과 단단한 신경을 주어 그로 하여금 건강하게 살도록 해 보십시오. 그에게 쾌활한 정신을 주고 그 입술에서 찬양의 소리가 끊임없이 흘러나오게 해 보십시오. 누구라도 이러한 상황을 허락해 주면, 설사 지금껏 살았던 믿음의 사람 중 가장 훌륭한 이라 해도 자연히 건방져질 겁니다. 다윗조차 "나는 절대 요동치 아니하리라"고 말해야 했습니다. 더욱이 우리는 다윗보다 조금도 낫지 않습니다. 아니, 그의 절반에도 미치지 못합니다.

당신의 가는 길이 순탄합니까? 그렇다면 조심하십시오. 인생길이 거칠어 고단합니까? 오히려 그로 인해 하나님께 감사하십시오. 우리가 행운의 무릎 위에서 항상 응석만 부린다면, 얼룩이 전혀 없는 매끄럽고 흰 베개를 갖고 있다면, 하늘에 두세 점의 구름이 없다면, 인생이라는 포도주 속에 약간의 쓴 방울이 들어 있지 않다면, 우리는 쾌락에 도취된 채 자만하게 될 것입니다. 우리가 당하는 고난으로 인해 오히려 하나님을 송축합시다! 우리가 겪는 변화들에 감사하고 재산을 잃은 것을 찬양합시다! 하나님이 이렇게 징계하시지 않았다면 우리는 너무 안심한 나머지 자만에 빠지고 말았을 것입니다. 육적으로 계속 형통하는 것은 대단히 무서운 시련입니다. "가혹할지라도 고난은 하나님이 그의 긍휼 가운데 보내시는 선물입니다."

MARCH 03 / 11

"그런즉 선한 것이 내게 사망이 되었느냐 그럴 수 없느니라 오직 죄가 죄로 드러나기 위하여 선한 그것으로 말미암아 나를 죽게 만들었으니 이는 계명으로 말미암아 죄로 심히 죄 되게 하려 함이라"_롬 7:13

부디 죄를 가벼이 여기지 마십시오. 처음 회심할 때에는 양심이 예민한지라 아주 작은 죄라도 두려워합니다. 초심의 성도들은 거룩한 소심성과 경건한 두려움을 갖고 있습니다. 그러나 마음은 쉽게 강퍅해집니다. 인간은 죄에 대해 서서히 익숙해집니다. 처음에는 아주 작은 죄에도 깜짝 놀라던 우리가 "이 정도는 괜찮겠지"라고 말하게 됩니다.

그 후에는 좀더 큰 죄를 짓고 또 다른 죄를 짓고 하면서 점점 죄를 대수롭지 않게 여깁니다. 그러다 마침내는 불경스럽고 뻔뻔한 생각까지 하게 됩니다. "공공연한 죄에 빠진 것도 아닌데 뭐. 약간 비틀거리긴 했어도 전반적으로는 똑바로 서 있잖아. 경건치 못한 말을 한마디 내뱉었지만 그럭저럭 괜찮은 편이었어." 우리는 이런 식으로 변명하며 죄의식을 갖지 않으려 애씁니다. 뿐만 아니라 죄를 은폐하고 그것에 고상한 이름을 붙임으로써 죄를 회피합니다. 그러나 조금씩 죄에 빠져들지 않도록 조심하십시오. 죄는 치명적인 독약과 같습니다. 조그마한 산호충들이 모여 함대를 난파하는 암초를 이루는 법입니다. 작은 벼락이 일격을 가할 때 거대한 너도밤나무도 쓰러지고 맙니다. 죄는 결코 작지 않습니다. 그 죄가 바로 우리 주님의 머리에 가시관을 씌우고 가슴을 찔렀습니다! 영원이라는 저울 위에 달린 아주 경미한 죄 하나조차 혐오하십시오. 모든 죄를 볼 때마다 그것이 우리 구세주를 십자가에 못 박히게 한 것임을 기억하십시오. "심히 죄된" 것들을 분별할 수 있도록 기도로 구하십시오.

MARCH 03 / 12

"또 네 이웃을 사랑하고 네 원수를 미워하라 하였다는 것을 너희가 들었으나"_마 5:43

당신의 조그마한 오두막 옆에 으리으리한 저택이 들어서 있는지 모릅니다. 이웃에게는 딸린 부지도 많고 화려한 옷이 가득하며 호화로운 연회가 날마다 이어집니다. 바로 그 옆집에 살기에, 당신은 그 광경을 매일같이 보아야 할 것입니다. 설사 그럴지라도, 하나님께서 이 모든 것들을 그에게 선물로 주셨으니 그 재산을 탐내거나 그를 시기하지도 마십시오. 당신의 처지에 만족하십시오. 오히려 그를 사랑하십시오. 그러면 그를 시샘하지 않게 될 것입니다. 반대로 당신이 가난한 집 근처에 살고 있다면, 이웃을 업신여기지 않도록 조심하십시오. 당신은 그들을 사랑해야 합니다. 그들은 당신과 동등합니다. "하나님께서 지면에 거하는 모든 사람들을 한 혈통으로 만드셨기" 때문입니다. 당신이 그들보다 더 나은 것이 있다면 그것은 당신의 코트일 뿐 절대 당신 자신은 아닙니다.

당신은 어쩌면 이렇게 말할지 모릅니다. "나는 내 이웃을 사랑할 수 없어요. 아무리 위해 주어도 고마워하지도 않을 뿐더러 오히려 경멸하기까지 하는 걸요." 그렇다면 사랑으로 승리할 만한 여지가 더욱 많은 셈입니다. 가장 용기 있는 사람이 가장 많은 것을 얻습니다. 도전해야 할 사랑의 길이 거칠고 험할지라도 그 이웃을 시종일관 사랑함으로써 그 길을 담대히 밟고 지나가십시오. 주님은 당신이 그들에게 어떤 사랑을 나타냈는지 다 아시고 용납해 주십니다. 부디 당신의 이웃을 사랑하십시오. 그것이 곧 우리 주 예수 그리스도의 발자취를 따르는 일입니다.

MARCH 03 / 13

"성문 어귀에 나병환자 네 사람이 있더니 그 친구에게 서로 말하되 우리가 어찌하여 여기 앉아서 죽기를 기다리랴"_열하 7:3

혹시 믿음 앞에서 아직 갈팡질팡한다면, 오늘 아침 당신에게 축복이 될 말씀을 전하고자 합니다. 본문의 나병환자 이야기를 천천히 읽으면서, 당신과 꼭 닮은 그들의 처지를 눈여겨보십시오. 만일 당신이 이 상태 그대로 남아 있으면, 반드시 멸망하고 말 것입니다. 그런 당신을 아무도 불쌍히 여기지 않을 것입니다. 그러나 하나님의 긍휼을 구하다 죽음을 맞으면, 온 우주가 당신을 위해 울 것입니다. 예수님을 거절하는 자는 누구든지 멸망을 피할 수 없습니다. 요나가 40일 후에 이 성이 무너지리라고 크게 외쳤을 때, 니느웨 성 왕은 자기 백성에게 회개를 촉구하며 하나님이 혹시 뜻을 돌이킬지 "누가 아느냐?"고 말했습니다. 당신도 그와 똑같은 소망을 품고 주님의 긍휼을 구하십시오.

만일 당신이 주님을 구한다면 주님은 반드시 만나 주실 것입니다. 예수님은 주께로 오는 사람을 절대 내치지 않으십니다. 주님만 신뢰하면 절대 멸망치 않을 것입니다. 오히려 아람군이 버리고 간 진에 모여든 저 불쌍한 나병환자들이 찾은 것보다 훨씬 많은 보물을 발견하게 될 것입니다. 부디 담대하게 주님께 달려가십시오. 당신의 믿음이 절대로 헛되지 않을 것입니다. 주님께 구원 받고 나면 그 좋은 소식을 다른 이들에게도 알리십시오. 당신이 발견한 그 평안을 혼자서만 간직하지 말고 사람들과 더불어 교제하십시오. 문지기인 목사에게 당신이 발견한 것을 알린 다음 그 좋은 소식을 모든 곳에 선포하십시오. 주님께서 오늘 해지기 전에 당신을 구원해 주시기 원합니다.

"그런즉 선 줄로 생각하는 자는 넘어질까 조심하라"_고전 10:12

은혜를 뽐내는 일은 참으로 당치 않습니다. "나는 아주 큰 믿음을 갖고 있기 때문에 절대 넘어지지 않을 거야", "나는 아주 열렬한 사랑 안에서 이렇게 똑바로 서 있기 때문에 잘못된 길로 빠질 염려가 전혀 없어." 이렇게 떠벌리는 사람들에게는 정작 자랑할 만한 은혜가 거의 없음을 보게 됩니다. 그들은 현재의 그 은혜가 영원히 자기를 지키리라고 생각합니다. 과연 그럴까요? 오늘은 그 등잔이 환하게 빛날지 모르나 기름이 계속 조달되지 않으면 머잖아 등불이 꺼질 것입니다.

당신이 받은 은혜에 자만치 말고 그 모든 자부심과 자신감을 그리스도께 돌리십시오. 그래야 넘어지지 않습니다. 기도하면서 주님을 찬양하십시오. 성경을 열심히, 그리고 꾸준히 읽으십시오. 당신의 생활을 보다 주의 깊게 살피십시오. 천국의 향내로 가득한 대화를 나누며 가슴속에 영혼에 대한 사랑을 채우십시오. 사람들이 당신을 보고 당신이 예수님과 함께 있었으며 예수님으로부터 배운 사람이라는 사실을 알게 하십시오. 마침내 복된 날이 찾아왔을 때, 주님께 "더 높이 올라오라"는 소리를 듣게 되도록 그렇게 사십시오. "너는 선한 싸움을 싸우고 너의 달려갈 길을 마쳤다. 그런 너를 위해 시들지 않는 의의 면류관이 준비되어 있다"는 말씀을 듣도록 그렇게 사십시오. 그러기 위해서 끊임없이 자신을 단속하십시오. 거룩한 두려움과 떨림 속에서 예수님 한 분만을 자랑하며 사십시오. 주께서 붙들어 주시기를 간구하십시오.

MARCH 03 / 15

"내 아들아 그러므로 너는 그리스도 예수 안에 있는 은혜 가운데서 강하고"_딤후 2:1

그리스도는 측량할 수 없을 만큼 많은 은혜를 갖고 계시지만 자신을 위해 간직하지는 않으십니다. 물탱크가 그 물을 수도관으로 다 흘려보내듯 그리스도는 자기 백성들을 위해 그 은혜를 다 부어 주십니다. "우리가 다 그의 충만한 데서 받으니 은혜 위에 은혜러라"(요 1:16). 주님은 어떤 은혜든지 - 용서의 은혜, 깨끗하게 하는 은혜, 끝까지 신앙을 지키도록 보존하는 은혜, 힘을 주는 은혜, 깨닫게 하는 은혜, 분발케 하는 은혜, 회복시키는 은혜 등 - 값없이 선물로 주십니다.

심장에서 만들어진 피가 몸의 모든 지체에 속하듯이, 은혜의 영향은 어린 양과 연합된 모든 성도들을 타고 흐릅니다. 그리스도와 그의 교회는 둘 다 동일한 은혜를 공유합니다. 그 은혜의 기름이 처음 부어지는 머리는 그리스도시나, 그 은혜의 기름은 그 옷 맨 가장자리까지 다 흘러 들어갑니다. 그래서 아주 보잘것없는 성도라 해도 그 머리에 부어진 것과 똑같은 성유(聖油)를 소유하게 됩니다. 은혜의 수액이 줄기에서 가지로 흐르고 줄기 역시 그 가지를 먹이는 바로 그 양분에 의해 지탱됩니다. 이것이야말로 진정한 공유가 아니겠습니까? 그러므로 우리는 우리와 함께 그 은혜를 공유하고 계신 주님을 주시하면서 주님과 나누는 공유의 복을 즐길 수 있습니다.

우리에게 주어진 부요함을 매일 활용합시다. 그리고 언약을 통해 주님 되신 그리스도께 더 가까이 나아갑시다.

MARCH
MORNING BY MORNING
03 / 16

"여호와여 나의 기도를 들으시며 나의 부르짖음에 귀를 기울이소서 내가 눈물 흘릴 때에 잠잠하지 마옵소서 나는 주와 함께 있는 나그네이며 나의 모든 조상들처럼 떠도나이다"_시 39:12

오, 주여! 저는 주님께 객이 된 것이 아니라 주와 함께 객이 되었습니다. 이전의 모든 소외감은 주님의 은혜로 이미 다 사라졌습니다. 이제는 주님과 교제하면서 타국에 사는 순례자로서 이 세상을 걸어가고 있습니다. 그러나 주님은 주님의 세상에서 객이 되어 사십니다. 인간은 주님을 잊어버리고, 주님을 푸대접하며, 새로운 법과 이상한 관례들을 내세웁니다. 하나님의 사랑하는 아들 예수 그리스도께서 그분의 것인 이 세상에 오셨을 때도 그의 백성들은 그를 영접하지 않았습니다. 그가 이 세상에 계셨고 이 세상은 그에 의해 만들어졌지만 세상은 그를 알지 못했습니다. 고향을 떠나 자기와는 다른 종들과 살게 된 얼룩새라도 아마 하나님의 아들이 그 어머니의 형제들 가운데 산 것만큼 그렇게 소외되지는 않았을 것입니다. 주님도 그랬는데 예수님을 따르는 제가 이 땅에서 무명의 객으로 사는 것은 하나도 이상할 것이 없습니다.

주여, 저는 주님께서 나그네로 사셨던 이곳에서 시민으로 살 생각이 전혀 없습니다. 주님은 못 자국 난 손으로 제 영혼을 속박하던 그 끈을 친히 풀어 주셨습니다. 그러므로 이제는 저도 이 땅의 객이 되었습니다. 세상 사람들에게는 제가 하는 말이 아주 이국적으로 들리고, 제 태도가 이례적으로 보이며, 제 행동이 아주 기묘해 보이겠지만, 사실 이곳은 제게 주어진 운명의 가장 달콤한 장소입니다. 바로 이곳에서 주와 더불어 객으로 지낼 수 있기 때문입니다. 주님은 제 순례길의 동반자이십니다.

"다만 우리에게 가난한 자들을 기억하도록 부탁하였으니 이것은 나도 본래부터 힘써 행하여 왔노라"_갈 2:10

하나님의 백성이 어째서 가난하게 살고 있을까요? 하나님이 원하시면 모두 부자로 만드실 수 있을 텐데 왜 그들의 가난을 허용하실까요? 만일 하나님께서 그들에게 있어 가난이 최선이라고 보지 않았다면, 그들은 절대 가난하지 않을 것입니다. 하나님은 무엇이든 공급하실 수 있습니다. 세상에서 가장 부유한 자, 가장 위대한 자, 가장 능력 있는 자들로 하여금 그들의 모든 능력과 존귀와 부를 하나님의 백성의 발 아래로 가져오게 하실 수도 있습니다. 그러나 하나님은 그렇게 하지 않기로 결정하셨습니다. 다만 그들의 가난을 허용하시고 무명인으로 살도록 하셨습니다. 어째서 그렇게 하셨을까요?

여러 가지 이유가 있겠지만, 그중 하나는 우리로 하여금 예수님에 대한 우리의 사랑을 나타낼 수 있는 기회를 주시기 위해서입니다. 만일 이 세상에 가난한 자녀들이 단 한 명도 없다면, 우리는 구제의 손길을 뻗을 사랑의 특권을 잃어버릴 것입니다. 하나님은 우리의 사랑이 말로만 하는 사랑이 아니라 행함과 진실함으로 실천하는 사랑이길 원하고 계십니다. 만일 그리스도를 진심으로 사랑한다면, 응당 그분이 사랑하는 자들을 보살펴야 합니다. 그리스도께 소중한 자들은 우리들에게도 소중합니다. 구제는 의무가 아니라 특권입니다. "내 형제 중에 지극히 작은 자 하나에게 한 것이 곧 내게 한 것이니라"(마 25:40). 우리가 그의 백성들을 위해 행하는 모든 것을 그리스도 자신에게 행하는 것으로 인정하신다는 사실을 기억합시다!

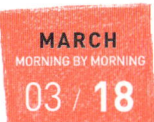

"너희가 다 믿음으로 말미암아 그리스도 예수 안에서 하나님의 아들이 되었으니"_갈 3:26

하나님은 모든 자녀에게 동일한 아버지십니다. 그런데도 믿음이 적은 사람은 종종 이렇게 말합니다. "내게도 큰 믿음을 가진 사람의 담대함이 있다면 얼마나 좋을까! 나는 지푸라기 하나에도 걸려 넘어지고 그림자만 봐도 무서워하는데…." 그러나 큰 믿음을 가진 자가 하나님의 자녀이듯이 적은 믿음을 가진 당신도 그분의 자녀입니다. 큰 믿음을 지닌 자만이 하나님의 친밀한 자녀가 되는 것이 아닙니다. 사도 베드로나 바울과 더불어 미약한 우리도 하나님의 가족인 것입니다. "이 언약은 확실한 보증이라. 비록 땅의 기초가 무너진다 해도 지금은 강한 자나 무기력한 자나 연약한 자 모두 다 예수님 안에서 하나라오."

성도의 모든 이름이 한 가족 명부에 들어 있습니다. 물론 어떤 이가 더 많은 은혜를 받을 수는 있습니다. 남보다 더 많은 능력을 행하여 하나님께 더 많은 영광을 돌릴 수도 있습니다. 그러나 가장 보잘것없는 이름을 가진 자도 능력 있는 자와 동일한 하나님의 자녀입니다. 그러므로 하나님께 가까이 나아가 그분을 "우리 아버지"라 부를 수 있다는 사실을 기뻐하십시오. 하지만 약한 믿음에 만족하지는 마십시오. 믿음을 더해 주시기를 간구하십시오. 아무리 약한 믿음이라도 그것이 참 믿음이면 결국 천국으로 인도할 것입니다. 그러나 약한 믿음으로는 주님을 그리 영화롭게 할 수 없습니다. 부디 온전한 사랑이 두려움을 내쫓을 때까지 양자의 영을 충만히 부어 달라고 하나님께 기도하십시오.

"믿음이 없어 하나님의 약속을 의심하지 않고 믿음으로 견고하여져서 하나님께 영광을 돌리며"_롬 4:20

믿음은 축복을 받을 수 있는 유일한 수단입니다. 진실로 믿는 사람이 간절히 드리는 기도만이 하나님의 보좌로부터 응답을 끌어내릴 수 있습니다. 믿음은 우리 영혼과 주님 사이를 오가는 천사와 같습니다. 그 천사가 뒤로 물러나면 기도를 올려 보낼 수도 없고 기도에 대한 응답을 받을 수도 없습니다. 또한 믿음은 이 땅과 천국을 연결하는 전선과 같습니다. 우리의 말이 아직 입안을 맴돌 때 하나님은 벌써 우리의 기도 소리를 들으십니다. 그런데 믿음의 전선이 툭 끊어진다면 어찌 하나님의 선물을 받을 수 있겠습니까? 지금 곤란에 빠져 있습니까? 그렇다면 믿음으로 도움을 구하십시오. 원수에게 쫓겨 다니십니까? 그렇다면 믿음으로 피난처 되신 주님께 기대십시오.

믿음이 없다면 아무리 하나님을 부른다 해도 공허해질 뿐입니다. 믿음은 여호와의 전능하심을 내 편으로 끌어옵니다. 믿음은 하나님의 모든 속성으로 나를 보호합니다. 믿음은 내가 지옥의 권세들을 물리칠 수 있도록 도와줍니다. 그런 믿음이 없는데 어떻게 하나님과 사랑하겠습니까? 바다 물결처럼 요동하는 사람은 주께로부터 그 무엇도 받을 것을 기대하지 말라고 하셨습니다! 당신의 믿음을 잘 지켜보십시오. 제아무리 가난해도 믿음이 있으면 모든 것을 얻을 수 있으나, 믿음이 없이는 그 무엇도 얻을 수 없습니다. "할 수 있거든이 무슨 말이냐 믿는 자에게는 능히 하지 못할 일이 없느니라"(막 9:23).

"내 사랑하는 자의 목소리로구나 보라 그가 산에서 달리고 작은 산을 빨리 넘어오는구나"_아 2:8

이 말씀은 옛 교회가 환희에 휩싸인 때에 여호와의 기름 부음 받은 자, 예수 그리스도께 붙인 귀한 이름입니다. 종달새 소리 가득한 계절이 되었어도 교회가 주님께 바치는 사랑 노래가 그 소리보다 아름다웠습니다. "내 사랑하는 자는 내게 속하였고 나는 그에게 속하였도다 그가 백합화 가운데에서 양떼를 먹이는구나"(아 2:16). 교회는 언제나 그리스도를 가리켜 "나의 사랑하는 자!"라고 불렀습니다.

이 얼마나 기쁘고 즐거운 이름입니까! 심지어 우상 숭배로 여호와의 동산이 다 시든 기나긴 겨울에도 선지자들은 잠시 짐을 내려놓고 이사야처럼 이렇게 노래했습니다. "나는 내가 사랑하는 자를 위하여 노래하되 내가 사랑하는 자의 포도원을 노래하리라"(사 5:1). 비록 당시의 성도들이 그분의 얼굴을 본 적이 없었지만, 그가 아직 육신을 입지도 않았고 사람이 그의 영광을 볼 수도 없었지만, 그래도 그는 이스라엘의 위로요 모든 택함 받은 자들의 소망과 기쁨이요 지극히 높으신 하나님 앞에서 의로운 모든 이들이 "사랑하는 자"였습니다. 우리 역시 그래야 합니다. 그리스도를 가리켜 우리 영혼이 가장 사랑하는 자라 불러야 하며 그분을 "천인 중에 가장 아름다우며 그 전체가 아름다운 분"으로 생각해야 합니다. 사도 바울은 온 우주라도 교회를 하나님의 사랑으로부터 끊을 수 없다고 담대히 말하면서, 핍박이나 곤고나 재난이나 위험이나 칼도 우리를 그리스도의 사랑에서 끊을 수 없다고 선언했습니다. 그는 "이 모든 일에 우리를 사랑하시는 이로 말미암아 우리가 넉넉히 이기느니라"(롬 8:37)고 기쁘게 자랑합니다.

"보라 너희가 다 각각 제 곳으로 흩어지고 나를 혼자 둘 때가 오나니 벌써 왔도다 그러나 내가 혼자 있는 것이 아니라 아버지께서 나와 함께 계시느니라"_ 요 16:32

겟세마네에서 괴로워하시는 주님과 교제하는 이는 거의 없습니다. 예수님의 제자들도 아직은 "그 심한 고뇌"의 신비를 지켜볼 만큼 은혜 안에서 충분히 자라지 못했습니다. 제집에서 열리는 유월절 잔치에 여념이 없는 이들은, 율법에 따라 살지만 복음의 영에 관해서는 아직 갓난아기에 지나지 않는 많은 사람들을 대표합니다. 열둘, 아니 겨우 열한 명만이 겟세마네 동산에서 "이 위대한 광경"을 바라볼 특권을 얻었습니다. 그리고 그 중 여덟은 멀찌감치 떨어져 있었습니다. 비록 주님과 교제는 나누었으나 이들은 그렇게 친밀하진 못했습니다. 오직 지극히 사랑 받은 세 명만이 주의 신비한 슬픔의 베일로 다가서는 영광을 누렸습니다. 그러나 그들도 베일 안까지 들여다보지는 못했습니다. 주님이 홀로 그 포도주 틀을 밟아야 했기 때문입니다.

여기서 베드로와 세베대의 두 아들은 "믿음의 선조들"로 일컬어지는 출중하고 노련한 소수의 성도들을 대표합니다. 이들은 큰 파도를 체험했기에 구세주가 당하는 그 수난의 파랑을 어느 정도 측량할 수 있습니다. 그들은 그리스도의 고난 속에서 주와 교제하며 그의 죽으심에도 동참합니다. 그러나 이들조차 고난의 신비 그 깊숙한 데까지는 이르지 못합니다. 그리스 정교회의 기도서에는 "주님의 알 수 없는 고난"이라는 놀라운 구절이 있습니다. 실로 주님이 당하신 슬픔 속엔 인간이 전혀 이해할 수 없는 주님만의 내실이 있습니다. "그가 주신 이 모든 기쁨은 우리가 헤아릴 수 없는 고민으로 셈한 것이라." – 아이작 왓츠 (Issac Watts)

"조금 나아가사 얼굴을 땅에 대시고 엎드려 기도하여 이르시되 내 아버지여 만일 할 만하시거든 이 잔을 내게서 지나가게 하옵소서 그러나 나의 원대로 마시옵고 아버지의 원대로 하옵소서 하시고"_마 26:39

우리 주님께서 시험 당하실 때 드린 기도는 외로운 기도였습니다. 주님은 홀로 기도하셨습니다. 하나님께 가장 진한 향내를 올려 드리는 기도는 그분 외에 듣는 이가 없는 개인기도, 경건 시간에 혼자 드리는 기도입니다. 주님의 기도는 겸손한 기도였습니다. 복음서에서는 주께서 "그의 얼굴을 땅에 대셨다"고 했습니다. 우리도 마땅히 주를 좇아야 합니다. 당신의 머리에 재와 먼지를 무릅쓰고 기도하십시오. 하나님이 우리를 높이실 수 있도록 먼저 자신을 낮추십시오. 또한 주님의 기도는 자식이 아버지께 드리는 기도였습니다. "아바, 아버지." 우리는 불충으로 말미암아 그 권리들을 모두 상실했습니다. 그러나 주님의 은혜로 그분의 자녀가 되어 이제는 아버지의 보호를 요청할 수 있습니다.

주님의 기도가 끈질긴 기도였다는 사실에도 유의하십시오. 주님은 세 번이나 기도하셨습니다. 예수님이 비유로 드신 그 성가신 과부처럼 끈질기게 기도하십시오. 처음에는 과부의 간청을 듣지 않던 불의한 재판관도 계속해서 두드리자 나중에는 그 소원을 들어 주었습니다. 마지막으로, 주님의 기도는 포기의 기도였습니다. "그러나 나의 원대로 마옵시고 아버지의 원대로 하옵소서." 당신 역시 하나님께 전적으로 맡기십시오. 주께서는 최선의 것으로 결정해 주실 것입니다. 오직 하나님만 당신에게 무엇을 언제 어떻게 주며, 또 무엇을 주지 말아야 할지를 알고 계십니다. 끈질기게 간청하되 겸손히 자신의 뜻을 포기한 채 기도하십시오. 그러면 당신의 기도가 반드시 응답될 것입니다.

MARCH
MORNING BY MORNING
03 / 23

"예수께서 힘쓰고 애써 더욱 간절히 기도하시니 땀이 땅에 떨어지는 핏방울같이 되더라"_눅 22:44

주님이 유혹과 싸우실 때, 그 정신적 고통이 얼마나 극심했던지 온몸의 땀이 땅에 떨어지는 핏방울같이 되었다고 했습니다. 죄의 무게가 얼마나 무거우면 땀이 핏방울처럼 떨어질 정도로 구세주를 내리 눌렀을까요! 이 말씀은 또한 주님의 사랑이 얼마나 강력한지도 나타내 주고 있습니다. 아이작 암브로스(Isaac Ambrose)는 자르지 않은 나무에서 스며 나오는 수지(樹脂)가 항상 제일 좋은 법이라 말했는데, 잘 보았습니다. 물론 이 귀한 헤나나무(camphire-tree)는 매듭이 많은 채찍으로 맞을 때와 십자가 위에서 못으로 찔릴 때도 아주 달콤한 향기를 냅니다. 그러나 채찍에 맞거나 못에 찔리거나 상처를 입지 않고 저절로 향기를 낼 때 제일 좋은 향내를 발합니다. 이것은 그리스도의 고난이 자원해서 받은 고난임을 설명해 주고 있습니다. 왠지 아십니까?

아직 창에 찔리지도 않았는데 핏방울이 쏟아져 나왔기 때문입니다. 우리 인간은 마음에 심한 고통을 당하면 그 피가 급히 심장으로 흘러 들어갑니다. 뺨이 창백해지며 경련을 일으키고 기절하게 되면, 마치 그 시련을 통과하는 동안 속사람을 강건케 해 주려는 듯 피가 안으로 들어갑니다. 그러나 심히 고민하고 계신 우리 주님을 보십시오. 그는 자신을 완전히 잊어버리고 계십니다. 그 심한 고민 가운데서 피가 그 자신을 강하게 해주기 위해 심장으로 들어가는 대신 오히려 밖으로 떨어져 이 땅을 적시고 있습니다. 이제 그리스도께서 겪으셔야만 했던 그 싸움이 얼마나 치열한 것이었는지 이해가 가십니까? 그 소리가 들리지 않습니까?

MARCH 03 / 24

> "그는 육체에 계실 때에 자기를 죽음에서 능히 구원하실 이에게 심한 통곡과 눈물로 간구와 소원을 올렸고 그의 경건하심으로 말미암아 들으심을 얻었느니라"_히 5:7

주님의 이 경건하심은 마귀가 하나님이 너를 완전히 잊어버리셨다고 속삭였을 때 일어났습니다. 하나님으로부터 완전히 잊혀지는 느낌은 가장 엄중한 시련 중 하나입니다. "봐. 친구라곤 한 명도 없지! 네 아버지는 너를 대적하고 계시지. 천사도 너를 돕기 위해 손을 뻗지 않는군. 온 천국이 네게서 등을 돌렸어. 너는 지금 완전히 혼자야. 마리아의 아들 예수야, 저기 네 형제 야고보와 네 사랑하는 제자 요한과 베드로를 보렴. 너는 지금 이렇게 고통 당하는데 저 겁쟁이들은 모두 잠만 자고 있잖니? 이 땅에나 천국 어디에도 네 친구는 없구나. 게다가 음부의 모든 권세가 힘을 합쳐 너를 대적하고 있어. 우리는 오늘 밤 너를 꺾기 위해 지옥의 온 능력을 사용할텐데, 외톨이인 네가 무엇을 할 수 있겠니?"

아마 사탄의 유혹은 이랬을 것입니다. 어쩌면 사탄의 유혹 때문에 주님이 제자들에게 세 번씩이나 왔는지도 모릅니다. 주님은 모두가 정말로 자기를 버렸는지 확인하려 하셨을 것입니다. 그런데 와서 보니 정말 제자들이 모두 잠들어 있었습니다. 그러나 우리 주님은 그들이 배신한 것이 아니라 마음이 슬퍼서, 마음은 원이로되 육신이 약해서 잠들었다고 생각함으로써 오히려 위안을 얻었습니다. 천사가 찾아와 주님을 위로했던 것입니다. 이처럼 주님은 경건하심을 인하여 들으심을 입었습니다. 그분이 가장 비탄에 잠겨 있을 때 들으심을 입었습니다. 그렇다면 우리 역시 그러할 것입니다. 주여, 우리의 믿음을 지켜 주소서!

"예수께 입을 맞추려고 가까이 하는지라 예수께서 이르시되 유다야 네가 입맞춤으로 인자를 파느냐 하시니"_눅 22:48

"원수의 입맞춤은 속이기 위한 것입니다." 이 세상이 우리에게 애교 띤 얼굴로 아양을 부릴 때는 조심해야 합니다. 그것은 주님께 그랬듯이 우리를 배신하기 위한 수작이기 때문입니다. 사람들은 기독교를 중상하려 할 때마다 보통 굉장한 경의를 표하며 기독교를 믿는다고 고백합니다. 부디 이단과 배신에 반드시 따라다니는 두 얼굴의 위선을 조심하십시오. 불의의 기만성을 잘 알고 지혜롭게 그를 간파하여 원수의 간교한 계교를 피해야 합니다. 잠언에 나오는 젊은이는 명철이 없어 낯선 여인의 입맞춤에 현혹되어 옳은 길에서 벗어났습니다. 부디 이 세상의 "매력적인 말"에 휘둘리지 않도록 훈계를 달게 받으십시오.

그런데 만일 당신이 유다와 같이 가증스러운 죄를 짓고 있다면 어찌 해야 할까요? 당신은 주 예수님의 이름으로 세례를 받았습니다. 또한 가시적인 교회의 한 지체로서 성찬식에도 빠짐없이 참여합니다. 이 모두는 주님과의 입맞춤입니다. 과연 이 모두를 진심으로 행하고 있습니까? 아무렇게나 살면서 입으로만 고백하고 있지는 않습니까? 선뜻 대답할 수 없다면 당신은 비열한 배신자입니다. 당신은 사람들이 기독교를 조롱하게 만들 뿐 아니라 그리스도인이라는 거룩한 이름을 더럽히고 있습니다. 당신은 결백하기를 원하십니까? 그렇다면 이렇게 기도하십시오. "오, 사랑의 주님, 저를 거짓되고 사악한 모든 길에서 보존해 주십시오. 절대 구세주를 배신하지 않도록 저를 지켜 주십시오."

MARCH 03/26

"예수께서 대답하시되 너희에게 내가 그니라 하였으니 나를 찾거든 이 사람들이 가는 것은 용납하라 하시니"_요 18:8

주님은 시험 당할 때조차 양떼들에 대한 사랑을 나타내셨습니다. 죽음이 임박했는데도 제자들을 안전하게 보호하려는 열정을 강력히 보이셨습니다. 자신을 위해서는 그 입을 열지 않으시면서 제자들을 위해서는 전능하신 능력으로 말씀하고 계십니다. 바로 이것이 자신을 잊은 사랑, 충실하고 변함없는 주님의 사랑입니다. 더욱이 그 안에는 겉으로 나타난 것보다 훨씬 많은 것들이 들어 있습니다. 이 말씀에는 대속의 영이 속해 있습니다. 선한 목자 되신 주님께서 양떼를 위해 자기 목숨을 내어 놓고 그들은 가게 하라고 간청하십니다.

이스라엘이 애굽의 노예로 있을 때 "이 백성의 가는 것을 용납하라"는 소리가 울려 퍼졌듯이 말입니다. 이 소리를 들을 때마다 사탄은 타락한 자의 목에 올려놓았던 자기 발을 쳐듭니다. 또한 사망이 그 문을 열어 죽은 자들을 토해 냅니다. 이제 하나님의 양떼가 가는 길은 전진과 거룩, 승리와 영광의 길입니다. 아무도 그들을 절망의 감옥 안에 가두지 못합니다. 이들이 가는 길에는 사자가 전혀 없을 것이요 어떤 굶주린 짐승도 그리로 올라가지 않을 것입니다. "아침의 암사슴" 되신 우리 주님께서 잔인한 사냥꾼들을 자신에게로 이끄셨으니, 이제 그 들판에서 제일 겁 많은 노루와 사슴들도 그의 사랑의 백합화 속에서 완전한 평화를 맛볼 수 있게 되었습니다. 갈보리 십자가 위에서 뇌성 번개가 쳤으니 시온의 순례자들이 다시는 복수의 번개를 맞고 쓰러지지 않을 것입니다. 오늘 하루 당신을 모든 죄악으로부터 건져 주신 구세주의 은혜를 기뻐하며 그 이름을 송축하십시오!

MARCH 03 / 27

"그러나 이렇게 된 것은 다 선지자들의 글을 이루려 함이니라 하시더라 이에 제자들이 다 예수를 버리고 도망하니라"_마 26:56

주님은 제자들을 버리신 적이 한 번도 없으나 제자들은 죽음이 두려워 주님이 고난 당하실 바로 그때에 등을 돌렸습니다. 성도는 기껏해야 한 마리 양에 지나지 않으므로 이리가 오면 곧 도망치고 맙니다. 당시 제자들은 그러할 것을 이미 경고 받았음에도 그 중 베드로는 주님을 위해 죽을지언정 절대 떠나지 않겠다고 다짐했습니다. 그러나 막상 때가 되자, 공포에 사로잡혀 도망쳤습니다.

이 아침, 당신 역시 마음속으로는 주님을 위해 시련을 참고 견디리라 다짐하며 완전한 충성을 상상할지 모릅니다. 부디 사도들처럼 그 결단과 함께 불신을 품고서 주님을 떠나게 되는 일이 없도록 조심하십시오! 약속하는 것과 약속을 지키는 것은 별개입니다. 사실 우리 주님은 금방이라도 열두 영이나 되는 천사들을 부를 수 있었습니다. 그런 주님 곁에 있는 것보다 더 안전한 방법이 무엇이겠습니까? 그런데도 제자들은 진실로 안전한 그곳으로부터 도망쳤습니다. 오 하나님, 저희도 이런 바보 같은 짓을 하지 않도록 도와주십시오! 하나님의 은혜는 겁쟁이를 용감하게 만듭니다. 여호와께서 하려고만 하시면 꺼져 가는 심지도 제단 위의 불처럼 활활 타오르게 하실 수 있습니다. 산토끼처럼 겁이 많던 이 사도들도 성령께서 그 위에 임하자 사자처럼 담대해졌습니다. 신실치 못한 친구들의 모습을 보고 주님의 마음이 얼마나 괴로웠을까요! 이것도 주님이 마신 쓴 잔의 한 방울이었을 것입니다. 이제 그 잔이 말랐습니다. 그러니 그 안에 또다시 쓴 방울을 떨어뜨리지 않도록 조심합시다.

MARCH 03 / 28

"능히 모든 성도와 함께 지식에 넘치는 그리스도의 사랑을 알고"
_엡 3:18

<u>그리스도의</u> 사랑이 얼마나 달콤하고 충만하며 신실한지, 인간은 도저히 헤아릴 수 없습니다. 그 사랑은 세상의 그 어떤 말로도 담아낼 수 없습니다. 설사 그를 표현할 말이 있다 해도 단지 그 사랑하심의 표면만을 건드릴 뿐 측량할 길 없는 저 깊은 곳까지는 닿을 수 없습니다. "그 깊이를 잴 수 없는 심연 같은 주님의 사랑!"

예수님의 사랑에 대해 바로 알려면 주님이 이전에 가지셨던 그 큰 영광과 위엄에 대해, 그리고 이 땅에 성육신하실 때의 그 수치에 대해 먼저 이해해야 합니다. 주님은 지극히 높은 천국 보좌에서 바로 하나님 자신이셨습니다. 하늘과 하늘에 있는 모든 것을 다 그분이 만드셨습니다. 그 보좌의 발등상에서는 온 우주가 창화하며 부르는 할렐루야 소리가 끊임없이 울려 퍼졌습니다. 그는 그가 지으신 모든 피조물들의 하나님이십니다. 그런 주님이 이 땅에서는 얼마나 낮은 자로 강림하셨는지요! 불행과 슬픔을 겪어야 할 인간이 되는 일, 피 흘리고, 죽고, 고난 당하는 이 모든 과정이 하나님의 아들 예수 그리스도께 어떠했겠습니까? 그러나 이보다 더한 것이 있었습니다. 그것은 전대미문의 고통, 즉 자기 아버지에게서 버림받은 채 수치스럽게 죽임 당할 고통을 참는 일이었습니다. 이것이야말로 예수님이 우리에게 나타내신 깊은 사랑입니다! 세상의 가장 영감 어린 영혼조차 측량할 수 없는 그 사랑하심입니다. 주님, 저희가 주님의 이 사랑에 감격하여 이 사랑의 능력을 우리 생활 속에서 실천할 수 있도록 도와주옵소서.

MARCH 03 / 29

"그가 아들이시면서도 받으신 고난으로 순종함을 배워서"_히 5:8

예수 그리스도는 고난을 통해 온전해지셨습니다. 그렇다면 죄인인 우리가 고난을 통과하도록 부르심 받은 것도 마땅합니다. 예수님은 머리에 가시 면류관을 쓰고 있는데 우리는 안락하게 지내야 되겠습니까? 그리스도는 면류관을 얻기 위해 그 피바다를 통과하셨는데 우리는 은색 슬리퍼를 신고 천국의 마른 땅을 걸어서야 되겠습니까? 그럴 수는 없습니다. 주님은 그 자신의 체험을 통해 우리에게 고난은 반드시 필요하다는 것, 진정으로 거듭난 하나님의 자녀는 고난을 피할래야 피할 수 없으며 또 피해서도 안 된다는 사실을 가르쳐 주십니다.

부디 그리스도께서 "고난을 통해 온전케 되셨다"는 사실에서 위로를 얻으십시오. 친히 고난을 체험하신 주님은 우리의 처지를 완전히 이해하고 동정하십니다. "우리에게 있는 대제사장은 우리 연약함을 동정하지 못하실 이가 아니요"(히 4:15). 우리는 그리스도의 이 동정 속에서 우리를 지탱해 주는 힘을 발견합니다. 한 순교자는 이렇게 말했습니다. "나는 이 모든 것을 견딜 수 있다. 그 이유는 예수님께서 고난 당하셨을 뿐 아니라 지금 내 안에서 고난 당하고 계시기 때문이다. 주님이 나를 동정하심이 나를 강건케 만든다." 당신도 그리스도를 위해 고난 당하는 일을 기뻐하십시오. 그리스도인의 진주는 바로 그가 당한 고난입니다. 하나님이 기름 부은 왕들의 의복은 바로 그들이 당한 환난이요 그들이 겪은 불행과 슬픔입니다. 우리 역시 명예롭게 되는 일을 피하지 맙시다.

MARCH
MORNING BY MORNING
03 / 30

"그러므로 내가 그에게 존귀한 자와 함께 몫을 받게 하며 강한 자와 함께 탈취한 것을 나누게 하리니 이는 그가 자기 영혼을 버려 사망에 이르게 하며 범죄자 중 하나로 헤아림을 받았음이니라…"_ 사 53:12

예수님은 왜 죄인들 가운데 하나로 헤아림 받는 고난을 당하셨을까요? 주님이 이처럼 자신을 낮추신 데는 여러 가지 이유가 있지만, 죄인들을 위해 보다 나은 대변자가 되시기 위해 죄인 중 하나로 헤아림을 받으셨습니다. 변호사와 의뢰인을 동일시하는 심문에서는, 법적으로 그 둘을 서로 다른 사람으로 간주할 수 없습니다. 마찬가지로 죄인이 법정으로 끌려올 때 예수님께서 친히 그 법정에 모습을 나타내십니다. 그 죄인에 대한 고발에 답변하기 위해서입니다. 주님은 재판관에게 자신의 옆구리와 손발을 내보이시며 자기가 대변하고 있는 그 죄인들에게 불리한 것이 있으면 뭐든지 다 가져오라고 도전하십니다. 주님은 자신이 흘린 피를 가지고 그들을 위해 탄원하십니다.

마침내 재판관은 "이 사람들이 가는 것을 용납하라. 그들이 지옥 구덩이로 내려가지 않게 구원하라. 이는 그가 속전을 지불했기 때문이다"라고 선언합니다. 주님이 승리를 거두신 것입니다. 주님은 본래 거룩하신 분으로 거룩한 자들 가운데 그 이름이 적혀 있었지만, 우리는 죄인들로 죄인 명부에 이름이 적혀 있었습니다. 그런데 주께서 거룩한 명부에서 자신의 이름을 빼내어 이 검은 고소장으로 옮겨 적으시고 그 고소장에서 우리 이름을 빼내어 용납이라는 명부에 적어 넣으셨습니다. 어떻게 그렇게 할 수 있겠습니까? 예수님과 그의 백성들 사이에 완전한 전이가 이루어졌기 때문입니다. 주님은 그의 의, 그의 피, 그 외에 자신이 갖고 있던 모든 것을 우리에게 지참금으로 주셨습니다.

MARCH
MORNING BY MORNING
03 / 31

"그가 찔림은 우리의 허물 때문이요 그가 상함은 우리의 죄악 때문이라 그가 징계를 받으므로 우리는 평화를 누리고 그가 채찍에 맞으므로 우리는 나음을 받았도다"_사 53:5

빌라도는 우리 주님을 로마 병정들에게 넘겨주어 채찍으로 치게 했습니다. 당시 가장 끔찍한 고문 도구인 채찍은 황소의 힘줄로 만들어졌는데 그 힘줄 사이사이마다 날카로운 뼈들이 얽혀 있었습니다. 그래서 이 채찍을 한 번 내리칠 때마다 살점이 떨어져 나가며 살이 찢어지는 고통이 가해졌습니다. 주님은 틀림없이 기둥에 묶인 채 채찍으로 맞았을 것입니다. 전에도 채찍으로 맞으신 적이 있었으나, 이번에 주님을 때린 로마 병정들은 가장 잔인한 자들이었을 것입니다. 잠시, 고통스러워하시는 주님을 생각하면서 애통해 하십시다.

우리를 향한 사랑 때문에 이처럼 고난 당하신 주님이 바로 당신 앞에 서 계십니다. 그 주님을 눈물 없이 바라볼 수 있습니까? 백합처럼 티 없이 순결했던 분이 그가 흘린 피로 장미꽃처럼 붉어졌습니다. 주께서 그 채찍에 맞으심으로 우리가 이처럼 확실한 치유를 받았습니다. 마음이 즉시 사랑과 슬픔으로 녹아내리지 않습니까? 우리가 정말로 주님을 사랑한 적이 있다면 지금 우리 마음속에서 불타오르는 그 사랑을 분명히 느낄 수 있을 것입니다. 우리는 마땅히 골방에 들어가 애통하며 울어야 합니다. 그러나 해야 할 일이 많아 골방에서 속히 나와야 하므로, 먼저 사랑하는 주님께 피 흘리는 그의 형상을 종일토록 우리 마음판에 새겨달라고 기도합시다. 그리고 밤이면 돌아와 주님과 친밀한 교제를 나누며 우리 죄 때문에 그처럼 값진 대가를 지불해 주신 주님을 생각하며 슬퍼합시다.

APRIL 04/01

"내게 입맞추기를 원하니 네 사랑이 포도주보다 나음이로구나"_아 1:2

약혼자에 대한 생각으로 가슴 설레는 신부처럼 오늘 우리도 주님을 향해 설레는 마음을 가졌으면 합니다. 오늘 본문에 나오는 여인은 그로 인해 즉시 마음이 설렙니다. 그녀는 밑도 끝도 없이 그가 누구인지 그 이름조차 밝히지 않은 채 즉시 핵심을 말하고 있습니다. 지금 그녀는 세상에서 유일한 남성인 그에 대해 말하고 있습니다. 그녀의 사랑은 얼마나 담대한지요! 성경에 나오는 한 여인은 주의 크신 사랑에 감격하여 참회의 눈물을 흘리며 값비싼 향유로 그의 발을 적셨습니다. 마리아 역시 주님의 발아래 앉아 주로부터 배웠습니다.

그러나 여기 나오는 사랑은 그보다 훨씬 더 친밀하고도 열렬한 사랑입니다. 에스더는 아하수에로 왕 앞에서 떨었지만 완전한 사랑의 자유함을 만끽하고 있는 이 여인은 두려움을 전혀 모릅니다. 만일 우리가 이러한 자유의 영을 받았다면 어떻겠습니까? 우리 역시 그와 똑같은 사랑을 할 것입니다. 무엇보다 입맞춤은 예수님의 사랑을 표현하는 단적인 수단입니다. 회심할 때 나누었던 화해의 입맞춤은 꿀처럼 달았습니다. 또 주님께서 부요한 은혜를 통해 우리 자신과 우리의 행위를 용납하셨다는 사실을 깨달았을 때 나누었던 용납의 입맞춤은 아직도 따스한 온기로 남아 있습니다. 무엇보다 우리 영혼이 천국에 들어갈 때 맛보게 될 환영의 입맞춤과 그 영혼을 천국의 기쁨으로 채워 줄 완성의 입맞춤은 또 어떻겠습니까? 우리는 매일 주님의 입맞춤을 갈망합니다. 믿음으로 걷는 순례자는 주님과의 교제를 통해 샘물과 같은 안식을 누립니다.

APRIL
04 / 02

"한 마디도 대답하지 아니하시니 총독이 크게 놀라워하더라"_마 27:14

우리를 축복하실 때는 한 번도 침묵하지 않던 주님이 자신을 위해서는 한 마디도 하지 않으셨습니다. 주님은 자기희생적으로 침묵하셨습니다. 이 침묵은 죽음을 견디려는 주님의 단호한 의지를 나타냅니다. 주님은 자신을 위해 추호도 중재하지 않으셨으며 오히려 말없이 묶인 채로 자신을 복종시키셨습니다. 그런데 이 침묵은 또한 무방비 상태인 죄의 상징이 아닐까요? 실로 인간의 죄에 대해서는 변명하거나 핑계 댈 것이 아무것도 없습니다. 또한 오래 참는 침묵은 반박하는 세상에 대한 최선의 응답이 아니었을까요? 어떤 질문에는 아무 말 없이 조용히 참고 견디는 것이 거창한 웅변보다 훨씬 더 결정적인 답변이 될 수 있습니다.

기독교 초기의 가장 훌륭한 대변자들은 바로 순교자들이었습니다. 망치로 아무리 두드려도 모루가 그 강타를 조용히 참아 내듯이, 하나님의 어린양인 예수님은 우리에게 큰 지혜의 모범을 보여 주십니다. 말끝마다 하나님을 모독하는 소리가 나오는 곳에서는 아무 말도 마십시오. 그 죄의 불길에 기름을 붓지 마십시오. 그러면 그 비열하고 무가치한 자들이 머지않아 입을 다물 것입니다. 진실할 때는 부디 침묵하십시오. 그러면 곧 침묵이 지혜임을 발견하게 될 것입니다. 우리 주님은 침묵하심으로써 놀라운 예언의 성취를 이루셨습니다. "마치 도수장으로 끌려가는 어린 양과 털 깎는 자 앞에서 잠잠한 양같이 그 입을 열지 아니하였도다"(사 53:7). 주님은 잠잠히 계심으로써 자신이 참 하나님의 어린 양임을 입증하셨습니다.

"이에 예수를 십자가에 못 박도록 그들에게 넘겨 주니라" _요 19:16

주님은 밤새 고민하며 괴로워하시다가 이른 아침을 가야바의 집 뜰에서 보내셨습니다. 그 후에는 가야바에게서 서둘러 빌라도에게 보내졌으며, 빌라도에게서 헤롯에게로, 헤롯에게서 다시 빌라도에게로 보내졌습니다. 주님은 지칠 대로 지쳐 있었습니다. 그래도 주님에겐 시원한 물 한 잔조차 허락되지 않았습니다. 오히려 주님의 피를 간절히 원하는 그들은 주님에게 십자가를 지워 밖으로 끌어냈습니다. 그때 예루살렘의 딸들이 얼마나 울었던지요! 당신도 주님을 위해 애통해 하며 울어 주십시오.

복되신 주님이 끌려가시는 모습 속에서 우리는 구약에 예표된 희생양의 진리를 발견할 수 있습니다. 구약에서는 대제사장이 희생양의 머리에 손을 얹고 이스라엘의 죄를 고백하면 그 죄가 모두 희생양에게 전가되었습니다. 그 후에는 지정된 사람이 양을 광야로 끌고 갑니다. 바로 이와 같이 하나님께서는 친히 우리의 모든 죄를 예수님에게 전가시키셨습니다. "여호와께서 우리의 모든 죄악을 그에게 담당시키셨습니다." 그는 우리 죄를 위한 대속물로 그 어깨에 십자가를 짊어지셨습니다. 당신은 주님이 당신의 죄를 짊어지셨다고 확신합니까? 그 어깨 위의 십자가가 바로 당신의 죄를 대표한다고 믿습니까? 만일 당신이 그분 머리에 손을 얹고 죄를 고백하며 그분을 의지했다면 당신의 죄는 더 이상 당신의 것이 아닙니다. 그러므로 자신이 구원 받은 것을 즐거워하며 우리의 모든 죄를 짊어지신 구세주를 찬미하면서 언제까지나 주님을 사랑합시다!

> "하나님이 죄를 알지도 못하신 이를 우리를 대신하여 죄로 삼으신 것은 우리로 하여금 그 안에서 하나님의 의가 되게 하려 하심이라"
> _고후 5:21

완전하신 주님을 바라보십시오. 당신이 바로 그 주님 안에서 완전하다는 것, 하나님 눈에는 당신이 죄 없이 완전해 보인다는 사실을 기억하십시오. 우리의 의 되신 주님은 당신으로 하여금 인간의 의 그 이상을 갖게 하시려 그분의 옷을 친히 입혀 주셨습니다. 그러므로 이제 당신은 하나님의 의를 가진 자입니다.

때문에 당신이 범한 그 어떤 죄도 당신을 정죄할 수 없다는 사실을 기억하십시오. 죄는 이미 그리스도의 머리 위에 놓였습니다. 당신은 지금 당신 자신 안이 아니라 그리스도 안에 서 있습니다. 자신 안에서 용납된 것이 아니라 주님 안에서 용납되었습니다. 부디 그리스도 안에서 완전하다는 이 귀한 생각을 꼭 붙드십시오! 구세주의 의복을 입은 당신은 거룩하신 구세주만큼 거룩합니다. "누가 정죄하리요 죽으실 뿐 아니라 다시 살아나신 이는 그리스도 예수시니 그는 하나님 우편에 계신 자요 우리를 위하여 간구하시는 자시니라"(롬 8:34).

이제는 즐거워하십시오. 당신은 "사랑하는 자 안에서 용납되었습니다." 어찌 두려워하십니까? 항상 웃고 사십시오. 주님 가까이 머무르십시오. 천성의 교외 지역에 사십시오. 때가 오면 주님 오른편에 앉아 온 천하를 다스리게 될 것입니다. 이 모든 것은 "죄를 알지도 못하신" 주님이 "우리로 하여금 그의 안에서 하나님의 의가 되게 하시려고 우리를 위해 죄가 되셨기" 때문입니다.

APRIL
MORNING BY MORNING
04 / 05

"그들이 예수를 끌고 갈 때에 시몬이라는 구레네 사람이 시골에서 오는 것을 붙들어 그에게 십자가를 지워 예수를 따르게 하더라"_눅 23:26

오늘의 말씀에서 시몬은 교회가 온 세대에 걸쳐 해야 할 사역을 예시합니다. 교회는 시몬처럼 십자가를 지고 예수님을 따라야 합니다. 예수님이 당신으로 하여금 고난을 피하게 하시려고 고난 당하신 것이 아니라는 사실에 유의하십시오. 주님은 오히려 당신이 십자가를 잘 참고 견딜 수 있게 하시려고 먼저 지셨습니다. 그리스도가 당신을 죄로부터 면제해 주신 것은 사실이나 슬픔에서까지 면제하신 것은 아닙니다. 부디 자신의 십자가에 만족하십시오.

우리가 지고 가는 십자가는 우리 자신의 것이 아니라 그리스도의 십자가입니다. 경건함을 이유로 괴롭힘을 당하거나 기독교를 믿는 것 때문에 조롱 당할 때마다, 그것이 그리스도의 십자가임을 기억하십시오. 당신은 홀로 그 길을 가고 있는 것이 아닙니다. 그 길에는 이미 주님의 발자국과 핏자국이 나 있습니다. 주께서는 당신을 인도하며 나아가십니다. 그러니 매일 당신의 십자가를 지고 주님을 따르십시오. 또한 주께서 이 십자가를 함께 지고 간다는 사실을 기억하십시오. 시몬은 그 십자가를 혼자서 다 진 것이 아니라 끝 부분만 지고 갔습니다. 당신 역시 그러합니다. 그리스도께서 그 무거운 부분을 짊어지시고 당신은 끝 부분만 거들고 가는 것입니다. 그러나 시몬이 십자가를 진 것으로 인해 그에게 영원한 명예가 되었듯, 당신도 십자가로 인해 면류관과 영광을 받게 될 것입니다. 그러니 십자가를 사랑하십시오.

> "그런즉 우리도 그의 치욕을 짊어지고 영문 밖으로 그에게 나아가자"
> _히 13:13

예수님은 십자가를 지고 영문 밖으로 나가셨습니다. 그리스도는 "이 세상에 속한 분이 아닙니다." 그의 생애와 증거는 이 세상에 대한 끊임없는 항변 그 자체였습니다. 일찍이 우리 주님만큼 인간에 대해 넘치는 사랑을 가진 이가 없었으나 그분은 죄인들과 언제나 분리되어 계셨습니다. 예수님이 그리하셨기에 그리스도인도 세상 죄와 종교라는 "영문 밖"으로 나가야 합니다. "영문 밖"의 자리를 취해 좁고 곧은 길을 걷도록 준비해야 합니다. 사자처럼 담대한 마음으로 먼저 그리스도를 사랑하고 그의 진리를 사랑해야 합니다.

예수님은 그의 백성들을 "영문 밖으로 나가게" 하시되, 그들 자신의 성화를 위해 나가게 하실 것입니다. 그러나 이 세상을 본받는 한, 은혜 안에서 높이 자랄 수 없습니다. 세상과 구별된 삶이 고난의 길이더라도 그것은 안전하고 바른 길입니다. 많은 고통과 번민으로 매일의 삶이 전쟁터로 변할지 몰라도 궁극적으로는 그것이 행복입니다. 이 세상에서 그리스도의 군사들이 누리는 기쁨보다 더 큰 기쁨은 없습니다. 예수님께서 자신을 아주 은혜롭게 계시하시며 그 심신을 상쾌하게 해 주시기 때문입니다. 또한 주님과의 교제는 곧 거룩한 수단입니다. 만일 우리가 하나님의 은혜로 그리스도를 따라 "영문 밖으로" 나갈 수 있다면 우리는 면류관을 얻게 될 것입니다. 세상과 분리된 삶이라는 십자가를 질 때 영광의 면류관이 따라옵니다. 한순간의 수치가 영원한 영광으로 보상될 것입니다.

APRIL 04/07

"인생들아 어느 때까지 나의 영광을 바꾸어 욕되게 하며 헛된 일을 좋아하고 거짓을 구하려는가"_시 4:2

한 저자가 눈먼 이스라엘 백성들이 그토록 학수고대하던 자기네 왕에게 어떤 영예를 안겨 주었는지를 애통하는 심정으로 적어 놓았습니다. (1)그들은 주님께 영광의 행렬을 제공했습니다. 그 속에는 로마 병정, 유대인 제사장, 일반인들이 끼어 있었고, 왕 되신 주님은 십자가를 지고 가셨습니다. 이것이 바로 가장 사악한 적들을 전복시키러 오신 주님께 이 세상이 제공한 축하 행사였습니다. (2)그들은 왕 되신 주님께 영광의 포도주를 드렸습니다. 그들은 금잔에 담긴 진한 포도주 대신 범법자의 감각을 마비시켜 사망의 아픔을 느끼지 못하게 하는 쓸개 탄 포도주를 드렸습니다. 그러나 주님은 사망의 맛에 조금이라도 손상이 가지 않게 하시려 그 잔을 단호히 거부하셨습니다. 그 후 주님이 다시 "내가 목마르다"고 하자, 그들은 해면에 신 포도주를 적셔 주님 입에 갖다 댔습니다.

(3)그들은 주님께 영광의 경호원을 제공했습니다. 네 명의 잔인한 도박꾼들은 주님 옷을 가지고 내기를 걸 만큼 주님을 업신여겼습니다. (4)피 묻은 나무 위에는 영광의 가시관이 마련되어 있었습니다. 그들은 그런 식으로 하나님의 아들에게 대접했습니다. (5)주님께 주어진 영광의 칭호는 "유대인의 왕"이었습니다. 그러나 눈먼 자들은 그 칭호를 거부하고 주님을 "도적들의 왕"이라 불렀습니다. 그들은 바라바를 택하고 두 도적 사이에 주님을 못 박았습니다. 이처럼 주님의 모든 영광이 수치와 욕으로 변했지만, 성도들과 천사들 눈에는 영원토록 즐거운 것이 되었음을 기억합시다!

"푸른 나무에도 이같이 하거든 마른 나무에는 어떻게 되리요 하시니라"_눅 23:31

"죄인들을 위한 무죄한 대속물인 내가 이리 고초 당하는데 마른 나무와 같은 죄인인 너희가 진노의 하나님 손에 떨어질 때에야 그 고난이 오죽하겠느냐?" 하나님은 죄인의 자리에 선 예수님을 조금도 아끼지 않으셨습니다. 그런데 그리스도 없는 죄인들에게야 어찌하시겠습니까? "엘리 엘리 라마 사박다니?" 주님이 이렇게 부르짖었을 때 그 소리는 참으로 처절했을 것입니다. 그런데 당신의 처절함이야 오죽하겠습니까? 더욱이 하나님께서 "네가 그동안 나의 모든 교훈을 멸시하고 내 책망을 받지 아니하였은즉 나 역시 네가 재앙을 만날 때에 웃을 것이며 너에게 두려움이 임할 때 비웃으리라"고 답변하신다면 그때의 심경은 또 어떻겠습니까? 하나님이 자기 아들을 아끼지 아니하셨는데 당신에게는 어찌하시겠습니까! 양심이 그 모든 공포를 가지고 무섭게 짓누른다면 마치 불붙은 철사줄로 맞는 것처럼 고통스러울 것입니다.

하나님께서 "오, 칼아, 일어나 나를 거절한 그 자를 대적하라. 그를 쳐서 그 아픔을 영원토록 느끼게 하라"고 말씀하실 때, 누가 당신 자리에 대신 서 주겠습니까? 예수님이 침 뱉음을 당하셨는데 죄인인 당신은 얼마나 더 큰 수치를 당하겠습니까! 당신이 만일 현재의 모습 그대로 죽는다면, 당신 영혼에는 엄청난 슬픔의 대양이 몰아닥칠 것입니다. 부디 온 진노가 당신에게 임하지 않도록 그리스도께서 당하신 그 큰 고민을, 그리스도가 흘리신 그 보혈을, 그리스도가 당하신 그 상처를 믿고 의지하십시오! 하나님의 아들을 믿으십시오. 그러면 절대 죽지 않을 것입니다.

APRIL

"또 백성과 및 그를 위하여 가슴을 치며 슬피 우는 여자의 큰 무리가 따라오는지라"_눅 23:27

구세주를 십자가에 못 박으라며 요구하던 자들 가운데 가슴을 치며 슬피 우는 은혜로운 영혼들이 있었습니다. 지금 내 영혼도 경건한 그 여인들과 함께 슬피 웁니다. 거기에는 정말로 슬퍼해야 할 진정한 이유가 있기 때문입니다. 그것은 슬피 울던 여인들의 생각보다 더 깊은 이유입니다. 그 여인들은 죄 없는 분이 그렇게 학대를 당하고, 선하신 분이 그렇게 박해를 당하며, 사랑 많으신 분이 그렇게 피를 흘리고, 온유하신 분이 그렇게 죽임 당하는 것이 슬퍼서 울었습니다. 그러나 나는 그보다 더 깊고 쓰라린 이유로 인해 애통하며 웁니다. 내 죄가 바로 주님의 이마에 피를 흘리게 한 가시면류관이기 때문입니다. 주께서 죽기 위해 끌려가신 것은 한 영겁만 울면 되는 슬픔이지만, 내가 바로 그분을 죽인 살인자라는 사실은 영원토록 울어야 할 엄청난 슬픔입니다.

나인성 과부는 제 아들이 살아나는 것을 보았지만 나는 새 생명으로 일으킴을 받았습니다. 베드로의 장모는 열병에서 치료되었지만 나는 치명적인 죄에서 치료되었습니다. 막달라 마리아에게서는 일곱 귀신이 쫓겨나갔지만 내게서는 군대 마귀가 쫓겨나갔습니다. 주님은 마리아와 마르다를 사랑하시되 그들을 찾으실 만큼 사랑하셨지만 나는 함께 거하실 만큼 사랑하십니다. 주님의 어머니는 그의 몸을 낳았지만 주님은 지금 내 안에서 영광의 소망을 이루고 계십니다. 나 역시 성경 속의 경건한 여인들처럼 주님께 많은 빚을 지고 있습니다. 그렇다면 그 여인 못지않게 주님으로 인해 감사하고 슬퍼해야 할 것입니다.

"해골이라 하는 곳에 이르러 거기서 예수를 십자가에 못 박고 두 행악자도 그렇게 하니 하나는 우편에, 하나는 좌편에 있더라"_눅 23:33

갈보리 언덕은 위로의 언덕입니다. 위로의 집은 십자가 나무로 지어졌습니다. 천국의 축복이 내리는 성전은 갈기갈기 찢긴 반석 위에 세워졌습니다. 교회 역사상 갈보리의 비극처럼 영혼을 기쁘게 하는 장면도 없습니다. 대낮에 온 땅에 어둠이 임했던 골고다로부터 빛이 흘러나옵니다. 한때 저주 받았던 그 나무 그늘 아래서 들판의 모든 약초가 꽃을 피웁니다. 갈증의 장소인 그곳에 은혜로 말미암아 항상 수정처럼 맑고 깨끗한 물을 뿜어내는 샘물이 생겼습니다. 그 한 방울 한 방울이 인류의 불행을 덜어 줄 수 있는 그런 샘물인 것입니다.

겟세마네의 그 쓴 약초들이 당신 인생에서 쓰라림을 거둬갔습니다. 우리는 갈보리의 신음 소리 때문에 희귀하고 풍성한 위로를 누립니다. 만일 그리스도께서 죽지 않으셨다면, 우리는 그리스도의 이 높고 깊은 사랑을 도저히 알지 못했을 것입니다. 그리고 만일 하나님께서 그의 아들을 죽도록 내어 주시지 않았다면 하나님 아버지의 그 깊은 사랑을 꿈에도 생각지 못했을 것입니다. 바닷가의 조가비에 귀를 기울이면 그 조가비가 나온 저 깊은 바다의 속삭임을 들을 수 있듯이 우리가 누리는 주님의 긍휼 속에서 우리는 그의 사랑을 맛봅니다. 그러나 만일 그 큰 바다 자체에서 나는 소리를 듣고 싶다면, 매일의 축복을 바라보는 대신 십자가 형이 집행된 곳을 바라보아야 합니다. 사랑이 알고 싶은 사람은 갈보리로 가서 예수님이 죽는 모습을 보아야 합니다.

"나는 물같이 쏟아졌으며 내 모든 뼈는 어그러졌으며"_시 22:14

이 땅이나 저 하늘이 일찍이 이보다 더 슬프고 고통스러운 장면을 목격한 적이 있었을까요! 우리 주님은 그 몸과 영이 마치 쏟아져 내리듯 약해짐을 느끼셨습니다. 십자가를 일으켜 세울 때 주님은 너무 아파 온몸을 떠셨습니다. 모든 인대가 꽉 조여들고, 안 아픈 신경이 없으며, 뼈가 다 어그러졌습니다. 당당한 모습의 주님은 6시간의 긴 시간 동안 매순간마다 더 심한 고통을 느끼셔야 했습니다. 정신이 점점 몽롱해지고 몸이 전반적으로 몹시 약해졌습니다. 비록 의식은 살아 있으나 기력이 점점 쇠해 가는 고통을 겪으셔야 했습니다.

다니엘은 큰 이상을 볼 때 자신의 감각 기능이 어떠했는지에 대해 이렇게 묘사합니다. "내 몸에 힘이 빠졌고 나의 아름다운 빛이 변하여 썩은 듯 하였고 나의 힘이 다 없어졌으나"(단 10:8). 다니엘보다 더 큰 선지자인 우리 주님께서는 하나님의 그 무서운 저주의 환상 속에서 얼마나 더 혼미해지셨겠습니까! 주님은 상처를 입으시되 몸으로 그 칼을 친히 느끼셨습니다. 그 잔을 비우시며 그 잔의 마지막 방울까지 다 맛보셨습니다. 이제는 승천하여 하나님 우편에 앉으신 구세주의 앞에 무릎 꿇을 때마다, 주께서 그 보좌를 우리를 위한 은혜의 보좌로 내어 주시려 걸으신 그 길을 잘 기억합시다. 중압감을 느낄 때마다 강건해질 수 있도록 주님의 잔을 기꺼이 마시십시오. 주님은 그 모든 슬픔과 고통 속에서도 해 하나 입지 않고 영광과 능력 가운데 나오셨습니다. 이와 마찬가지로 우리의 영도 풀무불을 통과하되 불에 그슬린 냄새 하나 없이 거슬러 나올 것입니다.

APRIL 04 / 12

"내 마음은 밀랍 같아서 내 속에서 녹았으며"_시 22:14

송축 받으실 우리 주님은 그 영혼이 철렁 내려앉으며 녹는 듯한 끔찍한 체험을 하셨습니다. "사람의 심령은 그의 병을 능히 이기려니와 심령이 상하면 그것을 누가 일으키겠느냐"(잠 18:14). 심령이 깊은 우울증에 빠져 있는 것, 이것이야말로 모든 시련 중 가장 견디기 어려운 시련입니다. 이것에 비하면 다른 모든 것은 아무것도 아닙니다. 고난 당하시던 주님이 하나님 아버지께 "저를 멀리 떠나지 마소서"라고 부르짖은 것도 무리가 아닙니다. 중압감에 눌려 그 마음이 녹을 때야말로 하나님을 가장 필요로 할 때이기 때문입니다.

오늘 아침, 당신도 십자가 가까이 나오십시오. 와서 우리 중 어느 누구보다도 훨씬 더 낮은 자리에서 정신적인 번민과 내적인 고민으로 고통 당하셨던 영광의 왕을 겸손히 찬미하십시오. 그 주님은 우리가 무기력함을 느낄 때 그것을 보시고 마음이 동할 수 있는 분입니다. 특히 지금 하나님 아버지의 사랑을 느끼지 못해 마음이 슬픈 사람들은 예수님께 가까이 나아가 주님과 친밀한 교제를 나누십시오. 무조건 절망하지 마십시오. 왠지 아십니까? 우리 주님께서 이미 우리 앞서 그 어두운 방을 통과하셨기 때문입니다. 우리 영혼은 여호와의 얼굴빛에서 나오는 광채를 보려고 너무 애쓰다가 혼미해지거나 심지어 갈증으로 괴로워할 때가 있습니다. 그럴 때는 대제사장인 우리 주님께서도 그 고통을 체휼하셨다는 사실을 계속 생각하십시오. 주님이 당하신 그 크나큰 슬픔을 생각하다 보면 어느새 우리의 작은 슬픔 방울들을 잊어버리게 될 것입니다.

"나의 사랑하는 자는 내 품 가운데 몰약 향주머니요"_아 1:13

몰약은 귀하고 향기롭고 치유와 보존의 능력을 갖춘 데다 희생과도 관련되어 있기에 예수님의 모형으로 자주 등장합니다. 그런데 오늘 본문에서는 주님을 몰약이 아닌 "몰약 향낭"에 비유하고 있습니다. 왜 그랬을까요?

첫째, 그 양이 많기 때문입니다. 주님은 몰약 한 방울이 아니라 몰약이 잔뜩 들어 있는 향낭입니다. 그는 몰약 하나 혹은 몰약 꽃잎 하나가 아니라 몰약 전체입니다. 이처럼 그리스도 안에는 우리에게 필요한 모든 것이 충분히 들어 있습니다. 다음은 그 다양성 때문에 주님을 "향낭"에 비유하고 있습니다. "그 안에는 신성의 모든 충만이 육체로 거하십니다"(골 2:9). 예수님이 맡은 역할은 실로 다양합니다. 그는 선지자요 제사장이요 왕이며 동시에 우리의 남편이요 친구요 목자십니다. 또한 주가 보이신 덕과 온유하심, 용기와 자기 부인, 사랑과 신실하심, 진실하고 의로우심은 어떠한지요. 주님은 어디에서나 귀하고 소중한 향낭입니다. 그분의 말씀과 규례 역시 귀히 여겨야 합니다. 그리고 마귀가 훔쳐가지 못하도록 그분에 대한 우리의 지식과 생각을 잘 간수해야 합니다.

게다가 예수님은 그 독특성 때문에 "몰약 향낭"에 비유되고 있습니다. 이 상징 속에는 예수님만이 독특하고 구별된 은혜를 주실 수 있다는 개념이 들어 있습니다. 주님은 이 세상의 기초가 세워지기 전부터 이미 그의 백성들을 위해 구별되셨습니다. 그리고 주님은 그분과 친밀한 교제를 나눌 줄 아는 사람들에게만 그의 향수를 건네십니다.

APRIL 04 / 14

"나를 보는 자는 다 나를 비웃으며 입술을 비쭉거리고 머리를 흔들며 말하되"_시 22:7

조롱은 주님이 당하신 큰 재난이었습니다. 유다는 겟세마네 동산에서 주님을 조롱했습니다. 대제사장과 서기관들도 주님을 비웃었습니다. 헤롯이 주님을 무시하고 종과 로마 병정들이 주께 야유를 퍼부으며 무자비한 모욕을 가했습니다. 빌라도와 그의 보초들은 주님의 왕권을 조소했습니다. 그리고 십자가 아래 있던 자들은 소름 끼칠 정도로 무서운 악담과 희롱을 퍼부었습니다. 극심한 고통 가운데 당하는 조롱은 너무나 무정하고 잔인해서 그 피해자에게 심한 상처를 입힙니다.

그런데 십자가에 못 박혀 상상할 수 없을 만큼 고통 당하시던 구세주는 어떠셨겠습니까! 많은 사람들이 한목소리로 주님을 그처럼 경멸했습니다. 선(善)이 대승리를 거두려는 바로 그 순간, 악은 십자가의 그 선을 보고 조롱 외에는 어찌 할 도리가 없었습니다. 그럼 사람들에게 멸시와 버림을 받으신 주님은 어떻게 그런 인간들을 위해 돌아가실 수 있었을까요? 여기에 놀라운 사랑, 하나님의 사랑이 있습니다. 그렇습니다. 정도를 초월한 사랑이 있습니다. 우리 역시 거듭나지 않았을 때는 주님을 경멸했습니다. 그리고 거듭난 후에도 우리 마음속 보좌에 세상을 높이 앉혀 놓고 있습니다. 그런데도 주님은 우리의 상처를 치료하시려고 피를 흘리셨고 우리에게 생명을 주시려고 돌아가셨습니다. 이제라도 우리가 마음속 가장 영광스런 보좌를 주님께 내어드릴 수 있다면 얼마나 좋을까요!

APRIL 04 / 15

"내 하나님이여 내 하나님이여 어찌 나를 버리셨나이까 어찌 나를 멀리 하여 돕지 아니하시오며 내 신음 소리를 듣지 아니하시나이까"
_시 22:1

여기에 심히 슬퍼하시는 구세주의 모습이 있습니다. 갈보리만큼 그리스도의 슬픔을 잘 나타낸 곳은 없습니다. 그리고 갈보리에서도 주님이 하늘을 향해 부르짖었을 때만큼 그 고통이 극심하게 나타난 장면은 없습니다. 이 순간엔 주님이 통과하셔야 했던 그 모든 수치와 굴욕감에서 온 극심한 정신적 고통에 육신적인 나약함까지 겹쳤습니다. 더욱이 그 슬픔은 주님이 그의 아버지 하나님의 임재로부터 격리되는 고통, 말로는 도저히 표현할 수 없는 영적인 고통으로 인해 극대화되었습니다. 주님은 고난의 심연에 빠지셨습니다.

하나님께서 사랑을 조금만 거두어 가도 우리는 울며 슬퍼합니다. 그런데 하나님은 그의 독생자로부터 정말로 그 얼굴을 돌리셨습니다. 우리의 부르짖음은 종종 불신에서 나옵니다. 그러나 주님은 하나님이 한동안 정말로 주님으로부터 돌아서셨기에 그렇게 부르짖으셨습니다. 주님은 완전히 버림받았습니다. 주님의 그 고통이 어떠했겠습니까? 우리는 도저히 상상조차 할 수 없습니다. 한때는 하나님의 광채로 살았으나 지금은 흑암 가운데 살고 있는 낙망한 영혼이여, 하나님이 당신을 버리지 않았음을 기억하십시오. 하나님은 주님을 철저히 버리심으로써 우리를 결코 버리지 않는 길을 택하셨습니다. 지금 구름 속에 계신 하나님은 그 모든 은혜의 광채를 발하시던 하나님과 동일하십니다. 부디 이를 기억하며 예수님의 고통을 기억하고 하나님을 찬미하십시오!

APRIL 04 / 16

"오직 흠 없고 점 없는 어린 양 같은 그리스도의 보배로운 피로 된 것이니라"_벧전 1:19

주님의 손과 발, 그리고 옆구리에서 흘러나오는 붉은 피는 "보배롭습니다." 그 피로 그리스도의 백성들의 모든 죄가 대속됩니다. 율법 아래 놓여 있던 이들이 그 피로 구속을 받습니다. 그리스도의 피는 또 깨끗하게 하는 능력으로 인해 보배롭습니다. "너희의 죄가 주홍 같을지라도 눈과 같이 희어질 것이요"(사 1:18). 예수님의 피로 인해 어떤 성도에게도 한 점의 얼룩조차 남지 않게 되었습니다.

그리스도의 피는 또한 보존의 능력 안에서 "보배롭습니다." 우리는 주님이 뿌리신 피 아래서 파멸의 천사로부터 보호 받습니다. 이 피는 믿음의 눈이 희미해질 때 우리의 위로가 됩니다. 그리스도의 피는 또한 성화시키는 능력으로 인해 "보배롭습니다." 죄를 없앰으로써 우리를 의롭게 만드는 그 피가 칭의 이후에도 계속 역사하여 우리의 새 본성이 계속해서 죄를 정복하고 하나님의 명령들을 좇아갈 수 있도록 인도합니다. 예수님의 정맥에서 흘러나온 피보다 더 강력하게 거룩함의 동기를 부여하는 것은 없습니다. 그리고 이 피는 이기는 능력으로 인해 "보배롭습니다." 성경은 "그들은 어린 양의 피로 이겼다"(계 12:11)고 기록하고 있습니다. 예수님의 피로 싸우는 자는 패배를 모르는 무기를 가지고 싸우는 것입니다. 예수님의 피! 그 피 앞에서 죄가 죽고 사망이 더 이상 그 힘을 발하지 못합니다. 천국 문이 열립니다. 예수님의 피의 능력을 믿는 한 우리는 정복하면서, 그리고 정복하기 위해 계속해서 행진할 것입니다.

APRIL 04 / 17

"새 언약의 중보자이신 예수와 및 아벨의 피보다 더 나은 것을 말하는 뿌린 피니라"_히 12:24

당신은 본문에서 말하는 이 뿌린 피에 이르렀습니까? 당신이 교리적으로 그것을 아느냐, 의식을 준수했느냐, 어떤 체험을 했느냐를 묻는 것이 아닙니다. 당신이 직접 예수님의 피에 이르렀느냐를 묻고 있습니다. 예수님의 피는 모든 참경건의 생명입니다. 당신은 정말 예수님께 이르렀습니까? 그렇다면, 아마도 성령께서 당신을 그곳으로 인도했을 것입니다. 당신 자신의 공로로는 이를 수 없기 때문입니다.

주의 보혈이 방울져 내리는 소리는 이 땅에서 회개하는 모든 이에게 마치 천국의 음악 소리 같습니다. 주님의 흐르는 피를 응시하십시오. 그러면 그 피 방울방울이 마치 "다 이루었다. 내가 죄를 끝냈다. 내가 영원한 의를 가져왔다"고 부르짖는 것처럼 들릴 것입니다. 이제 당신의 삶은 "예수님을 바라보는" 삶이 될 것이요 당신의 모든 행위는 "늘 나아온 그에게"라는 이 한마디로 요약될 것입니다. "내가 이미 나아온 그에게"가 아니라 "내가 항상 나아오고 있는 그에게" 말입니다. 당신이 예수님의 뿌린 피에 나아온 적이 있었다면 당신은 그 피앞에 매일 엎드려야 할 필요성을 느낄 것입니다. 그 피로 씻음 받은 적이 있는 성도라면 그 샘이 아직도 열려 있다는 사실을 늘 자신의 기쁨과 특권으로 여길 것입니다. 그리스도인에게 과거의 체험은 항상 미심쩍은 양식(糧食)입니다. 오직 지금 현재 그리스도께 나아올 때만 기쁨과 위안을 얻게 됩니다. 그러니 이 아침, 그 피를 우리 집 문설주에 새로 뿌립시다. 그런 다음 멸하는 천사가 우리 집을 그냥 넘어갈 것을 확신하며 어린 양을 먹읍시다.

"라합이 이르되 너희의 말대로 할 것이라 하고 그들을 보내어 가게 하고 붉은 줄을 창문에 매니라"_수 2:21

라합이 그 생명을 보존하는가의 여부는 그녀가 하나님의 대리인이라고 판단한 정탐꾼들의 약속에 달려 있었습니다. 라합의 믿음은 확고하면서도 아주 순종적이었습니다. 창문에 붉은 줄을 매는 것이 아주 사소한 일일지라도 그녀는 그것을 그대로 지켰습니다. 그렇다면 당신은 여호와의 명령 중 본질적으로 별로 중요해 보이지 않는 것들에도 주의를 기울였습니까? 신자들이 지켜야 할 성례전인 세례와 주의 만찬을 하나님의 방식대로 준수했습니까? 만일 이 규례들을 등한시해 왔다면, 그 뜨뜻미지근한 불순종의 영을 책망하여 다시는 그런 일이 없게 하십시오. 이후로는 모든 일에 흠 없는 자가 되십시오.

그런데 사실 이 라합의 행위는 보다 엄숙한 교훈을 더하고 있습니다. 당신은 예수님의 보배로운 피를 절대적으로 신뢰했습니까? 그 믿음이 절대 없어지지 않도록 창문에 붉은 줄을 매었습니까? 눈에 확 띄는 붉은 색은 지나가는 이의 시선을 끌 것입니다. 그러나 그 붉은 줄로 인해 당신의 생명을 구하고 그로 인해 모든 구경꾼들에게 대속의 효험을 나타낼 수 있다면 아무래도 괜찮습니다. 뭘 부끄러워하십니까? 사람들이나 마귀가 그것을 보고 싶어 한다면 보도록 내버려 두십시오. 그 피는 당신의 자랑이요 찬양이기 때문입니다. 여리고 성벽이 무너져 내려도 라합의 집은 끄떡없이 서 있었습니다. 그러니 당신도 부디 창가에 그 붉은 줄을 늘어뜨리고 평온히 안식하십시오.

"이에 성소 휘장이 위로부터 아래까지 찢어져 둘이 되고 땅이 진동하며 바위가 터지고"_마 27:51

   그렇게 두껍고 질긴 휘장이 찢어지다니, 정말 대단한 이적입니다. 이 사건은 옛 율례들이 치워지되, 마치 다 낡은 옷처럼 찢겨서 옆으로 제켜진 것을 의미합니다. 예수님이 돌아가시면서 그동안 드리던 구약의 모든 제사가 다 끝났습니다. 예수님 안에서 모든 것이 성취되었기 때문입니다. 또 성소의 휘장이 이처럼 찢어짐으로써, 구약시대의 숨겨져 있던 모든 것들이 밝히 계시되었습니다. 이제는 시은좌를 볼 수 있게 됐으며 하나님의 영광이 그 위에 나타났습니다. 생명과 불멸이 드러나고 창세 이후 숨겨져 있던 것들이 주님 안에서 그 모습을 드러냈습니다.

   예수님이 자신의 피를 가지고 그 휘장 안으로 들어가셨기 때문에 이제 수송아지나 양의 피가 필요 없게 되었습니다. 무엇보다 이로 인해 하나님께 가까이 나아가는 것이 허락되었습니다! 이것은 예수 그리스도를 믿는 모든 신자의 특권입니다. 그 휘장은 그 안을 겨우 들여다볼 만큼 조그맣게 뚫린 것이 아니라 위에서부터 아래까지 다 찢어졌습니다. 우리 주님께서 "다 이루었다"고 부르짖자, 놀랍게도 휘장 속에 가려져 있던 지성소가 개방된 것입니다. 그야말로 예수님이 당하신 수난 덕분에 모든 성도들에게 낙원의 문이 열린 것을 말해 주듯 말입니다. 피를 흘리신 우리 주님이 천국 열쇠를 갖고 계십니다. 주님이 열면 아무도 닫을 자가 없습니다. 그러니 주와 더불어 천국으로 들어가, 원수들이 그의 발등상 아래 있게 될 때까지 주님과 그곳에 거하도록 합시다.

"자녀들은 혈과 육에 속하였으매 그도 또한 같은 모양으로 혈과 육을 함께 지니심은 죽음을 통하여 죽음의 세력을 잡은 자 곧 마귀를 멸하시며"_히 2:14

사망은 이제 당신을 쏘지 못합니다. 사망의 권세를 잡고 있던 마귀가 멸망되었습니다. 따라서 이제 더 이상 죽을까봐 두려워하지 마십시오. 그 대신 성령 하나님께 은혜를 구하십시오. 그래서 당신의 구세주가 당신 대신 죽어 주신 것을 분명히 알고 그 대속의 죽음을 확고히 믿음으로써 당신에게 사망의 끔찍한 순간이 닥쳐왔을 때 강건해질 수 있도록 대비하십시오. 갈보리 십자가 근처에 사는 당신은 아마 사망을 기쁘게 생각하여 그것이 찾아올 때 기꺼이 환영할지도 모릅니다. 주 안에서 죽는다는 것은 참으로 기분 좋은 일입니다.

예수님 안에서 잠드는 것은 언약의 축복입니다. 사망은 이제 더 이상 유배가 아닙니다. 그것은 유배지에서 돌아와 사랑하는 이들이 살고 있을 뿐 아니라 많은 처소가 있는 고향으로 돌아가는 것입니다. 이미 영화되어 천국에 살고 있는 영혼들과 이 땅에서 아직도 싸우고 있는 성도들은 서로 굉장히 멀리 떨어져 있는 것처럼 느낄지 모르지만 실은 그렇지 않습니다. 우리는 본향에서 그다지 멀리 떨어져 있지 않습니다. 눈 깜짝할 새에 그곳에 갈 것입니다. 돛이 펴지고 영혼은 이미 바다를 향해 떠났습니다. "육신을 떠나면 곧 주님과 함께 있게 됩니다." 조금 전에 출발한 저 배는 벌써 천국에 가 있습니다. 마치 그 옛날 갈릴리 호수에 떠 있던 배에 폭풍이 불어와 흔들릴 때 예수님이 "잠잠하라"고 말씀하시자 그 배가 즉시 육지에 닿았듯이 말입니다. 사망과 영원한 영광 사이에 긴 간격이 있다고 생각지 마십시오. 당신은 이 땅에서 죽음과 동시에 천국에서 눈을 뜨게 될 것입니다.

APRIL MORNING BY MORNING
04 / 21

"내가 알기에는 나의 대속자가 살아 계시니 마침내 그가 땅 위에 서실 것이라"_욥 19:25

욥은 살아 계신 그리스도를 붙잡았습니다. 주님과의 교제를 즐기기 전에, 우리는 먼저 그분에게 속해야 합니다. 광산에 있는 금이 무슨 소용입니까? 내 주머니에 있는 것으로만 값을 치를 수 있는 법입니다. 마찬가지로 당신이 믿음으로 "그렇다. 나는 나 자신을 살아 계신 주님께 맡긴다. 이제 그는 나의 것이다"라고 말할 수 있을 때까지 절대 만족하지 마십시오. 당신에게 겨자씨만한 믿음밖에 없습니까? 그러나 그 적은 믿음으로도 얼마든지 그렇게 말할 자격이 있습니다.

욥은 "내가 알기에는"이란 말로써 강한 확신을 나타냅니다. "그러기를 바란다"라든가 "그렇게 되리라고 믿는다"는 말도 위로는 됩니다. 그러나 진정한 위로는 언제나 "내가 알기에는"이라는 말로부터 솟아납니다. "만약"이나 "그러나", "어쩌면" 같은 말들은 평안과 위로를 죽이고 맙니다. 슬플 때는 의심이 금물입니다. 의심은 마치 말벌처럼 영혼을 쏘아대기 때문입니다. 그리스도께서 오시기 훨씬 오래 전에 욥이 "내가 알기에는"이라 말했다면, 우리는 그보다 더 분명하게 말할 수 있어야 합니다. 그러나 하나님은 우리가 아무 근거 없이 주제 넘는 태도를 취하는 것을 금하십니다. 그러므로 먼저 우리의 증거들이 옳은지를 확실히 점검해야 합니다. 허나 단순히 그 근거에만 만족하지는 마십시오. 부디 우리에게 가장 넓은 전망을 전하는 영혼의 다락에서 쉼 없이 살피고 간구하시길 바랍니다.

"이스라엘에게 회개함과 죄 사함을 주시려고 그를 오른손으로 높이사 임금과 구주로 삼으셨느니라"_행 5:31

한때 십자가에 못 박혀 돌아가시고 장사 지낸 바 되었던 우리 주님이 지금은 가장 높은 영광의 보좌에 앉아 계십니다. 주님은 여호와로서 유한한 피조물들이 도저히 누릴 수 없는 특별한 영광을 누리십니다. 그런데 예수님이 중보자로서 천국에서 입으신 이 영광을 우리 성도들 역시 모두 다 받아 누릴 것입니다. 그리스도와 그의 백성들은 하나로 연합되어 있습니다. 주의 오른편에는 틀림없이 "오빌의 금"으로 단장한 그의 왕비가 앉을 것입니다. 주님은 그의 신부 없이 혼자 영화롭기를 원하지 않습니다.

지금 예수님을 바라보십시오. 믿음의 눈으로 그 머리에 쓰고 계신 많은 면류관들을 바라보십시오. 그리고 당신도 언젠가 주님을 있는 모습 그대로 뵙게 될 때, 주님처럼 될거라는 사실을 기억하십시오. 물론 주님처럼 그렇게 위대하고 하나님답게 되지야 않겠지만 그래도 어느 정도는 그와 똑같은 영예를 누리고 그와 똑같은 행복을 누리며 그가 갖고 계신 것과 똑같은 위엄을 누리게 될 것입니다. 그러니 이 땅에서 한동안 무명인으로 사는 것에 만족하십시오. 피곤하고 울적한 빈곤의 들판을 걷거나 고통의 언덕을 올라가는 것에 만족하십시오. 가까운 장래에 당신도 그리스도와 함께 다스리게 될 것입니다. 그리스도가 "우리를 하나님께 왕이요 제사장으로 삼았으니 우리는 세세 무궁토록 왕 노릇할 것입니다."

APRIL
MORNING BY MORNING
04 / 23

"그러나 이 모든 일에 우리를 사랑하시는 이로 말미암아 우리가 넉넉히 이기느니라"_롬 8:37

우리는 용서 받고자 할 때는 그리스도께 가면서 우리 자신의 죄와 싸울 능력을 얻기 위해서는 너무 자주 율법을 바라봅니다. 바울은 그런 우리를 이렇게 책망합니다. "어리석도다 갈라디아 사람들아 예수 그리스도께서 십자가에 못 박히신 것이 너희 눈앞에 밝히 보이거늘 누가 너희를 꾀더냐 내가 너희에게 다만 이것을 알려 하노니 너희가 성령을 받은 것이 율법의 행위로냐 듣고 믿음으로냐"(갈 3:1-2). 어서 당신의 죄를 그리스도의 십자가로 가져가십시오. 옛 사람은 오직 거기서만 십자가에 못 박힐 수 있습니다. 탐욕이 많습니까? 세상일로 골치가 아프십니까? 원한다면 이런 악에 대항해 직접 싸울 수도 있을 것입니다.

그러나 만일 당신을 끈질기게 공격하는 죄가 있다면, 예수님의 피 외에는 다른 길이 없음을 깨닫고 자복하십시오. 그 죄를 그리스도께 가지고 가서 주께 이렇게 말씀드리십시오. "주님, 저는 주님을 믿습니다. 주님은 주의 백성들을 죄로부터 구원하시기 때문에 그 이름도 예수가 되셨습니다. 주님, 이것은 저의 무수한 죄 가운데 하나입니다. 부디 이 죄로부터 저를 구원해 주소서!" 그리스도 없는 고행의 수단으로서의 율례는 아무것도 아닙니다. 기도, 회개, 눈물. 이 모두는 그리스도를 떠나서는 아무 가치도 없습니다. "예수님 외에는 어느 누구도 무력한 죄인들에게 유익을 끼칠 수 없습니다." 승리의 월계관은 오직 겟세마네에 있는 주님의 감람나무 잎사귀들 사이에서 자란 것이어야만 합니다.

APRIL 04/24

"우리가 이 모든 일로 말미암아 이제 견고한 언약을 세워 기록하고 우리의 방백들과 레위 사람들과 제사장들이 다 인봉하나이다 하였느니라"_느 9:38

우리는 언약을 바르고 유익하게 갱신할 기회들을 많이 갖고 있습니다. 예를 들어 히스기야처럼 병에서 회복된 후 하나님과의 언약을 새롭게 하는 일도 아주 좋을 것입니다. 또 환난에서 건짐 받은 후 기쁨의 싹이 다시 트기 시작할 때 십자가 밑에서 우리 자신을 재헌신할 수도 있습니다. 특히 성령을 근심시켜 드리는 죄를 범하거나 하나님의 이름과 그 일을 욕되게 한 후에는 반드시 이 언약을 새롭게 해야 합니다. 환난의 날뿐 아니라 형통할 때에도 우리는 헌신을 다시 일구어야 합니다.

우리 마음속에 간직한 보석들, 하나님의 왕권을 표상하는 보물들을 모두 다 꺼내어 드립시다. 우리 하나님께서 왕을 위해 준비한 사랑의 보좌에 앉으실 수 있도록 해 드립시다. 만일 우리가 번영을 통해서도 유익을 얻을 줄 안다면, 하나님은 우리에게 그토록 많은 역경을 보내실 필요가 없을 것입니다. 혹시 근래에 전혀 기대치 않은 축복을 받은 적이 있습니까? 하나님의 많은 긍휼에 찬양할 일이 생겼습니까? 그렇다면 바로 오늘이야말로 우리 손을 제단 뿔에 올려놓고 고백해야 할 때입니다. "내 하나님이시여, 제 손을 여기 묶으소서. 끈으로 제 손을 여기 묶으시되 영원히 묶으소서." 하나님께 받은 새로운 약속들이 성취되기를 바라십니까? 그렇다면 이전에 주께 드렸던 서원들을 갚지 않는 일이 없게 해 달라고 기도하십시오. 오늘 아침에는 감사의 마음으로 묵상했던 예수님의 슬픔과 고통을 생각하며 하나님과의 언약을 견고히 다집시다.

APRIL
MORNING BY MORNING
04 / 25

"나의 사랑하는 자가 내게 말하여 이르기를 나의 사랑, 내 어여쁜 자야 일어나서 함께 가자"_아 2:10

사랑하는 우리 주님의 음성이 들려옵니다! 그가 우리에게 말씀하십니다! 삼라만상이 우리를 겨울잠에서 일어나라고 깨우는 이때, 주님은 우리가 영적으로 잠에 취해 있도록 내버려 두시지 않으십니다. 주님은 "일어나라"고 명하십니다. 주께서 부활하시고 우리도 주님 안에서 부활했는데 어째서 그 먼지 구덩이 가운데 달라붙어 있으려 합니까? 열등한 사랑이나 소욕, 열등한 추구나 야심들로부터 일어나 주를 향해 나아갑시다. 주님은 우리 각자를 "나의 사랑"이라고 부르실 뿐 아니라 정말 어여쁜 자로 여기십니다. 이것만으로도 충분히 일어설 만한 이유가 되지 않습니까? 주께서는 "함께 가자"고 명하십니다. 이기적이요 야비하며 세상적이요 죄된 모든 것들로부터 점점 더 멀어지라고 우리를 부르십니다. "함께 가자"고 부르시는 소리가 전혀 거슬리지 않는 이유는 이 헛되고 죄악된 광야에 우리를 붙잡아 줄 것이 아무것도 없기 때문입니다.

오, 주여. 주님의 그 소리는 마치 아름다운 음악소리처럼 들립니다. 주님께 가는 것은 유배지에서 본향으로 돌아가는 것이요, 노도 치는 폭풍우 속을 빠져 나와 육지로 향하는 것이요, 오랫동안 수고한 후 안식을 취하러 가는 것이며, 저희가 가장 소원하던 곳으로 가는 것입니다. 그러나 주님, 돌이 어찌 스스로 일어서겠으며 진흙 덩이가 어떻게 수렁에서 빠져 나올 수 있겠습니까? 부디 저희를 끌어내소서. 주님의 은혜로는 그것이 가능하오니 주의 성령을 보내시어 저희 마음속에 거룩한 사랑의 불을 붙여 주소서.

"축사하시고 떼어 이르시되 이것은 너희를 위하는 내 몸이니 이것을 행하여 나를 기념하라 하시고"_고전 11:24

오늘의 말씀에서는 그리스도인들이 그리스도를 잊어버릴 수도 있다고 경고합니다. 우리가 주님을 잊어버릴 수도 있다는 이 가정은 애석하게도 우리의 현재 신앙생활 속에서 하나의 가능성이 아닌 통탄할 만한 사실로 나타나고 있습니다. 어린 양의 피로 구속 받은 사람들, 하나님의 아들이 영원한 사랑으로 사랑하는 자들이 어찌 그렇게 자비하신 구세주를 잊어버릴 수 있을까요? 도저히 있을 수 없는 일인 것 같으나 애석하게도 우리는 우리 눈으로 직접 이 사악한 죄를 목도하고 있습니다. 우리는 주님을 어쩌다 한 번씩만 생각할 뿐입니다. 십자가로 인해 우리의 기억 속에서 주님에 대한 생각이 늘 떠나지 않으리라 여기고 있으나 어느새 무관심이라는 침입자가 들어와 주님을 가리고 맙니다. 어떻습니까, 당신의 양심이 고개를 끄덕이며 그렇다고 답하지 않습니까?

당신은 피조물에 마음을 빼앗겨 가장 사랑해야 할 주님을 생각지 않는 죄를 범하지 마십시오. 끊임없이 십자가를 담아야 할 당신의 마음이 온통 세상일로 가득 차 있습니다. 이 세상에서 끊임없이 일어나는 소요들, 계속해서 시선을 끌어당기는 세상일들이 우리 영혼을 그리스도로부터 앗아갑니다. 유해한 잡초는 잘 기억하면서 샤론의 장미이신 주님은 잘 기억하지 못하다니요!

주여, 이제는 사랑하는 예수님을 위해 우리 가슴에 천국의 물망초를 달고 그 외의 것은 다 잊어버려도 주님만은 꼭 기억하도록 하소서!

APRIL 04/27

"땅이 그의 소산을 내어 주었으니 하나님 곧 우리 하나님이 우리에게 복을 주시리로다"_시 67:6

하나님이 우리에게 주신 영적인 축복들을 활용하지 않다니, 참으로 이상한 일입니다. 그러나 이보다 더 이상한 것은 우리가 하나님 자신을 거의 활용하지 않는다는 사실입니다. 그분이 "우리 하나님"인데, 그 하나님께 우리의 마음을 거의 드리지 않을 뿐 아니라 그분에게 요구하는 것이 거의 없습니다. 우리는 여호와 하나님의 조언을 좀처럼 구하지 않습니다! 또 하나님의 인도도 구하지 않은 채 일을 해 나갈 때가 많습니다. 환난을 당할 때도 여호와께서 우리를 지탱해 주시도록 그 짐을 하나님께 맡기는 대신 우리 자신이 지려고 끊임없이 애씁니다!

그러나 하나님의 부요함을 마음껏 사용하지 않는 것은 순전히 우리의 잘못입니다. 하나님은 우리를 매순간 초청하십니다. 그 귀한 친구에게 가서 필요한 것을 구하십시오. 하나님을 통해 당신의 모든 것을 채우는 법을 배우십시오. 하나님은 당신에게 모든 것을 주실 수 있습니다. 아니 그보다 더 좋은 사실은, 하나님 자신이 당신의 모든 것이 되어 주시리라는 점입니다. 지금 하나님의 섭리 가운데 어두운 구름이 당신 위에 떠 있습니까? 그렇다면 하나님을 "햇빛"으로 활용하십시오. 강한 적이 당신을 포위 공격하고 있습니까? 부디 하나님 안에서 "방패"를 발견하십시오. 혹시 인생의 미로에서 길을 잃어버렸습니까? 그럼 하나님을 "안내자"로 활용하십시오. 하나님께서는 당신의 갈 길을 인도하실 것입니다. 하나님은 바로 당신이 원하고 바라는 것들의 총체이심을 기억하기 바랍니다.

APRIL 04 / 28

"주의 종에게 하신 말씀을 기억하소서 주께서 내게 소망을 가지게 하셨나이다"_시 119:49

무엇이 필요하든, 그에 관한 모든 약속이 성경 안에 있습니다. 혹시 피곤에 지쳐 정신이 혼미한 상태에 있습니까? 여기 당신을 위한 말씀이 있습니다. "피곤한 자에게는 능력을 주시며"(사 40:29). 약속의 말씀을 읽게 되면 하나님께 들고 가서 친히 하신 이 말씀을 이루어 달라고 요청하십시오. 별처럼 반짝이는 이 약속의 말씀이 바로 당신의 것입니다. "의에 주리고 목마른 자는 복이 있나니 그들이 배부를 것임이요"(마 5:6). 혹시 죄 때문에 낙망하고 있습니까?

그렇다면 이 말씀을 들어 보십시오. "나 곧 나는 나를 위하여 네 허물을 도말하는 자니 네 죄를 기억지 아니하리라"(사 43:25). 당신에게 하나님의 용서를 받을 만한 공로가 전혀 없을지라도, 기록된 이 말씀을 갖고 가서 간청하면 주께서 반드시 이행하실 것입니다. 혹시 끝까지 구원에 매달려 있지 못할까봐, 하나님의 자녀라고 생각했는데 결국에 가서는 버림받게 될까 두려워하고 계십니까? 그렇다면 이 은혜의 말씀을 들고 보좌로 향하십시오. "산들이 떠나며 언덕들은 옮겨질지라도 나의 자비는 네게서 떠나지 아니하며 나의 화평의 언약은 흔들리지 아니하리라"(사 54:10). 혹시 구세주의 임재 의식을 더 이상 느낄 수 없어서 슬픈 마음입니까? 그렇다면 이 말씀을 기억하십시오. "내게로 돌아오라 그리하면 나도 너희에게로 돌아가리라"(말 3:7). "내가 잠시 너를 버렸으나 큰 긍휼로 너를 모을 것이요"(사 54:7). 하나님께서 친히 하신 말씀들을 마음껏 먹으며 당신의 믿음을 키우십시오.

APRIL 04 / 29

"주는 내게 두려움이 되지 마옵소서 재앙의 날에 주는 나의 피난처시니이다"_렘 17:17

그리스도인이 가는 길에 항상 햇빛만 비치는 것은 아닙니다. 때로는 어둠과 폭풍의 때를 만날 수 있습니다. 성경은 "그 길은 즐거운 길이요 그의 지름길은 다 평강이니라"(잠 3:17)고 말하십니다. 햇빛 속에서 "잔잔한 물가"에 있는 "푸른 초장"을 따라 걷다가도 갑자기 그 환하던 하늘에 구름이 드리움을 발견합니다. 그럴 때엔 어쩔 수 없이 어둠 속을 걸어야 합니다. 잔잔하고 아름답던 물가를 걷는 대신 거친 모래사막을 넘어야 합니다. 이런 일이 닥치면 대개는 씁쓸한 심정으로 "내가 만일 하나님의 자녀라면 이런 일이 절대 일어나지 않을 텐데!"라고 말합니다. 그러나 절대 이렇게 말하지 마십시오.

하나님의 성도라면 반드시 쓴 잔도 마셔야 합니다. 하나님의 사랑하시는 자녀라면 반드시 십자가를 져야 합니다. 어려움 없이 계속해서 형통했던 성도는 단 한 사람도 없습니다. 누구라도 슬픔 없이 항상 기쁨만 체험할 수는 없습니다. 처음에는 당신이 약하고 겁이 많아서 하나님께서 구름 한 점 없는 깨끗하고 부드러운 길에 당신을 두셨을 것입니다. 금방 털이 깎인 양 같은 당신에게 부드러운 바람을 보내 주셨습니다. 그러나 이제 당신은 영적으로 전보다 강건해졌습니다. 그러므로 성숙한 하나님의 자녀들이 겪어야 할 보다 완숙하고 거친 체험 속으로 들어가야 합니다. 부디 자신을 의지하려는 썩은 습관을 떼어 내고 그리스도 안에 좀더 확고히 뿌리내리게 하는 세찬 바람과 폭풍우를 즐거이 견디십시오.

APRIL
MORNING BY MORNING
04 / 30

"이스라엘 자손이 다 모세와 아론을 원망하며 온 회중이 그들에게 이르되 우리가 애굽 땅에서 죽었거나 이 광야에서 죽었으면 좋았을 것을"_민 14:2

옛날 이스라엘 진영에 원망의 목소리가 있었던 것처럼 오늘날에도 그리스도인들 가운데 이런 목소리가 많습니다. "내가 왜 이런 고난을 당하지? 내가 뭘 잘못해서 이런 식으로 징계를 받아야 해?" 하지만 당신은 무슨 근거로 하나님께서 베푼 그 섭리를 원망하십니까? 하나님이 당신이 받아 마땅한 것보다 더 심하게 다루시는 것 같아 그러십니까? 당신이 전에 하나님께 얼마나 반항했던가를 한번 돌이켜 보십시오. 하나님은 그런 당신도 용서하셨습니다! 하나님의 지혜로 판단할 때 당신을 징계하는 것이 합당하기에 지금 그리 하시는 것입니다. 그러니 불평하지 마십시오. 대신 당신 속에 들어차 있는 그 썩어질 것들을 떠올리십시오. 그 교만과 반항의 영은 아직도 완전히 성화되지 않은 당신을 증명합니다. 이것들을 완전히 몰아내야 하지 않겠습니까?

그래도 징계에 대해 원망하기를 그치지 않는다면, 당신은 그보다 훨씬 힘든 일을 당하게 될 것입니다. 하나님은 첫 번째 매를 참고 견디지 못할 때 항상 두 번 징계를 하셨습니다. 그러나 반드시 이 사실을 기억하십시오. 하나님의 모든 징계는 당신을 정결케 하고 그에게로 좀더 가까이 이끌기 위한 사랑의 방편이라는 것을 말입니다. 부디 다음의 말씀을 붙들고, 징계 가운데 아버지의 은혜를 느끼십시오. "그들 가운데 어떤 사람들이 원망하다가 멸망시키는 자에게 멸망하였나니 너희는 그들과 같이 원망하지 말라"(고전 10:10).

MAY 05 / 01

"뺨은 향기로운 꽃밭 같고 향기로운 풀언덕과도 같고 입술은 백합화 같고 몰약의 즙이 뚝뚝 떨어지는구나"_아 5:13

계절의 여왕 오월이 찾아왔습니다! 꽃샘추위가 머물러 있던 삼사월이 지나고 온 땅이 꽃향기로 뒤덮이는 오월이 되었습니다. 성도여, 옷을 갈아입고 들로 나아갑시다! "향기로운 꽃밭"이신 주님께로 달려가 그분 안에 있는 모든 사랑스러움과 기쁨을 발견하십시다. 한때 채찍에 심하게 맞았던 그 뺨, 동정의 눈물이 자주 흘러내리던 그 뺨, 자비로운 미소를 띠면 마치 아름다운 향내가 나는 것 같은 그 뺨. 사람들이 경멸하며 침을 뱉을 때도 주님은 그 얼굴을 돌리지 않으셨습니다.

이처럼 무한하신 주님의 사랑의 표지들을 보며 우리 영혼은 넋을 잃고 맙니다. 그것은 "향수로 만들어진 기둥"보다 더 황홀합니다. 만일 주님의 얼굴 전체를 뵐 수 없다면, 그 뺨만이라도 바라보십시오. 주님을 힐끗 뵙는 것만으로도 우리의 영혼은 새롭게 소생하며 말할 수 없이 큰 기쁨으로 뛰놀 수 있습니다. 우리는 예수님 안에서 향기뿐 아니라 만개한 꽃밭을 발견합니다. 주님은 우리에게 장미꽃이시며 백합화이시고 삼색제비꽃이시며 헤나나무십니다. 주님이 우리와 함께하시면 일 년 열두 달이 봄날입니다. 우리 영혼이 주님의 은혜로운 아침 이슬에 그 행복한 얼굴을 씻고 새소리 같은 주님의 약속을 들으며 위로를 얻습니다. 주님, 당신과 끊임없는 교제 속에 거하는 것이 얼마나 복된 일인지 체감하게 하시옵소서! 무가치하고 불쌍한 죄인의 뺨에 주님이 입맞추어 주셨습니다! 오, 주님. 저희에게도 주님께 답례의 입맞춤을 허락하시옵소서.

MAY 05 / 02

"내가 비옵는 것은 그들을 세상에서 데려가시기를 위함이 아니요 다만 악에 빠지지 않게 보전하시기를 위함이니이다"_요 17:15

하나님의 때가 되면 주를 믿는 모든 성도들이 본향에서 주님과 함께 머물 것입니다. 그리스도께서 그렇게 되도록 그의 백성들을 위해 기도하십니다. 그러나 주님은 그들을 당장 이 땅에서 천국으로 데려가 주십사고 기도하시지는 않습니다. 주님은 그들이 여기 이 땅에 머물러 있기를 원하십니다. 그런데 곤하고 지친 순례자들인 우리는 즉시 천국에 임하기를 바라는 기도를 얼마나 자주 드렸는지요! 그리스도는 결코 그렇게 기도하시지 않았습니다. 주님은 우리를 악으로부터 보존해 달라고 기도하고 계십니다. 그러나 우리가 성년에 이르기 전에 영광의 기업에 들어갈 수 있게 해 달라고는 절대 구하지 않으셨습니다.

종종 문제가 생길 때마다 성도들은 죽음을 넘어 주님의 처소에 머물기를 구합니다. 그러나 사실 주님과 함께 있고 싶기보다는 자기들이 안고 있는 문제에서 벗어나고픈 욕구로 인해 그리 말하는 것입니다. 만일 그렇지 않다면 다른 때, 즉 시험의 압박감을 느끼지 않을 때도 주님과 함께 있고 싶다고 말해야 합니다. 그러나 과연 그렇습니까? 우리가 바울처럼 그리스도와 함께 있음이 이 장막에 거하는 것보다 훨씬 더 좋기 때문에 이 세상을 떠나고 싶어 한다면 그것은 옳은 일입니다. 그러나 어떤 문제로부터 도망치고 싶어서 세상을 떠나고 싶어 한다면 그것은 이기적인 생각일 뿐입니다. 오히려 당신이 수고와 고난 가운데 있더라도 하나님이 기뻐하신다면 그 삶을 통해 하나님을 영화롭게 하겠다는 소원을 품으십시오. 그리고 천국에 갈 그때에 대해서는 하나님의 손에 일임하시기 바랍니다.

05 / 03

"이것을 너희에게 이르는 것은 너희로 내 안에서 평안을 누리게 하려 함이라 세상에서는 너희가 환난을 당하나 담대하라 내가 세상을 이기었노라"_요 16:33

눈을 들어 하나님을 바라보십시오. 당신도 언젠가 그분과 같이 영화롭게 될 것을 알고 계십니까? 그러나 그에 앞서서 당신에게 있는 많은 불순물들을 제거해야 할 것입니다. 이제 밑을 한번 내려다보십시오. 당신 발밑에 어떤 원수들이 거하고 있습니까? 당신은 한때 사탄의 종이었습니다. 사탄은 당신을 결코 포기하지 않으려 합니다. 그는 항상 당신을 쫓아다닙니다. 성경에서는 "마귀가 우는 사자같이 두루 다니며 삼킬 자를 찾는다"(벧전 5:8)고 했습니다. 그러니 당신이 아래를 내려다볼 때는 항상 환난이 있을 것을 예상하십시오.

다음엔 당신 자신을 들여다보십시오. 당신 가슴 속을 들여다보고 그 안에 무엇이 있는지 한번 살펴보십시오. 죄와 자아가 아직도 그 안에 있습니까? 아! 그렇다면 설사 마귀가 당신을 유혹하지 않고, 원수가 당신과 싸우지 않으며, 이 세상이 당신을 올무에 빠뜨리려 하지 않는다 해도, 당신 자신을 쏘는 괴로운 고통거리인 악이 당신 자신 안에 아직도 있다는 말이 됩니다. 왠지 아십니까? "만물보다 거짓되고 심히 부패한 것은 마음"(렘 17:9)이기 때문입니다. 그렇다면 환난이 있을 것을 예상하십시오. 그렇다고 낙심하지는 마십시오. 하나님께서 당신과 함께 계시며 당신을 돕고 강건케 해주실 것이기 때문입니다. "그들이 환난 당할 때에 내가 그와 함께하여 그를 건지고 영화롭게 하리라"(시 91:15). 이것은 하나님께서 친히 하신 말씀입니다.

"사람이 어찌 신 아닌 것을 자기의 신으로 삼겠나이까 하리이다"
_렘 16:20

고대 이스라엘 백성들은 계속해서 우상숭배라는 큰 죄를 저질렀습니다. 그런데 영적으로 이스라엘의 후손인 우리 역시 그와 똑같은 어리석은 죄에 시달리고 있습니다. 오늘날 자아라는 우상은 갖가지 모양으로 택함 받은 백성을 지배하려 애쓰고 있으며, 육체 역시 어디에든 그 제단을 세우려 혈안입니다. 그런가 하면 사랑하는 자녀들이 죄의 원인이 될 때도 많습니다. 그러나 "그들은 신이 아닙니다." 우리가 어리석게 사랑하는 대상들은 사실 생각만큼 그렇게 확실한 축복을 가져다주지 못합니다. 그들이 위로한다는 생각은 아주 위험합니다.

환난을 당할 때 그들이 우리에게 줄 수 있는 도움은 거의 없습니다. 우리는 돌을 떠받드는 이방인들을 딱하게 여깁니다. 그러나 우리 자신은 돈을 신처럼 떠받들고 있지 않습니까? 육체의 신을 섬김이 나무 신을 섬김보다 더 나을 것이 무엇입니까? 이 모두는 어리석은 범죄일 뿐입니다. 혹시 다른 점이 있다면 우리가 저지르는 죄가 더 심한 죄라는 것입니다. 바로 우리가 그들보다 더 많은 빛을 갖고 있으면서도 그런 죄를 범하기 때문입니다. 이방인들은 참 신을 전혀 모르기에 우상에게 절합니다. 그러나 우리는 살아 계신 하나님을 저버리고 우상에게로 돌아섰기에 이중으로 악을 행하는 셈입니다.

오, 주여. 부디 저희를 이 가증한 불의로부터 깨끗이 씻어 주소서!

05 / 05

"하나님의 성전과 우상이 어찌 일치가 되리요 우리는 살아 계신 하나님의 성전이라 이와 같이 하나님께서 이르시되 내가 그들 가운데 거하며 두루 행하여 나는 그들의 하나님이 되고 그들은 나의 백성이 되리라"_고후 6:16

"나의 백성!" 이 얼마나 아름다운 이름입니까! 이 말 속에는 참으로 많은 의미가 담겨 있습니다. 온 세상이 하나님의 것입니다. 하늘도 하나님의 것이요 하늘의 하늘도 하나님의 것입니다. 그런 하나님께서 우리를 값 주고 사신 후 "나의 백성"이라고 부르십니다. 이 얼마나 기쁜 소식입니까! 한편 이 말씀 속에는 소유 의식도 들어 있습니다. "여호와의 분깃은 자기 백성이라 야곱은 그의 택하신 기업이로다"(신 32:9). 이 땅 모든 나라가 여호와의 것입니다. 특히 그의 백성과 그의 택하신 기업을 위해 여호와께서는 더 많은 일을 행하십니다. 하나님은 엄몰하는 물로도 끌 수 없는 영원한 사랑으로 그들을 사랑하십니다. 그 사랑은 때가 아무리 변해도 전혀 감소되지 않는 사랑입니다.

믿음의 눈으로, 당신 역시 그중 한 사람임을 믿으십시오. "나의 주 나의 하나님, 하나님을 아버지라 부를 수 있는 그 아름다운 관계로 인해 하나님은 저의 것입니다. 주님과 함께 즐거이 누리게 된 그 거룩한 교제로 인해 주는 저의 것입니다." 성령의 영감으로 된 성경을 읽고 거기서 당신의 구원 증서를 발견했습니까? 주님의 보혈로 적힌 당신의 칭호를 읽을 수 있습니까? 겸손한 믿음으로 예수님의 옷을 만지며 "나의 그리스도"라 말할 수 있습니까? 만일 그럴 수 있다면, 하나님은 당신을 가리켜 "나의 백성"이라 칭하십니다. 당신은 그의 사랑하는 아들 안에서 용납된, 그의 택함 받은 백성입니다.

"그의 성령을 우리에게 주시므로 우리가 그 안에 거하고 그가 우리 안에 거하시는 줄을 아느니라"_요일 4:13

영혼의 안식처를 갖고 싶습니까? "어떻게 하면 그것을 구할 수 있는지" 알고 싶습니까? 그것은 교만한 인간 본성에게서보다 훨씬 싼 값에 구할 수 있는 것입니다. 우리는 "값없이" 거할 곳을 얻을 수도 있습니다. 영원토록 주님을 사랑하고 섬기는 것 외에는 아무것도 지불치 않는 우리 주님 집에 거할 생각이 있습니까? 당신은 거기서 그리스도와 함께 아주 친밀한 교제를 나눌 수 있으며 그분의 사랑을 만끽하며 살 수 있습니다. 식탁에는 영원히 먹고 마실 음식이 잔뜩 차려져 있으며 피곤하고 울적할 때엔 예수님과 더불어 편히 쉴 수도 있습니다. 그리고 밖으로는 천국이 내다보입니다. 바로 여기, 그 집 열쇠가 있습니다.

"예수님께 오라"는 말씀이 바로 열쇠입니다. 언제나처럼 당신은 또 "그렇지만 저는 그런 집에 살기에는 행색이 너무 초라합니다"라고 말할지 모릅니다. 그러나 걱정 마십시오. 그 안에는 옷도 있습니다. 죄책감이 듭니까? 그렇더라도 오십시오. 그 집이 너무 좋아 좀 얼떨떨하겠지만 그리스도께서 당신을 선하게 변화시켜 그 집에 살기에 합당하도록 만들어 주실 것입니다. 주께서 당신을 씻기고 닦아 주실 때 당신은 "우리가 그 안에 거한다"고 노래할 수 있게 될 것입니다. 이제 당신은 "그 안에 거함으로써" 완전하고 안전할 집을 얻었을 뿐 아니라 영원하신 아버지를 갖게 되었습니다. 이 세상이 녹아 없어질 때도 그 집은 살아남아 대리석보다 더 단단하고 화강암보다 더 견고하게 서 있을 것입니다. 그 집은 바로 하나님 자신이기 때문입니다. "우리가 그 안에 거합니다."

"예수께서 아시고 거기를 떠나가시니 많은 사람이 따르는지라 예수께서 그들의 병을 다 고치시고"_마 12:15

끔찍하고 무서운 병에 걸린 사람들이 예수님 앞에 잔뜩 나타난 것이 틀림없습니다! 그러나 주께서 그들을 피하셨다는 말은 적혀 있지 않습니다. 오히려 오래 참고 기다리시며 한 사람 한 사람 다 치료해 주셨습니다. 구역질 나는 궤양이며 썩어가는 종기들! 그러나 악이 어떤 형태를 취하고 있든 주님은 그들을 만날 준비가 되어 있었습니다. 주님은 그 갖가지 모양의 악들을 다 이기셨습니다. 악의 화살이 어느 방향으로 날아오든, 무섭게 날아오는 그 세력을 꺾으셨습니다. 열병과 부종과 중풍과 광란과 모든 염증이 주님의 한마디에 모두 혼비백산하며 달아났습니다. 주님은 직접 눈으로 보시고 모든 곳을 정복하셨습니다.

오늘 이 아침에도 역시 그러합니다. 어떤 병에 걸려 있든 사랑하는 의원인 주님은 우리를 고쳐 주실 것입니다. 기도드리는 이 순간, 당신이 누군가의 상태에 대해 생각하며 기도하면 그들의 죄도 치료해 주실 것입니다. 이전에 이 땅에서 병자들을 고치셨던 주님은 지금도 여전히 은혜를 나누어 주시면서 이적을 행하십니다. 주께서 우리의 영을 치료하셨음을 기억하며 주님을 찬양합시다! 주님은 우리의 질병을 친히 짊어지심으로써 우리를 치료하셨습니다. "그가 채찍에 맞음으로 우리가 나음을 받았도다"(사 53:5). 이제 당신은 주님의 은혜의 덕을 널리 알리고 그것이 "여호와의 명예가 되며 영영한 표징이 되어 끊어지지 않게"(사 55:13) 하십시오.

"고침을 받은 사람은 그가 누구인지 알지 못하니 이는 거기 사람이 많으므로 예수께서 이미 피하셨음이라"_요 5:13

오늘의 말씀에서 이 불쌍한 사람은 38년이나 병자로 살았습니다. 그에게는 이 생애가 정말이지 길고 지루했습니다. 그러다 예수님이 말씀 한마디로 베데스다 못가에 앉은 자기를 고치셨을 때, 그는 자기 안에서 일어난 그 변화를 금세 느낄 수 있었습니다. 바로 그와 같이 한동안 절망에 빠져 꼼짝 못한 채 구원 받고 싶어 한숨짓던 죄인이라면 예수님의 능력으로 믿음 안에서 기쁨과 평안을 얻게 될 때 그 변화를 금세 느낍니다. 그 악이 너무 큰지라 우리는 그 악이 제거될 때 이를 즉시 알아차립니다. 그 후에는 우리 안에 심겨지는 새 생명이 반드시 역사하기 마련입니다.

병자는 자기를 고친 분이 누군지 전혀 몰랐습니다. 그분이 얼마나 거룩하시며 무슨 일로 인생들 가운데 오셨는지를 알지 못했습니다. 이처럼 주님의 보혈의 능력은 느낄지라도 주님 자신에 대해서는 모르는 자들이 종종 있습니다. 그러나 그들을 성급하게 정죄해서는 안 됩니다. 영혼을 구원하는 믿음을 볼 수 있는 곳에서는 구원이 베풀어진다는 사실을 반드시 믿으십시오. 자신이 아는 것을 믿는 사람은 곧 자신이 믿는 것을 좀더 분명히 알게 될 것입니다. 자신의 불의가 치료된 후 머잖아 병자는 그의 무지도 치료 받았습니다. 성전에서 우리 주님이 그를 찾아 주셨기 때문입니다. 이에 그는 즉시 "나를 온전케 해 주신 이는 바로 예수님이라"고 간증하며 다니기 시작했습니다.

"찬송하리로다 하나님 곧 우리 주 예수 그리스도의 아버지께서 그리스도 안에서 하늘에 속한 모든 신령한 복을 우리에게 주시되"_엡 1:3

그리스도는 과거와 현재와 미래에 속한 모든 선한 것들을 그의 백성들에게 베푸십니다. 우리가 정확히 알 수 없는 영원 전 언젠가, 하나님 아버지는 주 예수님을 그의 첫 번째 택한 자로 삼으셨습니다. 그리고 그의 택하심 속에서 우리에게 관심을 가지셨습니다. 왠지 아십니까? 우리도 창세전부터 그 안에서 택함을 받았기 때문입니다. 예수님은 영원 전부터 하나님 아버지의 독생자요 사랑받는 아들로서의 특권을 갖고 계셨습니다. 그리고 그의 풍성하신 은혜 가운데 양자됨과 중생을 통해 우리 역시 하나님의 아들로 승격시켜 주셨습니다. 그는 우리에게 "하나님의 아들이 되는 능력"을 부여해 주셨습니다.

이렇게 해서 이제 보증인의 책임에 근거하고 서약에 의해 확증된 그 영원한 언약이 우리의 것이 되어 우리를 위로해 주며 안전히 지켜 줍니다. 주 예수님의 눈은 미리 예정하시는 영원한 지혜와 전능하신 작정 속에서 항상 우리 위에 고정되어 있었습니다. 따라서 그 운명의 두루마리 속에는 주님의 구속 받은 백성들의 유익에 불리하게 작용하는 내용이 하나도 없다는 사실을 알고 안심해도 좋을 것입니다. 하늘의 하나님이 그 놀라운 겸손 가운데 기이하게 성육신하신 것도 우리의 것입니다. 핏방울처럼 떨어진 땀, 그 채찍, 십자가, 이 모든 것이 다 영원토록 우리의 것입니다. 완전한 순종, 다 이루신 대속, 부활, 승천, 중보 기도로부터 흘러나오는 복된 결과들, 이 모든 것도 주님 자신이 우리에게 주신 선물로 우리의 것입니다.

"그러나 이제 그리스도께서 죽은 자 가운데서 다시 살아나사 잠자는 자들의 첫 열매가 되셨도다"_고전 15:20

기독교는 "그리스도께서 죽은 자 가운데서 다시 살아나셨다"는 사실에 근거합니다. "그리스도께서 만일 다시 살지 못하셨으면 우리의 전파하는 것도 헛것이요 또 너희 믿음도 헛것"(고전 15:14)이기 때문입니다. 바로 그의 부활하심이 그리스도의 신성을 확증합니다. 그리스도께서는 "성결의 영으로는 죽은 자들 가운데서 부활하사 능력으로 하나님의 아들로 선포되셨"(롬 1:4)습니다. 언약의 가장 좋은 축복인 우리의 칭의 역시 사망과 무덤을 이기신 그리스도의 승리와 관련되어 있습니다. 그는 "우리가 범죄한 것 때문에 내줌이 되고 또한 우리를 의롭다 하시기 위하여 살아나셨"(롬 4:25)던 것입니다.

이뿐이 아닙니다. 우리의 중생 자체도 주님의 부활과 연결되어 있습니다. 왜냐하면 우리는 "죽은 자 가운데서 다시 살아나신 예수 그리스도의 부활로 말미암아 산 소망을 갖게 되었기" 때문입니다. 무엇보다 우리가 궁극적으로 부활할 것을 가장 확실히 지지해 주는 것도 바로 그리스도의 부활입니다. "예수를 죽은 자 가운데서 살리신 이의 영이 너희 안에 거하시면 그리스도 예수를 죽은 자 가운데서 살리신 이가 너희 안에 거하는 그의 영으로 말미암아 너희 죽을 몸도 살리시리라"(롬 8:11)고 하셨기 때문입니다. 만일 그리스도께서 부활하시지 않았다면 우리도 부활하지 못할 것입니다. 그러나 그리스도께서 다시 살아나셨기에 그리스도 안에서 잠자는 자들은 살아서 하나님을 뵐 것입니다. 이처럼 그리스도의 부활은 성도의 모든 축복을 꿰어 한데 묶어 놓은 실과 같습니다.

"내가 너희에게 분부한 모든 것을 가르쳐 지키게 하라 볼지어다 내가 세상 끝날까지 너희와 항상 함께 있으리라 하시니라"_마 28:20

언제나 동일하신 분이 항상 우리와 함께하신다니 이 얼마나 복된 일입니까? 인생의 흉흉한 파도 한가운데 반석 되신 주님이 계시니 얼마나 안심이 됩니까? 당신은 녹슬고 좀 슬어 썩어져 갈 이 땅의 보물을 탐하지 말고 영원토록 신실하신 주님께 마음을 두십시오. 거짓된 이 세상의 요동하는 모래 위에 집을 짓지 말고 심하게 퍼붓는 소낙비나 사납게 날뛰는 파도 가운데서도 요동치 않고 안전하게 서 계신 주님을 의지하십시오. 마음을 다해 오직 주님만 사랑하며, 그분의 인자하심에 모든 소망을 걸고, 주님의 유효하신 보혈만 믿으며, 오직 주님의 임재로만 기쁨을 삼으십시오. 그렇게 하면 이 세상에서 무엇을 잃어버리든 언제나 웃을 수 있으며 어떤 멸망이 찾아와도 세상을 무시할 수 있을 것입니다. 곧 사망의 검은 손길이 우리의 촛불을 끌 것입니다. 머잖아 당신이 가진 모든 것에 검은 홍수가 드리울 것입니다. 그러니 절대 당신을 떠나지 않으실 주님께 마음을 바치십시오. 그 검고 흉흉한 사망의 물살을 헤치고 천국까지 안전하게 데려다 주실 뿐 아니라 천국에서 나와 함께 영원히 앉아 계실 주님께 자신을 맡기십시오. 고난 가운데 슬퍼하는 자여, 친구 되신 주님께 다가가 비밀을 다 털어 놓으십시오. 아무도 당신에게서 앗아갈 수 없는 그분, 어제나 오늘이나 영원토록 동일하신 예수 그리스도"께 모든 염려를 맡기십시오.

"볼지어다 내가 너희와 항상 함께 있으리라"고 말씀하신 주님, 오직 주님만을 의지합니다.

"나의 계명을 지키는 자라야 나를 사랑하는 자니 나를 사랑하는 자는 내 아버지께 사랑을 받을 것이요 나도 그를 사랑하여 그에게 나를 나타내리라"_요 14:21

우리 주 예수님은 그의 백성들에게 자신을 특별히 나타내십니다. 비록 성경은 이 사실을 선언하고 있지 않지만, 이런 일을 간증하는 하나님의 자녀들이 많이 있습니다. 유난히 훌륭했던 성도들의 전기에는 예수님이 아주 특별한 방식으로 그들 영혼에 말씀해 주셨을 뿐 아니라 그 기이하신 인격을 열어 보여 주신 예들이 많이 있습니다. 그리스도께서 이처럼 어떤 성도에게 특별히 자신을 나타내시면 그의 현현은 성도의 가슴에 거룩한 영향을 미치게 마련입니다.

특히 이 역사는 그 성도를 겸손케 합니다. 만일 어떤 이가 "나는 주님과 이러이러한 영적 교제를 나누었기 때문에 위대한 사람이다"라고 말한다면, 그는 사실 예수님과 교제를 나누지 못한 사람입니다. 왜냐하면 하나님은 "낮은 자를 굽어살피시며 멀리서도 교만한 자를 아시기"(시 138:6) 때문입니다. 하나님은 구태여 그런 자들에게 가까이 오실 필요가 없습니다. 또 사랑으로 그들을 찾아 주지도 않을 것입니다. 주님의 현현이 미치는 또 다른 영향은 행복입니다. 하나님의 임재 속에는 영원한 즐거움이 있습니다. 뿐만 아니라 거룩함도 반드시 따라옵니다. 전혀 거룩하지 않은 사람은 주님의 이런 현현을 한 번도 체험해 보지 못한 자입니다. 아무리 대단한 체험을 했다고 해도, 그의 행동이 말과 일치하지 않으면 그를 믿지 말아야 합니다. 하나님은 사악한 자들에게 그의 특별하신 사랑을 쏟지 않으십니다. 그는 온전한 자를 물리치지 않으시되 악행하는 자는 존중하지 않으십니다.

"그의 노염은 잠깐이요 그의 은총은 평생이로다 저녁에는 울음이 깃들일지라도 아침에는 기쁨이 오리로다"_시 30:5

지금 캄캄한 시련 가운데 계십니까? 그렇다면 내일을 생각하십시오. 주님의 약속을 떠올리며 부디 기운을 내십시오. "볼지어다! 그가 구름을 타고 오시리라." 농부 되신 우리 하나님은 그의 곡식을 추수할 때까지 기다리십니다. "보라 내가 속히 오리니 내가 줄 상이 내게 있어 각 사람에게 그가 행한 대로 갚아 주리라"(계 22:12).

지금은 비록 머리에 환난의 가시관을 쓰고 있을지라도, 머지않아 별이 반짝이는 면류관을 쓰게 될 것입니다. 지금은 당신 손이 염려로 가득 차 있을 것이나, 곧 그 손으로 천국의 거문고 줄을 당기게 될 것입니다. 지금은 먼지로 찌들어 있는 그 옷이 점점 희어질 것입니다. 그러니 조금만 더 참고 인내하십시오. 이후에는 이 모든 환난과 시련들이 아주 하찮아 보일 것입니다! 이곳에서의 시련들이 아주 가벼웠을 뿐 아니라 찰나의 고난이었다고 생각될 것입니다. 그러니 계속해서 담대하게 나아가십시오. 아침은 반드시 찾아옵니다. 이 아침은 지옥의 흑암 가운데 갇혀 있는 자들이 말할 수 있는 것보다 더 환한 아침이 될 것입니다. 천국을 예상하며 확실한 위로가 되는 소망 가운데서 살아가십시오. 지금은 모든 것이 캄캄할지라도 그 어둠이 곧 빛으로 화할 것입니다. 지금은 온통 시련 투성이겠으나 금세 행복으로 화할 것입니다. "저녁에는 울음이 기숙할지라도 아침에는 기쁨이 온다"고 하신 말씀을 붙잡고 살아가십시오.

"자녀이면 또한 상속자 곧 하나님의 상속자요 그리스도와 함께 한 상속자니 우리가 그와 함께 영광을 받기 위하여 고난도 함께 받아야 할 것이니라"_롬 8:17

그리스도는 "만유의 후사"로서 하나님의 유일한 소유자십니다. 그런데 그리스도는 그 모든 것을 주의 백성에게 승낙하셨습니다. 낙원의 길, 진주문, 생명수가 흐르는 강, 말할 수 없는 영광, 이 모두가 다 우리 복된 주님으로 말미암아 영원히 우리 것이 되었습니다. 주님은 교회를 그의 나라로 정하시고, 교회의 아들들을 왕 같은 제사장이요 제사장과 열왕의 세대라 칭하시며, 왕의 면류관을 그의 교회의 머리에 씌워 주셨습니다. 그리스도의 보좌, 면류관, 홀, 궁전, 보화, 의복, 기업, 이 모든 것이 다 우리들의 것입니다! 그리스도는 질투나 이기심, 탐욕 따위에 절대 굴하는 분이 아니므로 자신의 소유를 그의 백성들과 함께 나눌 때 가장 행복하다고 하십니다. "내게 주신 영광을 내가 그들에게 주었사오니"(요 17:22).

하나님의 미소가 그리스도께 유난히 기쁜 까닭은 그의 백성들도 그 미소를 함께 나누기 때문입니다. 그리스도께 그의 왕국의 영광이 더욱 기쁜 까닭은 그 백성들이 그와 더불어 영광 중에 나타날 것이기 때문입니다. 그리스도께 그의 정복이 소중한 이유는 그 정복이 그의 백성에게 이기는 법을 가르쳐 주기 때문입니다. 그리스도가 그의 보좌를 기뻐하시는 이유는 그 보좌에 그의 백성들을 위한 자리가 마련되었기 때문입니다. 그리스도께서 왕의 옷을 기뻐하는 이유는 그 옷자락이 그의 백성들을 덮고 있는 까닭입니다. 주께서 그의 기쁨 속에서 더욱 즐거워하시는 이유는 그의 백성들도 그와 함께 그 기쁨을 맛볼 것이기 때문입니다.

MAY 05/15

"또 모세의 율법으로 너희가 의롭다 하심을 얻지 못하던 모든 일에도 이 사람을 힘입어 믿는 자마다 의롭다 하심을 얻는 이것이라"_행 13:39

그리스도를 믿는 자는 지금 여기서 의롭다 하심을 얻습니다. 믿음은 칭의의 열매를 점진적으로 생산하는 것이 아니라, 즉시 생산합니다. 한 영혼이 그리스도와 가까워지는 순간, 그리스도를 가장 소중한 분으로 영접하는 바로 그 순간에 칭의가 주어지는 것입니다. 십자가 위의 그 강도는 믿음으로 예수님을 바라보는 순간 의롭다 하심을 받았습니다. 그리고 오랫동안 주님을 섬긴 연로한 바울이 받은 칭의나, 주님을 한 번도 섬긴 적이 없는 그 강도가 받은 칭의는 서로 동일합니다. 바로 오늘, 우리는 사랑하는 주님 안에서 용납되었으며, 죄로부터 용서하심을 받았으며, 하나님의 법정에서 무죄로 선언되었습니다.

오! 얼마나 기쁜 일입니까? 에스골 골짜기의 포도송이 중에는 우리가 천국에서나 모을 수 있는 송이들이 있습니다. 그러나 이 칭의는 그 벽 전체에 뻗은 가지입니다. 이것은 우리가 요단강을 건너야 비로소 먹을 수 있는 가나안 땅의 곡식이 아니라 하나님께서 우리에게 순례 도중 매일 먹을 양식으로 공급해 주시는 광야의 만나와 같습니다. "그러므로 이제 그리스도 예수 안에 있는 자에게는 결코 정죄함이 없나니"(롬 8:1). 바로 지금 하나님의 생명책에는 그의 백성 중 누구의 죄도 적혀 있지 않습니다. 누가 감히 그들을 고소하기 위해 무얼 들고 나온단 말입니까? 우리는 바로 지금 이처럼 대단한 특권을 누리고 있습니다. 그러니 현재 우리가 해야 할 일을 찾아 합시다. 이 생명이 살아 있는 지금, 사랑하는 주 예수 그리스도를 위해 우리 생명을 사용합시다.

"네가 이 세대에서 부한 자들을 명하여 마음을 높이지 말고 정함이 없는 재물에 소망을 두지 말고 오직 우리에게 모든 것을 후히 주사 누리게 하시는 하나님께 두며"_딤전 6:17

우리 주 예수님은 매순간마다 내어 주십니다. 주님은 영원히 빛을 발하는 의의 태양이시요, 진영 주변에 항상 떨어지는 만나이십니다. 그는 또 사막의 반석으로 옆구리에서 항상 생명수를 흘려보내십니다. 왕 되신 그리스도는 절대 잠들지 않으시며 그의 은혜 역시 절대 부족한 법이 없습니다. 우리는 매일 그의 열매를 따며 그의 가지들은 매일 우리 손에 새로운 긍휼들을 잔뜩 안겨 줍니다. 주님의 집에서는 일년 열두 달 내내 잔치가 벌어집니다. 주의 인자하심은 아침마다 새롭고 저녁마다 새롭습니다. 주께서 주시는 은택의 수를 어찌 다 헤아릴 수 있으며 아낌없이 내어 주시는 그의 부요함을 어느 누가 일일이 셀 수 있단 말입니까? 우리를 향한 주님의 사랑은 그야말로 끝이 없습니다. 하늘에 있는 수많은 별들은 주님의 무수한 축복을 나타내는 기수(旗手)에 불과합니다. 주께서 야곱에게 베푸신 그 은택을 누가 다 헤아릴 수 있으며 이스라엘을 향한 그의 인자하심을 누가 다 헤아리겠습니까? 날마다 이러할진데 그 인자하심으로 관 씌워 주시는 주님을 어찌 찬양하지 않겠습니까?

오, 주님, 주께서 풍성한 은혜를 끊임없이 내려 주시듯 제 영혼이 주님을 끝없이 찬양하도록 도와주소서! 그 크신 은혜를 입고 어찌 잠잠할 수 있겠습니까? 주여, 기도하오니 제가 혹시라도 주를 가리켜 더 이상 내 영광이 아니라 내 수치라 부르지 않도록 저를 지켜 주소서. "비파야, 수금아, 깰지어다 내가 새벽을 깨우리로다"(시 57:8).

"그의 안에 산다고 하는 자는 그가 행하시는 대로 자기도 행할지니라"
_요일 2:6

성도들은 왜 그리스도를 닮아야 할까요? 바로 우리 자신을 위해서 그리스도를 닮아야 합니다. 예수님을 당신의 모델로 삼으십시오. 앙금이 가라앉지 않은 순전한 포도주를 마시려면, 예수님과 거룩하고 복된 교제를 즐기려면, 세상의 모든 염려와 걱정들로부터 해방되기 원한다면, 우리도 주님처럼 살아야 합니다. 성령의 능력을 힘입어 그리스도의 발자취를 따라 그와 함께 걸을 수 있을 때, 당신은 아주 행복하고 복된 하나님의 자녀로 알려지게 될 것입니다. 멀찍이서 그리스도를 따랐던 베드로는 안전하지 않았을 뿐 아니라 마음도 편치 못했습니다.

또한 당신이 믿는 기독교를 위해 예수님과 같이 되려고 노력하십시오. 교회는 오랫동안 잔인한 원수들의 공격에 고통 당했으나, 이 고통은 교회가 그 친구들에게서 받은 상처에 비하면 아무것도 아닙니다. 누가 주님의 그 아름다운 손에 상처를 냈습니까? 바로 위선이라는 단검을 품은 신앙고백자, 말로만 주님을 믿는다고 고백한 신자입니다. 유다의 입맞춤만큼 치명적인 무기는 없었습니다. 그러나 무엇보다 그리스도 자신을 위해 그의 본을 따르십시오. 당신은 구세주를 사랑하십니까? 그의 이름을 소중하게 여기십니까? 그가 행하신 일이 너무나 감사하고 귀하십니까? 주님을 영화롭게 하는 것이 당신의 소원입니까? 그렇다면 예수님을 닮으십시오. "모든 사람이 읽고 알 수 있는 그리스도의 편지"가 되시기 바랍니다.

"그 안에는 신성의 모든 충만이 육체로 거하시고 너희도 그 안에서 충만하여졌으니 그는 모든 통치자와 권세의 머리시라"_골 2:9-10

하나님이자 동시에 인간이신 그리스도의 모든 속성이 다 우리의 것입니다. 신성의 모든 충만이 우리를 완전케 하기 위해 우리의 것이 되었습니다. 주님은 하나님의 속성들을 우리에게 부여해 주실 수는 없었지만 그 일이 이루어지는 데 필요한 모든 것을 다 해 주셨습니다. 바로 우리를 구원하시기 위해 하나님으로서의 자신의 능력과 신성을 기꺼이 사용하셨기 때문입니다. 우리를 구하시려 주님은 자신의 전능하심, 편재하심, 불변하심, 무오하심을 아낌없이 쓰셨습니다.

당신은 어서 일어나 신성에 속한 모든 것을 구원의 마차에 매고 계신 주를 바라십시오! 우리 주님의 은혜는 얼마나 광대하며 그의 신실하심은 얼마나 확고하신지요! 그리고 그의 능력과 지식은 얼마나 무한하며 그의 불변성은 얼마나 끄떡없는지요! 주님은 이 모든 것을 구원이라는 성전의 기둥으로 만드셨습니다. 이 무한한 신성들은 조금도 삭감되지 않은 채 언약을 통해 우리의 영원한 기업이 되었습니다. 그리스도는 그 흠모할 만한 부분을 우리에게 친히 넘겨 주사 우리로 풍성히 누리게 하셨습니다. 그의 지혜가 우리의 방향을 지시해 주며, 그의 지식이 우리를 훈계하며, 그의 능력이 우리를 보호하고, 그의 공의가 우리를 안전하게 지키며, 그의 사랑이 우리를 위로하고, 그의 인자하심이 우리를 안위하십니다. 그리고 우리는 그의 불변하심을 의지합니다. 주님은 하나님의 산을 활짝 열어 보이시며 우리에게 그 속의 금광을 파서 숨겨진 보물들을 찾아내라고 명하십니다.

MAY 05/19

"또 내가 보았노니 종들은 말을 타고 고관들은 종들처럼 땅에 걸어 다니는도다"_전 10:7

이 세상에서는 정말 훌륭한 사람들이 무명으로 지내는 반면 어정뱅이들이 높은 자리를 꿰차고 앉아 불법을 행하는 경우가 허다합니다. 이것은 하나님의 섭리가 갖고 있는 수수께끼입니다. 그러나 설사 우리가 이런 운명에 처한다 해도 절대 원망하지 말아야 합니다. 우리 주께서 이 땅에 계셨던 때를 한번 생각해 보십시오. 만왕의 왕이신 주님이 가장 비천한 종의 모습으로 오시어 곤한 길을 걸으셨습니다. 그럴진데 우리가 멸시 당하는 것이 뭐 그리 이상하겠습니까?

이 세상은 지금 거꾸로 돌아가고 있습니다. 사울이 나라를 다스리는 동안 다윗은 여기저기로 쫓겨 다녔습니다. 이세벨이 성안에서 뽐내는 동안 엘리야는 동굴 속에서 하나님께 불평했습니다. 그러나 그 누가 하나님을 대적한 이 교만한 자들의 자리를 차지하고 싶어하겠습니까? 어느 누가 멸시 당한 그 성도들을 부러워하지 않겠습니까? 하나님의 섭리의 수레바퀴가 돌아가면 낮은 자리에 있던 자들이 높아지고 가장 높이 들리던 자들이 낮아질 것입니다. 그러니 조금만 참고 기다리십시오. 영원한 나라가 오면 이 땅의 모든 잘못이 바로 세워질 것입니다. 대신 우리 안에 있는 정욕이 날뛰지 않게 조심합시다. 반드시 은혜가 왕 노릇하게 하고 몸의 지체를 의의 병기로 사용합시다. 질서를 좋아하시는 성령은 우리의 능력과 기능들에 서열을 정하시되 영적 기능들을 가장 높은 자리에 두셨습니다. 부디 성령께서 정하신 그 순서에 우리의 몸을 복종시킬 수 있도록 은혜를 구합시다.

"주께 피하는 자들을 그 일어나 치는 자들에게서 오른손으로 구원하시는 주여 주의 기이한 사랑을 나타내소서"_시 17:7

빈민을 구제할 때 돈이나 물건은 잘 보내면서 마음은 함께 보내지 않는 경우가 많습니다. 그러나 우리 주님은 결코 그러지 않으십니다. 자신의 풍성하고 호화로운 식탁에서 주님은 제일 맛있는 음식을 우리에게 떠 주십니다. 뿐만 아니라 거기에 사랑의 양념까지 더하십니다. 또 우리 손에 금빛 나는 은혜의 징표를 쥐어 주실 때도 우리가 그의 따스함을 느낄 수 있도록 우리 손을 꼬옥 잡으며 쥐어 주십니다. 주께서 은혜를 베푸시는 이러한 태도는 그 은혜 자체만큼이나 소중하고 귀합니다. 그는 결코 거드름을 피시지 않습니다. 우리를 멸시하거나 비난하는 대신 우리 옆에 다정히 앉으십니다. 오, 주님이 말씀하실 때마다 그분의 얼굴에 나타나는 그 다정한 미소를 한번 보십시오!

그 은혜로운 입술에서는 아로새긴 은쟁반에 금사과 같은 귀중한 말씀들이 나옵니다. 주님이 우리에게 부어 주시는 사랑과 애정은 얼마나 깊고 넓은지 모릅니다. 주님이 주시는 은혜의 표면에는 피 흘리는 가슴이 인쳐져 있기에 그 사랑의 진실성을 도저히 의심할 수 없습니다. 주님은 주시되, 아낌없이 풍성하게 주십니다. 그의 은혜를 받아먹고 사는 우리 가련한 인생들에게 절대 쌀쌀맞은 표정을 짓지 않으십니다. 오히려 자신이 베푸시는 그 긍휼을 기뻐하시며 나드유 향내 가득한 자신의 품에 우리를 안으시고 자신의 생명까지 내어주십니다. 이런 교제가 세상에 또 어디 있겠습니까? 주여, 우리가 그 교제의 복됨을 끊임없이 맛보아 알 수 있게 하소서!

"너희가 주의 인자하심을 맛보았으면 그리하라"_벧전 2:3

"맛보았으면" 이 말은 모든 사람에게 다 해당되는 것으로 여기면 안 된다는 뜻입니다. 그리고 이 말은 누군가 주의 인자하심을 맛보지 못했을 가능성과 개연성을 소유했다는 뜻입니다. 또한 이 말은 모두에게 베풀어지는 일반 긍휼이 아니라 특정한 사람들에게만 베푼 특별 긍휼이라는 뜻입니다. 그렇다면 우리 자신이 정말 하나님의 은혜를 맛보아 알고 있는지를 한번 조사해 봐야 합니다. 영적인 은혜에 관한 한, 우리 마음을 살피지 않아도 되는 은혜는 진정 하나도 없습니다.

우리는 진심으로 기도하는 가운데 이를 알아보아야 합니다. 만약 의심스러울 경우에는 절대 그대로 있으면 안 됩니다. 물론 거룩한 질투심에서 나오는 자아로 인해 성도의 마음에 그런 의심이 생길 수도 있습니다. 그러나 사라지지 않고 계속 마음을 억누르는 의심이라면 아주 악한 것입니다. 그 때에는 믿음의 팔로 구세주를 꼭 붙잡고 필사적으로 애써야 합니다. 안심하기까지 쉬지 않고 간구해야 합니다. 당신은 부디 예수님 안에서 가진 권리를 완전히 확신하기 전까지는 절대 안주하지 마십시오. 성령의 그 무오한 증거에 의해 당신이 하나님의 자녀라는 확신을 얻기 전까지는 절대 만족하지 마십시오. 이것은 결코 사소한 문제가 아닙니다. "글쎄, 아마도"라는 황량하고 울적한 의심의 단계를 뛰어넘어 앞으로 나아가십시오. 더 이상 의심과 두려움의 광야에 거하지 말고 불신의 요단강을 건너 평화의 가나안 땅으로 들어가십시오.

"또 바른 길로 인도하사 거주할 성읍에 이르게 하셨도다"_시 107:7

변화무쌍한 불안정한 상황에 놓일 때마다 성도들은 불안해 하기 마련입니다. 빛을 구하는데 어둠이 찾아오고 평화를 원하는데 골칫거리가 생긴다면, 아마도 이렇게 말하게 될 것입니다. "주께서 주의 얼굴을 숨기시니 제가 이런 환난을 당합니다. 어제만 해도 내가 하나님의 자녀임을 분명히 확신했었는데, 오늘은 그것을 뒷받침할 만한 증거가 너무 미약해서 힘이듭니다. 그래서 내 소망에까지 구름이 끼었습니다. 오늘 내 영혼은 아무런 기쁨 없이 오직 두려움과 절망에만 사로잡혀 있습니다. 주여, 혹시 이것도 나를 향한 하나님의 계획입니까? 이것도 하나님께서 나를 천국으로 인도하는 방법입니까?"

오, 물론입니다. 이 모든 시련은 하나님께서 당신을 키우시는 수단입니다. 이를 통해 당신은 곧 얻게 될 그 큰 기업을 누리기에 합당한 사람으로 성장합니다. 이것은 당신을 반석 되신 주님께 더 가까이 나아가게 하는 파도요 당신의 배가 천국을 향해 더욱 빨리 항해하도록 불어 주는 바람입니다. "여호와께서 그들이 바라는 항구로 인도하시는도다"(시 107:30). 영광과 수치, 좋은 평판과 나쁜 평판, 부요함과 가난함, 핍박과 평안, 이 모든 것들이 평생 동안 당신 영혼의 생명을 건강하게 유지해 줄 것입니다. 부디 당신이 당하는 슬픔이 하나님의 계획 속에 포함되어 있음을 기억하십시오. "우리는 많은 환난을 통해 그 나라에 들어가야 합니다." 그렇다면 "여러 가지 시험을 만났을 때 온전히 기쁘게 여기는" 법을 배우십시오.

MAY
MORNING BY MORNING
05 / 23

"여호와께서 나를 위하여 보상해 주시리이다 여호와여 주의 인자하심이 영원하오니 주의 손으로 지으신 것을 버리지 마옵소서"_시 138:8

시편 기자는 하나님에 대한 자신감을 분명하게 나타냅니다. 그는 오직 여호와만 의지하고 있습니다. 실로 여호와를 의지하는 데서 오는 자신감이 아니라 다른 것에서 오는 자신감에 빠져 있다면, 그것은 백일몽보다 더 허망하게 곧 녹아내려 우리를 슬픔과 혼란 가운데로 빠뜨릴 것입니다. 그러나 지혜로운 시편 기자는 여호와의 역사가 아닌 그 어떤 것도 의존하지 않습니다. 그는 우리 안에서 선한 일을 시작하신 분이 여호와시며 그 선한 일을 계속 수행하시는 분 역시 여호와이심을 분명히 알고 있습니다. 만일 천국에서 입을 우리의 의의 옷에 우리 자신이 일군 의가 한 뜸이라도 들어가 있다면, 우리는 정녕 구원 받지 못할 것입니다.

우리가 행한 것이나 우리가 하기로 결심한 것에 자신감을 가져서는 안 됩니다. 전적으로 여호와께서 담당하시리란 사실에 자신감을 두어야 합니다. 불신앙은 넌지시 말합니다. "너는 절대 설 수 없을 거야. 네 마음이 얼마나 악한지 한번 보렴. 너는 절대 죄를 정복할 수 없어. 사방에서 쾌락과 유혹들이 너를 둘러싸고 있어. 머잖아 너는 분명히 유혹에 넘어가 곁길로 가게 될 거야." 맞는 말입니다. 만일 우리의 구원이 우리 자신의 강건함에 달려 있는 것이라면, 우리는 틀림없이 멸망하고 말 것입니다. 만일 우리가 그 거친 바다에서 혼자만의 힘으로 항해해 가야 한다면, 우리는 절망 가운데 그 항해를 포기하고 말 것입니다. 그러나 감사하게도 여호와께서 우리의 일들을 완전케 하실 것입니다. 주께서 우리를 소망의 항구까지 데려가실 것입니다. 부디 당신의 모든 자신감으로 여호와를 신뢰하십시오!

"하나님을 찬송하리로다 그가 내 기도를 물리치지 아니하시고 그의 인자하심을 내게서 거두지도 아니하셨도다"_시 66:20

그동안 하나님께 기도드릴 때 어떤 식으로 기도했는지 아주 정직하게 회상해 보십시오. 그러면 아마 하나님이 그런 기도들에도 응답해 주셨다는 사실이 너무나 신기해 놀라움을 금치 못할 것입니다. 물론 우리 중에는 바리새인들처럼 자기 기도가 하나님께 열납될 만하다고 생각하는 이들이 있을 것입니다. 그러나 성령의 조명을 받아 자신을 좀더 깊이 돌아볼 줄 아는 성도라면, 자신이 드린 기도들을 생각하며 슬피 울 것입니다.

그동안 당신의 기도가 얼마나 차고 냉랭했는지 기억해 보십시오. 정녕 "당신이 내게 축복하지 아니하면 가게 하지 아니하겠나이다"라며 끝까지 겸손하게 부르짖은 야곱의 기도와는 너무나 거리가 먼 기도일 것입니다. 또 얼마나 드문드문 기도했는지, 곤란한 일이 생겨야 비로소 보좌로 나갔습니다. 더욱이 그 문제만 해결되면 즉시 기도를 중단했습니다. 그럼에도 하나님은 계속해서 당신을 축복해 주셨습니다. 우리가 필요할 때만 들락날락거리며 이따끔씩 드린 간청들을 여호와께서 듣고 응답하시다니, 신기하지 않습니까? 꼭 필요한 것이 있어야 기도하고 일단 그의 긍휼을 얻고 나면 하나님을 무시하는 우리, 가지 않으면 안 될 때만 가고 슬픈 일이 별로 없을 때는 하나님을 거의 잊어버리는 우리, 이런 우리의 기도를 들으시는 하나님은 대체 어떤 분일까요? 이제부터는 이런 기도도 들으시는 하나님의 자비를 깊이 깨닫고 "성령 안에서 모든 기도와 간구로 항상 기도하기"를 힘쓰십시오.

"여호와여 나를 버리지 마소서 나의 하나님이여 나를 멀리하지 마소서"_시 38:21

시험을 당하거나 유혹 받을 때 우리는 하나님께 나를 버리지 말라고 기도합니다. 그러나 이 기도를 항상 활용해야 한다는 사실은 너무 자주 잊어버립니다. 빛 가운데 있든 어둠 가운데 있든, 주님과 교제를 나누고 있든 아니면 유혹을 받고 있든, 우리는 언제든지 "여호와여 저를 버리지 마소서", "저를 붙잡아 주소서. 그래야 제가 안전합니다"라고 기도해야 합니다. 걸음마를 배우는 어린아이는 항상 부모의 도움을 필요로 하며, 조타수가 없는 배는 즉시 그 항로를 벗어나 떠내려가게 마련입니다. 마찬가지로 우리 역시 위로부터 오는 도움 없이는 아무것도 할 수 없습니다. 그러니 오늘 아침에는 이렇게 기도합시다.

"저를 버리지 마소서. 아버지, 제가 원수의 손에 빠지지 않도록 저를 버리지 마소서. 당신의 양이 안전한 우리를 떠나 방황하지 않도록 저를 버리지 마소서. 당신의 초목이 시들어 죽지 않도록 저를 버리지 마소서. 지금뿐 아니라 제 인생의 어느 순간에라도 저를 버리지 마소서. 기쁠 때나 슬플 때나 강건할 때나 절망에 빠질 때나 절대 저를 버리지 마소서. 제가 가는 길은 험하고 올무가 잔뜩 널려 있기에 주님의 인도가 없이는 도저히 그 길을 갈 수가 없습니다. 그러니 여호와여 저를 버리지 마소서. 암탉이 병아리를 품에 품듯 주의 날개로 저를 품으시며, 주의 날개 아래로 안전하게 피할 수 있게 저를 보호해 주소서."

"나를 멀리 하지 마옵소서 환난이 가까우나 도울 자 없나이다"(시 22:11).

"네 짐을 여호와께 맡기라 그가 너를 붙드시고 의인의 요동함을 영원히 허락하지 아니하시리로다"_시 55:22

지나친 염려는 설사 합당한 이유에서 비롯되었어도 분명히 죄가 됩니다. 주님은 우리에게 염려하지 말라고 신신당부하셨습니다. 사도들 역시 염려치 말라고 여러 번 강조했습니다. 염려 속에 이미 죄가 포함되어 있기 때문입니다. 염려의 본질에는 우리가 하나님보다 더 지혜롭다는 생각이 자리하고 있습니다. 염려는 하나님께서 우리를 잊으시리라는 상상을 진실로 받아들이도록 하는 행위입니다. 마치 하나님은 우리의 짐을 져 주실 능력도 없고 또 그렇게 하실 의향도 없다는 듯이 우리의 짐을 스스로 지려고 애쓰는 행위입니다.

여호와가 분명히 가르쳐 주신 교훈에 대한 이 불순종, 그의 말씀을 믿지 못하는 이 불신앙, 주제넘게 그의 섭리에 간섭하는 이 소행, 이 모두가 바로 죄입니다. 하나님 대신 자기가 그 짐을 지려고 애쓰는 사람은 곧 인간의 지혜에 의지합니다. 그러나 이것은 마치 "샘"으로 가는 대신 "깨어진 물항아리"로 가는 격입니다. 염려는 우리로 하여금 하나님의 자비를 의심하게 만들어서 결국 하나님을 향한 우리의 사랑을 점점 식게 합니다. 또 하나님을 불신케 하여 성령을 근심시켜 드립니다. 결국 우리의 기도가 방해를 받고, 우리의 끊임없는 모범이 약화되며, 우리의 삶이 자신을 추구하는 삶으로 변하고 맙니다. 하나님에 대한 자신감을 상실하면 곧 그로부터 멀리 떠나 방황하게 됩니다. 그러나 만일 우리가 단순하게 하나님의 약속을 믿고 우리의 모든 짐을 그분에게 맡긴 채 "아무것도 염려하지 않는다면", 우리는 하나님 가까이에서 많은 것을 얻을 수 있습니다.

"므비보셋이 항상 왕의 상에서 먹으므로 예루살렘에 사니라 그는 두 발을 다 절더라"_삼하 9:13

므비보셋은 결코 왕실 식탁을 빛내는 사람이 아니었으나, 그는 다윗의 식탁에서 계속 식사를 할 수 있었습니다. 왜냐하면 왕이 그의 얼굴에서 사랑하던 친구 요나단의 모습을 보았기 때문입니다. 우리도 므비보셋과 마찬가지로 영광의 왕께 "이 종이 무엇이기에 왕께서 죽은 개 같은 나를 돌아보시나이까"(삼하 9:8)라고 부르짖을지 모릅니다. 그래도 하나님은 여전히 우리와 가장 친밀한 교제를 나누기 원하십니다. 우리 얼굴 속에서 그가 가장 아끼고 사랑하는 아들 예수 그리스도의 모습을 보시기 때문입니다. 독생자에 대한 하나님의 사랑은 그를 위해 그의 비천한 형제들을 일으켜 세워 하나님의 자녀로 삼으시고 그들을 천국 왕실로 데리고 들어가 필요한 것들을 공급해 주실 정도로 강하고 깊습니다. 설혹 그들의 몰골이 흉하다고 해도 그 특권을 빼앗기지 않습니다.

다만 아주 심한 질고는 사랑받는 성도가 되는 데 장애가 될 수도 있습니다. 오늘 말씀에서 므비보셋은 두 다리를 심하게 저는 고로 왕이 그 성을 떠나 도망칠 때 왕을 배웅할 수 없었습니다. 이로 인해 그는 종 시바의 중상모략에 빠집니다. 마찬가지로 믿음이 약하거나 지식이 짧은 성도들은 원수에게 크게 당할 수 있습니다. 영적으로 아직 어릴 때 공격을 당하면 낙심에 빠지는 경우가 종종 있으며, 어떤 경우에는 죄로 인해 뼈가 부러지기도 합니다. 오, 주님. 부디 저는 자가 사슴처럼 뛸 수 있도록 도와주소서. 주의 모든 백성들을 주님 상에 있는 빵으로 배불리 먹여 주소서!

"또 미리 정하신 그들을 또한 부르시고 부르신 그들을 또한 의롭다 하시고 의롭다 하신 그들을 또한 영화롭게 하셨느니라"_롬 8:30

당신은 지금 가난하거나 곤란을 겪거나 무명 인사로 살고 있는지 모릅니다. 그러나 지금 이 시간 당신이 하나님의 자녀임이 확실한 것처럼, 당신이 겪고 있는 이 모든 시련들도 분명히 끝날 것이 확실합니다. 머잖아 당신은 거의 모든 복들을 누릴 만큼 부요해질 것입니다. 그 피곤한 머리에 영광의 면류관을 쓸 것입니다. 그리고 수고하던 손으로는 승리의 종려가지를 잡을 것입니다. 그러니 지금 당하는 그 환난 때문에 슬피 우는 대신, 머지않아 당신이 "애통하는 것이나 곡하는 것이나 아픈 것이 다시 있지 아니한" 곳에 가리란 확신 속에서 기뻐하십시오.

불병거가 당신 문 앞에 와 있습니다. 잠시 후면 그 입술로 영원한 노래를 부르게 될 것입니다. 당신을 위해 천국 문이 활짝 열려 있습니다. 처음에 당신을 부르신 그 음성이 당신을 이 땅에서 천국으로, 사망의 어두운 그늘에서 말할 수 없이 밝은 불멸의 빛 가운데로 부르실 것입니다. 당신을 의롭다 하신 여호와의 가슴이 무한한 사랑으로 설레입니다. 그러니 안심하셔도 좋습니다. 곧 영화롭게 된 자들과 함께 천국에 거할테니 말입니다. 그곳에는 당신의 몫이 분명 있습니다. 이 모든 기업을 받아 누리기에 합당한 자로 만들어지기 위해, 당신은 지금 여기서 기다리고 있는 것입니다. 그 일은 곧 완성될 것입니다. 그 후에는 천사들이 당신을 평화와 기쁨과 축복의 산으로 데려갈 것입니다.

"왕은 정의를 사랑하고 악을 미워하시니 그러므로 하나님 곧 왕의 하나님이 즐거움의 기름을 왕에게 부어 왕의 동료보다 뛰어나게 하셨나이다"_시 45:7

"화는 내되 죄는 짓지 말라." 그러나 죄를 보고 화를 내지 않는다면 그 사람 안에는 선함이 거의 없다고 할 수 있습니다. 진리를 사랑하는 자는 반드시 거짓되고 사악한 모든 길을 미워해야 합니다. 우리 주 예수님은 유혹을 얼마나 미워하셨습니까! 마귀는 서로 다른 형태로 세 번이나 주님을 공격했지만, 주님은 "사탄아 내 뒤로 물러서라"고 말씀하심으로써 그 유혹을 물리치셨습니다. 주님은 또한 다른 사람들 안에 있는 악도 증오하셨습니다. 그러나 주님은 책망의 말보다는 불쌍히 여기는 눈물로써 그 증오심을 더 많이 나타내셨습니다. "화 있을진저 외식하는 서기관들과 바리새인들이여 너희는 과부의 가난을 삼키며 외식으로 길게 기도하는도다." 주님은 악을 미워하되 피 흘리기까지 미워하셨습니다. 그는 악을 죽이 위해 십자가에서 죽으셨습니다. 그리고 그의 발로 항상 악을 짓밟고 계시려고 부활하셨습니다.

주님이 심판주로 오실 때는 "저주받은 자여 나를 떠나라"고 말씀하실 것입니다. 주님은 죄인들에게는 아주 따스한 사랑을 보이시지만 죄에 대해서는 불 같은 증오심을 나타내십니다. 주님은 자신의 의가 온전한 만큼 어떤 악이든 악은 완전히 멸하실 것입니다. 주님은 영광스러운 의의 챔피언이시며 불의를 멸하시는 분입니다. 그래서 하나님도 기쁨의 기름으로 주께 안수하여 주님을 주의 동료들 위에 세우셨습니다.

"우리를 위하여 여우 곧 포도원을 허는 작은 여우를 잡으라 우리의 포도원에 꽃이 피었음이라"_아 2:15

작은 가시가 온몸을 쑤시게 하며 손바닥 만한 구름이 햇빛을 가릴 수 있습니다. 작은 여우들이 포도원을 헐며 작은 죄악들이 온유한 가슴에 해를 끼칩니다. 이런 작은 죄들이 우리 영혼 곳곳에 숨어 있으면서 영혼을 온통 죄악으로 가득 채웁니다. 큰 죄는 그리스도인을 멸망시키지 못하나, 작은 죄는 얼마든지 우리를 비참에 떨게 할 수 있습니다. 우리가 모든 죄를 내쫓기 전에는 주님이 우리와 동행하시지 않으실 것입니다. 주님은 "내가 아버지의 계명을 지켜 그의 사랑 안에 거하는 것같이 너희도 내 계명을 지키면 내 사랑 안에 거하리라"(요 15:10)고 말씀하고 계십니다. 그러나 하나님의 자녀된 우리가 어찌 하나님 아버지의 얼굴을 보지 않고도 만족스럽게 지낼 수 있겠습니까?

그렇다면 무엇이 당신으로부터 그리스도를 몰아냈던가요? 주님은 당신이 범한 죄의 벽 뒤에 그 얼굴을 숨기고 계신지도 모릅니다. 그 벽은 큰 돌로 세워진 벽일 수도 있으나 아주 조그마한 돌들로 세워진 벽일 수도 있습니다. 물방울 하나하나가 모여 큰 바다를 이루고 티끌 하나하나가 모여 바위를 이룹니다. 당신과 그리스도를 갈라놓은 큰 바다는 당신의 작은 죄 방울들로 이루어졌을 것입니다. 그리고 당신의 돛단배를 파선시킬 뻔했던 그 암초는 아마 당신이 매일 범하는 작은 죄라는 산호충들로 이루어졌을 것입니다. 그리스도와 함께 살며 그분과 교제하기 원하십니까? 그렇다면 "포도원을 허는 작은 여우들"을 조심하십시오. "우리의 포도원에 꽃이 피었기" 때문입니다. 주님과 더불어 어서 가서 그 여우들을 잡으십시오.

MAY
MORNING BY MORNING
05 / 31

"온 땅 사람이 큰 소리로 울며 모든 백성이 앞서 건너가매 왕도 기드론 시내를 건너가니 건너간 모든 백성이 광야 길로 향하니라"_삼하 15:23

다윗은 비탄에 잠긴 부하들을 데리고 배신한 아들, 압살롬을 피해 시내를 건넜습니다. 하나님의 마음에 합했던 다윗조차 환난을 면하지는 못했습니다. 아니, 오히려 환난으로 가득 찬 일생을 살았습니다. 그는 여호와로부터 기름 부음 받은 자인 동시에 여호와께 고난 당한 자입니다. 만왕의 왕 되신 우리 주님도 즐겁고 호화로운 길을 갈 특권을 누리지 못했습니다. 그는 예루살렘의 오물이 흐르는 기드론의 그 더러운 도랑을 건넜습니다. 하나님은 그의 죄 없는 독생자마저 징계하셨습니다. 예수님이 우리와 똑같이 시험 받으셨음을 생각할 때 우리는 큰 위로를 받곤 합니다. 이 아침에 당신이 건너야 할 기드론 시내는 무엇입니까?

신실치 못한 친구입니까? 사랑하는 사람을 여읜 슬픔입니까? 중상모략이 담긴 책망입니까? 아니면 우울한 예감입니까? 우리의 왕 되신 그리스도 역시 이 모든 것을 다 건넜습니다. 혹시 신체적인 고통이나 가난, 핍박이나 멸시로 인해 괴롭습니까? 우리의 왕 되신 주님은 그 기드론도 이미 우리 앞서 건너가셨습니다. 주께서 그 모든 슬픔을 이미 다 체휼하셨습니다. 그러므로 시온의 온 시민들은 임마누엘 되신 주님이 그 머리요 대장인 명예로운 애통자 그룹(Honourable Company of Mourners)의 무상 회원입니다. 다윗은 개가를 올리며 자기 성으로 돌아왔습니다. 그리고 다윗의 주님은 무덤에서 승리하여 부활하셨습니다. 그렇다면 용기를 가집시다. 우리도 그날 승리할 것입니다. 지금은 비록 죄와 슬픔이라는 더러운 시내를 건너야 하지만 곧 구원의 샘에서 기쁘게 샘물을 긷게 될 것입니다.

"하나님이 빛을 낮이라 부르시고 어둠을 밤이라 부르시니라 저녁이 되고 아침이 되니 이는 첫째 날이니라"_창 1:5

태초부터 빛과 어둠은 시간을 갈라놓았습니다. 그리고 이것은 우리 영혼에 대해서도 마찬가지입니다. 영혼이 항상 정오의 빛으로 빛나라는 법은 없습니다. 틀림없이 전에 즐기던 기쁨이 사라져서 슬피 울어야 할 때도 있을 것이요, 밤중에 사랑하는 이를 찾아 헤맬 때도 있을 것입니다. 더욱이나 혼자만이 이런 일을 겪는 것도 아닙니다. 지금껏 주께서 사랑한 모든 성도들이 심판과 긍휼, 시련과 구원, 애통과 기쁨을 다 겪었습니다. 그것은 하나님이 정하신 섭리 중 하나입니다. 그리고 우리 하나님께서 정하신 것은 항상 지혜롭고 선합니다.

그렇다면 우리는 하나님의 질서에 만족하는 법을 배워야 할 것입니다. 욥과 같이 여호와의 손에서 좋은 것은 물론이요 나쁜 것도 기꺼이 받아들여야 합니다. 기쁨의 태양이 떠오르면 그로 인해 하나님을 찬양하고 우울한 저녁이 찾아오면 또 그로 인해 여호와를 찬양하십시오. 해가 뜨는 것과 지는 것은 둘 다 아름답습니다. 본래 은혜라는 이슬은 괴로운 밤에 잔뜩 떨어지는 법이요 약속이라는 별은 어두운 슬픔 속에서 환히 빛나는 법입니다. 낮에는 수고를 모토로 삼았습니까? 그렇다면 밤에는 파수를 모토로 삼으십시오. 어느 시간에나 수행해야 할 의무가 있으니 주께서 영광 중에 나타나실 때까지 소명을 위해 계속해 나가십시오. 그리고 주께서 "내가 온종일 그를 덮으리라"고 친히 말씀하신 것을 기억하기 바랍니다.

JUNE 06 / 02

"육체의 소욕은 성령을 거스르고 성령은 육체를 거스르나니 이 둘이 서로 대적함으로 너희가 원하는 것을 하지 못하게 하려 함이니라"
_갈 5:17

어느 성도의 가슴 속에서나 옛 본성과 새 본성이 끊임없이 싸우고 있습니다. 옛 본성은 아주 적극적이어서 기회만 있으면 그 치명적인 무기들을 다 동원해서 새로 태어난 은혜를 대적하려 듭니다. 한편 새로 태어난 본성은 그 원수를 저항하고 멸하기 위해 항상 경계합니다. 우리 안에 있는 은혜는 그 악을 쫓아내려 기도와 믿음, 소망과 사랑을 무기로 사용합니다. "하나님의 전신갑주"를 입고 열심으로 싸웁니다. 서로 상반되는 이 두 본성은 우리가 이 땅에 사는 한 계속 싸웁니다. 비록 그 원수가 아주 가까이서 우리를 포위하고 있으며 종종 심한 싸움도 걸어오지만, 우리에게는 구원의 대장이시요 우리를 도우시는 전능하신 예수님이 계십니다. 예수님은 우리와 항상 동행하시면서 우리가 궁극적으로 주님을 통해 정복자 이상이 될 것이라 확신시켜 주십니다.

당신은 오늘도 그 원수와 싸우고 있습니까? 사탄과 이 세상과 육신이 모두 다 당신을 대적하고 있습니까? 설사 그렇다 해도 실망하거나 낙심치 말고 용감히 싸우십시오! 하나님께서 친히 당신과 함께하십니다. 여호와 닛시가 당신의 깃발이요 여호와 라파가 당신의 상처를 싸매 주는 치료자입니다. 그러니 두려워 마십시오. 당신은 반드시 이길 것입니다. 감히 누가 전능하신 분을 이기겠습니까? "예수님을 바라보며" 계속 싸우십시오. 그 전쟁이 아무리 길고 험해도 달콤한 승리와 영광스러운 보상이 당신을 기다리고 있습니다.

"이 모든 사람은 토기장이가 되어 수풀과 산울 가운데에 거주하는 자로서 거기서 왕과 함께 거주하면서 왕의 일을 하였더라"_대상 4:23

옹기장이가 가진 것은 진흙에 불과했지만, 그들은 그것으로 자신을 부르신 왕을 섬길 수 있었습니다. 우리도 주님의 일 중 가장 비천한 일에 종사할지 모릅니다. 그러나 "왕"을 위해 무언가 할 수 있다는 것만도 대단한 특권입니다. 주님은 "비록 옹기들 가운데 파묻혀 있다 해도 언젠가 그 날개를 은으로 입히고 그 깃을 황금으로 입힌 비둘기같이 될 것"이라 하셨습니다. 오늘의 말씀은 거친 일을 하며 수풀과 산울 가운데 거하는 자들에 대해 말하고 있습니다. 그들은 자기들에게 지정된 자리를 지켰습니다. 왠지 아십니까? 비천한 자리일지라도 자신들이 왕의 일을 하고 있음을 알고 있었기 때문입니다.

우리 역시 지정된 이곳을 떠나면 안 됩니다. 오히려 그 안에서 주님을 섬기며 함께 거하는 이들에게 축복이 되어야 합니다. 우리가 하는 일이 고상하든 비천하든 아무 상관없습니다. 이런 것 때문에 우리가 주님과 나누는 교제가 방해를 받으면 안 됩니다. 어디를 가든 우리는 왕과 함께 갈 수 있습니다. 우리가 믿음으로 하는 모든 일에 예수님이 항상 동행하십니다. 주님의 일을 할 때 주님은 미소를 지어보이십니다. 그러므로 비천한 일에 종사하며 먼지 가운데 파묻혀 사는 무명의 일꾼이여, 힘을 내십시오. 이전에도 오물더미에서 보석이 발견되고, 이 땅의 옹기들이 천국의 보고를 가득 채우며, 못된 잡초들이 귀하고 소중한 꽃으로 변화되는 역사가 많이 일어났습니다. 그러니 왕과 함께 거하며 왕의 일을 하십시오. 그러면 왕께서 그의 역대기를 기록할 때 당신의 이름도 함께 새기실 것입니다.

"우리 구주 하나님의 자비와 사람 사랑하심이 나타날 때에"_딛 3:4

자기 백성들과 교제하시는 주님을 바라보고 있노라면 얼마나 기분이 좋은지 모릅니다! 구주께서 나타내신 사랑의 역사를 잠시 마음속으로 더듬어 봅시다. 주의 행사가 수없이 많이 떠오를 것입니다. 그 모든 행위들은 우리 마음을 예수님의 마음과 한데 어우러지게 하기 위한 것들이었습니다. 주님께서는 옛적부터 갖고 계시던 그의 모든 부요를 교회에 수여하셨습니다. 이 엄청난 사랑을 감당할 자가 어디 있겠습니까? 만일 우리 영혼이 구주가 주시는 모든 선물을 이해할 만한 명철, 그들을 제대로 평가할 수 있는 지혜, 그리고 그들을 충분히 묵상할 수 있는 시간만 갖는다면, 아마 우리는 예수님과 지금보다 훨씬 더 친밀한 교제를 나눌 것입니다. 그러나 그런 교제의 달콤함을 어느 누가 상상할 수 있단 말입니까? 그것은 인간의 가슴 속에 본래 있던 것이 아니라 하나님이 그를 사랑하는 자들을 위해 예비해 두신 것들입니다.

요셉의 곳간 문을 활짝 열고 하나님이 우리를 위해 쌓아 두신 그 많은 곡식들을 보십시오! 틀림없이 하나님의 사랑에 감격할 것입니다. 우리는 지금 하나님의 무한한 보물을 거울에 비친 상(像)처럼 희미하게 볼 뿐입니다. 그러나 우리 눈으로 직접 천국의 것들을 보게 될 때는, 우리 영혼이 주님과 얼마나 깊은 교제를 누리게 되겠습니까! 그때까지 이 모든 은혜를 베푸신 사랑하는 주 예수 그리스도, 우리를 향한 그의 사랑이 여인의 사랑을 능가할 만큼 기이한 우리 주 예수 그리스도를 위해 우리가 가진 가장 아름다운 찬미와 시를 보류해 놓으십시다.

"들어간 것들은 모든 것의 암수라 하나님이 그에게 명하신 대로 들어가매 여호와께서 그를 들여보내고 문을 닫으시니라"_창 7:16

노아가 방주로 들어가자 하나님은 그 사랑의 손으로 직접 방주를 닫으셨습니다. 주님이 닫으신 문은 우리와 세상 사이에서 서로를 갈라놓습니다. 우리 주 예수 그리스도께서 이 세상에 속하지 않으셨던 것처럼 우리 역시 이 세상에 속하지 않습니다. 어둠의 자녀들과 함께 허영의 시장에서 놀 수 없습니다. 하나님께서는 친히 "방주로 들어가라"고 초대하셨습니다. 이렇듯 모든 택함 받은 자들은 하나님 안에 거하고 하나님이 그들 안에 거하게 됩니다. "내 백성아 골방으로 들어가 문을 닫고 진노가 지나갈 때까지 잠시 숨어 있어라"고 말씀하시는 하나님의 자비로운 부르심을 절대 놓치지 마십시오. 노아는 어떤 악도 닿을 수 없는 방주 안에 넣어졌습니다. 그는 홍수 때문에 오히려 천국에 더 가까이 갈 수 있었으며 바람 때문에 더 빨리 그 길을 가게 되었습니다. 방주 밖에 있는 것은 모두 멸망했지만 방주 안에 있는 것은 모두 안전하고 평화로웠습니다.

노아는 밖으로 나오는 것을 꿈도 꿀 수 없었습니다. 마찬가지로 그리스도 안에 있는 자들도 그 안에서 영원히 있습니다. 아무리 악한 악의도 그들을 거기서 끌어낼 수 없습니다. 이제 마지막 날 주인이신 주께서 그 문을 닫으실 것입니다. 그때는 입으로만 주를 믿는다고 고백하던 자들이 문을 두드리며 "주여 문을 열어 주소서"라고 부르짖어도 소용없습니다. 지혜로운 처녀들은 문안에 거하겠으나 미련한 처녀들은 영원히 문 밖으로 내쳐지기 마련입니다. 주여, 저를 은혜의 방주 안에 닫아 넣으소서.

"보소서 나는 비천하오니 무엇이라 주께 대답하리이까 손으로 내 입을 가릴 뿐이로소이다"_욥 40:4

길을 잃고 헤매는 가련한 죄인이여, 당신은 자신이 미천하기에 하나님께 올 수 없다고 생각합니다. 그런데 이 세상에 살았던 성도들 중 자신이 미천하지 않다고 여겼던 성도는 하나도 없습니다. 욥과 이사야와 바울은 모두 "나는 미천하고 더럽다"고 고백했습니다. 그렇다면 망설일게 무엇입니까? 하나님은 그의 백성들이 아직 더럽고 미천할 때 그들을 사랑하십니다. 그러니 버림 받은 당신, 부디 예수님을 믿으십시오! 변변치 못한 당신을 예수님이 부르고 계십니다.

예수님은 의인을 부르러 오신 것이 아니라 죄인들을 부르러 오셨습니다. 그러므로 지금이라도 주님께 이리 말씀드리십시오. "죄인들을 위해 죽으신 주님, 주의 보혈을 이 죄인 위에도 뿌려 주시옵소서." 자신의 죄를 고백한다면 당신은 틀림없이 용서 받을 것입니다. 주님은 당신을 바로 지금 깨끗이 씻어 주실 것입니다. 만일 성령께서 당신을 감동시켜 당신이 이 모습 그대로 주님께 자복하며 나아오게 하신다면, 오늘의 이 말씀을 읽고 일어날 때 당신의 죄는 이미 사함 받았을 것입니다. 한때는 죄의 누더기 옷을 입고 있었지만 이제는 의의 옷을 입고 천사처럼 깨끗한 모습으로 살아갈 것입니다. 과연 "지금은 은혜 받을 만한 때"(고후 6:2)입니다. 부디 "지금"이라는 말에 유의하십시오. 오! 성령께서 당신에게, 가장 더럽고 미천한 자도 받으시는 그분을 믿도록 구원의 신앙을 허락하시기 바랍니다.

"여호와를 사랑하는 너희여 악을 미워하라 그가 그의 성도의 영혼을 보전하사 악인의 손에서 건지시느니라"_시 97:10

당신은 "악을 미워해야" 할 분명한 이유를 갖고 있습니다. 악이 당신에게 가했던 그 해악들을 돌이켜 보십시오. 그것만으로도 악을 미워할 이유가 충분하지 않습니까? 죄가 당신의 눈을 멀게 했기에 구주의 아름다움을 볼 수 없었을 뿐더러 당신의 귀를 멀게 했기에 구주의 온유하신 초대 소리도 듣지 못했습니다. 죄는 당신의 발을 사망의 길로 돌아서게 했으며 당신 안에 독을 쏟아 부었습니다. 죄는 당신을 "만물 중에 부패하고 지극히 악한 것"으로 만들어 버렸습니다. 오, 하나님의 은혜가 개입하기 전, 그러니까 악이 당신에게 최대한의 해악을 끼쳤을 때 당신은 어떤 사람이었습니까! 당신은 그때 그저 진노의 자식이었습니다. 실로 우리 모두 이런 자들이었습니다. 그런데 바울은 우리에게 "주 예수 그리스도의 이름과 우리 하나님의 성령 안에서 씻음과 거룩함과 의롭다 하심을 받았"(고전 6:11)다는 사실을 상기시켜 주고 있습니다. 만일 하나님의 사랑이 우리를 구원하고자 개입하지 않았다면 우리 영혼은 잃어버린 바 되었을 것입니다. 더욱이 악은 지금 이 순간에도 우리를 지옥으로 끌고 가려고 호시탐탐 기회를 노리고 있습니다.

당신이 곤란에 빠지고 싶지 않다면 부디 "악을 미워하십시오." 끝까지 악을 미워하며 매사에 거룩한 길을 따라 걸으십시오. 오, 주님. 주의 말씀으로 나의 행보를 굳게 세우시며 내 마음을 진실하게 해 주소서. 죄악이 나를 주장치 못하게 하시고 나의 양심을 정결케 지켜 주소서.

JUNE 06 / 08

"죽임을 당한 자가 많았으니 이 싸움이 하나님께로 말미암았음이라 그들이 그들의 땅에 거주하여 사로잡힐 때까지 이르렀더라"_대상 5:22

주 예수의 깃발 아래서 싸우는 전사여, 만일 이 전쟁이 여호와께로 말미암은 것이라면, 예전에 그러했듯 지금도 승리는 우리의 것입니다. 오늘 말씀에서 르우벤 자손과 갓 지파와 므낫세 반 지파 중 병사는 겨우 4만 5천 명 정도였습니다. 그런데 하갈 사람들과의 싸움에서 "십만 명"을 살육했으니, "이는 그들이 싸울 때에 하나님께 의뢰하고 부르짖으므로 하나님이 그들에게 응답하셨기"(대상 5:20) 때문입니다. 만약 우리에게 싸울 사람이 조금밖에 없다면 여호와의 이름으로 담대히 나갑시다. 만군의 여호와께서 우리의 대장되어 우리와 함께 싸우실 것입니다. 본문에 나오는 이스라엘 백성들처럼 우리 역시 쓸 만한 도구는 모두 다 사용하되 오직 여호와 한 분만 의지합시다.

여호와는 그의 백성들의 방패요 검이십니다. "이 싸움이 하나님께로 말미암았기" 때문에 우리는 대승을 거둘 것입니다. 당신이 자신의 안팎에 있는 죄, 교리적인 오류나 관행상의 오류, 높은 곳이나 낮은 곳에 있는 영적인 악함, 마귀 및 그의 일당들과 싸울 때 당신은 사실 여호와의 싸움을 싸우고 있는 것입니다. 그렇다면 절대 패배를 두려워하지 마십시오. 왜냐하면 여호와는 절대 패하시지 않기 때문입니다. 성령의 날선 검을 가지고 원수를 찌르십시오. 그 전쟁은 여호와의 전쟁이기에 여호와께서 친히 원수들을 우리 손에 넘겨주실 것입니다. "일어서라! 예수님을 위해 일어서라! 이 싸움은 오래가지 않을 것이다. 오늘은 전쟁의 소리로 시끄럽지만 내일은 승리의 노래를 부르게 되리라."

"여호와께서 우리를 위하여 큰 일을 행하셨으니 우리는 기쁘도다"
_시 126:3

　어떤 성도들은 뭐든지 어두운 면만 보려 합니다. 하나님께서 그동안 자기들을 위해 행하신 것보다는 자기들이 겪었던 일들에 대해 더 많이 생각하는 것입니다. 이런 자들은 자기 속의 끊임없는 갈등, 깊은 고난, 슬픈 역경, 마음속의 죄악 등에 대해 잔뜩 늘어놓습니다. 그러나 하나님이 베푸신 긍휼이나 도움에 대해서는 언급하지 않습니다. 그러나 건강한 영을 가진 그리스도인들에게 말을 걸어 보십시오. 그들은 기쁘게 앞으로 나서며 이렇게 말할 것입니다.

　"저는 저 자신에 대해서가 아니라 제가 섬기는 하나님께 영광을 돌리기 위해 한마디 하고 싶습니다. 하나님은 저를 끔찍한 지옥 구덩이에서 건져 주셨습니다. 그런 다음 저의 발을 반석 위에 세워 주시고 걸을 수 있도록 붙잡아 주셨습니다. 또 제 입에 새 노래를 넣어 주시어 하나님을 찬양할 수 있게 해 주셨습니다. 하나님은 저를 위해 정말 대사(大事)를 행하셨습니다." 이야말로 최상의 간증입니다. 물론 우리는 "낙담의 늪"에 빠져 있거나 "굴욕의 골짜기"를 따라간 적도 있습니다. 그러나 우리는 그 늪과 골짜기를 안전하게 통과했을 뿐 아니라 오히려 그 체험을 통해 유익을 얻지 않았습니까? 사실 우리가 당하는 환난의 골짜기가 깊으면 깊을수록, 그 모든 골짜기를 통과하도록 인도하시고 보존하시는 하나님께 더욱 큰 소리로 감사드려야 할 것입니다. 우리가 당하는 슬픔 때문에 우리의 찬양 소리가 줄어들면 안 됩니다. 슬픔은 "여호와께서 우리를 위하여 큰일을 행하셨으니 우리는 기쁘도다"라는 노래의 베이스 파트입니다.

JUNE 06/10

"우리가 살아도 주를 위하여 살고 죽어도 주를 위하여 죽나니 그러므로 사나 죽으나 우리가 주의 것이로다"_롬 14:8

우리가 회심하는 즉시 천국에 가는 것이 하나님의 뜻이었다면 아마 우리는 그렇게 되었을 것입니다. 영원한 생명을 준비하기 위해 여기서 지체할 필요가 전혀 없었을 것입니다. 하나님이 원하셨다면, 우리를 불완전한 상태에서 완전한 상태로 변화시켜 즉시 천국에 들어가게 하셨을 것입니다. 그럴진데 우리는 무엇 때문에 지금 여기 있는 것일까요? 하나님의 명령 한 마디면 당장 승리를 얻을 하나님의 군대가 왜 아직도 전쟁터에서 싸우고 있는 것일까요? 하나님의 백성들이 왜 아직도 미로 속에서 이리저리 방황하고 있을까요?

그것은, 그들이 "주를 위해 살고" 그로 인해 다른 이들로 주의 사랑을 알도록 하기 위해서입니다. 우리는 씨 뿌리는 자들로 이 땅에 좋은 씨를 뿌리기 위해 남아 있습니다. 묵은 땅을 갈아 엎는 농부요 구원을 널리 알리는 전령으로 이 세상에 남아 있습니다. 이 세상에 축복이 되기 위해 "이 땅의 소금"으로 있는 것입니다. 주님을 위한 일꾼이요 "그와 함께 동역하는 일꾼"으로 여기 있는 것입니다. 그렇다면 우리 모두 이 목적을 이루어 드리는 일생을 삽시다. "그의 은혜의 영광을 찬양"하기 위해 아주 유용하고 거룩하게 열심으로 삽시다. 그동안에 우리는 주와 함께 있기를 간절히 사모하며 매일 이렇게 노래할 것입니다.

"내 마음은 주와 함께 주의 보좌에 있다오. 병으로 지체될 수도 있겠지만 매순간마다 '일어나 나와 함께 가자'는 주님의 음성을 듣는다오."

"우리가 사랑함은 그가 먼저 우리를 사랑하셨음이라"_요일 4:19

이 지구상에 태양에서 오는 빛 외의 다른 빛은 없습니다. 이와 마찬가지로 누군가의 가슴 속에 예수님에 대한 참사랑이 있다면 그것은 바로 주님 자신으로부터 온 사랑입니다. 우리가 하나님을 사랑하는 것은 그가 먼저 우리를 사랑하셨기 때문입니다. 그 외에 다른 이유는 없습니다. 우리가 아직 그를 대적하고 있을 때 주님은 먼저 그렇게 놀라운 사랑을 나타내심으로 우리를 그에게로 이끄셨습니다. 우리를 향한 그의 달콤한 사랑의 씨앗이 먼저 우리 안에 심겨지지 않았다면, 우리는 절대 하나님을 사랑하지 못했을 것입니다. 아니 그를 사랑할 생각조차 하지 못했을 것입니다. 그렇다면 이 사랑의 원조는 우리 마음에 먼저 들어와 그 마음을 사로잡은 하나님의 사랑입니다.

그런데 이렇게 하나님으로부터 먼저 생겨난 사랑은 이후로도 하나님의 양육을 받아야 합니다. 사랑은 마음밭에서 저절로 자라나는 식물이 아니라 위에서 물을 부어 주어야 하는 식물입니다. 예수님을 향한 사랑은 아주 섬세한 특성을 가진 꽃과 같습니다. 그래서 딱딱한 바위 같은 우리 마음의 양분만으로는 곧 시들어 버리고 맙니다. 그 꽃은 위로부터 오는 만나를 먹어야 광야에서 살아남을 수 있습니다. 사랑은 반드시 사랑을 먹고 살아야 합니다. 하나님을 향한 우리의 사랑의 생명과 혼은 바로 우리를 향한 하나님의 사랑입니다.

JUNE 06/12

"데겔은 왕을 저울에 달아 보니 부족함이 보였다 함이요"_단 5:27

우리 자신을 하나님의 말씀의 저울에 자주 달아 보는 것은 아주 좋은 일입니다. 다윗이 지은 시편 몇 편을 읽어 보십시오. 경건의 연습이 될 것입니다. 그 구절 하나하나를 묵상하면서 자신에게 이렇게 물으십시오. "나도 과연 이렇게 말할 수 있을까? 다윗이 이 참회의 시를 지을 때 느꼈던 심정처럼 나도 그렇게 죄 때문에 아파 본 적이 있었던가? 아둘람 굴이나 엔게디 황무지에서 하나님의 긍휼을 찬양했던 다윗처럼 내 영혼도 어려울 때 자신 있게 하나님을 믿었는가? 나는 구원의 잔을 들고 여호와의 이름을 부르는가?"

그 후에는 그리스도의 생애를 보십시오. 그리고 과연 주님의 형상을 얼마나 많이 닮았는지 스스로에게 물으십시오. 주께서 끊임없이 가르치셨을 뿐 아니라 모범으로 보여 주셨던 그 겸손과 온유와 사랑의 정신을 당신 안에서도 한번 찾아보십시오. 그 다음에는 서신서로 향하십시오. 사도 바울처럼 "오호라 나는 곤고한 사람이로다 이 사망의 몸에서 누가 나를 건져내랴"(롬 7:24)고 부르짖은 적이 있습니까? 사도 바울처럼 자신이 죄인의 괴수요 모든 성도 중 지극히 작은 자라고 고백했던 적이 있습니까? 바울처럼 "이는 내게 사는 것이 그리스도니 죽는 것도 유익함이니라"(빌 1:21)고 말할 수 있습니까? 만일 우리가 자신의 영적 상태를 조명해 가며 성경을 읽는다면, 말씀을 읽는 도중에 주님께 이렇게 말씀드리는 횟수가 잦아질 것입니다. "주님, 제가 읽은 것처럼 저도 진정으로 회개하게 해 주소서. 제게 참 믿음과 사랑의 불꽃을 허락해 주소서."

"성령과 신부가 말씀하시기를 오라 하시는도다 듣는 자도 오라 할 것이요 목마른 자도 올 것이요 또 원하는 자는 값없이 생명수를 받으라 하시더라"_계 22:17

예수님은 "값없이 받으라"고 말씀하십니다. 그는 어떤 준비도 원치 않으시며, 별다른 조건도 붙이지 않으십니다. 생명수를 기꺼이 받고 싶다는 소원만은 분명합니까? 그렇다면 당신은 초대 받은 자이니 어서 오십시오! 믿음도 없고 아직 회개도 하지 않았습니까? 그럼 주님께 오십시오. 주께서 당신에게 그것들을 줄 것입니다. 있는 모습 그대로 값없이 와서 "거저" 받으십시오. 주님은 궁핍한 자들에게 자신을 친히 내어 주시는 분입니다. 여기서 비유를 하나 들어보겠습니다.

공원에 있는 식수용 수도꼭지는 아주 소중한 것입니다. 그런데 어떤 사람이 그 앞에 서서 "나는 돈이 없으니 이 물을 마실 수 없다"고 말한다면 당신은 어떻게 생각하시겠습니까? 그 사람이 아무리 가난해도 그 물은 그냥 마시기만 하면 되는 것입니다. 자신이 그 물을 마실 만한 자격이 있는지 없는지 따위 생각하지 않아도 됩니다. 그것은 목마른 사람은 누구라도 와서 마시라고 설치해 놓은 수도꼭지기 때문입니다. 물론 목이 마른데도 그냥 지나치는 사람들도 있습니다. 체면이 깎인다고 생각하기에, 입술이 바짝바짝 타는데도 멈추지 않고 그냥 지나가는 것입니다. 바로 이들처럼 자기들의 처지에 만족한 채 그리스도께 나오지 않는 자들이 얼마나 많은지요! 그들은 "나는 저 강도나 벼락부자처럼 저런 식으로 구원 받지는 않을거야"라고 말합니다. 이렇게 교만한 자들은 그 생수를 마시지 않았기 때문에 영원한 목마름에 처할 것입니다. 그러나 누구든지 값없이 생명수를 받은 자라면 주님 곁에 평온히 거할 것입니다.

"또 여호와를 기뻐하라 그가 네 마음의 소원을 네게 이루어 주시리로다"_시 37:4

오늘의 말씀을 통해 우리는 기독교가 기쁨과 행복이 넘치는 종교라는 위대한 사실을 재확인할 수 있습니다. 경건치 못한 사람들과 입으로만 기독교를 믿는다고 고백하는 사람들은 기독교를 기쁨의 종교로 보지 않습니다. 그들에게 있어서 기독교는 하나의 의무나 봉사 또는 필수품은 될지언정 절대 기쁨이나 즐거움이 되지 못합니다. 그들이 기독교를 믿는 이유는 거기서 무언가 얻을 수 있기 때문이거나 달리 어찌할 도리가 없기 때문입니다. 그러나 기독교를 즐거워하다니, 대부분의 사람들은 이를 아주 이상하게 생각합니다.

"거룩함"과 "기쁨"이라는 단어만큼 서로 멀리 떨어져 있는 단어도 없는 것 같습니다. 그러나 그리스도를 아는 성도들은 믿음과 기쁨이 지옥문도 갈라놓을 수 없을 만큼 서로 단단히 연합되어 있음을 잘 압니다. 온 마음을 다해 하나님을 사랑하는 사람들은 주의 길이 항상 즐거운 길이요 화평의 길이라는 사실을 발견합니다. 이런 사실을 발견한 성도들은 온 세상이 주의 이름을 악평하며 내칠 때도 주님 곁을 지킵니다. 우리는 어떤 강요에 의해 하나님을 경외하는 것이 아닙니다. 우리의 믿음은 족쇄가 아니요 우리의 고백은 굴레가 아닙니다. 우리의 경건은 곧 우리의 기쁨이요, 우리의 소망은 곧 우리의 행복이며, 우리의 섬김은 곧 우리의 즐거움입니다. 기쁨과 참기독교는 뿌리와 꽃처럼 연결되어 있을 뿐 아니라 진리와 확실성처럼 서로 불가분의 관계에 있습니다. 그 둘은 금 위에 한 세트로 박힌 소중한 보석과 같습니다.

"사라가 이르되 하나님이 나를 웃게 하시니 듣는 자가 다 나와 함께 웃으리로다"_창 21:6

다 늙은 사라가 아들을 낳다니 이런 영광이 어디 있습니까? 자연의 능력으로는 도저히 불가능한 일입니다. 오히려 자연법칙에 어긋나는 일이라 하겠습니다. 그런데 이보다 더 놀라운 일이 있습니다. 바로 멸망할 수밖에 없는 불쌍한 내 영혼 속에 주 예수님의 영이 거하신다는 사실입니다. 그 본성이 쓸쓸한 광야처럼 메마르고 저주 받은 불모지 같던 나, 그래서 한때 절망적이었던 내가 이제는 거룩이란 열매를 맺는다니, 이런 경사가 어디 있습니까. 이 아침에 미천한 나를 기억하신 주님께 승리의 찬양을 올려드립니다. "내 마음이 여호와를 말미암아 즐거워하며 내 뿔이 여호와를 말미암아 높아졌으며 내 입이 내 원수들을 향하여 크게 열렸으니 이는 내가 주의 구원을 말미암아 기뻐"(삼상 2:1)하기 때문입니다.

내가 지옥에서 건짐 받은 이 큰 구원과, 높은 곳에서 내려와 나를 찾아주신 복되신 우리 주님에 대해 듣는 모든 이들이 나와 함께 크게 기뻐하며 즐거워할 것입니다. 나는 내 안에 있는 이 풍성한 평강으로 가족들을 놀라게 하고 늘 더해 가는 이 행복감으로 친구들을 기쁘게 할 것입니다. 또한 감사의 고백으로 교회를 세워 주며 매일 즐거운 대화로 이 세상에 감명을 줄 것입니다. 사라는 자신이 낳은 이삭을 보고 기쁨에 겨워 웃었습니다. 그래서 그녀의 친구들도 모두 다 그녀와 함께 웃었습니다. 주 예수님을 바라보십시오. 그리고 온 하늘과 땅을 명하여 말할 수 없는 그 기쁨을 함께 누리십시오.

JUNE 06 / 16

"내가 그들에게 영생을 주노니 영원히 멸망하지 아니할 것이요 또 그들을 내 손에서 빼앗을 자가 없느니라"_요 10:28

성도들은 절대 불신앙에 대해 가볍게 말하면 안 됩니다. 하나님이 당신을 잊어버리거나 당신이 멸망 당하도록 내버려 두신다는 생각은 주의 소중한 모든 약속들과 정반대되는 개념입니다. 만일 그러하다면, 그런 하나님이 어떻게 "여인이 어찌 그 젖 먹는 자식을 잊겠으며 자기 태에서 난 아들을 긍휼히 여기지 않겠느냐 그들은 혹시 잊을지라도 나는 너를 잊지 아니할 것이라"(사 49:15)고 말씀하셨겠습니까?

만일 그게 사실이라면, "산들이 떠나며 언덕들은 옮길지라도 나의 자비는 네게서 떠나지 아니하며 나의 화평의 언약은 흔들리지 아니하리라 너를 긍휼히 여기시는 여호와께서 말씀하셨느니라"(사 54:10)는 하나님의 약속이 무슨 가치가 있겠습니까? 또 "내가 그들에게 영생을 주노니 영원히 멸망하지 아니할 것이요 또 그들을 내 손에서 빼앗을 자가 없느니라 그들을 주신 내 아버지는 만물보다 크시매 아무도 아버지 손에서 빼앗을 수 없느니라"(요 10:28-29)시던 그리스도의 말씀을 진리라 말할 수 있겠습니까? 또 은혜의 교리는 뭐가 됩니까? 만일 그리스도께서 위하여 죽은 자들, 그리스도를 믿는 자들 중에 한 사람이라도 버림받는다면, 어떻게 하나님과 하나님의 영광, 그의 능력과 은혜, 그의 언약과 서원, 이 모든 것을 다 참되다 할 수 있겠습니까? 그러니 하나님께 욕을 돌리는 그런 불신앙적인 두려움은 어서 내치십시오. 일어나 먼지를 털고 아름다운 옷을 입으십시오. 당신이 절대 멸망 당하지 않으리라 약속하신 하나님의 말씀을 기억하십시오.

"여호와여 도우소서 경건한 자가 끊어지며 충실한 자들이 인생 중에 없어지나이다"_시 12:1

이 기도는 생각해 볼 가치가 있는 아주 놀라운 기도입니다. 짧으나 때에 맞고, 지혜로우며, 시사하는 바가 많은 기도입니다. 본문에서 다윗은 주변에 신실한 이들이 거의 없는 것을 보고 통탄하며 눈을 들어 하나님께 간구합니다. 낙심한 그는 창조주께 달려갔습니다. 자신의 연약함을 느꼈기에 하나님께 도움을 요청한 것입니다. 그러나 그뿐 아닙니다. 그는 그와 함께 진리를 위해 노력할 셈이었습니다. 진실로, 우리 자신은 아무것도 하지 않으면서 그냥 "도우소서"라고만 기도할 수는 없는 노릇입니다. 짧은 이 간청 속에는 분명한 통찰력과 명료한 발언이 들어 있습니다. 다윗은 심사숙고한 끝에 자기가 무엇을 구하고 있는지 또 그것을 어디에서 구해야 할지 분명히 알게 되었습니다. 여호와여, 저희도 이 같은 복된 방식으로 기도할 수 있게 가르쳐 주소서.

이 기도는 하나님의 섭리에 따른 고난을 당하면서, 다른 모든 도움이 소용없음을 발견하게 된 지치고 곤한 성도들에게 아주 좋은 기도입니다. 또한 언제 어디서나 심령이 가난한 자들을 소생시켜 주는 기도입니다. "여호와여 도우소서"라는 기도는 우리가 살든지 죽든지, 고난을 당할 때나 수고할 때나, 기쁠 때나 슬플 때나 어느 경우에나 다 드릴 수 있는 기도입니다. 만일 우리가 예수님을 통해 진지하게 드리기만 한다면 이 기도는 분명히 응답될 것입니다. 사실 하나님의 선물인 예수님은 우리에게 선한 것을 모두 주시겠다는 하나님의 엄숙한 약속입니다. 그리고 그는 친히 "두려워 말라 내가 너를 도우리라"고 분명하게 약속하셨습니다.

JUNE 06 / 18

"이는 너를 지으신 이가 네 남편이시라 그의 이름은 만군의 여호와이시며 네 구속자는 이스라엘의 거룩한 이시라 그는 온 땅의 하나님이라 일컬음을 받으실 것이라"_사 54:5

우리 구주 예수님은 전적으로 우리의 것일 뿐 아니라 영원히 우리의 것입니다. 그리스도의 모든 직임은 다 우리를 위해 있습니다. 그는 우리를 위한 왕이요, 우리를 위한 제사장이요, 우리를 위한 선지자입니다. 또 목자 되신 주님의 지팡이, 하나님의 막대기, 대장 되신 주님의 검, 제사장 되신 주님의 관, 왕 되신 주님의 홀, 선지자 되신 주님의 겉옷이 모두 다 우리 것입니다. 예수님의 모든 위엄은 우리를 높이기 위한 것이요 그 모든 특권은 우리를 보호하기 위한 것입니다.

한편 우리를 위해 입으신 주님의 온전한 인성 또한 모두 우리의 것입니다. 자비로우신 우리 주님은 점도 흠도 없이 깨끗한 주님의 성품을 우리에게 전가시켜 주십니다. 하나님께 온전히 순종하신 그 생애의 공로를 우리에게 끼치십니다. 그의 인품에서 흘러나오는 미덕들은 우리의 보석과 장식품입니다. 그리고 죽기까지 순종하신 그의 초인적인 온유함은 우리의 자랑과 영광입니다. 주님은 또 하나님이 어떻게 인간에게 내려오셨는지 배우라고 우리에게 구유를 남기셨으며, 인간이 어떻게 하나님께 올라갈 수 있는지를 가르쳐 주시려고 십자가를 물려 주셨습니다. 주님의 모든 생각과 감정, 하신 말씀과 행동들, 기적과 중보기도, 이 모두가 우리를 위한 것이었습니다. 그리고 그 생애의 모든 수고를 통해 천국에 있는 모든 유산을 우리의 기업으로 넘겨주셨습니다. 그리스도는 우리가 언제 어디서나 영원히 즐길 우리의 구주십니다. 이 아침, 성령의 능력을 힘입어 당신도 그리스도를 "내 구속자"라 부르십시오.

"그들이 다 성령의 충만함을 받고 성령이 말하게 하심을 따라 다른 언어들로 말하기를 시작하니라"_행 2:4

만일 우리가 성령의 충만함을 받게 된다면 참으로 복된 아침이 될 것입니다. 생명과 위로, 빛과 정결, 능력과 화평, 이 외의 다른 많은 소중한 축복들이 성령의 임재와 불가분의 관계에 있습니다. 성령은 거룩한 기름을 성도의 머리에 부어 그를 제사장으로 삼으며 그가 그 직임을 제대로 수행할 수 있는 은혜를 주십니다. 진실로 정결케 하는 유일한 물인 성령께서는 우리를 죄의 세력으로부터 씻어 주시고 우리 안에서 우리가 주의 선하신 뜻을 택해서 행하도록 역사하면서 우리를 거룩하게 성화시키십니다. 빛 되신 성령은 처음에 죄 가운데 길을 잃고 헤매는 우리 자신의 모습을 보여 주셨고, 지금은 우리에게 그리고 우리 안에 주 예수님을 계시하시며 우리를 의의 길로 인도하십니다.

불로서의 성령은 우리의 불순물을 제거해 주시며 우리의 성별된 본성이 활활 타오르게 하십니다. 또한 천국의 이슬인 성령은 우리의 메마름을 제거하시고 우리의 삶을 비옥하게 만들어 주십니다. 또한 위로자로서 그 사랑하는 자들의 평강에 해를 끼치는 염려나 의심들을 몰아냅니다. 성령은 여호와께서 요단강에 임하셨듯이 택함 받은 백성들 위에 강림하시며 그들 안에 자녀의 영을 불어넣어 줌으로써 그들이 하나님의 자녀임을 증거하십니다. 바람으로서의 성령은 사람들에게 생기를 가져다주십니다. 그의 소생케 하는 역사로 인해 영적인 생명들이 살아나고 지탱됩니다. 당신도 오늘은 물론이고 매일 성령의 임재를 느낄 수 있게 해 달라고 하나님께 간청하시지 않겠습니까?

JUNE 06/20

"보라 내가 명령하여 이스라엘 족속을 만국 중에서 체질하기를 체로 체질함같이 하려니와 그 한 알갱이도 땅에 떨어지지 아니하리라"_암 9:9

모든 체질은 하나님의 명령이나 허락 하에 있습니다. 사탄은 먼저 하나님께 여쭙고 허락 받은 후에야 비로소 욥에게 손가락을 댈 수 있었습니다. 그러므로 어떤 의미에서 우리의 모든 체질은 천국에서 직접 오는 것입니다. 사탄은 그 곡식을 파괴할 생각으로 악착스럽게 끝까지 체질합니다. 그러나 주권적인 하나님의 손은 원수가 파괴하려고 마음먹은 바로 그 과정을 통해 곡식을 정결케 만드십니다.

주 예수님은 분명히 그 손에 있는 키를 사용하여 불결하고 더러운 자들과 사랑스러운 자녀들을 가려내실 것입니다. 헛간에 쌓여 있는 곡식이 다 깨끗한 것은 아닙니다. 따라서 키로 까부르는 과정이 반드시 있어야 합니다. 체질할 때는 가라지는 바람에 날아가고 속이 꽉 찬 곡식만 남게 됩니다. 하나님의 체질은 아주 준엄하고 무서운 체질입니다. 그는 "만국 중에", 즉 모든 곳에서 체질하시되 "곡식을 체질함같이" 하십니다. 그러나 이 모든 과정에서도 그 중 가장 작은 곡식이나 가장 가벼운 곡식 또는 가장 쭈그러진 곡식 한 알갱이도 땅에 떨어지지 않는다고 했습니다. 우리 모두는 여호와 보시기에 아주 귀한 존재들입니다. 목자는 한 마리의 양도 잃어버리지 않으며, 보석상은 한 개의 다이아몬드도 잃어버리지 않습니다. 마찬가지로 구속 받은 그의 백성 중 한 명도 잃어버리지 않는 것이 여호와의 뜻입니다. 만일 우리가 여호와의 것이라면 아무리 보잘것없어도 예수 그리스도 안에서 보존될 것입니다. 이 사실로 인해 기뻐하십시오.

"그러나 하나님의 견고한 터는 섰으니 인침이 있어 일렀으되 주께서 자기 백성을 아신다 하며 또 주의 이름을 부르는 자마다 불의에서 떠날지어다 하였느니라"_딤후 2:19

우리 믿음의 든든한 기초는 바로 "하나님께서 그리스도 안에 계시사 세상을 자기와 화목하게 하시며 그들의 죄를 그들에게 돌리지 아니하시고"(고후 5:19)라는 말씀입니다. 그리고 순전한 믿음은 다음과 같은 위대한 사실에 의존하고 있습니다. "말씀이 육신이 되어 우리 가운데 거하시매"(요 1:14), "그리스도께서도 단번에 죄를 위하여 죽으사 의인으로서 불의한 자를 대신하셨으니 이는 우리를 하나님 앞으로 인도하려 하심이라"(벧전 3:18), "친히 나무에 달려 그 몸으로 우리 죄를 담당하셨으니"(벧전 2:24), "그가 징계를 받으므로 우리는 평화를 누리고 그가 채찍에 맞으므로 우리가 나음을 받았도다"(사 53:5).

요컨대 성도의 소망의 큰 기둥은 바로 대속입니다. 그리고 이 기초는 하나님의 보좌만큼이나 확실하기에 전혀 없어질 염려가 없습니다. 우리는 그 사실을 알며, 그 사실에 의존하고, 또한 그 사실로 인해 기뻐합니다. 우리의 기쁨은 그 사실을 붙잡고, 그 사실을 묵상하며, 그 사실을 선포합니다. 우리의 모든 생활과 대화가 그 사실에 대한 감사로 이루어지기를 바랍니다. 우리는 이 진리를 희석시키거나 바꾸지 않을 뿐더러 조각조각 오려내서 다른 모양으로 만들지도 않을 것입니다. 인간의 죄를 담당하고 대신 고난 당하신 분은 언제나 변함없는 그리스도십니다. 이 진리는 우리의 생명이기 때문에 우리는 이것을 포기할 수 없습니다. 그 어떤 논쟁에도 불구하고 "그러나 하나님의 견고한 터는 섰다"고 선포하십시오.

JUNE 06 / 22

"그가 여호와의 전을 건축하고 영광도 얻고 그 자리에 앉아서 다스릴 것이요 또 제사장이 자기 자리에 있으리니 이 둘 사이에 평화의 의논이 있으리라 하셨다 하고"_슥 6:13

그리스도는 그의 영적 성전의 건축자십니다. 그는 그 성전을 그의 변함없는 사랑과 전능하신 은혜와 무오하신 진실성 위에 세우셨습니다. 이 성전을 짓는 데 필요한 재료 중에는 "레바논의 백향목들"도 있는데, 그것들은 성전 건물에 짜 맞추기 위해 요구되는 것이 아닙니다. 이 백향목은 오직 그 아름다운 향기로 낙원에 있는 여호와의 집 궁정을 기쁘게 할 것입니다. 그리스도께서는 성전 건축의 온 과정을 직접 관할하십니다. 성도 한 사람 한 사람마다 성전의 자기 자리로 들어갈 수 있도록 합당하게 준비시켜 갈고 닦으십니다. 때로 그리스도는 우리를 성화시키시려 고난을 사용하십니다. 우리의 기도나 노력도 예외가 아닙니다. 솔로몬이 성전을 건축할 때는 "성전 속에서는 방망이나 도끼나 모든 철 연장 소리가 들리지 아니하였"(왕상 6:7)습니다. 모든 재료들이 정확히 제자리에 들어가 맞도록 완전히 준비되어 있었기 때문입니다.

예수님이 짓는 성전에서도 마찬가지입니다. 그 성전을 지을 재료들은 이미 이 땅에서 준비가 완료됩니다. 그래서 우리가 천국에 닿으면, 거기서는 우리를 성화시키는 작업도, 불행이나 재난을 통해 우리를 갈고 다듬는 작업도, 고난을 통해 우리를 평평하게 낮추는 작업도 없을 것입니다. 우리는 이 땅에서 그 성전에 맞도록 다듬어져야 합니다. 그 모든 것을 그리스도께서 미리 하실 것입니다. 그리고 그리스도께서 다 완성하시면 우리는 사랑하는 주의 손을 잡고 예루살렘 성으로 들어가 주님의 그 성전에서 영원한 기둥들로 거하게 될 것입니다.

"에브라임이 여러 민족 가운데에 혼합되니 그는 곧 뒤집지 않은 전병이로다"_호 7:8

오늘의 말씀에서 뒤집지 않은 전병은 한쪽이 채 익지 않은 전병을 말합니다. 말하자면 에브라임이 하나님의 은혜를 받되 그 영향을 골고루 다 받지 못했다는 뜻입니다. 즉 부분적으로 하나님께 순종하고 있지만 아직 반항하고 있는 부분이 많이 남아 있다는 뜻입니다. 이 말씀이 혹시 당신의 경우에 해당되지 않습니까? 당신은 하나님의 것에 대해 철저합니까? 당신의 모든 능력과 언행과 생각 속에서 그 은혜의 역사를 느낄 수 있을 만큼 하나님의 은혜가 당신 존재의 중심입니까?

뒤집지 않은 전병은 불 가까이 있는 쪽이 곧 타고 맙니다. 이처럼 자기가 받은 진리의 한 부분만 너무 지나치게 고집하다가 까맣게 타 버리는 사람들이 있습니다. 자신의 성미나 기분에 맞는 종교적 관행들을 헛되이 자랑하던 바리새인들처럼 허식과 위선으로 까맣게 타는 사람들이 있습니다. 공중 앞에서는 성도면서 혼자 있을 때는 마귀가 되는 사람도 있습니다. 이런 사람은 낮에는 밀가루를 팔고 밤에는 검댕을 팝니다. 한쪽이 탄 전병의 반대쪽은 밀가루 반죽 그대로 있기 일쑤입니다.

오, 주여. 만일 저희가 이런 전병이라면 뒤집어 주옵소서! 성화되지 않은 본성을 주의 사랑의 불쪽으로 뒤집어서 그 거룩한 불길을 맛보게 하시며 탄 쪽은 잠시 식게 내버려 두옵소서. 주의 그 천국의 불꽃을 떠나면 약한 존재일 뿐 아니라 열기도 없는 존재임을 배우게 하옵소서. 두 마음을 품은 자로서가 아니라 주께서 다스리시는 능력 있는 은혜의 영향 아래 온전히 한마음을 품은 자로 발견되게 해 주소서.

"이 말씀을 하실 때에 무리 중에서 한 여자가 음성을 높여 이르되 당신을 밴 태와 당신을 먹인 젖이 복이 있나이다 하니 예수께서 이르시되 오히려 하나님의 말씀을 듣고 지키는 자가 복이 있느니라 하시니라"_ 눅 11:27-28

어떤 이들은 주님의 어머니인 마리아가 주님의 마음속까지 훤히 들여다 볼 수도 있었을 거라고 생각합니다. 이 생각은 그럴 듯해 보이지만 사실은 틀린 생각입니다. 우리는 마리아가 정말 다른 이들보다 더 많이 알았을지 알 수 없습니다. 마리아 자신이 알고 있는 것을 마음속으로 간직했기 때문입니다. 또한 복음서 어디에도 그런 말씀은 없습니다. 이렇게 말하면 미심쩍어할지 모르겠지만, 이 사실을 입증해 주는 성경 말씀이 있습니다. "여호와의 친밀하심이 그를 경외하는 자들에게 있음이여 그의 언약을 그들에게 보이시리로다"(시 25:14).

또 주님께서도 다음과 같이 말씀하셨다는 사실을 기억하십시오. "이제부터는 너희를 종이라 하지 아니하리니 종은 주인이 하는 것을 알지 못함이라 너희를 친구라 하였노니 내가 내 아버지께 들은 것을 다 너희에게 알게 하였음이라"(요 15:15). 이 말은 곧 비밀을 계시하시는 주님께서 그에게 있는 것을 모두 다 우리에게 말씀하신다는 뜻입니다. 우리에게 유익한 것은 아무것도 숨기지 않고 다 말씀하신다는 뜻입니다. 얼마나 복된 일입니까? 사실 오늘 이 주님께서는 특별한 방식으로 우리에게 자신을 나타내고 계십니다. 그러니 그것을 잊은 채 "당신을 밴 태가 복이 있나이다"라고 부르짖으면 안 됩니다. 오히려 하나님의 말씀을 듣고 지키는 우리가 동정녀 마리아와 마찬가지로 구세주와 참 교제를 나누고 있을 뿐 아니라 마리아가 알았으리라 추정되는 주님의 비밀도 알게 되었다는 사실에 감사해야 할 것입니다. 이런 특권을 누리다니, 우리는 얼마나 행복한 자들인지요!

"아름다운 소식을 시온에 전하는 자여 너는 높은 산에 오르라 아름다운 소식을 예루살렘에 전하는 자여 너는 힘써 소리를 높이라 두려워하지 말고 소리를 높여 유다의 성읍들에게 이르기를 너희의 하나님을 보라 하라"_사 40:9

그리스도를 아는 우리의 방식은 산을 오르는 것과 흡사합니다. 산 밑에 있을 때는 아주 조금밖에 보지 못합니다. 그래서 그 산의 높이도 실제의 절반 정도로밖에 보이지 않습니다. 거기서 조금 올라가 작은 계곡 속에 갇히게 되면, 그때는 잔물결을 일으키며 산 밑 개울로 흘러 들어가는 계곡 물밖에 보이지 않습니다. 그러나 산봉우리로 올라가 보십시오. 그러면 지금까지 올라온 산 밑의 계곡이 훨씬 넓고 길게 보일 것입니다. 거기서 더 높이 올라가면 근경이 한눈에 들어올 것입니다. 마침내 정상에 올라 동서남북을 바라보면 눈앞에 모든 것이 펼쳐져 있는 것을 보게 될 것입니다. 숲과 도시와 바다와 항구가 모두 눈에 찰 것입니다.

우리의 경우도 이러합니다. 우리가 처음 믿을 때는 그리스도를 조금밖에 보지 못합니다. 그러다 더 높이 올라가면 갈수록 그의 아름다움을 더 많이 발견하게 됩니다. 그러나 아직 그 정상까지 다 오른 이는 한 사람도 없습니다. 누가 우리의 지식을 초월하는 그리스도의 그 넓고 깊은 사랑을 다 알겠습니까? 그런데 백발이 되어 로마 감옥에서 떨며 앉아 있던 바울은 우리보다 훨씬 더 자신 있게 "나의 의뢰하는 자를 내가 안다"고 말했습니다. 어떻게 그렇게 말할 수 있었을까요? 그것은 바울이 그동안 겪은 모든 체험은 마치 산을 오르는 것 같았으며, 그가 당한 모든 시련들이 마치 또 다른 정상을 향해 오르는 것 같았고, 이제 곧 죽을 그의 죽음은 자신의 영혼을 맡긴 그리스도의 사랑과 신실하심을 한눈에 다 볼 수 있는 산꼭대기를 얻는 것 같았기 때문입니다. 부디 당신도 그 높은 곳으로 올라가십시오.

"그들은 다 네게 말하여 이르기를 너도 우리같이 연약하게 되었느냐 너도 우리같이 되었느냐 하리로다"_사 14:10

입으로는 그리스도를 믿는다고 고백했으나 실은 복음을 배반한 사람이 그 벌거벗은 영혼으로 하나님 앞에 나타날 때 어떤 운명에 처해질까요? 마지막 심판 날 모든 성도들이 모인 앞에서 그 가면이 벗겨질 때 이 비열한 배도자는 과연 어떤 수치를 당하게 될까요? 하나님을 욕되게 한 그에게, 이 땅에 사는 동안 한 번도 기독교를 믿는다고 고백한 적이 없는 죄인들도 손가락질하며 수군댈 것입니다. "저 사람 저기 있네. 저 친구 지옥에서 복음을 설교할 셈인가?" 그러자 또 한 사람이 일어나 이렇게 말합니다. "저 친구, 내가 악담을 했다고 책망하더니 자기는 위선자였구먼! 항상 집회에 참석하면서 영생하리라고 그렇게 자랑하더니, 왜 볼썽사납게 여기 와 있지!" 마귀들은 그 위선자의 영혼을 지옥으로 끌고 갈 것입니다.

번연의 시에서는 일곱 명의 마귀들이 아홉 개의 끈으로 그를 묶은 다음, 천국으로 가는 길에서 질질 끌어내어 뒷문을 통해 지옥으로 밀어 넣는 장면이 나옵니다. 그러니 그리스도를 믿는다고 고백하는 자들이여, 지옥으로 빠지는 뒷길을 기억하십시오! "너희는 믿음 안에 있는가 너희 자신을 시험하고"(고후 13:5). 지금 당신은 확실히 그리스도 안에 있습니까? 이 세상에서 자신을 심문할 때는 후한 판결을 내리기 쉽습니다. 그렇지만 이 점에 대해서만은 공정하고 진실하십시오. 특히 자신에게는 가혹하게 대하십시오. 당신이 어느 한 날도 정도(正道)에서 벗어나지 않도록 주께서 당신에게 진실함과 꾸준함과 확고함을 주시기 바랍니다.

"바로가 이르되 내가 너희를 보내리니 너희가 너희의 하나님 여호와께 광야에서 제사를 드릴 것이나 너무 멀리 가지는 말라 그런즉 너희는 나를 위하여 간구하라"_출 8:28

이 말은 폭군 바로의 입에서 나온 간교한 말입니다. 만일 애굽에 노예로 잡혀 있던 불쌍한 이스라엘 백성들이 꼭 애굽을 떠나야겠다면, 가기는 가되 너무 멀리 가지는 말라고 그들과 흥정하는 것입니다. 마찬가지로 이 세상은 우리가 세상에서 너무 멀리 떠나는 것을 별로 좋아하지 않습니다. 세상적인 지혜는 타협의 길을 추천하며 "온건한" 말을 합니다. 진리는 물론 따라야 하나 오류를 너무 심하게 규탄하면 안 된다고 말합니다. "그래, 모든 수단을 다 강구해서 영적인 마음이 되어라. 그치만 사회적 현상에 대해 그렇게 깔봐서 좋을 게 뭐 있겠나?"

그리스도를 믿는다고 고백한 사람 가운데 이 교활한 충고에 넘어가 영원한 멸망을 당하는 사람들도 많이 있습니다. 그러나 주님을 전적으로 따르기 원한다면 곧바로 분리의 광야로 가야 합니다. 애굽과 같은 육적인 이 세상을 등지고 떠나야 합니다. 이 세상의 행동 원리와 세상의 쾌락은 물론 세상의 종교도 떠나야 합니다. 이곳을 떠나 주께서 그의 성화된 자들을 부르신 곳으로 멀리 멀리 가야 합니다. 그렇지 않으면 그 도시에 불이 붙을 때 우리 집도 그 불꽃에 타고 말 것입니다. 전염병이 널리 퍼져 있을 때는 누구든지 그 전염병에 걸릴 가능성이 있습니다. 독사로부터는 멀리 떨어지면 떨어질수록 좋듯이 이 세상을 본받지 않으면 않을수록 좋습니다. 부디 당신도, "너희는 그들 중에서 나와서 따로 있"(고후 6:17)이라는 나팔 소리를 들으십시오.

"믿음의 주요 또 온전하게 하시는 이인 예수를 바라보자 그는 그 앞에 있는 기쁨을 위하여 십자가를 참으사 부끄러움을 개의치 아니하시더니 하나님 보좌 우편에 앉으셨느니라"_히 12:2

우리 눈을 자아에게서 돌려 예수님을 바라보도록 하시는 분은 언제나 성령이십니다. 그런데 사탄은 정반대의 일을 합니다. 그는 우리로 하여금 그리스도를 생각하는 대신 우리 자신을 생각하게 만들려 끊임없이 애씁니다. 사탄은 이렇게 속삭입니다. "네 죄는 너무 커서 용서받을 수 없어. 너는 믿음도 전혀 없는데다 충분히 회개하지도 않았어. 너는 마지막 날까지 네 믿음을 지킬 수 없을 거야. 네게서 하나님의 자녀들이 가진 기쁨이 다 도말되었어."

이 모든 것이 다 자아에 대한 생각들입니다. 우리는 여기에서 그 어떤 위로나 확신도 얻을 수 없습니다. 그러나 성령은 완전히 다르십니다. 그는 우리에게, 우리는 아무것도 아니요 "그리스도가 모든 것"이라고 말씀해 줍니다. 당신이 구원 받는 것은, 당신이 그리스도를 잡고 있기 때문이 아니라 그리스도께서 당신을 구원하시기 때문입니다. 당신을 구원하는 것은 그리스도의 보혈과 그의 공로입니다. 따라서 그리스도를 쥐고 있는 당신의 손을 자꾸 쳐다보지 말고 그리스도를 바라보십시오. 당신의 소망을 바라보지 말고 당신의 소망의 원천되신 예수님을 바라보십시오. 우리는 우리의 기도, 우리가 하는 일, 우리의 기분 등을 바라보다가는 생전 행복을 맛볼 수 없습니다. 사탄을 즉시 이기고 하나님과 화목하려면 반드시 "예수님을 바라보아야" 합니다. 당신의 눈을 그리스도께 고정시키십시오. 그리고 이렇게 고백하십시오. "나의 소망은 오직 예수님의 보혈과 의 위에만 세워져 있습니다. 전적으로 예수님만 의지합니다."

> "우리가 예수께서 죽으셨다가 다시 살아나심을 믿을진대 이와 같이 예수 안에서 자는 자들도 하나님이 그와 함께 데리고 오시리라"
> _살전 4:14

그 영혼이 아무것도 느끼지 못한 채 그냥 잠들었다고 생각지 마십시오. 그리스도는 죽어 가는 모든 성도들에게 "네가 오늘 나와 함께 낙원에 있으리라"고 속삭이십니다. 그들은 "예수 안에서 잡니다." 그러나 그들의 영혼은 하나님 보좌 앞에 있으며, 밤낮으로 그의 성전에서 그를 찬양하며, 그 피로 그들을 죄에서 깨끗이 씻어 주신 주님께 할렐루야를 부릅니다. 오늘 본문에서 말하는 이 잠은 "안식"입니다.

우리는 매일 밤마다 그날의 잠을 잡니다. 곤한 아기가 엄마 품에 안겨 잠들듯 고생에 찌든 성도들도 주님 품에 안겨 조용히 잡니다. 오! 주 안에서 죽는 자들은 얼마나 행복할까요. 그들은 수고에서 벗어나 쉴 것입니다. 그리고 그들이 한 일이 그 뒤를 따를 것입니다. 그들은 하나님이 상급을 주시려고 그들을 깨워 일으킬 때까지 계속 그렇게 잘 것입니다. 마침내 때가 되어 완전한 구속이 이루어질 때까지 천사 파수꾼들이 망을 보는 가운데 영원한 신비의 커튼에 가려 그렇게 계속 잘 것입니다. 그러다가 깨어나면 얼마나 놀랄까요! 무덤에 누울 때는 피곤하고 지쳐 있었지만 깰 때는 그렇지 않습니다. 주름진 이마와 쇠약한 모습으로 잠들었으나 아름답고 영화로운 모습으로 깨어납니다. 무덤의 겨울은 지나고 구속의 봄과 영광의 여름이 찾아옵니다. 사망은, 하나님이 그 능력으로 우리에게서 이 작업복을 벗기시고 대신 깨끗한 혼인 예복을 입혀 주시는 때로서 아주 복된 것입니다. 복 있을진저! "예수 안에서 자는" 자들이여!

"내게 주신 영광을 내가 그들에게 주었사오니 이는 우리가 하나가 된 것같이 그들도 하나가 되게 하려 함이니이다"_요 17:22

우리 주 예수님이 얼마나 관대하신지요. 주님은 우리에게 그의 모든 것을 다 주셨습니다. 우리로 하여금 그의 긍휼의 식탁에 앉아 거기서 떨어지는 부스러기만 먹게 해 주셨어도 굉장히 놀라운 은혜입니다. 그러나 주님은 그렇게 하지 않으셨습니다. 주님은 친히 우리와 함께 앉아 그 잔치를 즐기십니다. 주님은 조금만 내어 주시지 않습니다. 주님은 그의 신부인 우리에게 모든 영광과 은혜를 나누어 주십니다.

주님은 우리를 그의 공동 후사로 삼으시어 우리로 하여금 주님과 똑같이 소유할 수 있게 해 주셔야 비로소 만족하십니다. 그는 자신을 비우시고 자신의 모든 재산을 구속 받은 그의 백성들과 함께 공유하십니다. 그의 집에 있는 모든 방은 다 그의 백성들에게 나누어 주실 것입니다. 성도는 조금도 부족함이 없는 주님의 그 무한한 충만함을 받아 누리되 마치 공기를 들이마시듯 그렇게 마음껏 누릴 수 있습니다. 그리스도는 그의 사랑과 은혜의 잔을 성도의 입술에 대고 영원히 계속 마시라고 명하셨습니다. 그것을 다 마실 수만 있다면 얼마든지 다 마셔도 되지만 아무리 마셔도 다함이 없는 잔입니다. 하늘에서나 땅에서나 그리스도와 성도간의 교제가 참으로 귀한 교제임을 이보다 더 진실하게 증명하는 것은 없습니다. "내 것이 아닌 그리스도의 아름다운 의의 옷을 입고 보좌 앞에 설 때, 주여, 그때는 제가 얼마나 많이 빚진 자인지 온전히 알게 될 것입니다. 그때에야 비로소 알게 될 것입니다."

"네 짐을 여호와께 맡기라
그가 너를 붙드시고 의인의 요동함을
영원히 허락하지 아니하시리로다"

_시 55:22

... Morning by Morning

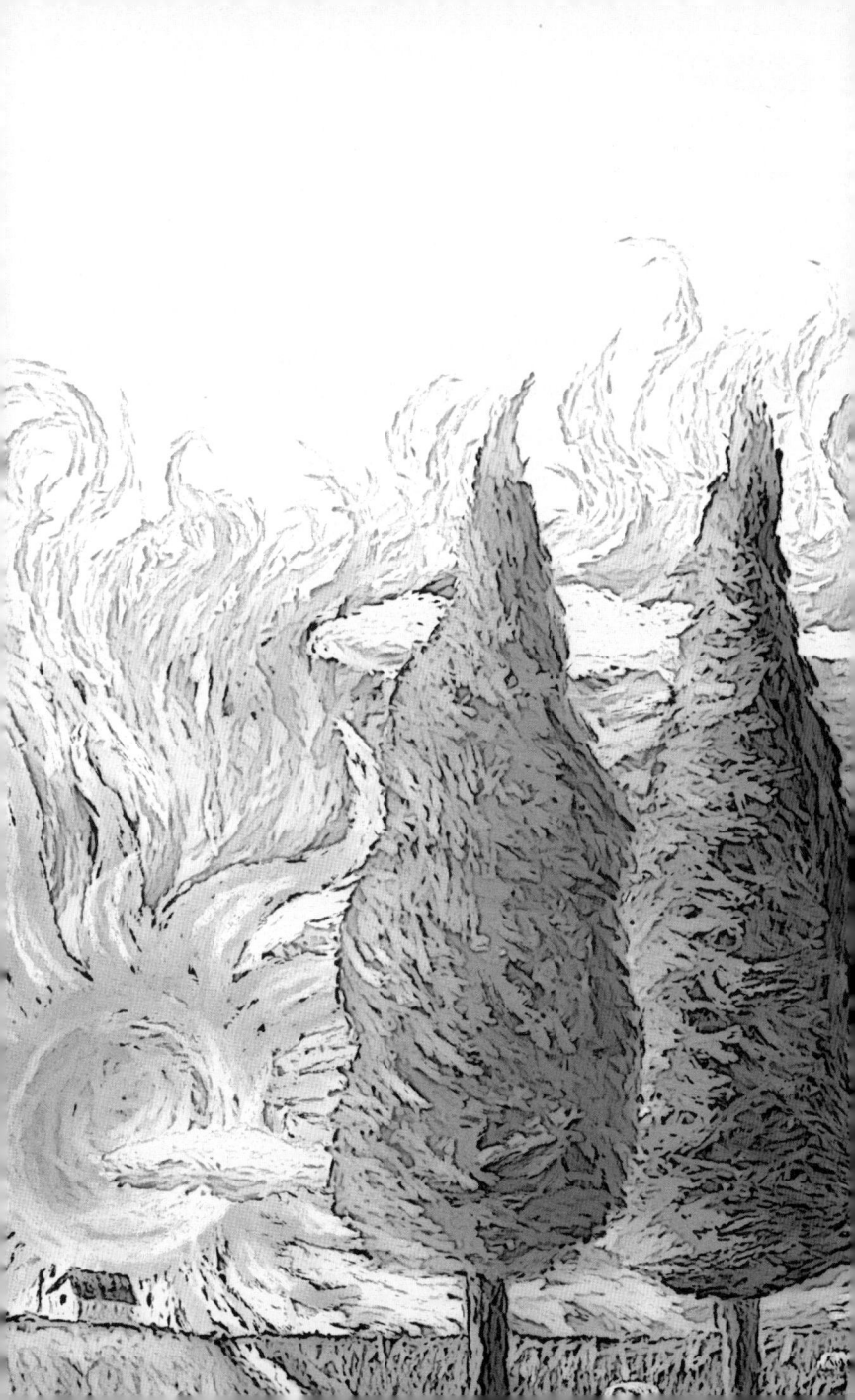

"그날에 생수가 예루살렘에서 솟아나서 절반은 동해로, 절반은 서해로 흐를 것이라 여름에도 겨울에도 그러하리라"_슥 14:8

예루살렘에서 흐르는 생수의 강은 찌는 듯한 한여름에도 마르지 않으며 거세게 몰아치는 한겨울의 매서운 바람에도 얼지 않습니다. 계절이 바뀌고 당신 자신도 바뀌지만 당신의 하나님은 항상 동일하실 뿐 아니라 그의 넓고 깊은 사랑의 강 역시 항상 차고 넘칠 것입니다.

엘리야가 마시던 그릿 시내가 마르자 여호와는 그에게 또다시 마실 것을 공급해 주셨습니다. 욥은 형제들이 속이는 시내와 같다고 말했지만 그의 하나님은 차고 넘치는 위로의 강임을 발견했습니다. 애굽이 자신만만하게 믿던 나일강의 수위는 수시로 변하지만 우리 주님은 항상 동일하십니다. 고레스 왕은 유브라데의 수로를 바꿈으로써 바벨론 시를 빼앗았지만 우리 하나님의 은혜의 물줄기는 어떤 능력이나 인간이나 지옥의 마귀도 바꿀 수 없습니다. 고대의 강들이 흐르던 수로는 이미 모두 다 황폐해졌지만 하나님의 주권과 무한한 사랑의 산에서 흘러나오는 강줄기는 항상 충만하게 넘칠 것입니다. 세대들은 사라져 없어질지라도 그 은혜의 줄기는 변하지 않습니다.

당신은 이처럼 잔잔한 물가로 인도되었으니 얼마나 행복합니까! 그러니, "너는 그 더러운 강물을 마시기 위해 애굽 길에서 네가 할 일이 무엇이냐?"는 주님의 책망을 듣지 않도록 절대 다른 시내를 찾아 방황하지 마십시오.

JULY 07 / 02

"우리 마음이 그를 즐거워함이여 우리가 그의 성호를 의지하였기 때문이로다"_시 33:21

그리스도인들은 극심한 절망 가운데서도 기뻐할 수 있습니다. 비록 환난에 둘러싸일지라도 여전히 노래할 수 있습니다. 그리스도인들은 새들처럼 새장 안에 갇혀 있을 때 가장 아름다운 노래를 부릅니다. 파도가 그 위로 엄몰할 때도 그 영혼이 곧 수면 위로 떠올라 하나님의 얼굴에서 비취는 광채를 봅니다. 이 영광을 예수님께 돌리십시오! 그것은 모두 예수님 덕분이기 때문입니다. 불 같은 풀무불 속에서도 자기와 함께하신 하나님의 아들의 임재로 고난 당하는 자의 마음이 기쁨으로 가득 찹니다. 성도가 죽어 갈 때, 차갑고 냉랭한 요단강 물이 목까지 차오를 때에 예수님이 그를 감싸 안으시고 이렇게 말씀하십니다.

"사랑하는 자여, 두려워 말라. 죽는 것은 복된 일이다. 사망의 물이 흘러나오는 수원지도 천국에 있지만 그 물은 쓰지 않고 오히려 달콤하단다. 그 물이 하나님의 보좌로부터 흘러나오기 때문이란다." 성도가 무한한 미지의 세계 경계선 가까이 와서 그 그늘진 세계로 들어가는 것이 두려워 공포에 질려 있을 때면, 또 이렇게 말씀하십니다. "두려워 말라. 너의 하나님 아버지는 네게 그의 나라를 주는 것을 크게 기뻐하신단다." 이 말씀으로 힘을 얻고 위로 받은 성도는 죽는 것을 두려워하지 않게 됩니다. 아니, 오히려 이곳을 기꺼이 떠나려 합니다. 새벽별 되신 예수님을 보았기 때문이요 의의 태양이신 예수님과 함께하기를 간절히 사모하기 때문입니다. 진실로 예수님의 임재야말로 우리가 바라는 천국의 모든 것입니다.

"그 흉하고 파리한 소가 그 아름답고 살찐 일곱 소를 먹은지라 바로가 곧 깨었다가"_창 41:4

바로의 꿈에 관한 이 구절을 읽을 때마다 정신이 번쩍 납니다. 혹시 나태하게 지내느라 그동안 열심히 성취한 모든 것을 황폐하게 만들어 놓지는 않았는지요? 그동안의 파리한 기도, 파리한 찬양, 파리한 의무, 파리한 체험을 조심했어야 했는데! 이것들은 결국 나의 살찐 안락과 평화를 잡아먹고 말 것입니다. 만일 한순간이라도 기도를 등한히 한다면, 그동안 쌓아 온 나의 모든 영성이 없어지고 말 것입니다. 무관심이라는 애벌레, 세속이라는 자벌레, 방종이라는 유충이 내 마음을 완전히 황폐하게 만들어 버리고 내 영혼을 시들게 한다면, 이전에 내가 은혜 안에서 맺은 그 모든 열매들과 성장이 아무 소용없게 될 것입니다. 부디 파리한 날과 흉악한 시간들을 갖지 않기를 갈망하고 소원하십시오!

만일 내가 매일 소원하는 목표를 향해 계속 걸어간다면 나는 곧 그 목표에 닿을 것입니다. 그러나 뒤로 후퇴하는 날이면 위로부터 부르신 부름의 상에서 저 멀리 떨어져 있을 것이요 그동안 열심히 수고해서 이룬 그 진보를 다 빼앗기고 말 것입니다. 오, 주님. 제 영혼이 파리해지지 않도록, 파리해지는 저주로부터 멀리 떼어 놓아 주십시오. 그래서 제가 "화 있을진저 내 파리한 영혼아, 내 파리한 영혼아!"라고 부르짖는 일이 없도록, 그 대신 주의 집에서 잘 먹을 뿐 아니라 잘 양육 받아 주의 이름을 찬양할 수 있도록 해 주십시오.

JULY 07/04

"그들을 진리로 거룩하게 하옵소서 아버지의 말씀은 진리니이다"
_요 17:17

성화는 중생의 때부터 시작됩니다. 하나님의 영이 그 속에 "살아 있는 새로운 원리"를 불어넣어 주심으로써 중생한 그 사람이 예수 안에서 "새로운 피조물"이 되는 것입니다. 이 사역은 이중으로 이루어집니다. 먼저는 육체의 정욕을 정복하고 억누름으로써, 그 위에 우리 안의 생명이 영생하도록 하심으로써 이루어집니다. 성화는 또한 "인내" 속에서 날마다 이루어집니다. 성도는 인내로써 은혜로운 상태에 계속 머물며 모든 착한 일을 넘치게 하여 하나님을 영화롭게 합니다. 그리고 이 성화는 완전히 정결케 된 그 영혼이 위엄의 보좌 오른편에서 거룩한 자들과 함께 거하게 될 때 "영광" 중에 온전케 됩니다.

이처럼 우리의 성화를 이루는 장본인은 하나님의 영이지만, 성화에 필요한 가시적 대행자로 우리가 절대 잊으면 안 될 것이 바로 하나님의 말씀입니다. 예수님은 "그들을 진리로 거룩하게 하옵소서 아버지의 말씀은 진리니이다"라고 하셨습니다. 성경에도 우리를 성화시키는 도구가 바로 하나님의 말씀임을 입증해 주는 구절들이 아주 많습니다. 귀로 듣고 마음으로 받은 말씀들은 우리 안에서 하나님의 선하신 뜻을 원하고 행하도록 역사합니다. 그 진리가 바로 우리를 성화시킵니다. 따라서 만일 우리가 진리를 듣거나 읽지 않는다면 우리는 성화를 잘 이루지 못할 것입니다. 그리고 어떤 잘못에 대해서도 "그건 견해차에 불과하다"라고 말하지 마십시오. 누구든지 일단 판단의 오류에 빠지면 조만간에 그 오류를 묵인하고 맙니다. 그러니 진리에 꼭 매달려 계십시오. 그래야 하나님의 영에 의해 성화됩니다.

"로마에서 하나님의 사랑하심을 받고 성도로 부르심을 받은 모든 자에게 하나님 우리 아버지와 주 예수 그리스도로부터 은혜와 평강이 있기를 원하노라"_롬 1:7

우리는 자칫 사도들을 하나님의 다른 자녀들과는 뭔가 다른, 아주 특별했던 "성도들"로 생각하기 쉽습니다. 그러나 사도들을 포함한 우리 모두는 하나님이 그의 은혜로 부르시고 그의 영으로 성화시키는 "성도들"입니다. 사도들은 우리의 연약함이나 유혹의 영을 거의 갖고 있지 않은 사람들 같습니다. 하지만 이런 생각 속에서 우리는 다음의 사실을 망각하고 맙니다. 즉 사람이 하나님 가까이 살면 살수록 자신의 악한 마음을 보고 더욱 통렬하게 애통하게 되며, 주님이 주를 섬기는 일에 있어서 그 사람을 높이 들어 쓰면 쓸수록 그 사람의 육신의 악이 매일 그를 더욱더 괴롭히고 못살게 군다는 사실 말입니다.

옛 성도들을 아무 결함이나 죄가 없는 사람으로 보지 마십시오. 그들을 신비에 가까운 존경심 가운데 우상시하는 일이 없도록 조심하십시오. 그들이 도달한 그 거룩함에 우리도 도달할 수 있습니다. 그들을 그 높은 소명으로 부르셨던 동일한 음성이 우리를 "성도로 불러" 주셨습니다. 다만 옛 성도들의 본을 따릅시다. 그들처럼 거룩하고 열심 있는 자가 되도록 노력합시다. 우리도 그들이 갖고 있던 똑같은 빛을 갖고 있으며, 그들이 누리던 것과 똑같은 은혜를 누릴 수 있습니다. 그들처럼 우리 안에 천국 백성다운 특성들이 이루어지기 전에는 절대 만족하지 마십시오. 그들은 예수님과 함께 예수님을 위해 살았습니다. 그래서 예수님을 닮아 갔습니다. 그렇다면 우리도 동일한 성령에 따라 살아야 할 것입니다.

"오직 내 말을 듣는 자는 평안히 살며 재앙의 두려움이 없이 안전하리라"_잠 1:33

하나님의 사랑은 특히 심판 가운데 그 빛이 찬란합니다. 금방 천둥이라도 칠 듯한 먹구름 사이로 별 하나가 나타나 미소 짓는 모습을 보십시오. 그 빛이 얼마나 아름답고 선명한지요. 사막에 흐르는 오아시스는 또 얼마나 눈이 부십니까. 진노의 한가운데서 나타나는 하나님의 사랑은 바로 이와 같습니다. 이스라엘 백성들이 계속 우상을 숭배함으로써 지극히 높으신 하나님을 격노케 했을 때, 하나님은 이슬과 비를 거두어 들이심으로써 벌하셨습니다. 그 땅에는 심한 기근이 들었습니다. 그러나 이런 와중에서도 그분의 택함 받은 백성들은 안전하게 보호하셨습니다.

비록 이스라엘의 모든 시내는 말랐지만 엘리야를 위해 그릿 시냇가에는 물이 흐르게 하셨습니다. 하나님은 그때 "엘리야" 한 사람만 먹이신 것이 아니라 그 은혜로 택함 받아 남은 자들, 오십 명씩 굴에 숨어 있던 자들 역시 먹이셨습니다. 이처럼 하나님의 백성은 어떤 일을 당해도 안전합니다. 견고하던 땅에 지진이 일어나 요동하든, 하늘이 두 쪽이 나든, 이 세상이 파멸하든, 성도는 모든 혼돈 속에서도 지극히 평온한 안식으로 거할 수 있습니다. 만일 하나님이 그의 백성들을 하늘 아래서 구원하시지 않는다면, 그들을 하늘에서 구원하실 것입니다. 여호와의 넓은 날개 아래 있는 당신은 지극히 안전합니다. 그러므로 하나님의 약속의 말씀에 거하십시오. 그의 신실하심을 믿고 안심하십시오. 하나님의 자녀된 당신의 미래 속에는 염려할 것이 전혀 없습니다. 당신이 신경 써야 할 일은 오직 하나, 지혜의 소리를 듣는 것이 얼마나 복된 일인지를 세상에 보여 주는 것뿐입니다.

"형제들아 우리를 위하여 기도하라"_살전 5:25

오늘 아침에는 목회자를 위해 기도해야 할 성도들의 의무에 대해 생각해 봅시다. 모든 그리스도인 가정마다 목회자들을 위해 열심히 기도해 주실 것을 간절히 부탁드립니다. 우리 목회자들이 하는 일은 대단히 중요한 일입니다. 하나님을 위해 영혼들을 다루되 영원한 문제를 다루고 있습니다. 우리의 말은 생명의 맛을 낼 수도 있고 사망의 맛을 낼 수도 있습니다. 이처럼 우리에게는 아주 막중한 책임이 놓여 있습니다. 그리스도 군대의 장교들인 우리는 마귀가 특별히 노리는 증오의 대상입니다. 그들은 우리를 패배시키려고 애쓰고 있습니다.

더욱이 우리는 이 거룩한 소명 때문에 당신은 당하지 않을 유혹들도 당합니다. 무엇보다 이 소명 안에서 진리를 목회 사역과 관련지어 생각하려는 유혹에 너무 자주 빠집니다. 또한 지혜가 부족해서 당황할 때도 있습니다. 그런가 하면 사람들이 믿다가 마음에 상처를 받을 때도 있고, 수많은 이들이 멸망해 가는 것을 보며 크게 낙망할 때도 있습니다. 우리는 우리의 설교로 당신에게 유익을 주고 싶습니다. 그리고 당신의 자녀들에게는 축복의 도구가 되고 싶습니다. 우리는 정말 성도들이나 죄인들 모두에게 유용한 존재가 되기를 간절히 소원합니다. 그러므로 사랑하는 친구들이여, 우리를 위해 하나님께 간구해 주십시오. 우리가, 주께서 복음의 보화를 담을 수 있는 이 땅의 그릇들이 될 수 있도록 자주 기도해 주십시오. 선교사요 목회자요 또한 학생인 우리 모두가 예수님의 이름으로 당신에게 이렇게 간청합니다.

"들릴라가 삼손에게 말하되 청하건대 당신의 큰 힘이 무엇으로 말미암아 생기며 어떻게 하면 능히 당신을 결박하여 굴복하게 할 수 있을는지 내게 말하라 하니"_삿 16:6

믿음의 그 비밀스러운 힘은 믿음의 양식으로부터 나옵니다. 믿음은 이렇게 말합니다. "내 하나님은 사랑과 은혜가 아니면 이 약속을 주시지 않았을 것이다. 따라서 그의 말씀은 분명히 이루어질 것이다." 그 후에는 "이 약속을 누가 주었지?"라고 생각합니다. 믿음은 그 약속의 크기보다는 그 약속을 준 장본인에 대해 더 많은 관심을 갖습니다. 믿음은 하나님이 거짓 없는 분이심을 기억하고, 따라서 하나님의 약속이 틀림없이 성취되리라 결론 내립니다.

이 분명한 확신을 가지고 믿음은 앞으로 전진합니다. 믿음은 그 약속이 주어진 이유를 압니다. 약속은 하나님의 영광을 위해 주어졌습니다. 그러므로 그 약속은 반드시 유효할 것입니다. 이제 믿음은 그의 말씀을 성취하기 위한 하나님 아버지의 뜻을 분명히 나타내는 증거인 그리스도의 놀라운 사역에 대해 생각합니다. "자기 아들을 아끼지 아니하시고 우리 모든 사람을 위하여 내주신 이가 어찌 그 아들과 함께 모든 것을 우리에게 주시지 않겠느냐"(롬 8:32). 뿐만 아니라 믿음은 그동안의 싸움으로 자신(즉 믿음)이 강건해졌을 뿐 아니라 승리로 용기를 얻었음을 확인하기 위해 지난날을 돌아봅니다. 하나님은 절대 우리의 믿음을 실망시키지 않으신다는 사실, 아니 하나님이 그의 백성 중 어느 한 사람도 절대 실망시킨 적이 없다는 사실을 믿음은 기억합니다. 이처럼 믿음은 모든 약속을 그 약속을 주신 분과 연관 지어 생각합니다. 그로 인해 믿음은 "나의 평생에 선하심과 인자하심이 정녕 나를 따르리니"라고 자신 있게 말할 수 있습니다.

"내 영혼아 여호와를 송축하며 그의 모든 은택을 잊지 말지어다"
_시 103:2

옛 성도들의 삶 속에 나타난 하나님의 손길을 바라보며, 그들을 구원해 주시는 하나님의 선하심을, 그들을 용서하시는 하나님의 인자하심을, 그들과의 언약을 지키시는 하나님의 신실하심을 목격하는 일은 참으로 즐겁고 유익합니다. 그럴진데 만일 우리 자신의 삶 속에서 이 하나님의 손길을 체험한다면 얼마나 감격스럽습니까? 만일 하나님이 이전에 살았던 자들에게는 그의 모든 능력을 보이시고 그의 강한 힘을 나타내셨지만 지금 이 땅에 살고 있는 성도들에게는 아무런 이적도 행하시지 않으며 그 팔조차 내밀지 않는다고 생각한다면, 그것은 대단히 큰 잘못입니다. 잠시 우리 자신이 살아온 생애를 회고해 봅시다.

지금껏 곤경에서 구출 받은 적이 단 한 번도 없었습니까? 임재하신 하나님의 도우심으로 엄몰하는 물을 통과한 적이 한 번도 없었습니까? 당신을 푸른 초장에 누이시고 잔잔한 물가로 인도하신 적도 없었습니까? 하나님께서 당신에게 자신을 나타내신 적이 전혀 없단 말입니까? 아니, 절대 그렇지 않습니다. 하나님은 지금까지 옛 성도들에게와 마찬가지로 우리들에게도 분명히 선하셨습니다. 그렇다면 하나님이 베푸신 긍휼들을 하나하나 생각하며 찬양합시다. 감사라는 순전한 금과 찬양이라는 진주들을 모아 면류관을 만들어 예수님 머리 위에 얹어 드립시다. 그 긍휼이 영원하신 여호와를 찬양하는 동안 우리 영혼에서도 다윗의 거문고에서 흘러나온 음악처럼 달콤하고 신명나는 음악이 흘러나오게 합시다.

JULY 07 / 10

"그러므로 이제부터 너희는 외인도 아니요 나그네도 아니요 오직 성도들과 동일한 시민이요 하나님의 권속이라"_엡 2:19

천국 시민이 된다는 것은 우리가 천국의 통치 아래 있게 된다는 뜻입니다. 천국 왕이신 그리스도께서 우리의 마음을 다스리신다는 뜻입니다. 우리는 매일 "주의 뜻이 하늘에서 이룬 것같이 땅에서도 이루어지이다"라고 기도합니다. 우리는 영광의 보좌에서 선포된 말씀들을 값없이 받습니다. 만왕의 왕되신 하나님이 제정하신 것들에 대해 기쁘게 순종합니다. 그런 다음 새 예루살렘의 시민인 우리가 천국의 영광들을 누립니다. 우리는 천국의 모든 재산에 대해 공동 권리를 갖고 있습니다. 천국의 진주문과 감람석으로 된 벽이 우리 것입니다. 생명수가 흐르는 강도 우리 것이며 그 강가에 심겨진 나무들에서 자라는 열두 가지 열매들도 우리 것입니다. 천국에 있는 것 중 우리에게 속하지 않은 것은 하나도 없습니다. "현재 것이나 장차 올" 모든 것이 다 우리 것입니다.

또 우리는 천국 시민으로서 그 기쁨을 누립니다. 천국에서 회개한 죄인들 -돌아온 탕자들-을 보고 기뻐합니까? 우리도 그렇습니다. 천국에 사는 성도들이 죄를 이기고 승리한 은혜의 영광을 노래합니까? 우리 역시 마찬가지입니다. 그들이 예수님 발아래 자기들 면류관을 벗어 던집니까? 우리 역시 거기서 우리의 면류관을 던지며 그들과 똑같은 영광을 누리게 될 것입니다. 그들이 예수님의 재림을 학수고대하고 있습니까? 우리 역시 주의 나타나심을 바라보며 간절히 사모하고 있습니다. 만일 우리가 이처럼 천국 시민이라면, 이 땅에 사는 동안에도 그 높은 신분에 맞게 살며 행동합시다.

JULY 07/11

"모든 은혜의 하나님 곧 그리스도 안에서 너희를 부르사 자기의 영원한 영광에 들어가게 하신 이가 잠깐 고난을 당한 너희를 친히 온전하게 하시며 굳건하게 하시며 강하게 하시며 터를 견고하게 하시리라"
_벧전 5:10

창공에 아치 모양을 이루며 떠 있는 무지개는 그 색상이 눈부실 뿐 아니라 아주 희귀한 색으로 이루어져 있습니다. 그것은 아주 아름답습니다. 그러나 무지개는 순식간에 사라져 버립니다. 그 곱고 아름답던 색 대신 양털 같은 구름이 그 자리에 와 있습니다. 하늘은 이제 더 이상 천국의 그 아름다운 색상으로 빛나지 않습니다. 비가 한 차례 지나간 후 햇빛이 비치면서 잠시 나타났던 것뿐입니다.

그리스도인이 받은 은혜는 그렇게 잠시 동안만 아름다운 무지개를 닮으면 안 됩니다. 은혜가 늘 머물러 있기를 소원하십시오! 성도다운 모습이 모래 위가 아니라 반석 위에 새겨지게 하십시오. 사랑 안에서 뿌리를 내리고 터를 닦으십시오. 당신의 확신이 더욱 깊어지고, 당신의 사랑이 참사랑이 되며, 당신의 소원이 더욱 간절해지기를 간구합니다. 그런데 "믿음 안에서 굳게" 서는 이 축복을 어떻게 얻을 수 있는 걸까요? 오늘의 말씀에서 베드로는 그것을 얻을 수단이 곧 고난이라고 말합니다. "아주 잠깐 고난을 당한 너희를." 거친 바람이 우리 위로 불지 않는다면, 우리의 믿음이 뿌리를 내리지 못할 것입니다. 너도밤나무 뿌리에 있는 그 굵은 마디와 가지 위로 무수한 폭풍우가 지나갔습니다. 그러므로 당신도 인생의 모든 시련과 폭풍우를 통해 견고한 뿌리를 내리십시오! 어떤 시련의 바람에도 절대 움츠러들지 마십시오. 오히려 그 거친 훈련을 통해 하나님께서 당신에게 오늘 본문에 나오는 축복을 이루고 계신다는 사실을 믿고 위안을 삼으십시오.

"곧 하나님 아버지의 미리 아심을 따라 성령이 거룩하게 하심으로 순종함과 예수 그리스도의 피 뿌림을 얻기 위하여 택하심을 받은 자들에게 편지하노니 은혜와 평강이 너희에게 더욱 많을지어다"_벧전 1:2

이 모든 은혜의 사역 속에서 삼위 하나님께서 하나로 일하시는 모습을 보십시오. 어떤 사람은 성부 하나님이 아주 엄하고 공의로우신 반면 예수님은 마냥 사랑스럽고 은혜로운 분이시라고 생각합니다. 마찬가지로 성부 하나님의 정하신 뜻과 성자 예수님의 대속은 아주 대단하게 생각하면서 성령님의 사역은 가볍게 여기는 사람들도 있는데, 이들은 모두 잘못 판단하고 있는 것입니다. 삼위 하나님은 그 본질에서와 마찬가지로 그 행위에서도 하나로 연합되어 계십니다. 삼위 하나님은 택하신 백성들을 향한 사랑에서도 하나요, 그 위대한 원천으로부터 흘러나오는 행위에도 여전히 하나십니다.

이것을 성화와 관련지어 생각해 봅시다. 물론 성화를 성령의 사역으로 간주해도 틀린 것은 아니나 성화를 마치 성부 하나님과 성자 예수님이 전혀 관계하시지 않는 일로 생각한다면 잘못입니다. 여호와는 아직도 "우리의 형상을 따라 우리의 모양대로 우리가 사람을 만들"(창 1:26)자고 말씀하십니다. 이처럼 "우리는 그의 만드신 바라 그리스도 예수 안에서 선한 일을 위하여 지으심을 받은 자니 이 일은 하나님이 전에 예비하사 우리로 그 가운데서 행하게 하려 하심"(엡 2:10)입니다. 삼위 하나님의 세 위격은 "흠도 없고 점도 없는" 교회를 만드시기 위해 함께 일하십니다. 따라서 당신은 거룩함-정결한 생활과 경건한 대화-을 귀하게 여기십시오. 그리스도의 피를 당신의 소망의 근거로 삼으십시오. 하루 동안 당신 안에서 삼위 하나님의 사역이 나타날 수 있도록 순종하시기를 바랍니다.

"하나님이 요나에게 이르시되 네가 이 박넝쿨로 말미암아 성내는 것이 어찌 옳으냐 하시니 그가 대답하되 내가 성내어 죽기까지 할지라도 옳으니이다 하니라"_욘 4:9

성내는 것이 언제나 혹은 반드시 죄는 아닙니다. 다만 화는 그 모습을 드러낼 때마다 제멋대로 구는 경향이 있기 때문에 우리는 "네가 성냄이 합당하냐?"라고 자문하여 우리가 내는 그 화의 성격을 살필 필요가 있습니다. 분노는 미치광이의 횃불일 때가 많지만 때로는 하늘에서 내려오는 엘리야의 불일 때도 있습니다. 만일 우리의 선과 자비로운 하나님을 대적하여 범하는 잘못 때문에 우리 자신에게 화를 낸다면, 하나님의 교훈을 받고도 여전히 어리석은 자신에게 화를 낸다면, 혹은 사람들이 행하는 악행에 화를 낸다면 그것은 다 잘하는 일입니다. 그러나 죄를 범하면서도 화를 내는 사람은 그 죄에 동참하는 것입니다. 거듭난 영혼이라면 누구든지 죄를 참을 수 없습니다. 성경에서도 "여호와를 사랑하는 너희여 악을 미워하라"(시 97:10)고 말하고 있습니다.

그러나 우리의 분노는 칭찬할 만하지 못할 뿐 아니라 정당치 못할 때가 훨씬 더 많습니다. 그때는 치밀어 오르는 분노에 대해 "안 돼"라고 말해야 합니다. 왜 자녀들에게 짜증을 내며, 아랫사람들에게 성질을 부리고, 동료들에게 격노합니까? 이런 분노는 그리스도에 대한 우리의 신앙고백에 전혀 합당치 않습니다. 혹시 옛날의 악이 다시 우리 마음을 지배하려 드는 것은 아닙니까? 그렇다면 우리의 거듭난 본성이 가진 모든 능력으로 그것에 저항해야 하지 않겠습니까? 화조차 억누르지 못하는데 하나님의 은혜를 말할 수 있겠습니까? 십자가로 나아가 주께 우리의 분노를 못 박고 그의 형상대로 온유하고 부드러운 자로 살게 해 달라고 기도하십시오.

JULY 07/14

"네가 내게 돌로 제단을 쌓거든 다듬은 돌로 쌓지 말라 네가 정으로 그것을 쪼면 부정하게 함이니라"_출 20:25

구약에서 하나님의 제단은 인간의 기술이나 수고의 흔적이 전혀 나타나지 못하도록 다듬지 않은 돌로 세워지게 되어 있었습니다. 인간적인 지혜는 십자가의 교리를 타락한 본성의 사악한 취향에 맞도록 보다 인위적인 시스템으로 다듬고 짜맞추길 좋아합니다. 육신의 지혜는 복음을 향상시키기보다 오히려 그것을 부정하게 만듭니다. 이처럼 하나님께서 친히 하신 말씀을 수정하고 변경하는 것은 곧 그 말씀을 더럽히고 오염시키는 것입니다. 인간의 교만한 마음은 하나님 앞에서 영혼이 의롭다 하심을 얻는 데 자기도 한몫 거들고 싶어하며, 그리스도를 위해 자기가 준비해 줘야 한다고 꿈꾸고, 어떻게 해서든지 인간의 연장들을 하나님 제단 위에 올려놓으려 애씁니다.

그러나 단언컨대 육신적인 자신감은 구세주의 사역을 완전케 하기는커녕 오히려 그것을 부정하고 불명예스럽게 만들 뿐입니다. 대속 사역에서는 주님 홀로 높임을 받으셔야 합니다. 그리스도께서는 돌아가시는 순간 다 이루었다고 선언하셨습니다. 그러므로 거기에 무엇을 보태려 애쓰거나 주 여호와께서 흡족해 하신 것을 더 낫게 만들려고 애쓰는 일은 그 자체로 이미 하나님을 모독하는 행위입니다. 그러므로 당신은 연장들을 저리 치우고 겸손히 무릎 꿇고 간청하십시오. 주 예수께서 당신의 대속 제단이 되신 것을 받아들이고 그 안에서만 안식을 누리십시오. 우리가 발견한 그대로의 진리를 받드십시오.

"불은 끊임이 없이 제단 위에 피워 꺼지지 않게 할지니라"_레 6:13

당신의 기도 제단의 불이 항상 타오르게 하십시오. 혼자서 드리는 기도는 모든 경건의 생명입니다. 성소와 가정 제단이 여기서 불을 빌려 갑니다. 여기서 당신의 희생 제물의 기름을 태우십시오. 가능하면 당신의 골방에서 홀로 자주 기도하십시오. 교회를 위해, 목회자의 사역을 위해, 자신의 영혼을 위해, 자녀들과 친척들을 위해, 이웃과 나라를 위해, 그리고 온 세계에 하나님의 진리와 복음이 전파되도록 기도하십시오. 이 중요한 기도를 우리가 어떻게 다루고 있는지 한번 살펴봅시다.

개인적으로 기도하는 일에 열의가 없습니까? 가슴 속에서 기도의 불이 희미하게 타오르고 있을 뿐입니까? 의무적으로 질질 끌려가며 기도하고 있습니까? 만일 그렇다면 그것은 썩어질 징조입니다. 그러니 가서 슬피 울며 은혜와 간구의 성령을 부어 주십사고 간청하십시오. 일정 기간을 정하여 특별 기도를 드리십시오. 만일 이 불이 세상과 사귀면서 재 밑에서 꺼져버리면, 가정 제단 위에 있는 불마저 희미해질 뿐 아니라, 교회와 세상에서 우리가 행사하는 영향력도 줄어들 것입니다. 오늘 말씀은 또한 가슴의 제단에도 적용됩니다. 하나님은 자기 백성들의 가슴이 하나님을 향해 불타오르는 것을 보고 싶어하십니다. 그러니 우리의 가슴을 채우는 사랑의 불이 절대 꺼지지 않도록 그의 은혜를 구합시다. 많은 원수들이 그 불을 끄려 할 것입니다. 그러나 성경 말씀을 그 연료로 사용하십시오. 하나님의 말씀은 살아 있는 석탄입니다.

JULY 07 / 16

"무리가 아침마다 각 사람은 먹을 만큼만 거두었고 햇볕이 뜨겁게 쬐면 그것이 스러졌더라"_출 16:21

당신이 풍성하게 즐기는 것들을 전적으로 주의 선하시고 기뻐하시는 뜻에서만 얻으려 애쓰십시오. 절대 옛 만나를 먹고 살려 하지 마십시오. 애굽으로 도움을 청하러 가지도 마십시오. 모든 것은 반드시 예수님으로부터 와야 합니다. 그렇지 않으면 당신은 영원히 멸망할 것입니다. 이 아침, 하나님의 산 정상에 계속 머물고자 한다면 당신을 그곳에 올려놓으신 하나님께서 당신을 계속 붙들어 주시라고 간구하십시오. 그렇지 않으면 생각보다 훨씬 더 빠른 속도로 떨어지고 말 것입니다. 만약 구세주가 그것을 합당하다고 생각하시면, 당신은 곧장 천국 빛이 드는 창문이 하나도 없는 곳에 갇힐 수도 있습니다.

여호수아는 태양을 멈추게 했지만 예수님은 그것을 완전히 깜깜하게 덮어 버리실 수 있는 분이십니다. 그분은 당신 가슴에서 기쁨을, 당신 눈에서 시력을, 당신 삶에서 힘을 앗아 가실 수도 있습니다. 우리 자신이 매순간마다 주님만 의존하고 있다는 사실을 깨달아야 합니다. 오직 주께서 우리에게 "매일의 양식"을 위해 기도할 것과 "우리의 날수대로 우리의 힘이 강건해질 것"이라는 약속을 허락해 주셨습니다. 그렇다면 우리에게 최선의 길은 자주 주의 보좌로 달려가 계속해서 그의 사랑을 상기시켜 드리는 것이 아니겠습니까? 오, 주 예수님. 주님 없이는 아무것도 할 수 없는 우리 자신의 전적인 무능을 깨닫고 이렇게 주님 발 앞에 엎드립니다. 우리가 받는 그 모든 사랑 속에서 주님의 복된 이름을 송축하게 하소서!

"하나님의 사랑하심을 받은 형제들아 너희를 택하심을 아노라"
_살전 1:4

많은 사람들이 그리스도를 바라보기 전에 먼저 자기가 택함 받았다는 사실을 확증하고 싶어 합니다. 그러나 그렇게는 안 됩니다. 오직 "예수님을 바라봄"으로써만 그 사실을 발견할 수 있습니다. 지금 즉시 주님께로 가서 "내게 오는 자는 내가 결코 내쫓지 아니하리라"(요 6:37)는 말씀을 읽었다고 전하십시오. 성경이 "미쁘다 모든 사람이 받을 만한 이 말이여 그리스도 예수께서 죄인을 구원하시려고 세상에 임하셨다 하였도다"(딤전 1:15)라고 말씀하셨다고 청하십시오.

예수님을 바라보고 예수님을 믿으십시오. 당신은 당신이 믿는 것만큼이나 확실하게 택함 받았습니다. 그럼에도 나약한 그대여, 하나님의 선택에 대한 모든 미심쩍은 질문들을 그대로 내버려 둔 채 그리스도께 직접 가서 그의 상처 속으로 숨으십시오. 그러면 자신이 택함 받았다는 사실을 곧 알게 될 것입니다. 성령께서 주시는 확신을 얻을 것입니다. 마침내 "내가 믿는 자를 내가 알고 또한 나의 의탁한 것을 그날까지 그가 능히 지키실 줄을 확신함이라"(딤후 1:12)고 말할 수 있게 될 것입니다. 그리스도는 선택이 결정되던 영원한 자리에 계셨기에 당신이 택함 받았는지에 대해 분명히 말해 주실 수 있습니다. 그 외의 다른 방법으로는 도저히 알 수 없습니다. 주께서 "내가 영원한 사랑으로 너를 사랑하기에 인자함으로 너를 이끌었다"(렘 31:3)고 대답해 주실 것을 믿으십시오. 당신이 아니라 주께서 먼저 당신을 택하셨습니다.

JULY 07/18

"단의 진영에 속하여 계수함을 받은 군인의 총계는 십오만 칠천육백 명이라 그들은 기를 따라 후대로 행진할지니라 하시니라"_민 2:31

단의 진영은 이스라엘 군이 행진할 때 최후의 자리를 차지했습니다. 그러나 그들도 선두에 선 지파들과 마찬가지로 그 군대에 소속되어 있었습니다. 그들 역시 똑같은 구름 기둥을 따라갔으며, 다른 지파들이 먹던 만나와 똑같은 만나를 먹었고, 똑같은 반석에서 나오는 물을 마셨으며, 다른 지파들이 향해 가던 바로 그 기업을 향해 가고 있었습니다. 그러니 당신이 비록 끝자리에 있는 가장 보잘것없는 존재라 해도 낙심치 말고 힘을 내십시오. 그 군대에 소속되어 선두에 선 자들과 함께 행군할 수 있다는 것만으로도 특권입니다.

더욱이 단 지파는 아주 유용한 자리에 있었습니다. 낙오자가 생기면 그들을 챙겨 행렬 속으로 다시 끌어들이고, 이스라엘 군이 들판에 떨어뜨리고 간 것이 있으면 그것들을 다 주어 모았습니다. 불 같은 영의 사람이라면 새로운 진리를 배우고 더 많은 영혼들을 예수님께 인도하려 아무도 밟지 않은 길을 용감하게 밟으며 앞으로 전진할 것입니다. 반면 온건한 영을 가진 사람은 기죽은 영혼들을 회복시키고 구석을 돌보는 일에 종사할 것입니다. 어느 자리에나 다 맡은 직분이 있습니다. 그러므로 하나님의 자녀라면 반드시 자기만이 할 수 있는, 그래서 전체 군대에 대단한 축복이 될 수 있는 독특한 자리를 발견하게 될 것입니다. 후진은 또한 위험한 자리입니다. 성경에서도 아말렉군이 이스라엘을 습격할 때 최후미에 있는 이들을 먼저 죽였다고 했습니다. 그러니 자신이 가진 무기들을 잘 갈고 다듬어 영혼들을 도와야 할 것입니다.

"말하되 우리 하나님 여호와께서 그의 영광과 위엄을 우리에게 보이시매 불 가운데에서 나오는 음성을 우리가 들었고 하나님이 사람과 말씀하시되 그 사람이 생존하는 것을 오늘 우리가 보았나이다"_신 5:24

하나님은 그가 하시는 모든 일 속에서 그의 영광을 나타내려 하십니다. 그것이 그의 가장 큰 목적입니다. 이보다 못한 목적은 하나님께 무가치 합니다. 그런데 우리처럼 타락한 피조물들에게 하나님의 영광이 어찌 나타날 수 있을까요? 인간의 눈은 항상 자신의 영광을 구하며 곁눈질을 하고, 자신의 능력을 과대평가합니다. 인간에게는 여호와의 영광을 볼 자격이 전혀 없습니다. 그럼에도 하나님이 영광을 받으시려면, 먼저 그 길을 가로막은 우리의 자아가 옆으로 비켜서야 합니다. 바로 이를 위해 하나님은 그의 백성들을 종종 곤궁과 어려움 가운데 빠트리십니다. 그 속에서 자신의 어리석음과 연약함을 의식하고 하나님이 그들의 구원을 위해 찾아오실 때 하나님의 위엄을 볼 수 있게 만들고자 하십니다.

그 생애가 평탄한 사람은 주의 영광을 거의 보지 못할 텐데, 자신을 비울 기회가 별로 없었던 고로 그 속이 하나님의 계시로 채워질 수 없기 때문입니다. 사별이나 빈곤, 유혹이나 치욕이라는 거대한 대양의 파도 한가운데서 우리는 여호와의 능력을 배웁니다. 거기서 인간이 얼마나 작은 존재인지 깨닫게 됩니다. 따라서 만일 하나님께서 우리를 험한 길로 인도하셨다면 이로 인해 오히려 하나님께 감사해야 합니다. 우리가 하나님의 위대하심과 인자하심을 체험하게 된 것도, 그 외의 방법으로는 도저히 얻을 수 없는 지식의 부요함을 얻게 된 것도 바로 그 때문이니까요. 고난 가운데 당신을 다루시는 하나님의 기이한 손길 속에서 그의 영광의 광채를 보았음에 감사하십시오.

JULY 07/20

"이는 우리 기업의 보증이 되사 그 얻으신 것을 속량하시고 그의 영광을 찬송하게 하려 하심이라"_엡 1:14

   오직 예수님만으로 연명하는 법을 배운 이에게 찾아오는 그 환함과 기쁨과 위로와 즐거움은 얼마나 큰지요! 그러나 이 세상에서 우리가 깨달은 그리스도의 소중함은 불완전하다는 사실을 부디 깨달으십시오. 오래전에 어떤 이가 남긴 말처럼 "그것은 단지 맛을 본 것에 불과합니다!" 우리는 "주의 인자하심"을 맛보았습니다. 그러나 주께서 얼마나 선하고 인자하신지에 대해서는 여전히 알지 못합니다. 우리는 성령의 첫 열매를 즐김으로써 천국 포도주의 완전한 맛을 보고 싶어 갈급하는 가운데 있습니다. 우리는 속으로 탄식하며 우리 몸의 구속을 기다립니다.

   이곳의 우리는 마치 에스골의 포도 한 송이밖에 갖지 못했던 광야의 이스라엘 백성과 같습니다. 그러나 거기에선 포도원에 머물 것입니다. 여기서는 깟씨처럼 조그맣게 떨어지는 만나밖에 못 보지만 거기서는 천국의 빵과 그 나라의 곡식을 먹을 것입니다. 지금 우리는 영적인 것을 배우는 데에 있어 초보자에 불과합니다. 우리는 현재 이루어지지 않은 소원들을 많이 가지고 있습니다. 그러나 곧 하늘의 문자를 읽을 것이며 모든 소원들이 만족될 것입니다. 그리고 우리의 모든 능력도 영원한 기쁨의 세계에서 완전히 발휘될 것입니다. 그때는 더 이상 울지 않을 것입니다. 형언할 수 없는 기쁨으로 보좌에 앉으신 주님의 영화를 응시하게 될 것입니다. 뿐만 아니라, 당신은 그 보좌에 앉게 될 것입니다. 그의 영광의 승리를 함께 나눌 것입니다. 만유를 이어받으실 그분과 공동 후사가 될 것입니다.

"여호와께서 그에 대하여 이같이 이르시되 처녀 딸 시온이 너를 멸시하며 조소하였고 딸 예루살렘이 너를 향하여 머리를 흔들었느니라" _사 37:22

하나님의 말씀으로 재확신을 얻은 이스라엘 백성, 부들부들 떨던 시온의 불쌍한 백성들이 점점 담대해지더니 산헤립의 호언장담하는 협박을 듣고도 그 머리를 흔들었습니다. 하나님의 종들이 강한 믿음을 가질 때, 그들은 가장 거만한 원수들도 경멸의 눈길로 주시할 수 있게 됩니다. 원수들은 영생을 파괴하려 하나, 그것은 예수님이 살아 계신 한 절대 파괴될 수 없습니다. 제아무리 교회라는 성채를 전복시키려 해도, 음부의 문은 절대 교회를 이기지 못합니다. 오히려 뾰족한 자국들을 발로 차서 결국 자기네 발을 다치고 맙니다.

우리는 원수의 약함을 압니다. 그들은 기껏해야 인간일 뿐입니다. 인간은 기껏해야 한 마리 벌레와 같습니다. 제아무리 파도처럼 잔뜩 부풀어 으르렁대어도 결국은 수치를 당하고 말 것입니다. 주께서 일어나시면 바람 앞의 겨처럼 날아갈 것이요 바삭바삭한 가시처럼 타버릴 것입니다. 그들은 하나님의 일이나 그의 진리에 대해 어떤 손상도 가할 수 없을 만큼 전적으로 무능합니다. 시온의 군사 중 가장 약한 군사라도 그들을 비웃을 수 있을 정도로 무능합니다. 더욱이 우리는 지극히 높으신 하나님이 우리와 함께 계신다는 사실을 압니다. 여호와께서 전투 태세를 갖추시는데 원수들이 어찌 감히 서 있을 수 있겠습니까? 하나님의 철 막대기가 마치 질그릇 같은 그들을 산산조각 내고 말 것입니다. 이 땅도 그들을 영영히 기억하지 않을 것입니다. 그러니 모든 두려움을 다 떨쳐 버리십시오. 주님의 백성은 왕 되신 주님 손에서 안전합니다. 기뻐 외칩시다. 주께서 다스리십니다.

> "여호와의 말씀이니라 배역한 자식들아 돌아오라 나는 너희 남편임이라 내가 너희를 성읍에서 하나와 족속 중에서 둘을 택하여 너희를 시온으로 데려오겠고"_렘 3:14

예수 그리스도는 결혼을 통해 그의 백성들과 하나 되셨습니다. 그는 사랑 안에서 그의 교회를 순결한 신부로 맞이하셨습니다. 그런데 그 아내가 곧 속박의 멍에에 빠졌습니다. 그래서 주님은 그녀를 되찾기 위해 필요한 금액을 다 지불할 때까지 마치 야곱이 라헬을 위해 수고했듯 땀 흘리며 수고하셨습니다. 이제 그의 영으로 신부를 되찾아 그녀로 하여금 그를 알고 사랑하도록 만들어 놓은 주님은 기쁨의 절정에 달할 그 영광스러운 혼인 예식의 때를 기다리고 계십니다.

하지만 영광스러운 신랑은 그의 신부를 천국의 위엄 앞에 아직 내어 놓지 않았습니다. 교회는 아직 왕비로서의 위엄을 누리는 자리에 실제로 들어가지 못했습니다. 그녀는 아직 이 땅에서 방황하고 있으며 게달의 장막에 거하고 있습니다. 그렇다 해도, 지금 이 순간 그녀는 주님의 신부입니다. 예수님의 가슴에 사랑스럽고 그분의 눈에 소중한 신부입니다. 그리스도는 남편의 모든 직임을 행사하십니다. 그는 풍성히 공급하시며, 모든 채무를 다 갚아 주시고, 그녀로 하여금 그의 이름을 사용할 수 있도록 허락하시며, 그의 모든 부요를 다 받아 누리도록 해 주십니다. 물론 앞으로도 항상 그리해 주실 것입니다. 이 불멸의 결혼줄은 사망도 갈라놓을 수 없습니다. 머잖아 그리스도와 그의 교회가 천국에서 기쁘게 결혼식을 올릴 것입니다. 그리스도와 교회의 이 신비한 연합은 모든 인간의 연합을 초월하는 연합입니다. 왜일까요? 바로 그리스도는 그의 아버지를 떠나 교회와 한몸이 되셨기 때문입니다.

"네가 멀리 섰던 날 곧 이방인이 그의 재물을 빼앗아 가며 외국인이 그의 성문에 들어가서 예루살렘을 얻기 위하여 제비 뽑던 날에 너도 그들 중 한 사람 같았느니라"_옵 1:11

이스라엘이 곤궁에 처해 있을 때 에돔은 당연히 형제의 친절을 나타내야 했습니다. 그러나 에서의 후손들은 이스라엘의 원수들과 한패가 되었습니다. 오늘의 본문을 보십시오. 시저가 브루투스를 보고 "부루투스 너도"라고 부르짖었듯이 "너도"라는 말이 특별히 강조되어 있습니다. 어떤 잘못된 행위는 그를 범한 사람 때문에 더욱 나빠질 수도 있습니다. 예컨대 하나님의 택한 자요 천국 백성인 우리가 죄를 범하면 그 죄는 더욱 가중한 죄가 됩니다. 우리는 너무 많은 사랑을 받은 특별한 존재들이기 때문에 우리의 죄는 하나님을 더욱 불쾌하게 만듭니다.

이 아침, 단 몇 분간만이라도 당신의 죄를 고백하십시오. 당신에게 유익할 것입니다. 지금껏 단 한 번도 악한 자가 되어 본 적이 없습니까? 혹시 모임에서의 추잡한 농담이 당신 귀에 전혀 거슬리지 않았던 적은 없습니까? 하나님의 도에 관해 심한 말을 하는데도 창피하다고 그저 가만히 있지는 않았습니까? 시장에서 억세게 흥정할 때 혹시 지나치게 값을 깎은 적은 없었습니까? 부디 당신 자신에 대해 정직하십시오. 그리스도 예수 안에서 자신이 새로운 피조물이라는 사실을 확실히 하십시오. 그래서 어느 누구도 당신을 향해 "너도 그들 중 한 사람 같았었느니라"고 말하지 않도록 조심하며 사십시오. 죄인들이 당하는 멸망 속에 빠지지 않으려면 그들이 행하는 은밀한 일도 행치 마십시오. 세상 편에 서지 말고 고난 당하는 하나님의 백성들 편에 서십시오.

"모세가 백성에게 이르되 너희는 두려워하지 말고 가만히 서서 여호와께서 오늘 너희를 위하여 행하시는 구원을 보라 너희가 오늘 본 애굽 사람을 영원히 다시 보지 아니하리라"_출 14:13

뒤로 물러설 수도 없고 앞으로 나아갈 수도 없을 때엔 어떻게 해야 할까요? 주님은 그런 때 "가만히 서 있으라"고 명하십니다. 만일 이때 주의 말씀을 듣는다면 큰 유익을 얻을 것입니다. 그러나 악한 충고자들은 이와 다르게 말할 것입니다. 절망은 와서 "다 포기해 버려"라고 속삭일 것입니다. 그러나 하나님은 우리에게 용기와 힘을 내라고 하십니다. 최악의 경우에도 그의 사랑과 신실하심을 의심치 말고 믿고 기뻐하라고 하십니다. 사탄이 아무리 강력하게 그의 길을 촉구한다 해도, 당신이 정말 하나님의 자녀라면 그 길을 따르지 말아야 합니다. 하나님께서는 당신이 끝까지 강건하기를 바랍니다.

사망이나 지옥도 당신을 그 길에서 돌이키지 못할 것입니다. 만일 하나님께서 잠시 가만히 서 있으라 하셨다면 그것은 당신의 힘을 소생시켜 주의 때에 더 큰 진전을 이루게 하시기 위함입니다. 때때로 경솔은 "뭔가 좀 해. 움직이라고. 가만히 서서 기다리는 건 게으름뱅이나 하는 짓이야"라고 말할 것입니다. 그런가 하면 주제넘음이 "바다가 네 앞에 있으면 기적이 일어날 것을 기대하며 그 안으로 행진해 들어가"라고 뽐내며 말하기도 합니다. 그러나 진짜 믿음은 이런 말들에 꿈쩍하지 않습니다. 믿음은 "가만히 서 있으라"는 하나님의 말씀을 듣습니다. 그리고는 반석처럼 움직이지 않습니다. 당신 역시 그렇게 하십시오. 기쁨 가운데 지시 사항을 기다리며 행동을 준비하는 의인의 자세를 계속 유지하십시오. 그러면 머지않아 하나님께서도 당신에게 "앞으로 가!"라고 명하실 것입니다.

"그 여인이 그의 옷을 잡고 이르되 나와 동침하자 그러나 요셉이 자기의 옷을 그 여인의 손에 버려두고 밖으로 나가매"_창 39:12

우리가 죄와 싸울 때 그 죄로부터 도망치는 것 외에는 다른 비결이 전혀 없는 경우가 있습니다. 단지 악을 응시하는 것만으로도 대단한 위험에 빠지는 수가 있습니다. 따라서 악한 행실을 싫어하는 사람은 반드시 그로부터 급히 도망쳐 나와야 합니다. 유혹의 원인이 될 만한 것조차 보지 않겠노라 우리 눈과 언약을 맺어야 합니다. 어느 누가 장난삼아 전염병자 수용소에 들어가 잠을 자겠습니까? 뱃사공이 폭풍우를 만나면 그것을 뚫고 나가는 위험을 무릅쓰기보다 어떻게 해서든지 피하려 할 것입니다. 더욱이 신중한 항해사라면 자기가 얼마나 표사(漂砂) 가까이서 안전하게 항해할 수 있는지 시험하려 들지 않을 것입니다.

오늘, 당신은 대단한 위험에 노출되어 있을지 모릅니다. 그렇다면 뱀처럼 지혜롭게 거기서 빠져 나오십시오. 거기에서 피하십시오. 때로는 사자의 이빨보다 비둘기의 날개가 더 유용합니다. 악한 동무들과 어울리지 않음으로써 분명한 패자가 될 수도 있으나 우리의 인품을 잃는 것보다는 우리의 외투를 두고 오는 쪽이 더 낫습니다. 대신 순전함을 지키십시오. 어떤 우정의 끈도, 아름다움이라는 사슬도, 재능이라는 섬광도, 조롱의 화살도 죄로부터 도망쳐야겠다는 우리의 지혜로운 결심을 꺾어선 안 됩니다. 우리는 마귀를 대적해야 합니다. 그러면 마귀가 도망칠 것입니다. 우리는 육체의 정욕들로부터도 도망쳐야 합니다. 그렇지 않으면 그들이 반드시 우리를 이길 것입니다.

"그러므로 너희가 더욱 힘써 너희 믿음에 덕을, 덕에 지식을, 지식에 절제를, 절제에 인내를, 인내에 경건을"_벧후 1:5-6

만일 당신이 완전한 믿음의 확신이라는 은혜를 누리고자 한다면 복된 성령님의 영향력과 도우심 아래 성경이 당신에게 말씀하시는 바를 행하십시오. 성경은 우리에게 "더욱 힘쓰라"고 말합니다. 당신의 믿음이 단순한 교리적 신념이 아니라 오직 그리스도만 의지하는 단순한 믿음이 되도록 돌보십시오. 또한 당신의 용기를 힘써 살피십시오. 그리고 성경을 깊이 연구해서 지식을 얻으십시오. 성경적 교리에 대한 지식이 믿음을 확증해 줄 것입니다. 그러므로 하나님의 말씀을 이해하도록 애쓰십시오. 그 말씀이 당신 속에 가득히 거하게 하십시오.

이 모든 것을 다한 뒤에는 "당신의 지식에 절제를 더하십시오." 당신의 몸과 영혼에 절제를 더하십시오. 입술의 절제, 생활의 절제, 마음의 절제, 생각의 절제를 더하십시오. 그 위에 하나님의 성령에 의한 인내를 더하십시오. 고난의 때에 원망하거나 낙심하지 않도록 당신 자신을 인내로 단장하십시오. 그 은혜를 얻고 나면 경건을 구하십시오. 경건은 종교적 의무를 행하는 것 그 이상입니다. 하나님의 영광을 당신 인생의 목적으로 삼고 하나님 가까이 거하십시오. 그와의 교제를 구하십시오. 우애를 더하여 모든 성도들을 사랑하십시오. 거기에 사랑을 더하십시오. 사랑은 모든 사람들에게 그 팔을 벌리며 그 영혼을 사랑하는 사랑입니다. 이런 보석들로 자신을 단장하고 이 천국의 미덕들을 실천하는 것과 비례해서 당신은 분명한 증거로써 "당신의 부르심과 택하심"을 알게 될 것입니다.

"이로써 그 보배롭고 지극히 큰 약속을 우리에게 주사 이 약속으로 말미암아 너희가 정욕 때문에 세상에서 썩어질 것을 피하여 신성한 성품에 참여하는 자가 되게 하려 하셨느니라"_벧후 1:4

하나님의 약속 중에는 포두주틀에 있는 포도 같은 약속들도 있어서 당신이 그것을 발로 밟으면 거기서 포도즙이 줄줄 흘러나올 것입니다. 그 거룩한 말씀들을 곰곰이 생각하십시오. 종종 성취의 서곡이 울릴 때가 있습니다. 찾고 있던 위로나 도움이 당신도 모르는 새에 찾아올 것입니다. 그러면 그 약속들을 하나님의 말씀으로 당신 영혼에 받아들이십시오. 당신 영혼에게 이렇게 말하십시오.

"만일 내가 어떤 이와 약속을 하려면 나는 나와 약속할 그의 능력과 인품을 신중히 고려한다. 하나님의 약속도 마찬가지다. 내 눈을 그 크신 긍휼에만 너무 고정시켜서는 안 된다. 그러면 흔들릴 수 있다. 오히려 약속하신 분의 위대하심에 고정시켜야 한다. 그래야 비로소 힘을 얻을 것이다. 내 영혼아, 네 하나님은 변하지 않으시는 하나님이다. 뿐만 아니라 그가 하신 위로의 말씀 중 한마디도 되돌리지 않는 분이시다. 또한 그는 능력이 부족하신 분도 아니다. 약속하신 분은 하늘과 땅의 하나님이다. 언제 그 은혜를 내리실지 그때에 관해서도 그는 절대 실수하지 않는 분이시다. 그는 언제 주는 것이 가장 좋으며 언제 보류하는 것이 더 나은지 잘 알고 계신다. 하나님의 말씀이 그처럼 참되고, 변함없으며, 능력 있고, 지혜롭다면, 나는 그 약속을 반드시 믿어야 하며 또 믿을 것이다." 만일 우리가 그 약속들을 묵상하며 그 약속하신 분을 생각한다면, 우리는 그 약속들이 얼마나 달콤한지 체험하게 될 것이며 그 약속들이 성취되는 바를 보게 될 것입니다.

"내가 이같이 우매 무지함으로 주 앞에 짐승이오나"_시 73:22

오늘의 말씀이 하나님의 마음에 합한 자의 고백임을 기억하십시오. 그는 자신의 속사람에 대해 "내가 이같이 우매 무지함"이라 일컫습니다. 그런데 이 "우매"라는 말 속에는 어리석다는 뜻보다 더욱 중요한 의미가 담겨 있습니다. 다윗은 이 앞 절에서 "내가 악인의 형통함을 보고 그 오만한 자를 질시하였다"고 했습니다. 그렇다면 "우매"라는 말 속에 죄가 포함되어 있다는 뜻입니다. 그는 이처럼 "우매"한 자가 됨으로써 자신을 초라하게 만들고 있습니다. 더욱이 그 우매의 정도를 더욱 강조하기 위해 "내가 이같이 우매 무지함으로"라 적었습니다. 그것은 아주 악한 우매, 연약함을 내세워 도저히 변명할 수 없는 그런 우매입니다. 오히려 고의적인 무지로 인해 정죄 받아 마땅한 우매입니다.

과연 우리는 어떻습니까? 우리는 이런 다윗보다 더 나은 자입니까! 혹시 자신이 이미 온전함을 얻었다거나 아니면 징계를 받은 고로 우리 안의 모든 고집들이 다 쫓겨 나갔노라 자신하고 있습니까? 그렇다면, 그야말로 진짜 교만한 자입니다! 하나님께서 더 큰 축복을 주시려고 고난을 허락하실 때마다 큰소리로 항의하던 그 어리석음을 생각하십시오. 하나님의 뜻은 모든 것이 합력하여 선을 이루는 것임에도 불구하고 그의 섭리들을 잘못 해석해 "이 모두가 다 나를 대적하는구나"라며 탄식하고 신음한 적이 얼마나 많았습니까! 이제 이 "우매"를 깨달은 당신은 다윗이 결론적으로 갖게 된 다음과 같은 결심을 부디 자신의 것으로 삼으십시오. "주의 교훈으로 나를 인도하소서."

"내가 항상 주와 함께하니 주께서 내 오른손을 붙드셨나이다"_시 73:23

"그럼에도 불구하고"(개역개정에는 따로 번역 되지 않음-역자주) 즉 다윗이 방금 하나님께 고백한 그 모든 우매와 무지에도 불구하고 그가 구원 받아 하나님께 용납되었다는 사실을 기억합시다. 주의 임재 속에 있는 무수한 축복 역시 다윗의 것임에 틀림없습니다. 그는 죄 가운데 길을 잃고 헤매는 자기 본성의 그 사악함과 기만성을 충분히 의식하고 있습니다. 그러나 믿음이 충천하여 너무 기쁜 나머지 "그럼에도 불구하고 내가 항상 주와 함께하니"라고 노래합니다.

당신 역시 다윗의 고백과 인식 속으로 들어가 그와 같은 심령이 되어 "그럼에도 불구하고 나는 그리스도께 속하였기에 항상 하나님과 함께한다!"고 고백하십시오. 이것은 내가 그리스도의 마음에 항상 있다는 뜻이요 그리스도는 항상 나를 유익하게 하기 위한 생각을 하고 계신다는 뜻입니다. 나는 항상 그의 눈앞에, 또한 항상 그의 손안에 있습니다. 아무것도 나를 그분에게서 앗아갈 수 없습니다. 대제사장이 열두 지파의 이름을 그 가슴판에 영원히 새기고 있었던 것처럼 내 이름도 그리스도의 가슴에 항상 새겨져 있습니다. 사랑이 많으신 주님은 끊임없이 우리를 그리워하십니다. 항상 모든 것이 저의 유익을 위해 역사하도록 섭리하십니다. 하나님은 저를 그리스도 안에서 보십니다. 그의 피로 깨끗이 씻음 받은 저는 여호와 앞에 인정된 자로서 이렇게 서 있습니다. 속에서 일어나는 격동으로 괴로운 영혼이여, "그럼에도 불구하고" 이 말을 속으로 되뇌며 그것이 주는 평안을 취하십시오.

"닭이 곧 두 번째 울더라 이에 베드로가 예수께서 자기에게 하신 말씀 곧 닭이 두 번 울기 전에 네가 세 번 나를 부인하리라 하심이 기억되어 그 일을 생각하고 울었더라"_막 14:72

베드로는 이 땅에 사는 동안 주님을 부인했던 기억으로 인해 눈물지었을 것입니다. 그 죄가 너무나 클지라도 후에 베드로 안에 있던 은혜는 그 사역을 온전히 이루었습니다. 구속 받은 하나님의 모든 백성들도 성령께서 돌같이 단단한 천성을 제거해 주시면 이와 동일한 체험을 할 수 있습니다. 베드로처럼 우리가 자신만만하게 한 약속들을 떠올려 보십시오. "비록 모든 사람이 다 주님을 버릴지라도 저는 버리지 않을 겁니다." 우리는 그 말을 곱씹으며 회개의 눈물을 흘립니다.

우리의 서원했던 것과 지금의 모습을 비교해 보면, 아마 너무 슬퍼 엉엉 울지도 모릅니다. 베드로는 자신이 주님을 부인했다는 사실을 생각했습니다. 그는 그 말을 했던 장소, 죄를 짓게 만든 그 사소한 원인, 주님의 제자가 아님을 확증하기 위해 내뱉은 맹세와 저주의 말들, 그 말을 한 번뿐 아니라 세 번이나 거듭하게 한 자신의 강퍅한 마음들을 생각했습니다. 오늘, 우리는 어떻습니까? 자신의 죄가 생각나는데 아무렇지도 않은 듯이 있을 수 있겠습니까? 주님은 수탉이 울고 난 후, 훈계하는 듯한, 그러나 슬프고 측은히 여기는 사랑의 눈길로 베드로를 바라보셨습니다. 베드로는 평생 주님의 그 눈길을 잊지 못했을 것입니다. 그것은 성령의 도우심 없이 하는 만마디 설교보다 훨씬 더 효과적인 눈길이었습니다. 참회한 베드로는 자신을 이전 자리로 회복시켜 준 구세주의 그 완전한 용서를 회상할 때마다 울었을 것입니다.

"곧 내가 그들 안에 있고 아버지께서 내 안에 계시어 그들로 온전함을 이루어 하나가 되게 하려 함은 아버지께서 나를 보내신 것과 또 나를 사랑하심 같이 그들도 사랑하신 것을 세상으로 알게 하려 함이로소이다"_요 17:23

만일 우리 영혼과 주님의 인격 사이에 이런 연합이 이루어진다면, 그 교제의 폭과 깊이는 얼마나 넓고 깊을까요! 주님과 우리 사이의 교제의 통로는 실낱같은 좁은 관이 아닙니다. 그것은 놀랄 만큼 넓고 긴 통로로 그를 따라 엄청난 양의 생수가 홍수처럼 넘쳐흐릅니다. 주님이 우리 앞에 열린 문을 두셨으니 꾸물거리지 말고 어서 들어갑시다. 이 교제의 성에는 진주로 된 문이 많이 있는데 그 모든 문은 마치 우리를 환영한다는 듯이 활짝 열려 있습니다. 예수님과 대화할 통로가 작은 창문 하나뿐이라 해도 기쁠 텐데, 이처럼 문이 활짝 열려 있다니 얼마나 복된 일입니까! 또한 우리 주님은 얼마나 인자하신지요! 주님은 그의 집을 우리의 처소 바로 옆에 지으셨습니다. 아니 그보다 더 가깝습니다. 주께서 아예 우리와 함께 사시기 때문입니다.

그런데 이 주님을 내버려 두다니, 도대체 얼마나 어리석은 자입니까! 멀고 험한 길을 넘어 사는 친구들은 서로 자주 만나지 못해도 전혀 이상하지 않습니다. 그렇지만 함께 살면서도 자주 보지 못한다면 얼마나 마뜩찮은 일이란 말입니까! 요나단이 다윗을 잊어버릴 수 있을까요? 어떤 아내든 남편이 제집에 있을 때에는 곁으로 가 더불어 기뻐하는 법입니다. 당신은 어째서 주의 잔치 자리에 앉지 않습니까? 당신의 주를 찾으십시오. 그는 아주 가까이 계십니다. 그를 포옹하십시오. 그는 당신의 맏형입니다. 그에게 꼭 붙어 있으십시오. 그는 당신의 남편입니다.

AUGUST
MORNING BY MORNING
08 / 01

"모압 여인 룻이 나오미에게 이르되 원하건대 내가 밭으로 가서 내가 누구에게 은혜를 입으면 그를 따라서 이삭을 줍겠나이다 하니 나오미가 그에게 이르되 내 딸아 갈지어다 하매"_룻 2:2

당신도 이 넓은 약속의 밭에서 이삭을 주워 가십시오. 우선 이 말씀을 받으십시오. "상한 갈대를 꺾지 아니하며 꺼져가는 심지를 끄지 아니하기를"(마 12:20). 당신에게 꼭 맞는 말씀 아닙니까? 무력하고 하찮으며 연약한 갈대인 당신을 주님은 꺾지 않으십니다. 오히려 그런 당신을 회복시켜 강건케 하십니다. 마치 꺼져 가는 심지같이 그 어떤 빛이나 온기도 품지 않은 당신을, 주님은 결코 끄지 않으십니다. 오히려 불꽃이 다시 살 때까지 그 달콤한 긍휼의 입김으로 불어 주실 것입니다. 이뿐 아닙니다. "수고하고 무거운 짐진 자들아 다 내게로 오라 내가 너희를 쉬게 하리라"(마 11:28). 실로 온유하고 부드러운 말씀입니다. 당신의 마음이 연약함을 알기에, 주님은 이리 온유하게 말씀해 주십니다.

여기 또 다른 이삭도 있습니다. "두려워 말라… 버러지 같은 너 야곱아… 나 여호와가 말하노니 내가 너를 도울 것이라 네 구속자는 이스라엘의 거룩한 이이니라"(사 41:14). 이렇게 놀라운 확신의 말씀이 있는데 어찌 두려워합니까? 이런 금 같은 이삭들을 만 개도 더 주울 수 있습니다! "내가 네 허물을 빽빽한 구름같이, 네 죄를 안개같이 없이하였으니"(사 44:22), "성령과 신부가 말씀하시기를 오라 하시는도다 듣는 자도 오라 할 것이요 목마른 자도 올 것이요 또 원하는 자는 값없이 생명수를 받으라 하시더라"(계 22:17). 부디 이 달콤한 약속들을 묵상 가운데 타작한 다음, 기쁜 마음으로 그것들을 먹으십시오.

"모든 일을 그의 뜻의 결정대로 일하시는 이의 계획을 따라 우리가 예정을 입어 그 안에서 기업이 되었으니"_엡 1:11

우리는 하나님의 지혜를 믿습니다. 하나님은 반드시 구원 사역에 대해 이미 확정된 목적과 계획을 갖고 계실 것입니다. 우리 자신의 몸의 뼈나 골절, 근육이나 힘줄, 선(腺)이나 혈관, 이 모든 것 속에서 우리는 무한한 지혜의 구상에 따라 일하시는 하나님의 임재를 봅니다. 이처럼 창조 속에 현존하시며 모든 것을 다스리시는 하나님이 은혜 속에는 안 계실까요? 이전에 창조된 것은 하나님의 계획과 뜻에 따라 다스려지지만 새로 창조된 것은 변덕스러운 자유 의지에 의해 다스려지는 것일까요? 아니, 절대 그렇지 않습니다.

참새 한 마리조차 하나님의 허락 없이는 땅에 떨어지지 않습니다. 하나님은 우리가 넘어야 할 슬픔의 산을 저울에 달뿐 아니라 우리가 건너야 할 시련의 언덕도 저울에 달아 보시는 분입니다. 그는 모든 것이 지정된 장소에 있는 것을 보십니다. 비단 그의 사랑하는 아들의 피로 물든 그 모퉁잇돌만 보시는 것이 아니라 자연의 채석장에서 취해져 그의 은혜로 갈고 다듬어진 택함 받은 돌들 하나하나를 살피십니다. 그는 마음속으로 그 준비된 자리에 놓이게 될 모든 돌들에 대해 분명히 알고 계십니다. 그리고 언제 "은혜! 은혜로다!"라는 외침과 함께 머릿돌을 갖다 얹을지도 다 알고 계십니다. 우리는 마지막 날, 택함 받은 모든 긍휼의 그릇들 속에서 여호와께서 그의 뜻대로 하셨다는 것, 그가 은혜 사역의 모든 부분에서 자신의 목적을 성취하셨을 뿐 아니라 자신의 이름을 영화롭게 하셨다는 사실을 분명히 보게 될 것입니다.

AUGUST 08 / 03

"그 성은 해나 달의 비침이 쓸 데 없으니 이는 하나님의 영광이 비치고 어린 양이 그 등불이 되심이라"_계 21:23

천국의 빛 가운데 계시는 어린 양에 대해 묵상하십시오. 빛은 기쁨의 상징입니다. 천국에 있는 성도들이 기뻐하는 이유는 그들이 천국에 있는 것이 전적으로 예수님 덕분임을 알기 때문입니다. 천국에 있는 성도들에게 주님의 은혜에 대한 생각 하나하나는 마치 에스골의 포도송이와 같습니다. 빛은 또한 아름다움의 원인입니다. 빛이 없으면 사파이어의 반짝임이나 진주의 그 은은한 아름다움이 사라질 것입니다. 천국에 있는 성도들의 모든 아름다움은 빛 되신 주님으로부터 나옵니다. 행성인 그들은 의의 태양빛을 반사하며, 그 중심원에서 나오는 광선처럼 삽니다. 그러므로 중심원인 주께서 그 빛을 거두시면 그들의 빛 역시 꺼지고 맙니다. 빛은 또한 지식의 상징입니다. 천국에서는 우리의 지식이 온전해질 것입니다. 그 원인은 물론 주 예수님이십니다. 이전에는 전혀 이해할 수 없던 어둡고 희미한 섭리들이 분명히 보이고 그토록 궁금하던 것들이 어린 양의 빛 안에서 자명해질 것입니다.

천국에서는 이 모든 것이 다 밝히 드러날 것입니다! 그리고 사랑의 하나님은 지극히 영화롭게 되실 것입니다! 빛은 또 분명하게 보여 줍니다. 이 세상에서 하나님의 백성들은 숨겨진 백성입니다. 그러나 그리스도께서 그의 백성들을 천국으로 맞아들이실 때는 사랑의 지팡이로 그들을 치시어 그의 영광스러운 모습처럼 바꾸어 주실 것입니다. 불결하고 가련한 존재들이 태양처럼 빛나고 수정처럼 맑아질 것입니다. 오, 얼마나 아름다운 광경이 되겠습니까! 이 모든 것이 보좌에 높이 오르신 어린양으로부터 나옵니다.

"그가 또 언약을 배반하고 악행하는 자를 속임수로 타락시킬 것이나 오직 자기의 하나님을 아는 백성은 강하여 용맹을 떨치리라"_단 11:32

성도에게는 하나님을 아는 것이 지식의 근본입니다. 성도들의 힘의 원천은 바로 이 영적인 지식에 있습니다. 이 지식은 성도의 믿음을 강건케 합니다. 성경은 성도들을 가리켜 여호와께 가르침을 받아 깨우친 자, 즉 "거룩한 자로부터 기름 부음을 받은" 자들이라고 말합니다. 성령께서는 성도들을 모든 진리 가운데로 인도하여 그들의 믿음을 촉진시키십니다. 지식은 믿음뿐 아니라 사랑도 강화시켜 줍니다. 지식이 열어 놓은 문을 통해 우리는 주님을 뵈올 수 있습니다. 그리스도에 대해 어느 정도 알아야 그분을 사랑할 수 있습니다. 예수님의 그 빼어나심, 그가 우리를 위해 행하신 일, 그가 현재 하고 계신 일에 대해 알지 못하면 우리는 주님을 그렇게 많이 사랑하지 못할 것입니다.

지식은 또 소망을 강건케 합니다. 어떤 것이 존재한다는 사실을 모르는데 어찌 그를 소망할 수 있겠습니까? 소망은 망원경과 같습니다. 그러나 우리가 그 작동법을 배우기 전까지는 우리의 무지가 렌즈를 가로막으므로 아무 것도 볼 수 없습니다. 바로 지식은 그 무지를 제거해 줍니다. 지식은 또 우리에게 인내할 이유를 제공합니다. 만일 우리를 불쌍히 여기시는 그리스도의 마음에 대해 모른다면, 아버지가 우리에게 보내시는 그 징계로부터 얻을 유익을 이해하지 못한다면 어찌 참고 기다릴 수 있겠습니까? 그리스도인이 받는 은혜 중에 이 거룩한 지식에 의해 촉진되어 온전케 되지 않은 은혜는 하나도 없습니다. 우리가 은혜 안에서 자랄 뿐 아니라 예수 그리스도를 아는 "지식"에서 자라가는 것은 대단히 소중함을 믿으시길 바랍니다.

AUGUST MORNING BY MORNING
08 / 05

"우리가 알거니와 하나님을 사랑하는 자 곧 그의 뜻대로 부르심을 입은 자들에게는 모든 것이 합력하여 선을 이루느니라"_롬 8:28

그리스도인에게는 절대적인 확신이 있습니다. 배가 심히 요동할 때 우리는 하나님이 그 배 위에 앉아 계심을 확신합니다. 또 눈에 보이지 않는 하나님의 손길이 언제나 이 세상 키를 잡고 조종하신다는 것을 믿습니다. 우리는 이 확신 덕분에 만사에 대처할 준비가 되어 있습니다. 우리는 사납게 일어나는 파도 저 너머로 걸어오시는 예수님의 영을 봅니다. 또 "내니 두려워 말라"는 주님의 음성도 듣습니다. 우리는 우연한 사고나 실수란 절대 없다고 자신 있게 믿습니다. 일어나서는 안 될 일이 발생하는 법은 없다고 믿습니다. 그래서 우리는 이렇게 자신할 수 있습니다. "만일 내가 가진 모든 것을 잃는 게 하나님의 뜻이라면, 나는 기꺼이 그 모두를 다 잃어버리겠다."

오늘의 말씀을 우리는 단순히 이론적으로만 믿는 것이 아니라 분명한 사실로 압니다. 지금까지의 모든 사건이 하나님의 가장 복된 결과들을 나타내는 방향으로 역사해 왔습니다. 이제 우리는 하나님이 모든 것을 지혜롭게 다스리시며 악에서 선을 이끌어내심을 믿게 되었습니다. 그 믿음으로 더욱 확신을 얻어 시련이 닥쳐올 때마다 그 모든 시련도 차분히 맞이할 수 있게 되었습니다. 그러므로 진정 모든 것을 다 감수하겠다는 심정으로 하나님께 이렇게 기도할 수 있습니다. "나의 하나님이시여, 그것이 하나님으로부터 오는 한 아버지께서 원하시는 게 무엇이든 제게 보내십시오. 주의 자녀 중 어느 누구도 아버지의 식탁에서 나쁜 것을 얻은 자가 없습니다."

"두마에 관한 경고라 사람이 세일에서 나를 부르되 파수꾼이여 밤이 어떻게 되었느냐 파수꾼이여 밤이 어떻게 되었느냐"_사 21:11

어둠이 다스릴 때는 죄들이 그 숨은 곳에서 살금살금 기어 나오는 법입니다. 그러니 속히 파수대로 올라가 깨어 기도하십시오. 주님은 우리에게 가해지려는 공격들에 대해 미리 다 알고 계십니다. 만일 우리를 위해 계획된 그 악이 단지 사탄의 소원에서 나온 것이면, 주께서 우리 믿음이 떨어지지 않도록 기도해 주실 것입니다. 지금 교회의 기상도는 어떻습니까? 구름이 잔뜩 낀 흐린 날씨입니까 아니면 화창하고 청명한 날씨입니까? 우리는 뜨겁게 사랑하는 마음으로 하나님의 교회를 위해 염려해야 합니다. 부디 때의 징조들을 살피며 싸울 준비를 하십시오.

"파수꾼이여 밤이 어떻게 되었느냐?" 하늘에는 어떤 별들이 떠 있습니까? 현재의 소중한 약속들에는 어떤 것이 있습니까? 경보를 울리는 주여, 우리에게 위안을 허락하소서. 북극성인 그리스도는 그의 자리에 항상 계시며 모든 별들이 주의 오른편에 안전히 있습니다. 그런데 파수꾼이여, 아침은 언제 옵니까? 의의 태양이 오고 계시다는 징조가 전혀 보이지 않습니까? 대낮에의 언약인 새벽별이 아직 떠오르지 않았습니까? 오, 예수님이여, 주를 기다리는 교회에 오늘 몸으로 재림하시지 않고 한숨짓고 있는 제게 영으로 찾아오실 거라면, 제 영이 기쁨에 겨워 노래하게 해 주소서. "이제 온 땅은 새 아침과 함께 밝고 환해졌는데 온 가슴은 이렇게 냉랭하고 어둡고 슬프니, 영혼의 태양이시여, 주께서 오실 징조를 보여 주소서! 오 주 예수여, 어서 오시옵소서! 주의 말씀대로 속히 오시옵소서."

AUGUST 08 / 07

"왕이 나를 그의 방으로 이끌어 들이시니 너는 나를 인도하라 우리가 너를 따라 달려가리라 우리가 너로 말미암아 기뻐하며 즐거워하니 네 사랑이 포도주보다 더 진함이라 처녀들이 너를 사랑함이 마땅하니라"_아 1:4

성도들은 예수님을 사랑하되 다른 누구에 대해서보다 더 깊은 사랑으로 주님을 사랑합니다. 이 세상의 모든 위로는 느슨히 잡지만 예수님만은 꼭 부여잡습니다. 예수님을 위해서라면 자진해서 자신을 부인할지언정 절대 주님을 부인하지 않습니다. 얄팍한 사랑은 핍박의 불로 끌 수 있지만 참 성도의 사랑은 그보다 깊어서 핍박의 불로도 끌 수 없습니다. 지금까지 신실한 성도들을 주님으로부터 떼어 놓기 위해 수많은 자들이 애써 왔습니다. 그러나 어느 시대를 막론하고 그 시도는 실효를 거두지 못한 채 수포로 돌아가고 말았습니다.

지극한 권세자도 이 사랑의 끈을 풀지 못했습니다. 사탄은 갖가지 책략을 다 동원하여 하나님의 은혜로 용접된 이 두 마음의 연합을 갈라놓으려 무진 애를 썼으나 전혀 소용이 없었습니다. "처녀들이 너를 사랑함이 마땅하니라"고 기록된 이 말씀은 아무것도 지워 버릴 수 없습니다. 우리는 우리가 충분히 사랑할 수 없다는 사실로 인해 매일 슬퍼합니다. 우리 마음이 더욱더 품어 주고 더 멀리까지 미칠 수 있다면 얼마나 좋겠습니까? 우리의 사랑은 아무리 길어 봤자 한 뼘밖에 안 되며, 우리의 애정은 아무리 많아 봤자 물 한 방울에 지나지 않으니 얼마나 안타깝습니까? 그러나 주님은 우리의 사랑을 이 마음속에 있는 것으로 판단하시는 분입니다. 우리가 모두의 마음속에 있는 사랑을 모아 한 번에 주님께 드릴 수 있다면, 그 사랑을 다 모아 그 전체가 사랑스러우신 주님께 드릴 수 있다면 얼마나 좋을까요!

"독사의 알을 품으며 거미줄을 짜나니 그 알을 먹는 자는 죽을 것이요 그 알이 밟힌즉 터져서 독사가 나올 것이니라"_사 59:5

거미줄은 위선자가 믿는 기독교를 잘 보여 줍니다. 거미줄은 먹이를 잡기 위해 있습니다. 즉 거미는 파리를 잡아먹고 자기 자신을 살찌웁니다. 바리새인도 마찬가지입니다. 어리석은 자들는 물론 판단력이 있는 사람들조차 "척" 하는 사람들이 큰소리로 하는 신앙고백에 쉽게 걸려듭니다. 성경에서 그 믿음이 교활하여 베드로의 준엄한 책망을 받았던 마술사 시몬은 빌립에게 세례를 받은 자였습니다. 위선자들은 관습이나 명성, 칭찬이나 출세 및 기타 다른 파리들을 그들 거미줄에 걸리게 합니다. 거미줄을 한번 쳐다보십시오. 그 교활한 사냥꾼의 책략에 혀를 내두르지 않을 수 없을 것입니다. 기만자의 종교 역시 이와 똑같습니다. 얼마나 뻔뻔스럽게 거짓말을 진리처럼 보이게 합니까?

위선자들은 자신에 대한 신임과 사랑이 대단합니다. 거미가 자기 힘으로 자리를 잡고 실을 내뿜어 거미줄을 만들듯, 위선자들도 주권적인 하나님의 은혜의 빚지고 싶지 않아 스스로 기초를 놓고 그 집 기둥을 만듭니다. 그러나 거미줄은 얼마나 약한지요! 매우 교묘하게 짜였을지라도 그 내구성은 형편없습니다. 마찬가지로 위선자의 소망을 불어 산산조각 내는 데는 굉장한 힘이 필요치 않습니다. 바람만 훅 불어도 금방 무너지기 때문입니다. 위선의 거미집은 마당비로 쓸기 시작하는 순간 즉시 내려앉을 것입니다. 이런 거미줄들은 여호와의 집에서 전혀 견디지 못할 것입니다. 그러니 부디 거미줄보다 더 나은 것에 의존하십시오. 주 예수님을 당신의 영원한 피난처로 삼으십시오.

"그 성은 해나 달의 비침이 쓸 데 없으니 이는 하나님의 영광이 비치고 어린 양이 그 등불이 되심이라"_계 21:23

저기 더 나은 세상에 거하는 자들은 어떤 피조물의 위로도 받을 필요가 없습니다. 그들이 입고 있는 흰 옷은 절대 해지거나 더럽혀지지 않을 것입니다. 그들에게는 병을 치료할 약도 필요 없습니다. 새 힘을 얻기 위해 잠을 잘 필요도 없습니다. 그들은 밤이나 낮이나 쉬지 않고 주의 성전에서 주를 찬양합니다. 그들이 누리는 복에는 그런 것이 중요하지 않습니다. 왠지 아십니까? 주님이 거하시는 그 성엔 모든 소원을 다 채워 줄 만큼 모든 것이 충분하기 때문입니다.

그러나 우리는 어떻습니까? 우리는 지금 왕의 문전에서 구걸하고 있습니다. 그러나 그들은 왕의 식탁에 앉아 식사합니다. 우리는 여기서 친절한 팔에 기대지만 그들은 거기서 오직 사랑하는 주께 기대어 있습니다. 우리는 여기서 동료의 도움을 받고 있지만 그들은 거기서 원하는 모든 것을 그리스도 예수 안에서 발견합니다. 우리는 샘물에서 물을 긷기 위해 양동이를 사용하지만 그들은 거기서 생명수의 원천되신 주님으로부터 직접 받아 마십니다. 여기서는 천사들이 우리에게 축복을 가져다주지만 그때가 되면 천국의 어떤 사자도 우리에게 올 이유가 없을 것입니다. 그들에게는 하나님의 사랑의 쪽지를 가져다줄 가브리엘 천사가 필요 없습니다. 거기서는 얼굴과 얼굴을 맞대어 하나님을 뵐 수 있기 때문입니다. 그의 피조물이 아니라 하나님께서 친히, 그의 사역이 아니라 주께서 친히 날마다 우리의 기쁨이 되어 주실 그때가 되면 우리 영혼이 온전한 복락을 누릴 것입니다.

AUGUST 08/10

"우리 생명이신 그리스도께서 나타나실 그때에 너희도 그와 함께 영광 중에 나타나리라"_골 3:4

바울의 이 놀라운 표현은 그리스도께서 우리 생명의 원천이 되심을 지적하고 있습니다. "그는 허물과 죄로 죽었던 너희를 살리셨도다"(엡 2:1). 죽은 나사로를 무덤에서 불러내신 그 동일한 음성이 우리를 새 생명으로 일으키셨습니다. 그는 지금 우리의 영적 생명의 실체십니다. 그의 생명 때문에 우리가 이렇게 사는 것입니다. 그는 영광의 소망이요, 우리 행동의 용수철이요, 우리의 모든 생각들을 움직이는 중심 생각으로 우리 안에 계십니다. 예수님의 살과 피가 없다면 우리 성도들은 무엇을 먹고 살까요? "이는 하늘에서 내려오는 떡이니 사람으로 하여금 먹고 죽지 아니하게 하는 것이니라"(요 6:50).

이 죄악된 광야에서 지친 순례자여, 당신의 영적 기갈을 만족시킬 양식은 오직 주님 안에서만 발견할 수 있습니다! 다른 곳에서는 한 조각의 양식조차 발견하지 못할 것입니다. 참된 기쁨은 모두 주님으로부터 옵니다. 환난 당할 때에는 그의 임재가 곧 우리의 위로가 됩니다. 그리고 주님의 인자하심은 생명보다 더 낫습니다! 그리스도는 우리 삶의 목적입니다. 화살이 그 표적을 향해 날아가듯 성도도 예수 그리스도와의 교제를 온전케 하기 위해 날아갑니다. 군인이 대장을 위해 싸우고 대장이 승리하면 면류관을 받아 쓰듯 성도도 그리스도를 위해 싸우며 그 주님이 이길 때 승리의 기쁨을 얻습니다. "왜냐하면 그에게 사는 것이 그리스도이기 때문입니다." 그리스도는 우리 삶의 모범이십니다. 주님을 당신 앞에 세워 두고, 그가 영광 중에 우리 생명의 면류관이 될 때까지 그의 발자취를 따르십시오.

AUGUST 08 / 11

"나는 지난 세월과 하나님이 나를 보호하시던 때가 다시 오기를 원하노라"_욥 29:2

많은 성도들이 과거는 즐겁게 추억하면서 현재를 불만족스러워하고 있습니다. 과거에 주님과 지냈던 교제의 시간은 가장 달콤하고 행복했던 시간들로 회상하면서 현재는 아주 음산하고 울적한 검은 색 의복에 비유합니다. 자기들의 증거를 잃어버렸다느니, 지금은 마음의 평화가 없다느니, 은혜의 수단들이 전혀 기쁘지 않다느니, 양심이 별로 예민하지 않다느니, 하나님의 영광을 위해 그다지 많은 열심을 갖고 있지 않다느니 하며 끝없이 불평합니다. 이처럼 서글픈 상태에 빠지는 데는 많은 원인들이 있습니다. 먼저 기도를 게을리 하는 것이 원인입니다. 골방을 등한히 하는 것은 모든 영적 쇠퇴의 시초입니다. 혹은 우상숭배의 결과일 수도 있습니다. 그 마음이 다른 것에 사로잡혀 하늘에 있는 것들보다 이 땅에 있는 것들을 더 중시하기 때문입니다. 그러나 질투의 하나님은 우리가 이런 두 마음을 품는 것을 싫어하십니다. 냉랭하게 떨어져 있는 마음으로부터 주는 임재의 햇살을 거두어 가십니다. 아니면 자기 과신과 자기 의가 원인일 수도 있습니다. 즉 마음이 교만으로 가득 차서 자신을 십자가 아래 낮추는 대신 자기를 높이는 것입니다.

만일 현재의 당신이 이전의 당신이 아니라면, 과거를 그리워하는 대신 즉시 주님께 달려가십시오. 앉아서 한숨이나 푹푹 쉬며 한탄하지 마십시오. 의사 되신 우리 주님이 살아 계시는 한 소망은 언제든지 있습니다. 아니, 소망 정도가 아닙니다. 아무리 최악의 상태에 빠진 사람이라도 반드시 회복될 것입니다.

"여호와께서 다스리시나니 땅은 즐거워하며 허다한 섬은 기뻐할지어다"_시 97:1

이 복된 말씀이 진리인 한, 우리는 불안해 할 이유가 전혀 없습니다. 여호와는 마치 맹렬한 파도를 즉시 잠잠케 하시듯, 이 땅에서 일어나는 악한 자들의 격노를 즉시 평정하십니다. 그는 소낙비를 내려 이 땅을 신선하게 하시듯 그 긍휼로 빈궁한 자들을 소생케 하십니다. 마치 사나운 비바람 속에서 위엄 있는 불꽃이 번득이듯, 열방들이 무너지고 그 왕권이 붕괴되는 장관 속에서 여호와의 영광이 나타납니다.

악한 영들은 지옥의 비참한 상태에서 의심의 여지없는 하나님의 주권을 인정해야 할 것입니다. 그들에게 이리저리 돌아다닐 수 있는 자유가 허락된다 해도 그 발꿈치에는 항상 사슬이 달려 있습니다. 하마의 입 안에는 재갈이 있고 악어나 고래의 턱에는 갈고리가 있듯이 사망의 쏘는 것이 여호와의 자물쇠로 잠겨 있으며 그 무덤의 감옥들을 하나님의 능력이 감시하고 있습니다. 온 땅의 재판관 되신 하나님이 무섭게 복수하실 때면, 개집에 있는 개들이 사냥꾼의 채찍 소리가 무서워 벌벌 떨듯 마귀들도 겁이 나 부들부들 떨 것입니다.

천국에서는 아무도 영원하신 왕의 주권을 의심하지 않습니다. 오히려 그에게 경의를 표하기 위해 엎드립니다. 천사들은 그의 신하들이요 구속 받은 백성은 그의 사랑하는 자녀들로, 이들 모두가 밤낮으로 그를 기쁘게 섬깁니다. 오, 우리들도 곧 그 크신 왕의 성에 도착하게 될 것입니다!

"여호와의 나무에는 물이 흡족함이여 곧 그가 심으신 레바논 백향목들이로다"_시 104:16

레바논의 백향목은 그들이 오직 여호와에 의해 심겨졌다는 뜻에서 그리스도인을 상징합니다. 하나님의 각 백성은 인간이 심은 존재도 아니요 자기 자신이 심은 존재도 아니며 오직 하나님께서 심어 주신 존재입니다. 성령의 신비한 손길이, 미리 준비해 둔 심령 속에 친히 오시어 살아 있는 씨앗을 심으셨습니다. 더욱이 레바논의 백향목은 인간이 뿌려 주는 물에 의존하지 않습니다. 그들은 높은 반석 위에 서 있기 때문에 인간이 주는 물로 연명치 않고 하나님께서 직접 제공하시는 물만 받아먹고 삽니다. 믿음으로 사는 법을 배운 성도 역시 그와 같습니다.

그는 일시적인 일조차 사람을 의지하지 않습니다. 그는 자기의 하나님 여호와만 바라봅니다. 그는 천국의 이슬을 받아먹고 삽니다. 그리고 하늘의 하나님이 그 샘의 원천입니다. 성도들은 백향목처럼 수액이 충만해서 겨울에 눈보라가 쳐도 항상 푸르게 있을 수 있을 만큼 충만한 생명력을 갖고 있습니다. 마지막으로, 백향목이 가장 위엄 있게 잘 자랄 수 있는 조건은 오직 여호와를 찬양하는 것입니다. 백향목에게는 여호와 한 분만이 그의 모든 것이 됩니다. 다윗은 이를 다음과 같이 아름답게 표현하고 있습니다. "과수와 모든 백향목…들아 여호와의 이름을 찬양할지어다"(시 148:9-13). 마찬가지로 성도 안에는 인간을 높이고 찬양할 만한 것이 하나도 없습니다. 그는 여호와께서 그 손으로 친히 심으신 자요 그 손에 양육되고 보호 받는 존재입니다. 오직 모든 영광은 여호와께로!

"여호와여 주께서 행하신 일로 나를 기쁘게 하셨으니 주의 손이 행하신 일로 말미암아 내가 높이 외치리이다"_시 92:4

당신은 자신의 모든 죄가 사함 받았을 뿐 아니라 그리스도께서 그 죄를 완전히 대속해 주셨음을 믿습니까? 그렇다면 늘 기뻐하고 즐거워하는 그리스도인이 되십시오! 이 세상에서 누구나 당하기 마련인 시련과 환난을 당할 때도 움츠러들지 말고 당당히 사십시오! 루터는 "주여, 부디 저를 치십시오. 주께서 정말 저를 용서하셨다면 원하시는 만큼 아주 세게 저를 치십시오!"라고 했다고 합니다. 그렇다면 당신도 그와 같은 심정으로 이렇게 말하십시오. "주께서 저를 용서하셨으니 질병이든 가난이든 상실이든 십자가든 핍박이든 주께서 원하시는 것이면 무엇이든 제게 보내 주십시오. 그래도 제 영혼은 기쁩니다."

부디 자신의 죄를 도말해 준 십자가에 꼭 매달리십시오. "그러므로 형제들아 내가 하나님의 모든 자비하심으로 너희를 권하노니 너희 몸을 하나님이 기뻐하시는 거룩한 산 제물로 드리라"(롬 12:1). 주님을 향한 당신의 사랑을 실제로 나타내 보이십시오. 당신을 사랑하신 주님의 형제들을 사랑하십시오. 고난당하는 불쌍한 성도를 위해 함께 울뿐 아니라, 그의 십자가도 함께 져 주십시오. 그리스도 덕분에 이처럼 값없이 용서를 받았으니, 다른 이에게도 기쁜 긍휼의 소식을 전하십시오. 말할 수 없이 큰 이 기쁨을 혼자 맛보지 말고 도처에 십자가 소문을 퍼뜨리십시오. 거룩한 기쁨과 거룩한 담대함이 당신을 훌륭한 설교자로 만들어 줄 것입니다. 늘 명랑하고 기쁨에 찬 거룩이야말로 가장 효과적인 설교입니다.

AUGUST 08/15

"이삭이 저물 때에 들에 나가 묵상하다가 눈을 들어 보매 낙타들이 오는지라"_창 24:63

시간을 때우려 쓸데없는 짓을 하며 허송세월하는 사람들이 이삭의 지혜를 배울 수 있다면 얼마나 좋을까요? 주님과 홀로 있는 시간을 많이 가질수록, 우리는 주를 아는 지식에서 자라고 하나님 가까이에서 은혜 가운데 살게 될 것입니다. 묵상이란 다른 곳에서 얻은 영의 양식을 곰곰이 생각하면서 그 양식에 들어 있는 진짜 양분을 빼내어 소화시키는 일입니다. 묵상의 주제가 예수님이라면 정녕 그 묵상은 달콤할 것입니다. 이삭은 혼자 묵상하다가 리브가를 발견했습니다. 마찬가지로 많은 이들이 묵상 중에 사랑하는 주님을 발견합니다.

이삭이 선택한 장소는 묵상하기에 아주 훌륭한 곳이었습니다. 들에는 우리가 생각할 만한 것들이 많습니다. 백향목에서 우슬초, 치솟아 오르는 독수리에서부터 찍찍 우는 여치에 이르기까지, 드높은 푸른 하늘에서부터 이슬방울까지 한가득 있습니다. 하나님이 우리 눈만 열어 주시면, 책에서보다 자연에서 배우는 교훈이 훨씬 더 생생할 것입니다. 모든 피조물이 다 그들을 지으신 창조주 하나님을 가리키고 있다고 생각하십시오. 그러면 온 장소가 즉시 거룩한 곳으로 변할 것입니다. 특히 해질 무렵, 세상 염려를 다 잊어버리고 천국을 묵상하며 기쁨을 누리면 우리 영혼에 많은 유익이 될 것입니다. 일몰의 그 장엄한 광경을 보면서 경외감을 느끼게 될 것입니다. 당신도 하루 일과 중 부디 이런 시간을 가지십시오! 그리고 마음을 다하여 주님을 맞으러 나가십시오.

"여호와께 그의 이름에 합당한 영광을 돌리며 거룩한 옷을 입고 여호와께 예배할지어다"_시 29:2

하나님은 그 본성과 행하신 일들로 인해 영광 받으십니다. 그는 성품이 영화로우시며 그 성품으로부터 흘러나오는 행위들 역시 영화롭습니다. 하나님은 그 행위들을 통해 피조물들에게 그의 선하심과 자비와 공의를 나타내기 원하시는 한편, 그 행위들과 관련된 영광은 오직 하나님께만 돌려지기 원하십니다. 우리 속에는 영광 받을 만한 것이 전혀 없습니다. 주님 앞에서 겸손히 걷도록 조심해야 합니다. 우리가 자신에게 영광을 돌리는 바로 그 순간 우리는 스스로를 지극히 높으신 하나님의 라이벌로 올리는 셈입니다.

그러나 하루살이가 자기에게 빛을 비춰 살 수 있게 해 주는 태양에 대적해서 자신을 높여서야 되겠습니까? 질그릇 조각이 토기장이를 제쳐 놓고 자기를 더 높여서야 되겠습니까? 사막의 먼지가 어찌 회오리바람과 겨루어 싸우겠으며 대양의 물방울들이 어떻게 사나운 비바람과 견주겠습니까? "너희 권능 있는 자들아 영광과 능력을 여호와께 돌리고 돌릴지어다 여호와께 그의 이름에 합당한 영광을 돌리며"(시 29:1-2), "여호와여 영광을 우리에게 돌리지 마옵소서 우리에게 돌리지 마옵소서 오직… 주의 이름에만 영광을 돌리소서"(시 115:1)라는 말씀을 배우는 것이 성도의 삶 속에서 가장 배우기 힘든 교훈 중 하나일 것입니다. 사실 이것은 가장 고통스러운 훈련을 통해서만 배울 수 있는 교훈입니다. 부디 그의 발아래 우리의 면류관을 내려놓고 "그건 내가 아니라 나와 함께한 하나님의 은혜였다!"고 외칩시다.

"그러나 나는 하나님의 집에 있는 푸른 감람나무 같음이여 하나님의 인자하심을 영원히 의지하리로다"_시 52:8

하나님의 인자하심에 대해 묵상합시다. 하나님은 온유한 사랑의 손길로 상한 심령들을 고치시며 그 상처를 싸매십니다. 그는 인자하시며 그가 인자를 베푸시는 방법 또한 은혜롭습니다. 하나님 안에는 작은 것이 하나도 없어서 그의 인자하심 역시 하나님 자신처럼 무한합니다. 그는 큰 죄인인 우리가 오랫동안 지은 그 큰 죄들을 다 용서하시고 우리에게 큰 사랑과 특권을 주신 다음 우리가 그 크신 하나님의 천국에 올라가 즐길 수 있도록 허용해 주실 만큼 그렇게 인자하십니다. 모든 긍휼이 다 그러하듯이 그의 인자하심은 정말로 과분합니다.

또한 하나님의 인자하심은 풍성합니다. 세상에는, 대단해 보여도 그 속에 별 효력은 없는 것들이 많습니다. 그러나 하나님의 이 인자하심은 쇠잔해 가는 당신의 영을 소생시켜 주는 활력이요 당신의 피나는 상처에 바를 연고입니다. 번연이 말했듯 "하나님의 정원에 있는 모든 꽃은 그 꽃잎이 겹으로 되어 있습니다." 하나님의 인자하심은 하나가 아닙니다. 그의 인자하심은 차고 넘칩니다. 그동안 수많은 이가 그의 인자하심을 입었으나 그 인자하심은 아직도 무궁무진하며 항상 새롭고 충만하여 값없이 주어집니다. 그의 인자하심은 부단히 베풀어집니다. 유혹의 때에 그 인자하심이 당신을 지켜 유혹에 넘어가지 않도록 지킬 것입니다. 또 환난의 때에는 당신이 그 환난 속에 완전히 가라앉지 않도록 지켜 줄 것이요, 살아 있을 때는 당신의 표정에 빛과 생명이 되어 주며, 죽어갈 때는 당신 영혼에 기쁨이 되어 줄 것입니다.

"외국인이 여호와의 거룩한 성전에 들어가므로 우리가 책망을 들으며 수치를 당하여 모욕이 우리 얼굴을 덮었느니라"_렘 51:51

주의 백성들은 얼굴을 가리고 부끄러워해야만 했습니다. 제사장들만 들어가게 되어 있는 거룩한 성소에 보통 사람이 들어가는 일은 있을 수 없습니다. 우리는 주변 어디서나 이와 비슷한 서글픈 현상들을 목격합니다. 얼마나 많은 경건치 못한 이들이 주의 사역에 입문하겠다며 교육 받고 있는지 아십니까! 회심도 하지 않은 사람들한테 교회의 종교 의식을 강요하고, 좀 계몽되었다는 교회들도 징계를 하지 않는 실정입니다. 그러나 교회에 불순물을 섞는 것은 샘을 오염시키는 짓이요, 치솟는 불길에 찬물을 끼얹는 짓이며, 비옥한 땅에 돌을 심는 것과 마찬가지입니다. "주님, 우리 각자가 적절한 방법으로 교회의 순결을 지킬 수 있도록 은혜를 내려 주소서. 교회가 회심치 않은 자들로 구성된 구원 없는 공동체가 되지 않고, 성도들의 총회가 될 수 있도록 지켜 주소서."

그렇다면 우선 우리 자신부터 조사합시다. 당신은 거룩한 혼인 예복을 입고 있습니까? 청함 받은 이는 많으나 택함 받은 자들은 지극히 적습니다. 그 길과 문이 좁음을 기억하십시오. 언약궤를 만진 웃사를 치신 하나님, 그 하나님은 그가 정하신 이 두 성례전에 대해서도 질투가 많으신 분입니다. 만약 내가 참신자라면 이 두 예식에 얼마든지 참여할 수 있지만, 이방인이라면 죽지 않기 위해서라도 절대 거기에 참여치 말아야 합니다. 세례를 받거나 성찬 예식에 참여할 때마다 반드시 먼저 자기 마음을 살펴야 합니다. "하나님이여 나를 살피사 내 마음을 아시며 나를 시험하사 내 뜻을 아옵소서"(시 139:23).

"그가 여호와의 능력과 그의 하나님 여호와의 이름의 위엄을 의지하고 서서 목축하니 그들이 거주할 것이라 이제 그가 창대하여 땅 끝까지 미치리라"_미 5:4

그리스도는 목자와 왕이십니다. 그의 지배권은 사랑하는 곤궁한 양떼들을 온유하고 지혜롭게 다스리시는 목자로서의 지배권입니다. 그는 순종을 명하고 받으시지만 그것은 그의 보살핌을 잘 받은 양이 기꺼이 자진해서 드리는 순종이요 그들이 그 음성조차 잘 아는 사랑하는 목자에게 기뻐 바치는 순종입니다. 그는 강권하시는 사랑과 선하신 능력으로 다스리십니다. 주님의 통치는 실제적입니다. 오늘의 말씀에서도 "그가…서서 목축하니"라 했습니다. 교회의 머리 되신 주님은 그의 백성들이 필요로 하는 것을 아주 적극적으로 공급해 주십니다. 그는 서서 먹이십니다. 여기서 "목축한다"는 말은 양을 먹일 뿐 아니라 양을 인도하고, 지켜 주며, 보존해 주고, 회복시켜 주며 친다는 뜻입니다.

주님의 통치는 또한 지속적입니다. 본문에 보면 "그가 서서(현재 시제) 먹인다"고 했지 "그가 이따금씩 먹이다가 그의 자리를 뜰 것이라"고 되어 있지 않습니다. 또 "그가 그의 교회에 하루는 부흥을 허락하고 그 다음날은 황폐하게 내버려 둘 것이라"고 되어 있지도 않습니다. 그는 절대 졸지 않으시며 그 손을 늘어뜨리고 계시지도 않습니다. 그 가슴은 늘 사랑으로 뛰고 그 어깨는 지칠 줄 모르며 그의 백성들의 짐을 져 주십니다. 그리고 그의 통치는 실제로 능력이 있습니다. "그는 여호와의 능력으로 다스리실 것입니다." 그리스도가 계신 곳이면 어디든지 하나님이 계십니다. 그리스도께서 하시는 것은 뭐든지 다 지극히 높으신 하나님이 하시는 일입니다.

"이는 다윗의 마지막 말이라 이새의 아들 다윗이 말함이여 높이 세워진 자, 야곱의 하나님께로부터 기름 부음 받은 자, 이스라엘의 노래 잘 하는 자가 말하노라"_삼하 23:1

다윗은 다양하고 신기할 뿐 아니라 교훈적인 체험을 많이 한 인물입니다. 우리는 그의 생애 속에서 다른 이에게서는 보기 어려운 시련과 유혹들을 봅니다. 이런 이유로 다윗은 더욱더 우리 주 예수님의 모형이 됩니다. 다윗은 거의 모든 계층과 환경에 속한 인간들의 시련을 체험적으로 알고 있었습니다. 다윗은 왕의 시련을 겪었으며, 목자의 지팡이를 가지고 양떼를 치면서 낮은 자의 어려움을 맛보았습니다. 이리저리 방황하는 사람은 또 많은 역경을 만나기 마련인데, 다윗은 엔게디 굴에 거한 적도 있었습니다. 다윗은 대장으로서 스루야의 아들들에게 심한 대접을 받기도 했습니다. 한편 그의 친구들 가운데서도 그의 모사 아히도벨이 그를 저버렸습니다. "내 떡을 나눠 먹던 나의 가까운 친구도 나를 대적하여 그의 발꿈치를 들었나이다"(시 41:9).

그의 가장 악한 원수는 바로 식구들이었습니다. 그는 자녀로 인해 말할 수 없는 고난을 받았습니다. 가난과 부요함, 영광과 치욕, 건강과 약함 등에서 나올 수 있는 모든 유혹들이 그에게 힘을 과시했습니다. 밖으로는 마음의 평강을 교란시키는 유혹을 받았으며 안으로는 기쁨을 해치는 유혹을 받았습니다. 아마 이런 이유 때문에 경험 많은 성도들이 보편적으로 다윗의 시를 좋아하는지도 모르겠습니다. 우리의 마음 상태가 어떠하든, 다윗은 우리의 그 기분을 아주 정확히 묘사해 놓았습니다. 그것은 그 자신이 모든 학교 중 가장 훌륭한 학교인 가슴으로 느끼고 개인적으로 체험하는 학교에서 지도 받았기 때문입니다.

AUGUST
08 / 21

"구제를 좋아하는 자는 풍족하여질 것이요 남을 윤택하게 하는 자는 자기도 윤택하여지리라"_잠 11:25

오늘 말씀은 '얻으려면 주어야 한다'는 위대한 교훈입니다. 쌓으려면 먼저 주어야 하고, 행복해지려면 먼저 다른 사람들을 행복하게 해주어야 하며, 영적으로 활기차려면 다른 사람들의 영적 유익을 먼저 구해야 한다는 교훈입니다. 다른 이들을 윤택하게 해 줄 때 우리 자신이 윤택해집니다. 왜 그럴까요? 유용한 자가 되려는 우리의 노력이 유용해질 만한 우리의 능력을 이끌어내기 때문입니다. 우리의 잠재적 능력이나 재능은 활용할 때 비로소 밖으로 나타납니다.

예컨대 힘든 일을 능히 감당하는 능력이라면 주의 전쟁을 위해 용감히 나서거나 험한 산에 오르기 전까지는 발현되지 않는 경우가 많습니다. 부드러운 동정심 역시 마찬가지입니다. 지금껏 우리 가운데 병든 자의 침상에서 은혜로운 교훈을 얻은 자들이 얼마나 많습니까! 성경을 가르치다가 자신의 무지를 깨닫고 얼굴이 빨개져서 돌아오는 경우가 없었습니까? 가엾은 이들과 대화하다가 하나님의 도를 보다 온전히 깨달은 적은 또 얼마나 많습니까? 누군가를 위해 하는 일에 오히려 우리 자신이 위로를 받는 경우도 그러합니다. 마치 눈 속에 파묻힌 두 사람처럼, 죽어 가는 상대방을 살리려고 손과 발을 계속 비벼 주었더니 어느새 자기 몸의 혈액이 순환되어 둘 다 생명을 구하게 되는 격입니다. 사렙다의 그 불쌍한 과부는 아주 조금의 밀가루와 기름으로 떡을 만들어 엘리야 선지자를 대접했습니다. 그랬더니 바로 그날부터 식량의 부족을 전혀 모르게 되지 않았습니까? 당신 역시 그리하십시오. 하나님께서 배로 갚아 주실 것입니다.

"예루살렘 딸들아 너희에게 내가 부탁한다 너희가 내 사랑하는 자를 만나거든 내가 사랑하므로 병이 났다고 하려무나"_아 5:8

오늘의 말씀은 예수님과의 교제를 몹시 갈망하는 성도에게 해당됩니다. 그가 주를 사랑하므로 병이 났습니다. 은혜가 충만한 영혼들은 그리스도와 아주 가까이 있어야지 그렇지 않으면 마음이 불안합니다. 주께로부터 멀리 떨어져 있으면 평안을 잃어버립니다. 주님 곁에 있을 때 우리의 마음이 평강과 생명과 활력과 기쁨으로 충만해집니다. 왜일까요? 이 모두가 예수님과의 끊임없는 교제 가운데 얻어지기 때문입니다. 우리에게 예수 그리스도는 대낮의 태양이요, 한밤중의 달빛이요, 꽃잎을 적시는 이슬과 같습니다. 그분은 배고픈 자의 빵이요, 벗은 자의 옷이요, 곤하고 지친 땅에서 여행객들이 쉴 수 있는 큰 바위 그늘이십니다.

그러므로 예수님과 하나라는 사실을 의식할 수 없을 때 우리 영혼이 오늘의 말씀처럼 부르짖는 것도 무리가 아닙니다. 이처럼 예수님을 간절히 사모하는 것 자체에 이미 축복이 담겨 있습니다. "의에 주리고 목마른 자는 복이 있나니"(마 5:6). 의로우신 예수님을 목말라 하는 자들은 엄청난 축복을 받은 사람들입니다. 그 굶주림은 하나님으로부터 온 것이기 때문에 복됩니다. 이런 주림은 우리 주님이 말씀하신 축복 속에 들어 있기에 거룩합니다. 이렇게 주린 자들은 그들이 바라고 있는 것으로 "채워질 것"이란 약속을 기억하십시오. 만일 그리스도께서 우리에게 이런 갈망을 넣어 주신 것이라면, 주님은 분명 우리의 그 갈망을 만족시켜 주실 것입니다. 주께서 앞으로 재림하실 것처럼 지금 현재 우리에게 오신다면 얼마나 아름답고 감미롭겠습니까!

AUGUST
08 / 23

"내가 예루살렘을 즐거워하며 나의 백성을 기뻐하리니 우는 소리와 부르짖는 소리가 그 가운데서 다시는 들리지 아니할 것이며"_사 65:19

영화롭게 된 자들은 더 이상 울지 않습니다. 우리를 슬프게 하던 외적인 원인들이 다 없어졌기 때문입니다. 천국에는 깨어진 우정이라든가 좌절된 기대가 전혀 없습니다. 가난과 기근, 위험과 핍박과 비방, 고통스러운 번민이나 죽음에 대한 생각들로 슬퍼할 필요도 없습니다. 그들은 완전히 성화되었기에 더 이상 울지 않습니다. 죄 짓기를 그친 이들이 애통하기는 멈추는 것은 아주 당연합니다. 그들은 흠 없이 하나님의 보좌 앞에 있으며 그분의 형상을 완전히 닮아 있습니다. 다시는 공격 당하지 않을 성 안에 거하면서, 절대 지지 않을 태양빛을 받으며, 절대 마르지 않을 생명수를 마시고, 절대 시들지 않을 나무 열매를 따 먹습니다.

셀 수 없이 많은 영겁의 세월이 흐르겠지만, 영원은 절대 다함이 없습니다. 영원이 지속되는 한, 그 영원과 함께 그들의 불멸과 축복도 지속될 것입니다. 그들은 모든 것을 다 갖고 있기에 더 이상 바랄 것도 없습니다. 눈과 귀, 가슴과 손, 판단, 상상, 소망, 소원, 뜻, 모든 능력이 다 완전히 충족됩니다. 하나님께서 그 사랑하는 자들을 위해 준비하신 것들이 무엇인지, 현재의 우리로서는 희미하게 알 뿐입니다. 다만 성령의 계시에 따라 천국의 성도들이 대단히 복되다는 사실만큼은 충분히 압니다. 그들은 한없는 축복의 바다에 몸을 담근 채 쉬고 있습니다. 그런데 그와 동일한 기쁜 안식이 우리에게도 남아 있습니다. 그다지 먼 훗날의 얘기도 아닙니다. 머지않아 슬피 울던 버드나무가 승리에 차 기뻐하는 종려나무 가지로 바뀌고 슬픔의 이슬방울들이 영원한 축복의 진주들로 바뀔 것입니다.

"길을 여는 자가 그들 앞에 올라가고 그들은 길을 열어 성문에 이르러서는 그리로 나갈 것이며 그들의 왕이 앞서 가며 여호와께서는 선두로 가시리라"_미 2:13

주께서 그 길을 가로막고 있던 모든 원수를 정복하셨습니다. 그러니 낙심해 있는 용사들이여, 힘을 내십시오. 그리스도께서 그 길을 밟고 지나가셨을 뿐 아니라 그의 원수들도 다 죽이셨습니다. 혹시 죄가 무섭습니까? 주께서 죄도 그의 십자가에 못 박으셨습니다. 주는 사망도 죽이시고 그의 백성 단 한 사람도 지옥에 빠지지 못하도록 그 문을 잠그셨습니다. 성도 앞을 가로막은 원수가 무엇이든 예수님이 그것을 모두 이기셨습니다. 우리 앞의 사자들은 이가 부러졌고, 뱀도 그 이빨이 뽑혔습니다. 우리 앞의 강은 얕고, 우리 앞의 검은 날이 뭉툭합니다. 하나님께서 그리스도 안에서 우리를 해칠 만한 능력을 모두 다 없애 버리셨습니다.

그렇다면 이제 하나님의 군대는 안전하게 행군할 수 있습니다! 이제는 전리품을 취할 일밖에 남아 있지 않습니다. 적군은 흠씬 두들겨 맞고 모두 항복했습니다. 그러니 가서 우리의 전리품을 나누도록 합시다! 물론 간간히 전쟁에 참여해야 할 때도 있기는 할 것입니다. 때로 원수가 우리를 해치려고 할 것입니다. 그러나 주께서 그의 머리를 부수셨기에, 힘이 딸려 자신의 악한 계획을 실행치 못할 것입니다. 그는 역부족입니다. 우리는 쉽게 승리할 것이며 우리가 취할 보물 역시 셀 수 없이 많을 것입니다. 결박을 푼 자라는 놀라운 이름을 가지신 구세주의 이름을 널리 선포하십시오. 이 얼마나 아름다운 이름입니까! 온 땅과 죄와 사망과 지옥의 권세를 깨뜨린 우리 주님께 잘 어울리는 이름입니다.

"남자들 중에 나의 사랑하는 자는 수풀 가운데 사과나무 같구나 내가 그 그늘에 앉아서 심히 기뻐하였고 그 열매는 내 입에 달았도다"
_아 2:3

성경은 믿음에 대한 여러 가지 상징들을 나타냅니다. 우선 믿음은 보는 것입니다. "나를 보라 그러면 너희가 구원을 얻을 것이라." 또한 믿음은 듣는 것입니다. "들으라 그러면 네 영혼이 살 것이다." 믿음은 냄새 맡는 것입니다. "네 이름이 쏟은 향기름 같으므로"(아 1:3). 믿음은 또 영적인 만짐입니다. 여인은 믿음으로 그리스도의 뒤에서 그의 옷자락을 만졌습니다. 그리고 우리는 믿음으로 생명의 선한 말씀에 담겨 있는 것들을 다룹니다. 믿음은 바로 우리 영이 맛보는 것입니다. "주의 말씀의 맛이 내게 어찌 그리 단지요 내 입에 꿀보다 더 다니이다"(시 119:103). 그리스도는 "인자의 살을 먹지 아니하고 인자의 피를 마시지 아니하면 너희 속에 생명이 없느니라"(요 6:53)고 말씀하셨습니다.

믿음은 먼저 듣습니다. 육신의 귀로 듣는 것이 아니라 마음의 귀로 듣습니다. 그런 다음 그 진리를 들여다봅니다. 말씀을 이해하고 그 뜻을 간파하는 것입니다. 그 후에는 그 진리의 소중함을 발견합니다. 진리에 감탄하며 말씀의 향기를 깨닫는 것입니다. 그리고는 그리스도 안에서 예비된 긍휼들을 우리 것으로 삼습니다. 이것이 바로 "만지는" 믿음입니다. 그 후에는 향유와 평강 및 기쁨과 교제 가운데 "맛보는" 믿음에 이릅니다. 이 믿음의 행위는 모두 다 구원하는 믿음이지만, 우리는 그 거룩함을 맛보고, 내적으로나 영적으로 주님이 얼마나 아름답고 귀한 분인지 음미하여 그를 영혼의 양식으로 삼는 단계로 임해야 합니다. 그때에 우리가 "그 그늘에 앉아 심히 기뻐"하면서 입 안의 실과가 얼마나 단지 알게 될 것입니다.

"여호와께서 그의 백성을 속량하시며 그의 언약을 영원히 세우셨으니 그의 이름이 거룩하고 지존하시도다"_시 111:9

주의 백성들은 언약 자체를 즐거워합니다. 언약은 다함이 없는 위로의 원천입니다. 성도의 유익은 샛별이 생기기 전, 혹성이 그 궤도를 돌기도 전에 이미 그리스도 안에서 확보되었습니다. "다윗에게 허락한 확실한 은혜"(사 55:3)를 묵상하면서 확실한 언약의 특별한 기쁨을 누리십시오. 그 언약이 "서명 날인하여 인쳐지고 비준되어 모든 면에서 질서 정연하게 다 확정된 것"을 찬양합시다. 그 언약은 영원만큼 오래된 언약이요 만고의 반석이신 주님만큼이나 영원합니다.

하나님이 우리의 하나님이시요, 그리스도가 우리의 친구요, 성령이 우리의 보혜사며, 이 땅은 우리가 잠시 체류하는 여관이요, 천국이 우리의 본향입니다. 우리는 언약 안에서 그 오래고 영원한 선물로부터 유익을 얻는 모든 영혼이 받아 누릴 기업을 봅니다. 그 귀한 보물을 성경 속에서 발견한 우리는 너무 기뻐서 두 눈을 반짝였습니다. 예수님의 유언장 속에서 그것이 모두 우리 것이 되었다는 사실에 우리 영혼이 얼마나 기뻐 뛰었는지요! 하나님의 백성들에게는 이 언약이 얼마나 자비로운지를 묵상함이 마땅합니다. 율법은 행위 언약이요 인간의 공덕에 의존하는 언약이기 때문에 효력이 없었습니다. 그러나 이 언약은 은혜가 그 토대요, 은혜가 그 조건이며, 은혜가 그 노력이요, 은혜가 그 방파제요, 은혜가 그 기초요, 은혜가 그 쐐기돌입니다. 그 언약은 풍성한 보고요, 양식 곳간이요, 생명 샘이요, 구원 창고요, 평화의 헌장이요, 기쁨의 항구입니다.

AUGUST 08 / 27

"여호와께서 모세에게 이르시되 이 백성이 어느 때까지 나를 멸시하겠느냐 내가 그들 중에 많은 이적을 행하였으나 어느 때까지 나를 믿지 않겠느냐"_민 14:11

불신이라는 괴물을 몰아내려 사력을 다해 싸우십시오. 불신은 그리스도를 멸시하는 행위입니다. 만일 우리가 불신함으로써 주님을 모욕한다면, 주께서 그의 임재를 거두어 갈 것입니다. 불신은 가라지와 같아 완전히 다 제거할 수는 없으나, 열심과 인내로써 그것을 근절하려 노력해야 합니다. 불신은 우리가 가장 혐오해야 할 것입니다. 불신은 불신하는 사람이나 불신 받는 사람 모두에게 해롭습니다.

부디 불신 그 자체보다 불신하는 당신이 더 악하게 여겨질 것임을 기억하십시오. 지난날 주께서 베푸신 그 긍휼들로 인해, 지금 주를 의심하는 당신의 죄책이 더욱 가중되기 때문입니다. "곡식을 잔뜩 실은 짐마차가 그 무거운 짐에 눌리듯 나도 너희의 불신 아래서 이렇게 눌리고 있다." 불신은 주의 머리에 가장 날카로운 가시관을 씌우는 행위입니다. 예수님은 의심 받을 만한 근거를 손톱만큼도 제공하지 않았습니다. 우리가 늘 사랑과 진실로 대했던 자들에게 의심 받는다고 생각해 보십시오. 정말로 참기 어렵지 않겠습니까? 그런데 지극히 높으신 하나님의 아들이요 그 부요함이 무한하신 예수님을 불신하다니, 이 얼마나 당치 않은 일입니까? 부디 불신이라는 이 배신자를 없애 버리십시오. 그 거짓말쟁이가 하는 유일한 짓은 우리와 주님 사이의 교제의 끈을 잘라 우리로 하여금 구주 없이 애통하게 만드는 것입니다. 번연은 불신을 가리켜 "고양이처럼 아홉 개의 목숨을 가졌다"고 했습니다. 그렇다면 지금 그 중 한 목숨을 해하고 아홉 개의 목숨이 다 없어질 때까지 멸하도록 합시다.

"등유와 관유에 드는 향료와 분향할 향을 만들 향품과"_출 25:6

지금 당신에게는 많은 등유가 필요합니다! 등유가 없으면 등불이 꺼지고 심지에서 연기가 나와 아주 고약한 냄새를 풍길 것입니다. 우리의 본성에는 기름이 솟구쳐 나올 유전이 전혀 없습니다. 따라서 기름 파는 자들에게서 그것을 사야만 합니다. 그렇지 않으면 어리석은 처녀들처럼 "내 등이 나갔다"고 부르짖게 될 것입니다. 또한 성별된 등일지라도 기름이 없으면 빛을 발할 수 없습니다. 성막의 등불이나 고요한 등불에게도 기름과 손질이 필요합니다. 우리 역시 우리의 등을 손질하고 그 안에 기름을 부어야 합니다. 아무리 좋은 환경 아래 있어도 고상한 인품의 기름을 받지 못하면 제대로 빛을 내지 못할 것입니다.

그러나 아무 기름이나 다 주님을 섬기는 데 사용하면 안 됩니다. 이 땅의 석유나, 물고기 기름이나, 견과류에서 축출되는 기름은 사용될 수 없습니다. 오직 아주 질 좋은 감람유만이 필요합니다. 마찬가지로 본성의 선에서 나오는 가장된 인품, 성직자의 변덕스러운 인품, 외적인 종교의식에서 오는 비실재적 인품은 절대 참 성도를 만족시키지 못합니다. 참 성도라면 겟세마네의 감람유 틀로 가서 으깨진 주님으로부터 자신의 필요한 것을 받아옵니다. 인품의 복음이라는 기름은 앙금이나 찌끼가 전혀 없는 순전한 기름이라서 그로부터 나는 빛은 아주 환하고 선명합니다. 우리 구주의 금빛 샹들리에인 교회가 이 어두운 세상에서 빛을 발하려면 거룩한 기름이 많이 필요합니다. 그러니 우리 자신을 위해, 목회자들과 우리의 교회들을 위해 등유가 부족하지 않기를 기도합시다.

"하나님이여 주의 인자를 따라 내게 은혜를 베푸시며 주의 많은 긍휼을 따라 내 죄악을 지워 주소서"_시 51:1

캐리 박사가 위험한 병에 걸려 신음할 때 누군가 이런 질문을 했습니다. "만일 이 병으로 죽는다면 박사님은 장례식 설교에 어떤 구절을 요청하시겠습니까?" 이에 대해 캐리는 다음과 같이 답했습니다. "저처럼 죄 많은 피조물에게 무슨 장례식 설교까지요? 하지만 굳이 해야 한다면 이 말씀으로 해 주십시오. '하나님이여 주의 인자를 따라 내게 은혜를 베푸시며 주의 많은 긍휼을 따라 내 죄악을 지워 주소서.'" 그는 또한 자기 묘비에 다음의 글 외엔 아무것도 새기지 말라고 유언했습니다. "더럽고 불쌍하고 무력한 벌레인 제가 주의 친절하신 팔에 안깁니다."

가장 훌륭한 사람일수록 기껏해야 인간일 뿐이란 사실을 더욱더 절감합니다. 빈 배는 높이 뜨지만 무거운 짐을 실은 배는 더욱 낮게 떠갑니다. 말로만 그리스도를 믿는다고 고백하는 자들은 자랑하지만, 참 하나님의 자녀들은 무익한 자신에게 긍휼을 베풀어 달라고 부르짖습니다. 우리의 선행, 우리의 기도, 우리의 설교, 우리의 가장 거룩한 일들, 이 모든 것 위에도 주님의 긍휼이 필요합니다. 그것은 마치 어린 양의 피가 이스라엘 백성들의 집 문설주에 뿌려짐과 동시에 성소와 속죄소와 제단에도 뿌려졌던 것과 같습니다. 죄가 우리의 가장 거룩한 것들 속에도 침입하였으므로 그 더러움을 씻기 위해 예수님의 피가 필요합니다. 우리가 행하는 이런 의무들에도 하나님의 긍휼이 필요할진데 하물며 범하는 죄에 대해서야 어떻겠습니까? 그런데 우리에게 은혜를 베풀고, 우리의 패역을 회복시키며, 우리의 상한 뼈들로 기뻐하게 하시려 예비하신다니, 이 얼마나 즐거운 소식입니까!

"너는 여호와를 기다릴지어다 강하고 담대하며 여호와를 기다릴지어다"_시 27:14

기다리기가 얼핏 쉬워 보일지 모르나 실제로는 전혀 그렇지 않습니다. 기다림은 오래 배우지 않으면 절대 익힐 수 없는 덕목입니다. 하나님의 용사들에게는 가만히 서 있는 것보다 행진하는 것이 훨씬 쉽습니다. 기꺼이 주님을 섬기고 싶지만 어느 분야에서 주님을 섬겨야 좋을지 몰라 당황할 때가 있습니다. 그럴 땐 어떻게 해야 할까요? 절망에 빠져 쩔쩔매거나, 겁을 먹고 물러서거나, 두려움에 뒤돌아서지 마십시오. 주제넘게 그냥 밀고 나가서도 안 됩니다. 그저 기다리십시오. 기다리되 기도하며 기다리십시오. 하나님의 언약을 주장하며 도와 달라고 간청하십시오. 당신이 감당해야 할 의무들로 인해 곤란에 빠졌을 때는 어린애처럼 겸손히 순전한 믿음으로 여호와를 기다리는 일이 아주 중요합니다. 설사 주께서 한밤중까지 기다리게 하신다 해도 주님은 제때에 반드시 오실 것이며, 묵시는 지체되지 않고 반드시 응답될 것입니다.

고난을 이유로 주를 거역하는 대신 오히려 그로 인해 하나님을 송축하며 인내 가운데 기다리십시오. 상황을 있는 그대로 받아들이며 고집 없이 온전한 마음으로 하나님의 손에 상황을 맡기십시오. "하나님, 이제 제 뜻이 아니라 하나님의 뜻이 이루어지기를 바랍니다. 저는 어찌 해야 할지 모르겠습니다. 그러나 하나님께서 그 물을 가르시거나 원수들을 몰아내실 때까지 기다리겠습니다. 만일 하나님께서 저를 이 상태에 오래 두신다 해도 기다리겠습니다. 제 마음은 오직 하나님 한 분에게만 고정되어 있습니다. 저의 기쁨과 구원과 피난처와 요새이신 주님, 당신만을 기다립니다."

"내 공의가 가깝고 내 구원이 나갔은즉 내 팔이 만민을 심판하리니 섬들이 나를 앙망하여 내 팔에 의지하리라"_사 51:5

그리스도인은 극심한 시련을 당할 때 이 땅에서 신뢰할 만한 것이 아무것도 없습니다. 오직 하나님 한 분뿐입니다. 당신의 배가 거의 뒤집어질 지경인데 아무도 도와줄 이가 없습니까? 그저 하나님의 섭리와 돌보심만 전적으로 믿고 기다리십시오. 사실 우리를 이런 반석에 부딪혀 난파하게 만든 그 폭풍우는 얼마나 고마운지요! 그리고 우리 영혼을 하나님께로, 오직 그분께로만 몰아간 그 태풍은 얼마나 복스러운지요! 하나님 외에는 아무에게도 말할 수 없는 특별한 걱정거리가 우리를 내리누를 때, 그로 인해 하나님께 감사드립시다. 그때가 바로 우리가 믿는 하나님에 대해 좀더 많이 배울 수 있는 기회이기 때문입니다.

쓸데없는 의심이나 두려움으로 여호와 하나님을 멸시하지 않도록 조심하십시오. 오히려 믿음에 견고히 서서 하나님을 영화롭게 하십시오. 주 하나님이 당신을 도우시면 당신은 가난 속에서도 아주 부요한 자라는 사실을 부자들에게 보여 주십시오. 하나님의 영원하신 팔이 당신 밑에 둘려 있으면 미약한 당신도 아주 강할 수 있다는 사실을 권세자들에게 보여 주십시오. 지금은 믿음의 위업과 용감한 행위를 보여 줄 때입니다. 그러니 강하고 담대하십시오. 만일 눈에 보이는 기둥 하나가 하늘을 떠받치고 있다면, 창공이 그렇게 장엄해 보이지 않을 것입니다. 마찬가지로 당신의 믿음이 인간적인 눈으로 분별할 만한 어떤 것에 의존한다면, 그 믿음은 영광스러운 믿음이 되지 못할 것입니다. 8월의 마지막 이 아침, 성령께서 당신으로 하여금 예수님 한 분만 의지할 수 있게 하시기를 간구합니다.

"주의 교훈으로 나를 인도하시고 후에는 영광으로 나를 영접하시리니"
_시 73:24

오늘의 말씀에서 시편 기자는 자신에게 하나님의 인도가 필요하다는 사실을 알았습니다. 그는 자기 마음이 얼마나 어리석은지 발견했습니다. 그래서 그 어리석음에 의해 계속 잘못 인도되지 않기 위해서는 이후로부터 하나님의 모사에 의해 인도 받아야겠다고 결심합니다. 이처럼 자신의 어리석음을 의식하는 것이 지혜의 첫걸음입니다. 자기 어리석음을 깨달아야 비로소 여호와의 지혜를 의지하기 시작합니다. 우리의 눈앞이 가려져 있기에, 모든 것을 보시는 하나님을 신뢰함이 당연합니다. 이 시편 기자는 여호와께서 자기를 인도해 주실 것을 확신하고 있습니다.

이것은 바로 당신을 위한 말씀입니다. 하나님이 당신의 상담자요 친구가 되심을 확신하십시오. 하나님의 기록된 말씀인 성경이야말로 바로 이 약속의 부분적 성취입니다. 하나님은 성경을 통해 당신을 권고하십니다. 선원에게 나침반이 성도에게 성경과 같습니다. 성경은 한 치의 오류 없는 도표요, 그 안에 모든 모래톱(혹은 장애물)이 다 표시되어 있는 지도입니다. 오늘, 시편 기자는 하나님이 이생을 통해 인도해 주신 후에는 마침내 자기를 영광으로 영접해 주시리라 기대합니다. "후에는 영광으로 나를 영접하시리니." 비록 방황하다 길을 잘못 들어 헤맬 때도 있지만, 하나님이 마침내 당신을 안전하게 인도해 주실 것입니다! 이 약속에 의지해서 오늘을 사십시오. 당혹스러운 일들이 당신을 둘러싸고 있습니까? 말씀에 힘을 얻어 곧장 하나님의 보좌로 나아가십시오.

SEPTEMBER
MORNING BY MORNING
09 / 02

"시몬의 장모가 열병으로 누워 있는지라 사람들이 곧 그 여자에 대하여 예수께 여짜온대"_막 1:30

사도 베드로의 집안을 들여다보면 아주 흥미로운 점이 발견됩니다. 집안에서 일어나는 기쁜 일이나 염려스러운 일들이 사역에 아무 지장도 주지 않기 때문입니다. 오히려 집안일들은 자기 혈육에 대해 베풀어진 하나님의 은혜를 증거할 기회를 제공해 줍니다. 진정한 기독교와 가정생활은 얼마든지 병행할 수 있습니다. 베드로의 집은 어쩌면 아주 가난한 어부의 오두막이었을지도 모릅니다. 그러나 영광의 주께서는 그 안에 들어가 거기 머무시며 이적을 행하셨습니다.

그러니 오늘 아침, 초라한 오두막에 거하는 이여! 이 사실을 통해 힘을 얻고 왕 되신 주님과의 동행을 구하시기 바랍니다. 사실 하나님은 으리으리한 궁전보다 쓰러져 가는 오두막집에 더 자주 계십니다. 시몬의 집에 병이 들어가, 그의 장모가 심한 열병에 걸렸습니다. 사람들이 주께 그 슬픈 사실을 말씀드리자마자, 주님은 급히 환자의 침상으로 가셨습니다. 혹시 당신 집에도 병든 자가 있습니까? 즉시 최고의 의사이신 주님께 그 문제를 말씀드리십시오. 주님 앞에 그 문제를 내놓으십시오. 구주께서 즉시 시몬의 아픈 장모를 고쳐 주시지 않았습니까? 아무도 주님처럼 고치지 못합니다. 물론 주께서 이들을 즉시 고쳐 주실까 하는 여부는 알 수 없습니다. 설사 그리 되지 않는다 해도 생사를 결정하시는 주님 뜻에 겸손히 머리 숙여야 할 것입니다. 온유한 주님은 지금도 우리 고뇌와 슬픔을 들으려고 기다리고 계십니다. 그러니 오래 참고 기다리시는 주님 귀에 대고 우리의 고뇌와 슬픔에 대해 모두 말씀드립시다.

SEPTEMBER 09 / 03

"내 마음으로 사랑하는 자야 네가 양 치는 곳과 정오에 쉬게 하는 곳을 내게 말하라 내가 네 친구의 양 떼 곁에서 어찌 얼굴을 가린 자같이 되랴"_아 1:7

말을 돌리지 않고 예수님을 가리켜 "내 마음에 사랑하는 자"라고 말할 수 있다면 얼마나 좋을까요. 많은 사람들은 자신이 예수님을 사랑하기를 바란다고 이야기합니다. 그러나 이 말은 주님과 깊은 사랑의 교제를 나누지 못했다는 뜻입니다. 우리는 예수님이 우리를 사랑하시길 바라는 피상적인 희망이나, 우리가 그를 사랑한다고 단순히 믿는 데에서 만족해선 안 됩니다. 옛 성도들은 "만약"이라든가 "그러나"라든가 "희망한다" 혹은 "믿는다"라는 말을 쓰지 않았습니다. 그 대신 아주 분명하게 말했습니다. 바울은 "내가 믿는 자를 내가 알고"(딤후 1:12)라 말했고, 욥은 "내가 알기에는 나의 대속자가 살아 계시니"(욥 19:25)라고 말했습니다. 당신도 정말 예수님을 사랑하는지 확실히 알아야 합니다.

당신이 절절히 예수님을 사랑한다고 고백할 수 있을 때까지는 절대 만족하지 마십시오. 물론 그리스도에 대한 참사랑은 항상 성령의 사역이므로 성령께서 우리 마음속에 그 사랑을 일으켜 주어야 합니다. 성령은 그 사랑을 유효케 하는 동인입니다. 그러나 우리가 예수님을 사랑하는 논리적인 이유는 바로 예수님 안에 있습니다. 예수님이 먼저 우리를 사랑하셨기에, 우리가 그분을 사랑할 수 있는 것입니다. 그는 "우리를 위해 자신을 내어 주셨"습니다. 또한 우리는 그의 탁월하신 인품을 사랑합니다. 우리는 주님을 생각할 때마다 주님은 너무 아름다운 분이라는 생각을 하게 됩니다! 그 인품의 매력에 탄복하고 그 무한하신 온전함을 의식합니다! 이 사랑은 정말 복된 사랑입니다.

SEPTEMBER 09/04

"예수께서 불쌍히 여기사 손을 내밀어 그에게 대시며 이르시되 내가 원하노니 깨끗함을 받으라 하시니"_막 1:41

태곳적부터 있던 어둠은 "빛이 있으라"고 하신 전능자의 명령을 들었습니다. 그러자 즉시 빛이 생겼습니다. 그런데 주 예수님의 말씀도 그 능력 있는 태곳적 말씀과 똑같은 능력을 갖고 있습니다. 창조와 마찬가지로 구속도 능력의 말씀을 갖고 있습니다. 예수님이 말씀하시면 말씀대로 됩니다. 당시 나병은 인간적인 방법으로 치료되지 않았을 뿐더러 자연도 그 병을 치유하는데 아무 도움이 되지 못했습니다. 그런데 예수님의 말씀 한마디로 나병이 발한 그 자리가 완전히, 그리고 영원히 치료되었습니다. 죄인이여, 그 나병자의 본을 따라 예수님께 가서 "그에게 꿇어 엎드려 간구하십시오." 우리의 믿음이 비록 적을지라도 그 믿음을 행사하십시오. 그럼 틀림없이 깨끗함을 받을 것입니다.

이 나병자는 율법에 규정된 것을 어기고 그 집으로 들어갔습니다. 그러나 예수님은 그를 나무라시기는커녕 오히려 그를 친히 만나 주셨습니다. 뿐만 아니라 그를 깨끗케 하시려고 그를 만지심으로써 레위기에 규정된 불결 항목에 걸리셨습니다. 예수 그리스도는 전혀 죄를 알지 못한 분이었으나, 우리로 하여금 그 안에서 하나님의 의가 되게 하시려고 우리를 위해 죄가 되셨습니다. 불쌍한 죄인들이 주님의 복 되신 대속 사역의 능력을 믿고 예수님께 간다면 곧 자비롭게 만져 주시는 주님의 손길 속에 능력이 있음을 깨닫게 될 것입니다. 보리떡이 계속 생겨나게 하시고, 물속으로 빠져 들던 베드로를 건져 주시며, 고난 당하는 성도들을 붙잡아 주시는 그 손, 바로 그 손으로 주님이 만지는 순간 당신은 깨끗해질 것입니다.

"메섹에 머물며 게달의 장막 중에 머무는 것이 내게 화로다"_시 120:5

우리는 경건치 못한 세상 가운데서 살아야만 합니다. "내게 화로다"라고 부르짖어 봤자 소용없습니다. 예수님도 하나님께 기도할 때 당신을 이 세상에서 데려가 달라고 기도하지 않았습니다. 우리는 주님의 능력을 덧입어 어려움에 직면하여 그 속에서 주님을 영화롭게 하는 편이 훨씬 낫습니다. 원수 마귀는 당신을 항상 주목하고 있습니다. 그러니 언제나 거룩해야 합니다. 원수에게 비난할 기회를 전혀 주지 않도록 노력하십시오. 당신의 선함만이 원수들이 당신 안에서 발견할 유일한 결점이 되게 하십시오. "이 다니엘은 그 하나님의 율법에서 그 근거를 찾지 못하면 그를 고발할 수 없으리라"(단 6:5).

언행에 일관성이 있을 뿐 아니라 유용한 사람이 되십시오. 당신이 함께 살고 있는 자들이 악하면 악할수록, 그들을 더욱더 참고 사랑해 줄 필요가 있습니다. 그들 마음이 비뚤어져 있습니까? 그럼 그들을 더욱더 바르게 세워 줘야 합니다. 심술궂고 고집이 셉니까? 그럼 그들의 교만한 마음을 진리로 돌이키기 위해 더욱더 애써야 할 것입니다. 환자가 많은 곳에 의사가 필요하며, 가장 치열한 전투지에서 군인이 더욱 명예롭게 되는 법입니다. 지금까지 모든 성도들이 그와 똑같은 시련을 참고 견뎠다는 사실을 기억하십시오. 그들은 솜털로 된 침대 위에 누워 편안히 천국으로 실려 가지 않았습니다. 그러니 옛 성도보다 더 수월하게 이 순례길을 여행하리라고는 기대하지 마십시오. 그들은 이 전쟁터의 고지(高地)에서 생명의 위험을 무릅쓰고 죽기까지 싸웠습니다.

> "이는 너희가 흠이 없고 순전하여 어그러지고 거스르는 세대 가운데서 하나님의 흠 없는 자녀로 세상에서 그들 가운데 빛들로 나타내며"
> _빌 2:15

우리는 무언가 나타내고자 할 때 빛을 이용합니다. 곁에 있는 사람이 복음을 모른 채 일주일을 넘기는 일이 없을 정도로, 그리스도인은 그렇게 빛을 발하며 살아야 합니다. 그의 대화는 주변 모든 사람이 그가 누구의 것이며 누구를 섬기고 있는지 분명히 알 수 있을 만큼 성도다워야 합니다. 매일의 행동 속에서는 예수님의 모습이 나타나야 합니다. 빛은 또 인도하기 위해 있는 것입니다. 우리는 흑암 가운데 있는 주변 사람들을 도와주어야 합니다. 그들에게 생명의 말씀을 제시해 주어야 합니다. 죄인들에게는 구주를 알려주고, 곤하고 지친 영혼들에게는 안식처를 제공해 주며, 빌립처럼 말씀의 뜻을 알고자 하는 자에게는 구원의 도를 가르쳐 줄 준비가 되어 있어야 합니다.

빛은 또 경고에 사용됩니다. 우리는 암초와 모래톱 위에 등대를 세워야 합니다. 우리 성도들은 이 세상 도처에 거짓 빛들이 많이 있다는 것, 그래서 바른 빛이 반드시 필요하다는 것을 반드시 알아야 합니다. 배를 난파시키는 사탄의 하수들이 경건치 못한 자들을 유혹하여 쾌락이라는 미명 아래 죄를 짓게 하려고 도처에 깔려 있습니다. 도처에서 그릇된 빛을 들어 올립니다. 그러므로 우리는 위험한 암초마다 참 빛을 세워 모든 죄를 지적해 내고 그 죄가 우리를 어디로 인도하는지 말해 주어야 합니다. 성도는 그 입술로 늘 친절한 말을 하며 그 마음이 늘 동정심으로 가득 찬 위로자가 되어야 합니다. 가는 곳마다 햇빛을 갖고 다니며 주변에 행복을 퍼뜨립시다!

"무리들 때문에 예수께 데려갈 수 없으므로 그 계신 곳의 지붕을 뜯어 구멍을 내고 중풍병자가 누운 상을 달아내리니"_ 막 2:4

믿음은 어떻게든 방도를 생각해 냅니다. 본문에 나오는 집은 사람들로 가득 차 있었습니다. 많은 이들이 문을 가로막고 있었습니다. 그러나 믿음은 주님께 나아가 중풍병자를 그 앞에 내려놓을 길을 발견했습니다. 보통 방법으로 죄인들을 예수님이 계신 곳으로 데려갈 수 없다면 특별한 방법들을 사용해야 합니다. 누가복음 5장 19절을 보십시오. 여기에서는 지붕을 뜯어냈습니다. 그로 인해 먼지가 많이 났을 뿐 아니라 밑에 있는 사람들에게 어느 정도의 위험 부담까지 안겨 주었습니다. 그러나 일이 아주 긴급할 때는 위험이나 예절을 무릅써야 합니다.

예수님이 병자들을 고쳐 주시려 바로 그곳에 계셨습니다. 그러니 무슨 일이 있더라도 믿음은 그 불쌍한 중풍병자의 죄가 용서되도록 그를 주님 앞에 내려놓아야 했습니다. 우리 가운데 이처럼 담대한 믿음이 있다면 얼마나 좋을까요! 오늘 아침에는 우리 자신과 동료들을 위해 이런 믿음을 구하지 않겠습니까? 그리고 오늘은 영혼을 사랑하고 하나님을 영화롭게 하기 위해 뭔가 용감한 일을 해 보지 않겠습니까? 중풍병자를 데리고 온 네 명의 친구들이 그렇게 담대한 용기를 가질 수 있었던 것은 바로 그곳에 예수님이 계셨기 때문입니다. 그런데 그 주님은 지금 우리들 가운데도 계시지 않습니까? 우리 자신의 영혼도 주님의 치유 능력을 느끼고 있지 않습니까? 그렇다면 문이나 창문이나 지붕을 통해 어떤 장애물이든 뚫고 들어가 불쌍한 영혼들을 예수님께 내려놓는 수고를 아끼지 맙시다.

"에브라임의 말이 내가 다시 우상과 무슨 상관이 있으리요 할지라 내가 그를 돌아보아 대답하기를 나는 푸른 잣나무 같으니 네가 나로 말미암아 열매를 얻으리라 하리라"_호 14:8

하나님과의 연합으로 말미암아 우리는 열매를 얻습니다. 가지에 달린 열매는 그 뿌리 덕에 그런 열매를 맺을 수 있습니다. 마찬가지로 우리도 그리스도와 접붙여져 있기에 열매를 맺는 것입니다. 우리가 하는 모든 선행은 본래 뿌리 되신 그리스도 안에 있던 것으로 단지 우리를 통해 드러날 뿐입니다. 당신은 그리스도와의 이 소중한 연합을 귀히 여기십시오. 우리의 열매는 하나님의 영적인 섭리에 따라 맺혀집니다. 하늘의 햇빛과 이슬과 구름 같은 모든 은택들은 각각 그 나무에 대고 "네가 나로 말미암아 열매를 얻으리라"고 속삭입니다. 하나님은 그 은혜의 섭리로 우리를 소생시키고 가르치시며, 우리에게 위로와 힘을 주시고, 우리에게 부족한 것은 무엇이든 끊임없이 제공하십니다. 사실 우리의 모든 유용성이나 미덕은 하나님의 은혜의 섭리가 있기에 가능한 것입니다.

우리의 열매는 또한 하나님이 지혜롭게 관리하고 보호해 주시기에 맺힙니다. 정원사가 예리한 칼로 필요 없는 가지들을 쳐 주어야 나무는 열매를 더욱 풍성히 맺을 수 있습니다. 주께서 바로 이와 같은 전지 작업을 통해 당신에게 열매를 맺게 해 주십니다. "내 아버지는 그 농부라 무릇 내게 붙어 있어 열매를 맺지 아니하는 가지는 아버지께서 그것을 제거해 버리시고 무릇 열매를 맺는 가지는 더 열매를 맺게 하려 하여 그것을 깨끗하게 하시느니라"(요 15:1-2). 우리에게 영적인 은혜를 주시는 우리 하나님께 구원의 모든 영광을 돌려 드립시다.

"너는 내게 부르짖으라 내가 네게 응답하겠고 네가 알지 못하는 크고 은밀한 일을 네게 보이리라"_렘 33:3

이 말씀은 조금씩 다르게 번역되었습니다. 어떤 성경에는 "내가 크고 기운 나는(fortified) 일을 네게 보이리라"로 해석했고, 다른 성경에는 "크고 따로 예비된(reserved) 일"로 번역되어 있습니다. 그러나 어떠하든 이것은 그리스도인의 체험 속에 예비된 특별한 일들이 있다는 말씀입니다. 즉 사람마다 영적 생명이 자라는 과정이 다 같지는 않다는 뜻입니다. 물론 회개나 믿음, 기쁨, 소망은 주의 온 가족이 함께 즐기는 공통적인 것들입니다. 그러나 황홀한 기쁨이라든가, 영적 교감, 그리스도와의 의식적인 연합과 같은 특이한 영역들이 존재합니다.

성도 누구나가 요한처럼 예수님의 가슴에 기대고 바울처럼 삼층 천에 올라갈 수 있는 것이 아닙니다. 오직 하나님만이 우리를 그곳에 데려다 주시며, 끈질긴 기도와 간구만이 우리를 더 높은 데로 이끌 수 있습니다. "또 힘으로는 하나님과 겨루되 천사와 겨루어 이기고 울며 그에게 간구하였으며 하나님은 벧엘에서 그를 만나셨고 거기에서 우리에게 말씀하셨나니"(호 12:3-4). 이것은 성도를 갈멜산으로 데리고 가 축복의 구름이 이 땅을 덮을 때까지 기도하게 만드는 기도입니다. 또한 비스가산 꼭대기에서 성도에게 예비된 기업을 보도록 하는 기도입니다. 그런가 하면 우리를 다볼산 높은 곳에서 우리 주 예수님의 모양처럼 될 때까지 변화시켜 주는 기도입니다. 좀더 높은 곳에 올라가 하나님과 머물기 원하십니까? 그렇다면 믿음의 눈으로 끈덕진 기도의 창을 통해 주님을 뚫어지게 바라보십시오. 이쪽 창만 열면 됩니다. 주님 쪽 창에는 절대 빗장이 걸려 있지 않을 테니까요.

"또 산에 오르사 자기가 원하는 자들을 부르시니 나아온지라"_막 3:13

참을성 없는 영혼들은 하나님이 자기를 가장 높은 사역의 자리로 불러 주시지 않았다며 안달하고 불끈거릴지 모릅니다. 그러나 예수님이 자기의 원하시는 자를 부르심을 오히려 기뻐하십시오. 만일 주께서 나를 그의 집 문지기로 남겨 두신다면, 주님을 섬길 수 있도록 그런 일이라도 허락해 주신 주님의 은혜로 인해 기꺼이 주님을 송축할 것입니다. 예수님은 그 거룩함과 성실함과 사랑과 능력에 있어서 항상 세상보다 훨씬 더 높이 있는 저 산 위에 서 계십니다. 예수님께 부름 받은 자들은 그 산에 올라 주님께 나아가야 합니다.

모세처럼 반드시 하나님의 산에서 그분과 친밀히 교제해야 합니다. 아버지와 극도로 친밀한 교제를 나누시고자, 예수님은 사람들과 떨어진 채 홀로 계셨습니다. 우리도 그와 똑같이 하나님과의 친밀한 교제권으로 들어가야 합니다. 예수님이 계셨던 산에서 새롭게 되어 하산했을 때 사도들은 능력을 덧입었습니다. 그러니 오늘 아침, 우리도 그 교제의 산에 오르는 수고를 마다하지 맙시다. 거기서 주께서 우리에게 맡기신 필생의 일을 위해 안수 받아야 합니다. 천국 무기로 무장될 때까지는 여호와의 전쟁터로 나가 봐야 아무 소용이 없습니다. 그러니 반드시 예수님을 뵈어야 합니다. 이것은 필수입니다. 보좌에서 주께서 자신을 세상에 나타내시는 것과 다른 방식으로 우리에게 나타내실 때까지, 그래서 우리가 진심으로 "우리가 그와 거룩한 산에 있었다"고 말할 수 있을 때까지 거기 머물러 있어야 합니다.

"그러므로 너희는 그들 중에서 나와서 따로 있고 부정한 것을 만지지 말라 내가 너희를 영접하여"_고후 6:17

   그리스도인은 절대 세상에 속한 자가 되면 안 됩니다. 성도는 그 생애에 위대한 목적을 가짐으로써 세상과 분리되어야 합니다. 그에게는 "사는 것이 그리스도"가 되어야 합니다. 먹든지 마시든지 무엇을 하든지, 그 모든 것을 하나님을 영화롭게 하기 위해 해야 합니다. "믿음 안에서 부요해지고" 선한 일에 부요한 자가 되기를 당신의 야망으로 삼으십시오. 또 기쁠 때는 시편을 노래하며 마음속으로 주님을 향한 노래를 지어 보십시오. 당신은 이처럼 모든 면에서 세상과 달라야만 합니다.

   항상 하나님의 임재를 의식하며, 하나님과의 교제를 즐거워하고, 그의 뜻을 알고자 하며, 하나님 앞에서 겸손히 기다립니까? 그렇다면 당신은 틀림없이 천국 백성입니다. 당신은 또한 행동에 있어서도 세상과 달라야 합니다. 옳은 일이라면 그로 인해 손해를 볼지라도 반드시 그 일을 해야 합니다. 그러나 어둡고 열매 없는 일에는 절대 참여치 마십시오. 오히려 그런 일을 책망하십시오. 당신은 만왕의 왕 되신 하나님의 자녀임을 기억하십시오. 따라서 이 세상에 조금도 물들지 않도록 자신을 지키십시오. 머지않아 천국 악기들을 다루게 될 그 손을 더럽히지 마십시오. 머지않아 아름다우신 만왕의 왕을 뵙게 될 그 눈이 정욕의 창이 되지 않게 하십시오. 머지않아 금으로 된 천국 거리를 걷게 될 그 발을 불결한 장소에서 더럽히지 마십시오. 머지않아 천상의 기쁨으로 가득 차게 될 그 마음속에 교만과 원통함이 차지 않도록 조심하십시오.

"여호와는 질투하시며 보복하시는 하나님이시니라 여호와는 보복하시며 진노하시되 자기를 거스르는 자에게 여호와는 보복하시며 자기를 대적하는 자에게 진노를 품으시며"_나 1:2

당신이 믿는 하나님은 당신의 사랑을 몹시 투기하시는 분입니다. 하나님이 당신을 택하셨습니까? 그렇다면 하나님은 당신이 하나님 이외의 다른 것을 택하는 걸 절대 참지 않을 것입니다. 하나님이 그의 피로 당신을 샀습니까? 그럼 당신이 당신을 자신의 것으로 생각하거나 혹은 이 세상에 속해 있다고 생각하는 것을 하나님이 절대 용납하시지 않을 것입니다. 하나님은 당신을 사랑하시되 당신 없는 천국에는 계실 의향이 전혀 없으실 만큼 그렇게 당신을 사랑하십니다.

또한 그분은 당신이 어떤 육체의 팔도 신뢰하기를 허용치 않으십니다. 하나님은 우리가 그분을 의지하면서 기뻐하기를 원하십니다. 우리는 예수님과 가장 많은 대화를 나눠야 합니다. 그 누구든 예수님보다 더 많은 대화를 나누면 안 됩니다. 주님 안에만 거하는 것, 이것이 바로 참사랑입니다. 그러나 이 세상에 마음을 주고, 육신적인 위로 속에서 충분한 위로를 발견하며, 심지어 주님과 은밀하고 다정하게 나누는 교제보다 동료 그리스도인들과 나누는 교제를 더 선호한다면, 질투의 하나님이 몹시 근심하실 것입니다. 그런데 우리를 그리스도 가까이 붙잡아 두려는 이 투기심이 또한 우리에게는 위로가 됩니다. 왠지 아십니까? 주님이 우리의 사랑을 이렇게 원하실 만큼 우리를 사랑하신다면, 주님은 또 우리를 해치는 것은 그것이 무엇이 되었든 절대 참고 견디지 않으실 것이요 우리를 모든 원수들로부터 보호해 주실 것이 확실하기 때문입니다.

"그들이 눈물 골짜기로 지나갈 때에 그곳에 많은 샘이 있을 것이며 이른 비가 복을 채워 주나이다"_시 84:6

한 사람이 얻는 위로는 종종 다른 이에게도 아주 유용합니다. 마치 나중에 온 자들이 이미 파여 있는 샘을 사용하듯이 말입니다. 어떤 성경 말씀은 꿀물이 흐르는 요나단의 막대기처럼 위로로 가득 차 있습니다. 그런 말씀을 읽을 때면, 우리는 앞서 간 형제가 자신을 위해서만 아니라 우리를 위해 그 샘을 팠다고 생각합니다. 특히 "내 영혼아 네가 어찌하여 낙심하며"라고 시작되는 시편이 바로 그렇습니다. 여행자들이 마른 땅의 발자국을 보고 즐거워하듯 우리는 눈물의 골짜기에서 순례자들이 남긴 표지를 보고 기뻐합니다.

순례자들이 파놓은 샘은 이상하게도 그 샘물이 밑에서부터 채워지지 않고 위에서부터 채워집니다. 우리는 그 샘을 방편으로 사용하지만 축복은 그 방편에서 솟아오르는 것이 아닙니다. 샘은 우리가 파지만 그것을 이른 비로 채워 주는 것은 하늘입니다. 전쟁의 날을 위해 말을 준비하는 것은 우리지만 안전은 여호와께로 말미암습니다. 마찬가지로 방편은 목적을 이루기 위한 것이지만 그렇다고 해서 방편 자체가 목적을 이루어 내지는 않습니다. 오늘의 말씀을 보십시오. 오직 이른 비가 샘을 채웁니다(한글 개역에는 "이른 비도 은택을 입히나이다"라고 번역됨-역자주). 이처럼 인간의 수고도 필요하지만 하나님의 도우심을 대신하지는 못합니다. 당신도 오늘 이 시간 축복의 소낙비를 받으시기 바랍니다. 당신이 판 샘이 이른 비로 가득 차기 바랍니다! 주님, 우리에게 축복을 쏟아 부어 주소서!

"그들이 무리를 떠나 예수를 배에 계신 그대로 모시고 가매 다른 배들도 함께하더니"_막 4:36

예수님은 그날 밤 바다의 대제독이셨습니다. 주님이 그곳에 계셨기 때문에 다른 배들도 그 바다를 건널 수 있었습니다. 비록 작은 배를 타고 가더라도 예수님과 함께 가면 안전합니다. 그리스도와 함께 배를 타고 간다고 해서 반드시 날씨가 청명한 것은 아닙니다. 사나운 비바람이 몰아쳐 주님이 타고 가시는 배를 마구 흔들어 놓을 수도 있습니다. 따라서 우리가 타고 가는 작은 배 주변에는 사나운 비바람이 덜 몰아칠거라고 기대해서는 안 됩니다. 우리가 예수님과 함께 간다면, 주께서 가시는 대로 가는 것에 만족해야 합니다. 주님에게 거친 파도가 일었다면 우리에게도 거친 파도가 일 것입니다. 앞서 가신 우리 주님이 그랬듯이 우리도 바로 이 사나운 비바람 때문에 육지에 상륙하게 될 테니까요.

사나운 비바람이 캄캄한 갈릴리 호수를 덮치자, 그곳에 모인 자들은 모두들 배가 파선할까봐 두려워했습니다. 그러나 주무시던 구주께서는 단 한마디로 그 사나운 파도를 잔잔케 하셨습니다. 이처럼 어려움과 슬픔이 있는 곳이라 하더라도 예수님이 거기에 계시면 기쁨과 평안이 찾아옵니다. 그러니 예수님을 우리 마음의 닻이요, 키요, 등대요, 구명선이요, 항구로 삼읍시다. 예수님의 인력(引力)은 대단하십니다. 주님이 깨어 계실 때 항상 주님을 따르며, 그분이 보내시는 신호에 유의하고, 그분의 지도로 키를 조종하며, 주님이 가까이 계실 동안에는 절대 두려워하지 맙시다. 주님을 호송하는 배 중 단 한 척도 파선하지 않을 것입니다. 주님은 언제나 비바람을 맞는 그 일행의 중심에 계시기 때문입니다.

SEPTEMBER 09 / 15

"그는 흉한 소문을 두려워하지 아니함이여 여호와를 의뢰하고 그의 마음을 굳게 정하였도다"_시 112:7

흉흉한 소식을 접했습니까? 두려워하지 마십시오. 거듭나서 산 소망을 갖게 되었으니 땅의 것을 생각지 않고 위의 것을 생각합시다. 흉한 소식을 듣고 심란해 한다면, 당신이 받았다고 고백한 그 은혜가 가치를 의심 받는 격입니다. 경건치 못한 자들은 흉한 소식에 즉시 하나님을 대적합니다. 그들은 하나님을 원망하며 하나님이 자기들을 심하게 다루신다고 생각합니다. 또한 회심치 않은 자들은 종종 어려움을 피하려는 목적에서 좋지 않은 수단을 강구하기도 합니다. 만일 당신이 현재의 압박에 굴복한다면, 당신도 분명히 이들과 똑같이 행동할 것입니다.

그러니 여호와를 신뢰하고 그를 잠잠히 기다리십시오. 이와 같은 때 당신이 할 만한 가장 지혜로운 일이 뭔지 아십니까? 그것은 모세가 홍해 앞에서 그랬듯 "가만히 서서 여호와께서 행하시는 구원을 보는" 일입니다. 침착하게 평정을 유지해야 의무를 수행할 용기가 생기고 역경 속에서도 마음이 편해지는 법입니다. 겁쟁이처럼 행동하면서 어찌 하나님을 영화롭게 할 수 있겠습니까? 어떤 성도들은 불 속에서도 하나님을 높이 찬양했습니다. 그런데 아무도 도와줄 자가 없는 것처럼 그리도 의심하고 낙심한다면 어떻게 지극히 높으신 하나님의 이름을 찬양할 수 있겠습니까? 부디 용기를 갖고 당신과 언약 맺으신 하나님의 신실하심을 분명히 믿으면서 마음에 근심하거나 두려워하지 마십시오.

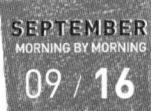

SEPTEMBER 09 / 16

"이로써 그 보배롭고 지극히 큰 약속을 우리에게 주사 이 약속으로 말미암아 너희가 정욕 때문에 세상에서 썩어질 것을 피하여 신성한 성품에 참여하는 자가 되게 하려 하셨느니라"_벧후 1:4

신의 성품에 참여하는 자가 된다함은 하나님이 된다는 뜻이 아닙니다. 절대 그럴 수는 없습니다. 신성의 본질은 피조물이 끼어들 만한 것이 아닙니다. 본질에 관한 한 피조물과 창조주 사이에는 도저히 뛰어넘을 수 없는 심연이 항상 가로 놓여 있습니다. 첫 번째 사람 아담이 하나님의 형상으로 만들어졌듯, 다만 우리는 성령의 거듭나게 하시는 능력으로 말미암아 신의 성품에 참여한 자들입니다. 우리는 은혜에 의해 하나님처럼 만들어졌습니다. 하나님이 사랑이시므로 우리도 사랑이 되었습니다. 하나님이 진리이시기에 우리도 진리가 되었습니다.

선하신 하나님께서 그의 은혜로 우리를 선하게 만드시기에, 우리는 마음이 청결해져 하나님을 뵐 수 있습니다. 게다가 우리는 이보다 훨씬 고결한 의미에서 신의 성품에 참여한 자들입니다. 우리는 그리스도의 거룩한 인격으로 이루어진 그 몸의 지체들입니다! "우리는 죽었고 우리 생명은 하나님 안에서 그리스도와 함께 감추인 바 되었습니다." 더욱이 그리스도는 그 의와 신실하심 속에서 우리를 그의 신부로 맞이하셨습니다. 주와 연합하는 자는 그와 한 영입니다. 포도나무 가지가 포도나무와 하나이듯이 우리도 우리의 구주 예수님의 일부로 주님과 하나가 되었습니다! 그렇다면 신의 성품에 참여하는 자답게 주님과의 그 거룩한 관계를 나타내야 함이 마땅합니다. 우리가 이 세상 정욕에서 나오는 그 더럽고 추한 모든 것들로부터 도망쳤다는 사실을 분명히 선포해야 합니다.

"대답하여 이르시되 믿음이 없는 세대여 내가 얼마나 너희와 함께 있으며 얼마나 너희에게 참으리요 그를 내게로 데려오라 하시매"
_막 9:19

낙심한 그 아버지는 자포자기한 채 제자들로부터 돌아서서 주님께로 갔습니다. 그의 아들은 최악의 상태에 빠져 있었습니다. 그동안 아들을 고치기 위해 별의별 수단을 다 강구했지만 모두 다 수포로 돌아가고 말았습니다. 그런데 그 아버지가 "그를 내게 데려오라"는 주님 말씀에 믿음으로 순종하자 비참한 지경에 빠져 있던 그 아들이 즉시 그 악한 자로부터 구원받았습니다. 자녀들은 하나님이 주신 소중한 선물이지만 부모는 자녀들로 인해 많은 걱정도 해야 합니다. 그러나 어떤 경우든, 하나님의 말씀 속에는 자녀들의 모든 질병을 고칠 수 있는 치료법이 들어 있습니다. 그것은 바로 "그를 내게로 데려오라"는 부르심입니다.

바로 우리의 기도로 자녀의 죄를 공격합시다! 자녀들이 죄악에 넘어간 후에 통탄하지 말고, 그 전에 자녀들을 위해 울며 기도합시다. 사춘기에 접어든 자녀들이 서서히 주님을 멀리하다가 성인이 되어 하나님을 대적하며 죄와 더러움 속에 뒹굴지 모릅니다. 우리는 자녀들의 숨이 끊어질 때까지 절대 기도하기를 쉬지 말아야 합니다. 주님은 자신이 얼마나 필요한 분인지 깨닫게 하시려고 우리를 궁지로 몰아넣으실 때도 있습니다. 경건치 못한 자녀들을 볼 때, 그들의 타락한 마음을 보고도 어찌 할 바를 알지 못하는 우리의 무력감 앞에서, 우리는 강한 그분에게로 달려갑니다. 이것은 커다란 축복입니다. 이 아침, 하나님의 사랑의 대양이 우리에게 강한 파도처럼 넘치기를 기도합시다.

"만일 우리가 성령으로 살면 또한 성령으로 행할지니"_갈 5:25

믿음으로 사는 것과 믿음으로 행하는 것은 그리스도인의 가장 중요한 두 요건입니다. 참 경건이 따르지 않는 참 신앙이란 있을 수 없습니다. 또한 그리스도의 의에 근거한 살아 있는 신앙에 뿌리내리지 않은 거룩한 생명도 있을 수 없습니다. 후자 없는 전자를 구하는 사람들에게 화가 있을 것입니다! 그런데도 성도들 중에는 믿음은 키우면서 거룩함은 잊어버리는 자들이 있습니다. 이런 사람들은 불의 속에서 진리를 붙잡고 있는 격입니다. 그런가 하면 옛 바리새인들처럼 거룩하게 살려고 노력은 하면서도 신앙은 부인하는 자들도 있습니다. 그런 이들을 두고 예수님은 "회칠한 무덤"이라고 하셨습니다.

따라서 우리는 믿음도 가져야 하며 거룩한 생활도 해야 합니다. 믿음은 기초요 거룩한 생활은 그 상층구조이기 때문입니다. 사나운 비바람이 불 때 기초만 세운 건물이 우리에게 무슨 소용이 있겠습니까? 그 안에 들어가 숨을 수 있겠습니까? 우리는 그 집을 위한 기초뿐 아니라 자신을 가려 줄 집도 필요합니다. 부디 믿음과 거룩한 생활을 병행하십시오. 그러면 아치를 떠받치는 두 받침대처럼 그 둘이 우리의 경건을 오랫동안 지탱해 줄 것입니다. 믿음과 거룩한 생활은 은혜의 샘에서 흘러나오는 두 물줄기입니다. 거룩한 불로 빛을 내는 두 개의 등불입니다. 천국에서 뿌려 주는 물을 받아 자라는 두 개의 감람나무입니다. 주님, 오늘 우리 안에 생명을 주옵소서. 바로 그 생명이 주의 영광을 밖으로 드러낼 것입니다.

"그리스도께서 우리를 자유롭게 하려고 자유를 주셨으니 그러므로 굳건하게 서서 다시는 종의 멍에를 메지 말라"_갈 5:1

이 "자유" 덕분에 우리는 성경의 약속들을 얼마든지 우리 것이라 주장할 수 있습니다. 여기 당신을 위해 뽑은 성경구절이 있습니다. "네가 물 가운데로 지날 때에 내가 너와 함께할 것이라"(사 43:2), "산들은 떠나며 언덕들은 옮겨질지라도 나의 자비는 네게서 떠나지 아니하며"(사 54:10). 이 약속들은 모두 당신을 위한 것들입니다. 당신은 하나님의 약속의 식탁에 언제든지 와서 앉아도 좋다고 초대 받은 손님입니다. 그러니 믿음으로 와서 이 모든 언약의 축복에 얼마든지 참여하십시오. 성경의 약속 중 당신의 것으로 주장할 수 없는 말씀은 하나도 없습니다. 믿는 자의 자유로 위로와 힘을 얻으십시오.

언제든지 하나님 아버지 가까이 나아갈 수 있다는 것은 성도들만이 누릴 수 있는 큰 특권입니다. 우리의 소원이 무엇이든, 우리의 어려움이 무엇이든, 우리의 부족함이 무엇이든, 그 모든 것을 하나님 앞에 자유롭게 말씀드릴 수 있습니다. 얼마나 많은 죄를 지었든 상관없습니다. 아무리 가난해도 상관없습니다. 우리가 필요로 하는 모든 것을 공급해 주시겠다고 하신 하나님의 약속을 들고 하나님께 나아가 간청하면 됩니다. 당신이 부디 이 권리를 행사하시길 바랍니다. 당신이 갖고 있는 이 특권을 누리며 사십시오. 당신은 지금 얼마나 엄청난 자유를 누리고 있는지 모릅니다! 정죄로부터의 자유, 약속을 마음껏 누릴 수 있는 자유, 은혜의 보좌에 나아갈 수 있는 자유, 그리고 마침내 천국에 들어갈 수 있는 자유! 이 모든 것이 다 당신의 것입니다.

"세 대가 나팔을 불며 항아리를 부수고 왼손에 횃불을 들고 오른손에 나팔을 들어 불며 외쳐 이르되 여호와와 기드온의 칼이다 하고"
_삿 7:20

  기드온은 그의 부하들에게 두 가지 명령을 내렸습니다. 하나는 항아리 안에 횃불을 감추고 있다가 신호를 보내면 그 항아리를 깨고 횃불을 꺼내 불을 밝힐 것, 그 다음에는 나팔을 불며 "여호와와 기드온의 칼이여!"라고 외칠 것. 그런데 바로 이 두 가지야말로 모든 성도들이 해야 할 일입니다. 첫째, 당신은 반드시 불을 밝혀야 합니다. 당신의 빛을 감추고 있는 그 항아리를 깨뜨리십시오. 당신의 빛이 사람들 앞에 비치게 하십시오. 이처럼 당신의 선행이 비쳐져 사람들이 당신을 보고 당신이 예수님과 함께 있음을 알게 하십시오. 그런 다음에는 반드시 나팔 부는 소리가 있어야 합니다. 십자가에 못 박히신 그리스도를 사람들에게 선포하십시오. 그들이 복음으로부터 도망치지 못하도록 귀에 대고 나팔을 부십시오.

  "여호와와 기드온의 칼이다!" 만일 우리가 "여호와의 칼이다!"라고만 부르짖는다면, 그것은 게으르고 건방진 죄를 범하는 것입니다. 그리고 "기드온의 칼이여!"라고만 외친다면, 그것은 우리가 하나님 대신 육체의 팔을 우상처럼 의지했다는 사실을 나타내고 맙니다. 따라서 반드시 그 둘을 합쳐 "여호와의 칼이여, 기드온의 칼이여!"라고 외쳐야 합니다. 나가서 거룩한 모범이라는 이글대는 횃불을 들고 간절한 선포와 간증이라는 나팔 소리를 불며 하나님을 섬깁시다. 그러면 하나님께서 우리와 함께하실 것이요 미디안 군은 혼란에 빠지게 될 것입니다. 그리고 만군의 여호와 우리 하나님께서 영원히 다스리시게 될 것입니다.

"내가 기쁨으로 그들에게 복을 주되 분명히 나의 마음과 정성을 다하여 그들을 이 땅에 심으리라"_렘 32:41

하나님께서 이처럼 그의 성도들을 기뻐하시다니! 지금 우리는 마치 신랑이 신부를 보고 즐거워하듯 하나님이 우리를 보고 즐거워하신다는 이 불가사의한 진리, 이 영광스러운 신비에 대해 깊이 묵상하려 합니다. 성경 어느 곳에도 하나님이 구름으로 뒤덮인 산이나 반짝이는 별을 보고 기뻐하신다는 말은 없습니다. 그러나 이 땅의 사람 사는 곳을 기뻐하시며 우리 인생들을 기뻐하신다는 말은 있습니다. 심지어 하나님이 천사들을 기뻐하신다는 구절도 성경에는 없습니다. 그런데 그런 하나님께서 우리처럼 타락하고 가련한 피조물, 죄로 부패하고 더러워졌으나 그분의 은혜로 구원 받아 영화롭게 된 우리들에 대해서는 그리 말씀하셨습니다. 하나님이 그의 백성들을 이처럼 기뻐하시다니!

"그가 너로 말미암아 기쁨을 이기지 못하시며 너를 잠잠히 사랑하시며 너로 말미암아 즐거이 부르며 기뻐하시리라"(습 3:17). 하나님은 자신이 창조하신 이 세상을 바라보시며 "보기에 좋았더라"고 말씀하셨습니다. 그러나 예수님의 피로 값 주고 사신 자들, 하나님이 택하신 자들을 바라보실 때는 그 크고 무한한 사랑으로 가슴이 벅찰 정도로 마구 기뻐하십니다. 하나님이 우리를 이처럼 진귀한 사랑으로 사랑하신다고 말씀하시는데, 우리도 그분께 감사를 표현해야 하지 않겠습니까? 우리 역시 "나는 여호와를 기뻐하리라, 나는 내 구원의 하나님을 기뻐하리라" 하고 노래해야 하지 않겠습니까?

SEPTEMBER 09/22

"이스라엘은 자기를 지으신 이로 말미암아 즐거워하며 시온의 주민은 그들의 왕으로 말미암아 즐거워할지어다"_시 149:2

당신은 즐거워하십시오. 그러나 그 즐거움이 여호와로 인한 즐거움이 되게 하십시오. 우리에게는 하나님 안에서 즐거워해야 할 이유가 아주 많습니다. 여호와가 다스리시며 여호와가 왕이라는 사실로 인해 기뻐하십시오! 여호와께서 보좌에 앉아 모든 것을 통치하신다는 사실로 인해 기뻐하십시오! 하나님께 속한 모든 속성 하나하나가 태양빛에서 흘러나오는 한 줄기 광선처럼 우리의 기쁨이 되어야 합니다. 자신의 어리석음에 대해 하나님의 지혜로우심을 기뻐하고, 자신의 약함에 대해 하나님의 능력을 기뻐하며, 우리가 풀처럼 시들어 가는 존재임을 생각하면서 하나님의 영원하심을 기뻐합시다.

또한 하나님은 불변하신다는 사실로 인해 항상 노래해야 하는데 그 이유는 우리는 수시로 변하기 때문입니다. 하나님은 언약을 통해 이 모든 은혜를 우리에게 주셨습니다. 그 언약이 우리의 것이 되어 우리를 깨끗이 씻기고, 우리를 지키며, 우리를 성화시키고, 우리를 온전케 하며, 우리를 영광으로 인도한다는 이 모든 사실을 하나님 안에서 기뻐합시다. 현재의 하나님 안에서 즐거워할 뿐 아니라 하나님이 과거에 행하신 모든 일을 인해 기뻐합시다. 이 아침, 시편 기자는 그 옛날 하나님의 백성들이 항상 주께서 행하신 일들에 대해 생각하며 그 각각에 대한 찬양의 노래를 갖고 있었다고 이야기합니다. 그렇다면 오늘 우리도 여호와께서 행하신 모든 일을 거듭 말하도록 합시다! 여호와의 능하신 행적에 대해 말하고 "여호와를 찬양하도록 합시다. 왜냐하면 그는 영광스럽게 승리하셨기 때문입니다."

SEPTEMBER
MORNING BY MORNING
09 / 23

"이는 그가 사랑하시는 자 안에서 우리에게 거저 주시는 바 그의 은혜의 영광을 찬송하게 하려는 것이라"_엡 1:6

이 얼마나 큰 특권입니까! 이 안에는 하나님 앞에서의 우리의 칭의도 포함되어 있습니다. 벌레 같은 존재요, 죽을 수밖에 없는 죄인들인 우리가 하나님의 사랑의 대상이 되다니 얼마나 놀라운 일입니까! 다만 그것은 오직 "그의 사랑하시는 자 안에서"만 가능한 일입니다. 어떤 그리스도인들은 자기 영이 살아 있고 소망이 넘칠 때에만 하나님께서 자기를 받아 주셨다고 기뻐합니다. 그러나 자기 영혼이 이 땅의 것들에 붙잡혀 있을 때는 하나님이 자신을 용납하시지 않으리라는 두려움에 사로잡히고 맙니다. 그러나 하나님께 용납된 것은 결코 변하지 않습니다. 당신이 "그가 사랑하시는 자 안에서" 용납되었다는 것은 사실입니다.

혹시 지금 죄로 인해 괴로워하고 있습니까? 그러나 하나님은 당신의 모든 죄를 그의 등 뒤로 다 던지시고 의로우신 예수님 안에서 당신을 용납해 주셨습니다. 자신 안에 있는 더러움이나 유혹과도 싸워야 합니다. 비록 마귀가 당신을 꾀어낼지라도 강건하십시오. 마귀는 절대 당신을 멸망시킬 수 없습니다. 당신은 마귀의 머리를 부순 그리스도 안에서 용납되었습니다. 이런 영광스러운 위치에 있음을 분명히 알고 확신하십시오. 지금 천국에 있는 영화된 성도들도 당신보다 더 하나님께 용납되지는 않았습니다. 그들 역시 오직 그의 사랑하시는 자 안에서 용납되었기에 지금 천국에 있는 것입니다. 당신도 그들과 마찬가지로, 지금 현재 그리스도 안에서 하나님께 용납된 존재입니다.

SEPTEMBER 09/24

"이는 우리가 전에 왕에게 아뢰기를 우리 하나님의 손은 자기를 찾는 모든 자에게 선을 베푸시고… 길에서 적군을 막고 우리를 도울 보병과 마병을 왕에게 구하기를 부끄러워하였음이라"_스 8:22

예루살렘을 향해 떠나는 일행들로서는 호위군이 함께 따라가 주는 편을 바랐을 것입니다. 그러나 에스라는 거룩한 부끄러움 때문에 한 명의 호위군도 요청하지 않았습니다. 그는 이방 왕의 눈에 하나님을 믿는다고 고백한 자신의 신앙이 위선적으로 보이는 것이 싫었습니다. 혹시라도 그 왕이 이스라엘의 하나님을 능력이 없는 분이라고 생각하게 될까 두려웠습니다. 예루살렘을 향해 떠나는 것은 분명 하나님의 일인데, 그 일을 하면서 인간의 도움에 의존하고 싶지는 않았습니다. 그래서 그 일행은 눈에 보이는 어떤 보호도 없이 오직 그 백성의 검과 방패가 되시는 하나님 한 분만 의지해서 길을 떠났습니다.

그런데 오늘날에는 하나님을 위해 이런 거룩한 질투심을 느끼는 성도가 거의 없습니다. 이로 인해 우리는 두려워해야 할 것입니다. 꽤 신실하게 믿음 생활을 한다는 사람들조차 사람의 도움을 너무 좋아합니다. 그러나 사실 인간적인 후원자나 지지자는 없어도 여호와 한 분에게 붙들린 바 되어 만고의 반석이신 주님 위에 바로 서는 것만큼 복된 일도 없습니다. 하나님을 믿는 대신 어리석게도 다른 수단이나 방편을 너무 자주 의지하는 데서 일이 잘못되지 않도록 주의하십시오. 사실 피조물의 도움을 너무 무시하는 사람은 거의 없습니다. 오히려 그것을 너무 많이 의지해서 탈입니다. 바로 거기서 많은 죄가 발생합니다. 인간적인 수단을 활용함으로써 여호와의 이름을 욕되게 한다면, 그런 수단을 강구하지 않음으로써 하나님을 영화롭게 하는 법을 배우십시오.

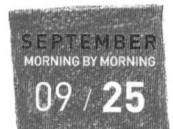

"곧 이 때에 자기의 의로우심을 나타내사 자기도 의로우시며 또한 예수 믿는 자를 의롭다 하려 하심이라"_롬 3:26

  믿음으로 의롭게 된 우리는 지금 하나님과 화목한 상태에 있습니다. 양심이 더 이상 우리를 고발하지 않습니다. 이제 판결은 죄인인 우리에게 오히려 유리하게 되었습니다. 이전에 지은 죄를 돌이킬 때 말할 수 없이 큰 슬픔을 느끼겠으나 그로 인해 어떤 형벌이 올 거라는 두려운 생각은 전혀 없습니다. 그리스도께서 그의 백성이 지은 빚을 마지막까지 다 지불하시고 하나님의 영수증까지 받았기 때문입니다. 성령의 조명으로 밝아진 우리의 본성은 하나님이 공의로우심을 믿으며, 또 그래야만 한다고 생각합니다. 하나님은 공의로우시다는 이 사실이 처음에는 우리에게 공포심을 불러일으켰지만 이제는 그 동일한 사실이 우리의 평안과 자신감의 기둥이 되어 주고 있습니다.

  참으로 놀라운 일입니다! 예수님께서 나를 대신해 형벌을 받으셨습니다. 예수님은 그의 백성 모두에게 임할 하나님의 저주를 대신 담당해 주셨습니다. 그러므로 우리 성도들은 큰소리로 당당하게 "누가 하나님의 택하신 자들을 송사하리요?"라고 외칠 수 있습니다. 하나님도 그리 하실 수 없습니다. 바로 하나님께서 우리를 의롭다 칭하셨기 때문입니다! 그리스도도 그리 하실 수 없습니다. 그 이유는 그가 죽으실 뿐 아니라 "다시 살아나셨기" 때문입니다! 나는 지금 현재의 "나", 앞으로의 "나", 혹은 내가 느끼거나 아는 어떤 것을 믿지 않습니다. 오직 그리스도라는 분, 그리스도께서 행하신 일, 그리고 그리스도께서 현재 나를 위해 하고 계신 것을 믿습니다.

"내가 밤에 보니 한 사람이 붉은 말을 타고 골짜기 속 화석류나무 사이에 섰고 그 뒤에는 붉은 말과 자줏빛 말과 백마가 있기로"_슥 1:8

본문의 이 이상은 스가랴 때의 이스라엘 상황을 묘사하고 있습니다. 그런데 그 모습에 오늘날 우리의 교회가 투영됩니다. 교회는 바로 골짜기 속에 번성하는 화석류나무들과 같습니다. 힐끗 보아서는 아무 매력도 없고 특별히 환심을 살 만한 요소도 없습니다. 교회의 모든 장엄한 모습이 펼쳐질 때가 아직 차지 않았기 때문입니다. 한편 이 말씀은 평온한 안전을 생각하게 합니다. 산꼭대기에 사나운 비바람이 휘몰아칠 때도 골짜기 속의 화석류나무는 차분합니다. 하나님의 도성을 기쁘게 하는 계곡이 흐르는 저 산 아래에서, 비바람에 전혀 요동치 않는 그 잔잔한 물가에서 화석류나무가 번성하고 있습니다.

보십시오. 하나님의 교회는 내적으로 얼마나 차분한 평온함을 누리고 있습니까! 심지어 반대와 핍박을 당할 때도 교회는 세상이 줄 수 없는, 따라서 세상이 앗아 갈 수도 없는 그런 평안을 갖고 있습니다. 우리가 도저히 이해할 수 없는 하나님의 평강이 하나님 백성들의 마음을 지켜 줍니다. 이 비유는 또한 성도들의 부단한 성장을 강하게 그리고 있습니다. 화석류나무는 잎이 떨어지지 않는 상록수입니다. 마찬가지로 교회는 가장 혹독한 겨울에도 여전히 복된 은혜의 푸르름을 내보입니다. 또한 화석류나무는 평화의 상징이며 승리의 표시입니다. 모든 성도는 그리스도를 통해 승리한 자들입니다. 때문에 성도들은 평화롭게 살다가 승리의 팔에 안겨 잠들 것입니다.

"이스라엘이여 너는 행복한 사람이로다 여호와의 구원을 너같이 얻은 백성이 누구냐 그는 너를 돕는 방패시요 네 영광의 칼이시로다 네 대적이 네게 복종하리니 네가 그들의 높은 곳을 밟으리로다"_신 33:29

기독교가 사람을 비참하게 만든다는 소리들이 있습니다. 기독교가 우리를 사악하게 만든다구요? 당신의 모습을 한번 보십시오. 과연 저들의 말처럼 되었습니까? 기독교는 우리를 하나님의 자녀로 만들어 줍니다. 그런데 하나님이 그 가족들에게 애통함만 잔뜩 안겨 주신단 말입니까? 그의 원수들은 환희를 누리는데 그의 자녀들은 슬픔과 사악함을 이어받는단 말입니까? 아니요, 절대 그렇지 않습니다. 주님의 자녀들은 주 안에서 항상 즐거워하며 우리의 유업 안에서 늘 기뻐할 것입니다. 바로 우리가 "다시 무서워하는 종의 영을 받지 아니하고 양자의 영을 받았으므로 우리가 아빠 아버지라 부르짖기"(롬 8:15) 때문입니다. 하나님의 징계조차 의와 평강의 열매를 맺게 하시려 보내시는 것입니다.

우리는 그리스도와 결혼했습니다. 그런데 신랑이신 주께서 신부인 우리가 한없이 슬퍼하도록 내버려 두시겠습니까? 우리 마음이 주님과 하나 되었습니다. 그의 지체로서 머리 되신 주께서 고난 당하셨듯이 한동안 고난이야 당하겠지만, 지금 이 순간에도 하늘의 축복은 쉼 없이 내리고 있습니다. 우리는 성령의 위로 속에서 우리 유업이 진실하단 사실을 압니다. 영원한 기쁨을 유업으로 받은 우리는 장차 받아 누릴 것들을 미리 맛보았습니다. 우리의 영원한 일출을 알리는 기쁨의 광선이 있습니다. "이스라엘아 너는 행복한 사람이로다 여호와의 구원을 너같이 얻은 백성이 누구냐." 오늘의 말씀은 정말 우리를 두고 하는 말씀입니다.

SEPTEMBER 09 / 28

"여호와께서 하늘에서 굽어보사 모든 인생을 살피심이여"_시 33:13

하나님은 그의 보좌에서 몸을 굽히사 인류의 비참한 모습을 보시고 그들에게 부족한 것을 채워 주시려 이 땅에 오셨습니다. 참으로 자비롭고 은혜로운 분이십니다. 하나님은 소돔과 고모라가 불법으로 가득 찼을 때에도 그곳에 친히 와서 보신 후에야 비로소 그 성읍들을 멸하셨습니다. 하나님은 지극히 높은 그 영광의 자리에서, 쇠잔해 가는 마음으로 하나님과의 화해를 간절히 사모하며 죽어 가는 죄인의 입술에 그 귀를 갖다 대십니다. 하나님은 우리 머리카락까지 다 세고 계시며, 우리의 길을 주목하시고, 우리의 길을 지시하십니다. 이런 사실을 알고도 어찌 하나님을 사랑하지 않을 수 있겠습니까? 비록 유한한 피조물과 무한한 창조주 사이에는 말할 수 없이 깊은 심연이 가로놓여 있지만 그래도 그 둘을 하나로 연결하는 고리가 있습니다.

슬픔의 눈물을 흘리고 있습니까? 하나님이 당신을 보시지 않는다고 생각하지 마십시오. 여호와께서는 그를 경외하는 자들을 불쌍히 여기십니다. 당신의 한숨 소리에 여호와의 마음이 움직입니다. 당신의 속삭임에 여호와께서 그 귀를 당신에게 향하십니다. 당신의 기도에 그가 손을 멈추시며 당신의 믿음에 그의 팔이 움직입니다. 지금 불우한 처지에 있습니까? 그래도 여호와께서는 당신을 생각하고 계십니다. 여호와의 눈은 온 땅을 두루 감찰하시며 하나님을 향해 그 마음이 온전한 자들을 위해 자신을 강하게 나타내십니다.

"그가 진찰할 것이요 나병이 과연 그의 전신에 퍼졌으면 그 환자를 정하다 할지니 다 희어진 자인즉 정하거니와"_레 13:13

만일 자신을 전적으로 타락한 존재라고 고백한다면, 자기에게는 의가 전혀 없다고 주장한다면, 그래서 하나님 앞에서 자신의 유죄를 시인한다면, 그는 예수님의 피와 하나님의 은혜로 깨끗해질 것입니다. 사실은 감춘 죄, 우리가 죄라고 느끼지 못하는 죄, 고백하지 않은 죄가 진짜 나병입니다. 그러나 죄를 보고 느끼면, 그 죄는 이미 사망의 타격을 받게 되므로 여호와는 그 영혼을 인자한 눈길로 바라보십니다. 자기 의를 내세우는 것보다 더 치명적인 것은 없으며 통회하는 것보다 더 소망에 찬 일도 없습니다. 우리는 자신이 "죄 덩어리 외에는 아무것도 아니라는" 사실을 고백해야 합니다. 이보다 덜한 고백은 진짜 진리가 아닙니다.

성령께서 우리 안에서 역사하면, 아무 어려움 없이 이 사실을 깨닫게 될 것입니다. 이 고백이 우리 입에서 곧장 튀어나올 것입니다. 오늘 말씀은 깊은 죄의식에 빠진 자에게 얼마나 큰 위로를 주고 있는지 모릅니다! 지은 죄가 아무리 더럽고 불결해도 그 죄를 통회 자복하면 주 예수님께서 반드시 용서해 주신다는 것입니다. 주님은 주께 오는 사람을 한 사람도 내치지 않으십니다. 성경 속의 강도처럼 부정직하거나, 여인처럼 부정하거나, 다소의 사울처럼 사납고 난폭하거나, 므낫세처럼 잔인하거나, 탕자처럼 반항한다 할지라도, 십자가에 못 박힌 예수님을 주로 고백하면 하나님은 그 죄인을 정하다 선언하실 것입니다. 그러니 무거운 짐 진 죄인들이여, 예수님께로 나오십시오.

SEPTEMBER
MORNING BY MORNING
09 / 30

"그의 이름의 영광을 찬양하고 영화롭게 찬송할지어다"_시 66:2

하나님을 찬양할 것인가 말 것인가는 우리가 선택할 문제가 아닙니다. 하나님은 마땅히 찬양 받으셔야 할 분입니다. 하나님의 은혜를 받은 모든 성도들은 매일 하나님을 찬양해야 합니다. 물론 날마다의 찬양이 율법적으로 정해진 것은 아닙니다. 그러나 우리 마음판에 새겨진 법이 하나님을 찬양함이 옳다고 가르칩니다. 이처럼 문자로 기록되지 않은 명령도 돌비에 새겨진 계명이나 시내산 꼭대기에서 받은 율법만큼이나 강력한 힘을 갖고 있습니다.

그렇습니다. 하나님을 찬양하는 것이 그리스도인의 의무입니다. 단순히 기뻐서 행하는 일일 뿐 아니라 생활 속에서 반드시 해야 할 절대적인 의무입니다. 항상 애통하고 있는 당신은 이 땅에 사는 내내 하나님의 이름을 송축하도록 그의 사랑의 줄에 묶여 있는 존재입니다. 그 입에서 하나님을 찬양하는 소리가 끊이지 않아야 합니다. 바로 당신이 하나님을 송축하기 위해 축복 받은 존재이기 때문입니다. "이 백성은 내가 나를 위하여 지었나니 나를 찬송하게 하려 함이니라"(사 43:21). 만약 하나님을 찬양하지 않는다면, 당신은 신랑이신 주께서 당신에게 기대하는 열매를 맺지 않고 있는 셈입니다. 이제 더 이상 당신의 거문고를 버드나무에 매달아 두지 마십시오. 감사의 마음으로 그 거문고를 뜯어 큰소리로 찬양하십시오. 새 아침이 밝아올 때마다 노래하고 해가 질 때마다 찬양하십시오. 온 땅을 당신의 찬양 소리로 둘러싸며 아름다운 노래의 분위기로 감싸십시오. 그러면 하나님께서 친히 하늘에서 들으시고 당신의 그 노랫소리를 흠향하실 것입니다.

"합환채가 향기를 뿜어내고 우리의 문 앞에는 여러 가지 귀한 열매가 새 것, 묵은 것으로 마련되었구나 내가 내 사랑하는 자 너를 위하여 쌓아 둔 것이로다"_아 7:13

오곡백과가 풍성히 맺히는 이 가을에 우리 마음의 창고를 활짝 열어 그 안에 무엇이 들어 있는지 한번 살펴봅시다. 우리는 새 과일을 갖고 있습니다. 새 생명, 새 기쁨, 새로운 감사를 느끼고 싶어 합니다. 새롭게 결심하며 새로운 수고로 그 결심을 이행하고 싶어 합니다. 우리 마음은 새로운 기도로 만발해 있으며, 우리 영혼은 스스로에게 새롭게 노력하라고 간청합니다. 그러나 우리에게는 묵은 과일도 있습니다. 거기에는 우리의 첫사랑이 있습니다. 또 우리의 첫 번째 믿음이 있습니다. 아무것도 없는 우리를 모든 것의 소유자로 만들어 준 그 단순한 믿음이 있습니다. 또 우리가 처음 주님을 알았을 때 느꼈던 기쁨이 있습니다. 하나님의 약속들에 대한 묵은 기억도 있습니다. 이 묵은 실과들은 모두 하나님이 우리 머리카락 수보다 더 많은 긍휼을 베풀어 주신 결과입니다.

이처럼 우리는 새것과 묵은 것 할 것 없이 각양 좋은 실과들을 다 갖고 있습니다. 부디 그 모든 실과가 오직 예수님을 위해 쌓아 둔 것임을 기억하십시오. 오직 주의 영광만을 그 모든 수고의 목적으로 삼은 예배가 주께서 가장 받으실 만한 예배요 훌륭한 예배입니다. 그러니 이 많은 실과들을 사랑하는 주님을 위해 쌓아 둡시다. 사람들 앞에서 그 실과들을 높이 치켜들지 말고 예수님이 우리와 함께 계실 때 주님께만 보여 드립시다. 예수님, 우리의 열쇠를 주님께 드립니다. 이제는 아무도 이 정원에 들어와 주님이 주신 선한 실과를 빼앗아가지 못할 것입니다.

"너희를 위하여 하늘에 쌓아 둔 소망으로 말미암음이니 곧 너희가 전에 복음 진리의 말씀을 들은 것이라"_골 1:5

천국을 생각할 때마다 기쁩니다. 우리가 소원할 만한 모든 것이 그곳에 약속되어 있기 때문입니다. 곤하고 지친 자들에게, "안식"은 곧 천국의 전부입니다. 우리는 지금 전쟁터에 있습니다. 안으로는 많은 유혹에 시달리고 밖으로는 원수들에게 시달립니다. 그래서 평안이 거의 없습니다. 그러나 천국에서는 승리의 깃발을 높이 흔들며 칼을 칼집에 집어넣고 대장되신 주님께서 "잘 했다 착하고 충성된 종아"라고 말씀하실 때 평안과 자유를 누릴 것입니다. 또한 거기서는 온전히 거룩해질 것입니다. 그 나라에는 어떤 더러운 것도 절대 들어가지 못하기 때문입니다. 천상의 밭고랑에서는 독 있는 식물이 움트지 않습니다.

정말 기쁘지 않습니까? 다만 현재를 망각한 채 미래만 꿈꾸라는 소리에 주의하십시오. 오히려 미래를 생각하며 현재를 십분 활용하여 거룩하게 만들어야 합니다. 천국에 대한 소망은 하나님의 영을 통해 덕을 함양할 수 있는 가장 강력한 능력입니다. 그 소망이 있기에 기쁘게 수고하고, 그 소망이 있기에 기쁘게 거룩해질 수 있습니다. 자기 안에 이 소망을 품은 자는 활기차게 자기 일을 하러 나갑니다. 여호와를 기뻐하는 것이 그의 힘이기 때문입니다. 그는 아주 열심히 유혹과 싸웁니다. 내세에 대한 소망으로 원수가 쏘아대는 불화살을 물리칠 수 있기 때문입니다. 현재 아무 보상을 받지 않아도 그는 열심히 수고할 수 있습니다. 오는 세상에서 받게 될 상급을 바라보기 때문입니다.

"모든 천사들은 섬기는 영으로서 구원 받을 상속자들을 위하여 섬기라고 보내심이 아니냐"_히 1:14

   천사들은 하나님의 성도들을 시중드는 자들로서 우리 눈에 보이지 않습니다. 그들은 우리 발이 돌에 걸려 넘어지지 않도록 우리 손을 붙잡고 다닙니다. 그들은 여호와에 대한 충성 때문에 그의 사랑하는 자녀들에게도 깊은 관심을 갖고 있습니다. 그들은 탕자가 이 땅에 있는 자기 아버지 집으로 돌아온 것을 보고 기뻐하며, 성도가 위에 있는 왕의 궁전으로 들어오는 것을 환영합니다. 예전에는 하나님의 자녀들이 천사의 모습을 실제로 보는 특권을 누렸습니다. 오늘날에는 비록 볼 수 없으나, 천사들이 구원의 후사들을 찾아갈 수 있도록 천국 문이 여전히 열려 있습니다. 스랍들도 여전히 제단에서 핀 숯불을 가져다 하나님의 사랑을 받는 자들 입술에 댑니다. 우리의 영안이 열린다면, 아마 여호와의 종들 주변에 있는 불병거와 불말들을 볼 것입니다.

   천국의 훌륭한 대신인 천사들이 기꺼이 우리를 섬기는 종이 되다니, 우리로서는 얼마나 큰 영광입니까! 우리가 흠 없는 천사들과 친밀한 교제를 나눌 수 있다니 얼마나 깊은 교제입니까! 하나님의 모든 병거가 우리를 구출하기 위해 무장한다니 우리는 얼마나 대단한 보호를 받고 있는 것입니까! 이 모두의 원인은 바로 주 예수 그리스도십니다! 그러니 주님을 영원히 사랑합시다. 우리는 그리스도를 통해 모든 정사나 권세보다 훨씬 더 높은 천국 자리에 앉게 되었습니다. 주께서 그 주변을 주의 군대로 둘러싸고 계십니다. 그리스도야말로 그 발을 용 위에 올려놓은 참 미가엘입니다!

OCTOBER 10/04

"여호와께서 아시는 한 날이 있으리니 낮도 아니요 밤도 아니라 어두워 갈 때에 빛이 있으리로다"_슥 14:7

우리는 종종 저녁에도 빛이 있다는 사실을 망각한 채 불길한 예감 안에서 노년의 때를 기다립니다. 그러나 사실 노년은 인생에서 가장 좋은 때입니다. 인생이라는 대양을 항해하다 불멸의 해변 가까이 다가가면, 부드럽고 온화한 바람이 뺨을 스치며 깊고 잔잔한 바닷물 위에 고요함이 깃듭니다. 노년이라는 제단에서는 젊음의 열기가 뿜어내는 번득임은 볼 수 없으나, 그보다 참된 불꽃이 있습니다. 이 노년의 시절은 마치 이 땅에서 보내는 천국과 같습니다. 천사들이 찾아오고, 천상의 산들바람이 불며, 낙원의 꽃들이 자라고, 맑고 깨끗한 음악 같은 공기가 가득합니다. 이 노년의 땅에 몇 년간 머무는 사람이 있는가 하면 이 땅을 떠나기 직전 몇 시간만 머무는 사람들도 있습니다. 고통도 달콤한 황혼기의 그 차분함을 깨뜨리지 못합니다. 약함 속에서 온전해진 힘이 인내를 가지고 그 모든 것을 견디기 때문입니다. 인생의 황혼기에는 경험이라는 잘 익은 최상품 실과들을 모아 그것으로 식사하며 그 영혼이 안식할 준비를 합니다.

하나님의 백성들은 죽을 때도 빛을 즐길 것입니다. 빛이 옵니다. 불멸의 빛, 하나님 아버지의 얼굴에서 비치는 빛이 옵니다. 침상에서 두 발을 모은 채 당신을 기다리는 저 영들을 보십시오! 천사들이 당신을 가뿐히 데려갑니다. 안녕, 사랑하는 이여. 당신은 손을 흔들고 있군요. 아, 이제 빛입니다. 진주문이 열리고 금으로 된 거리들이 벽옥빛 속에서 빛나고 있습니다. 우리는 눈을 가리지만 당신은 보이지 않는 그 세계를 바라봅니다.

"이에 일어나 먹고 마시고 그 음식물의 힘을 의지하여 사십 주 사십 야를 가서 하나님의 산 호렙에 이르니라"_왕상 19:8

하나님이 우리에게 공급하시는 모든 힘은 낭비하거나 자랑하라고 주시는 것이 아니라 섬기라고 주시는 것입니다. 엘리야 선지자가 로뎀나무 아래 누워 자다가 숯불에 구운 떡과 물 한 병이 가까이 있는 것을 발견했을 때, 하나님은 그 맛있는 음식을 배불리 먹고 속 편히 기지개나 펴라고 주시지 않았습니다. 그 음식을 먹고 하나님의 산 호렙까지 사십 주 사십 야를 가라고 주신 것입니다. 우리 주님도 제자들에게 함께 식사하신 후, 베드로에게 "나를 따르라"고 명령하시며 "내 양을 먹이라"고 말씀하셨습니다. 이것은 우리에게도 마찬가지입니다.

우리가 천국 떡을 먹는 것은 힘을 얻어 주님을 섬기기 위함입니다. 유월절 양을 먹을 때도 허기진 배만 채우면 즉시 떠날 수 있도록 허리에 띠를 띠고 손에 지팡이를 잡고 먹습니다. 성도들 중에는 그리스도의 힘으로 사는 것만 좋아하고 그리스도를 위해 사는 데는 별 관심이 없는 자들이 있습니다. 그러나 이 세상은 천국을 위한 준비처일 뿐입니다. 또한 우리들 중에는 주께서 은혜를 주시는 이유에 대해 배워야 할 이들도 아직 많이 있습니다. 진리라는 소중한 낟알을 혼자서만 그대로 간직하지 마십시오. 그것은 심고 물을 주어야 합니다. 하나님이 갈한 땅에 비를 보내시고 햇빛을 보내시는 이유는 뭘까요? 이 땅의 열매들로 하여금 사람을 위해 곡식을 맺게 하려고 보내시는 것입니다. 마찬가지로 주님은 우리로 하여금 그를 영화롭게 하시려 우리 영혼을 먹이시며 새롭게 하십니다.

OCTOBER 10 / 06

"내가 주는 물을 마시는 자는 영원히 목마르지 아니하리니 내가 주는 물은 그 속에서 영생하도록 솟아나는 샘물이 되리라"_요 4:14

성도는 현재뿐 아니라 영원히 만족시킬 것까지 주님 안에서 충분히 발견할 수 있습니다. 성도를 토굴에 넣어 보십시오. 그는 거기서 선한 교제를 발견할 것입니다. 그를 황량한 광야에 두어 보십시오. 거기서도 천국의 만나를 먹을 것입니다. 모든 우정을 다 끊어 보십시오. 그러면 "형제보다 더 친밀한 친구"를 만나게 될 것입니다. 그러나 그 역시 예수님이 그 안에 들어가시기 전에는 무덤처럼 만족을 몰랐습니다. 그러나 주님을 모시게 되자 그 마음이 넘쳐흐르는 잔으로 변했습니다. 참 성도라면 예수님의 충족성에 완전히 만족하여 더 이상 갈증을 느끼지 않습니다. 오직 그 생명샘을 한 모금만 더 마시고 싶다는 소원 외에는 없습니다. 그런데 그 소원 안에서도 절대 목마르지 않습니다. 그것은 고통스러운 갈증이 아니라 사랑의 소원이기 때문입니다.

혹시 지금 당신의 심정이 바로 이러하지 않습니까? 당신의 모든 소원이 예수님 안에서 만족되었기에 이제는 주님을 좀더 아는 것 외에는, 주님과 좀더 친밀한 교제를 나누는 것 외에는 부족함이 전혀 없다고 생각지 않으십니까? 그렇다면 그 샘으로 계속 가서 생수를 값없이 마음껏 드십시오. 예수님은 절대 당신이 너무 많이 마신다고 나무라지 않으실 것입니다. 오히려 "그래, 내 사랑하는 자여, 실컷 마셔라" 하시며 당신을 정성껏 환영하실 것입니다.

"모세가 여호와께 여짜오되 어찌하여 주께서 종을 괴롭게 하시나이까 어찌하여 내게 주의 목전에서 은혜를 입게 아니하시고 이 모든 백성을 내게 맡기사 내가 그 짐을 지게 하시나이까"_민 11:11

하나님 아버지는 우리 믿음을 시험하시기 위해 우리에게 자주 환난을 보내십니다. 그 믿음이 굳건하다면, 시험을 능히 이겨낼 것입니다. 친구들이 다 떠나고, 몸은 병들어 아프며, 영혼도 낙심이 되고, 하나님 아버지가 그 얼굴을 가리사 거기서 나오는 빛마저 없을 때에도 오직 하나님의 신실하심을 믿으며 견디는 믿음, 이것이 참 믿음입니다. "비록 그가 나를 죽일지라도 나는 그를 신뢰할 것이다"라고 말하는 믿음, 이 믿음이 바로 천국 믿음입니다. 여호와는 그 자신을 영화롭게 하시려 때로 그의 종을 괴롭게 하십니다. 바로 여호와께서는 그의 백성들이 받는 은혜 속에서 큰 영광을 받으시기 때문입니다.

"환난은 인내를, 인내는 연단을, 연단이 소망을 이룰" 때, 여호와는 우리 안에서 자라가는 이 덕들로 인해 영광을 받으십니다. 거문고가 그 줄을 튕기지 않으면 얼마나 아름다운 소리를 내는지 전혀 알 수 없습니다. 포도를 포도즙 틀에 넣고 짜지 않으면 그 즙의 단맛을 전혀 즐길 수 없습니다. 계피를 눌러 빻지 않으면 그 좋은 계피 향내를 맡을 수 없습니다. 숯이 완전히 타지 않으면 불의 따스한 온기를 전혀 느낄 수 없습니다. 위대한 토기장이의 지혜와 능력은 그가 만든 긍휼의 그릇들이 그들에게 허용된 시련을 잘 통과할 때 비로소 발견됩니다. 현재 당하는 고난은 또한 장차 나타날 즐거움을 더 즐겁게 하는 경향이 있습니다. 화평은 싸움 후에 더욱 달콤하게 느껴지고 휴식은 땀 흘리고 수고한 후에 더욱 기분 좋게 느껴지는 법입니다.

"말씀을 마치시고 시몬에게 이르시되 깊은 데로 가서 그물을 내려 고기를 잡으라"_눅 5:4

오늘의 말씀은 인간 행위의 필요성에 대해 가르칩니다. 그렇게 많은 고기를 낚은 것은 기적이었습니다. 이 기적을 이루기 위해 어부와 그의 배와 그의 낚시 도구가 사용되었습니다. 마찬가지로, 영혼을 구원하는 데에도 하나님은 도구를 통해 일하십니다. 하나님은 은혜의 섭리만큼이나 전도의 어리석음을 기쁘게 사용하십니다. 물론 하나님이 도구 없이 일하면 하나님이 영광 받으실 것입니다. 그 점에 대해서는 의심의 여지가 없습니다. 그러나 하나님은 이 땅에서 자신을 가장 널리 선포하기 위한 수단으로 도구를 사용하기로 결정하셨습니다. 오늘 말씀에서 제자들은 어쩔 도리가 없었습니다. "선생님 우리들이 밤이 새도록 수고하였으되 잡은 것이 없지마는"(눅 5:5). 그들은 노련하고 충실한 어부들이었습니다. 고기 잡는 기술도, 노력도 충분했습니다.

그 바다에 고기가 없었던 걸까요? 아니, 분명 그렇지는 않았습니다. 주님이 오시자마자 그물에 고기들이 잔뜩 몰려들었습니다. 그러면 무엇이 문제였을까요? 바로 예수님의 임재가 없는 그들의 도구에는 아무 능력이 없다는 것이 문제입니다. "그를 떠나서는 아무것도 할 수 없습니다." 바로 그리스도의 임재가 성공을 가져다주는 것입니다. 예수님이 배에 앉으시자 곧 고기들이 그물 속으로 몰려들었습니다. 오늘 아침, 믿음으로 바라고 주변을 주의 깊게 살피면서 기꺼이 수고하러 나갑시다. 그물을 내리라고 명하신 그분이 우리 그물을 고기로 가득 채울 것입니다.

"능히 너희를 보호하사 거침이 없게 하시고 너희로 그 영광 앞에 흠이 없이 기쁨으로 서게 하실 이"_유 1:24

천국으로 가는 길은 은혜로우나 많은 곤란과 위험이 따르는 길입니다. 자칫 발을 잘못 디디면 크게 넘어질 수 있습니다. 그래서 "나는 거의 넘어질 뻔하였고 나의 걸음이 미끄러질 뻔하였다"(시 73:2)고 자주 외쳐야 합니다. 강건하고 노련한 여행자라면 큰 문제가 없을 테지만, 우리는 이제 겨우 믿음의 첫발을 내딛은 어린아이에 불과합니다. 그러므로 아버지께서 그 팔로 붙잡아 주시지 않으면 바로 넘어집니다. 매일 오래 참으시며 우리를 지켜보시는 하나님의 능력에 감사합시다! 우리는 얼마나 죄짓기에 빠르며, 위험을 선택하면서 또 걸핏하면 낙심합니까?

진실로 "우리를 보호하사 거침이 없게 하시는(실족치 않게 하시는) 하나님께 영광이 있을지어다." 사방이 우리를 넘어뜨리려 애쓰는 원수투성이입니다. 원수들은 매복하여 있다 전혀 생각하지 않았던 때 튀어나와 우리를 절벽 아래로 밀어 버립니다. 오직 전능하신 하나님의 팔만이 우리를 파멸하려 애쓰는, 눈에 보이지 않는 원수들로부터 우리를 보존하실 수 있습니다. 주는 약속하신 대로 신실하시며 우리를 보호하사 거침이 없게 하십니다. 전적으로 주님 덕분에 우리는 자신의 약함을 깊이 의식하면서도 온전히 안전하다는 확신 속에서 이렇게 외칠 수 있습니다.

"이 세상과 지옥이 힘을 합쳐 나를 대적하지만 하나님의 능력이 내 편에 계신다. 아무도 당할 수 없는 예수님, 그 예수님이 내 편이시다!"

"능히 너희를 보호하사 거침이 없게 하시고 너희로 그 영광 앞에 흠이 없이 기쁨으로 서게 하실 이"_유 1:24

마음속으로 "흠이 없이!"라는 말을 자꾸 생각하십시오. 우리는 지금 흠이 없는 것과는 아주 거리가 멉니다. 그러나 우리 주님은 사랑으로 시작하신 그 일을 완전히 이루시기 전에는 절대 멈추시지 않을 것입니다. 따라서 우리는 언젠가 흠이 없는 자리에 도달할 것입니다. 마지막 날까지 그의 백성들을 보호하실 구주께서 마침내 그들을 "영광스러운 교회로 세우사 티나 주름 잡힌 것이나 이런 것들이 없이 거룩하고 흠이 없게 하여" 자신 앞에 서게 하실 것입니다. 구세주의 면류관에 박힌 진주들은 모두 흠 하나 없이 훌륭한 진주들입니다. 어린 양의 신부가 되는 영광을 차지한 여인들은 모두 흠이나 티가 없는 순결한 처녀들입니다. 예수님은 어떻게 우리를 그렇게 흠 없이 만들어 주실 수 있을까요?

주님은 자신의 피로 우리를 우리 죄로부터 씻어 주시되 우리가 하나님의 가장 순전한 천사처럼 그렇게 희고 아름답게 될 때까지 씻어 주실 것입니다. 그리고 그의 의로 옷 입혀 주실 것입니다. 그의 의는 그것을 입은 성도를 흠 하나 없이 깨끗이 만들어 주는 의입니다. 이렇게 해서 우리는 하나님 보시기에 완전한 신부가 될 것입니다. 게다가 우리 안에서 일하시던 성령의 역사가 모두 완성될 것입니다. 성령은 우리를 온전히 거룩하게 만들어 주실 것입니다. 우리는 죄를 지으려는 생각조차 하지 않게 될 것입니다. 거룩하신 하나님처럼 거룩해져서 하나님의 임재 안에 영원히 거하게 될 것입니다. 성도들은 천국에 아주 잘 어울리는 자들이 될 것입니다. 그들은 그들을 위해 예비된 천국만큼이나 아름다워질 것입니다.

"우리의 마음과 손을 아울러 하늘에 계신 하나님께 들자"_애 3:41

  기도는 우리에게 자신의 무가치함을 일깨워 줍니다. 이 깨달음은 우리처럼 교만한 자들에게 아주 유익한 교훈입니다. 만일 하나님이 우리로 하여금 기도하게 하시지 않고 그저 은혜를 베푸신다면, 우리는 자신이 얼마나 불쌍한 존재인지 알지 못할 겁니다. 참 기도는 우리의 부족함에 대한 일람표요, 꼭 필요한 것들의 목록입니다. 또한 기도는 하나님의 부요함에 대한 청원서인 동시에 우리에게는 아무것도 없음을 고백하는 고백서입니다. 자아를 항상 비우고 주를 의지하는 마음으로 그곳을 채울 때, 그리스도인은 가장 강건할 수 있습니다. 자기 안에서는 항상 가난하되 예수님 안에서는 항상 부요해야 합니다.

  한편 기도는 그 응답 외에도 기도한다는 것 자체만으로 이미 그 기도자에게 대단한 유익을 줍니다. 달리기 선수가 매일의 연습을 통해 경주할 힘을 얻듯이 우리는 거룩한 기도의 수고를 통해 인생을 건널 만한 힘을 얻게 됩니다. 그래서 하나님께 간절히 기도한 성도는 막 떠오르기 시작한 태양처럼 빛나는 모습으로 골방에서 나옵니다. 여호수아의 칼보다 더 크게 아말렉 족속을 패주시킨 모세의 들린 손, 아람군의 패배를 예고하며 엘리사 선지자가 방에서 쏜 화살, 그것이 바로 기도입니다. 기도는 인간의 약함을 하나님의 능력으로 감싸고, 인간의 어리석음을 천국의 지혜로 바꾸며, 환난 가운데 죽을 수밖에 없는 인생들에게 하나님의 평강을 가져다줍니다. 이것이 바로 기도의 능력입니다.

"내가 주의 법도들을 작은 소리로 읊조리며 주의 길들에 주의하며"
_시 119:15

혼자 있는 것이 사람들과 함께 있는 것보다 나을 때가 있는가 하면 침묵이 웅변보다 지혜로울 때가 있습니다. 우리가 하나님을 기다리며 그의 말씀을 묵상하는 가운데 그를 섬기는 데 필요한 영적인 힘을 비축하며 홀로 있는 시간을 많이 갖는다면, 지금보다 나은 성도들이 될 수 있을 것입니다. 진리는 마치 포도송이와 같습니다. 포도송이에서 포도주를 얻으려면 으깨야 합니다. 발로 포도송이를 밟아야 합니다. 그렇지 않으면 그 귀한 포도즙이 얼마 나오지 않습니다.

마찬가지로 우리가 진리의 말씀으로부터 위로의 포도주를 얻기 원한다면 묵상을 통해 그 진리의 송이들을 밟아야 합니다. 입으로 음식만 집어넣는다고 해서 몸이 건강해지는 것은 아닙니다. 그 음식을 소화시켜야 비로소 양분이 공급되는 것입니다. 이처럼 소화를 통해 음식물이 우리 몸에 전달 되듯, 우리 영혼도 이 말씀 저 말씀을 본다고 해서 양분을 섭취할 수 있는 것이 아닙니다. 즉 말씀을 듣고, 읽고, 표시하고, 배우는 모든 것들이 정말 유익하게 되려면 그것을 내적으로 소화해야 합니다. 어떤 성도들은 설교는 아주 많이 듣는데 하나님 안에서 자라지 않습니다. 왜 그런지 아십니까? 골방에 들어가 기도하는 일을 등한히 할 뿐 아니라 하나님의 말씀을 철저히 묵상하지 않기 때문입니다. 부디 손 안의 밀을 쥐고 있지만 말고 그것을 갈아 가루 내어 먹으십시오. 곡식을 줍기 위해 밭으로 나가고, 나무에 달린 실과를 기꺼이 꺾으며, 발밑의 물을 마시기 위해 몸을 굽히기를 주저하지 마십시오.

"하나님의 뜻대로 하는 근심은 후회할 것이 없는 구원에 이르게 하는 회개를 이루는 것이요 세상 근심은 사망을 이루는 것이니라"_고후 7:10

죄에 대해 통회 자복하게 하는 것은 성령의 역사입니다. 회개는 자연의 정원에서 자라기에는 너무 고상한 꽃입니다. 만일 당신에게 정말 죄를 증오하는 마음이 조금이라도 있다면, 그것은 틀림없이 하나님이 당신에게 주신 것입니다. 왜냐하면 인간의 본성 속에 있는 가시들은 무화과 열매를 하나도 맺을 수 없기 때문입니다. 성경에도 "육으로 난 것은 육이요"(요 3:6)라고 말씀합니다.

죄를 진심으로 후회하고 슬퍼하는 것은 아주 실제적인 일입니다. 아무도 죄 안에 살고 있으면서 죄를 미워한다고 말할 수 없습니다. 회개는 우리로 하여금 죄의 악함을 보게 하되 이론적으로만 보게 하는 것이 아니라 체험적으로도 보게 합니다. 마치 불에 덴 아이가 불을 무서워하듯 그렇게 죄를 무서워하게 됩니다. 그래서 죄를 피하되 모든 점에서 죄를 피하려 듭니다. 마치 사람이 큰 뱀뿐 아니라 작은 뱀도 무서워 피하듯 큰 문제에서만이 아니라 작은 문제에서도 죄를 범하지 않으려 합니다. 진심으로 죄를 통회하게 되면 매일 매일의 행동 속에서도 절대 남을 불쾌하게 하지 않도록 조심하고 밤마다 자신이 잘못한 것을 가슴 아프게 고백하며 그날을 마감하게 됩니다. 또한 진실된 회개는 계속적입니다. 성도들은 죽는 날까지 회개합니다. 다른 슬픔들은 시간이 가면 사라지지만 이 사랑스러운 슬픔은 우리의 성숙과 함께 자랍니다. 그것은 우리가 영원한 안식에 들어갈 때까지 그것을 즐기고 그로 인해 괴로움을 당하도록 허용해 주신 하나님께 감사할 만큼 그렇게 달콤한 괴로움이기 때문입니다.

"또한 모든 것을 해로 여김은 내 주 그리스도 예수를 아는 지식이 가장 고상하기 때문이라 내가 그를 위하여 모든 것을 잃어버리고 배설물로 여김은 그리스도를 얻고"_빌 3:8

그리스도에 대한 영적 지식은 오직 개인적인 지식입니다. 그리스도에 대한 지식을 다른 이와 나눈다 할지라도 그가 내 지식을 온전히 복사해 가질 수는 없습니다. 그것은 또한 지적으로 아는 지식입니다. 우리는 말씀이 계시해 준 그대로의 주를 알아야 합니다. 신이며 동시에 인간이신 그의 본질, 그의 직책, 그의 속성, 그가 하신 일, 그의 수치, 그의 영광을 알아야 합니다. "능히 모든 성도와 함께 지식에 넘치는 그리스도의 사랑을 알고 그 너비와 길이와 높이와 깊이가 어떠함을 깨달아"(엡 3:18-19) 알 때까지 그리스도를 묵상해야 합니다.

그리스도를 아는 지식은 또한 가슴으로 아는 지식입니다. 그리스도를 안다함은 곧 그를 사랑한다는 뜻입니다. 고로 가슴으로 조금 아는 것이 머리로만 많이 아는 것보다 낫습니다. 뿐만 아니라 그리스도에 대한 우리의 지식은 만족케 하는 지식입니다. "이것은 사람이 먹으면 결코 주리지 아니할 바로 그 떡이니라." 동시에 그것은 신나는 지식입니다. 주님을 알면 알수록 그를 더욱더 알고자 흥이 납니다. 그리하여 예수 그리스도에 대한 이 지식은 아주 행복한 지식이 됩니다. 너무 행복한 나머지 때때로 이 지식 안에서 모든 시련과 의심과 슬픔을 완전히 잊어버릴 정도입니다. "여인에게서 태어난 사람은 생애가 짧고 걱정이 가득하며"(욥 14:1)라 했으나, 그리스도에 대한 지식을 즐기는 동안 우리는 이런 존재 이상이 될 것입니다. 그를 앎으로 인해 우리는 영생하시는 구세주의 불멸을 받게 될 것이요 그의 영원하신 기쁨이라는 금 허리띠를 차게 될 것입니다.

"그가 임하시는 날을 누가 능히 당하며 그가 나타나는 때에 누가 능히 서리요 그는 금을 연단하는 자의 불과 표백하는 자의 잿물과 같을 것이라"_말 3:2

그리스도는 이 땅에 장엄한 모습으로 강림하신 것도 아니요 능력을 나타내며 강림하신 것도 아닙니다. 그런데도 그 시험의 능력을 당할 자는 거의 없었습니다. 그리스도의 놀라운 탄생 소식에 헤롯과 온 예루살렘이 떠들썩했습니다. 그러나 그리스도를 기다렸노라 고백했던 그 많은 자들이 친히 오신 그를 거절함으로써 그 고백이 거짓임을 드러냈습니다. 그리스도의 생애는 하나의 풍구로써, 믿음을 고백한 많은 자들은 그 키질을 능히 견디지 못했습니다. 주께서 가벼이 시험하셔도 이럴 진데 그가 다시 오실 때에는 어떠하겠습니까?

주님이 아직 이 땅에서 치욕 당하실 때, 그가 로마 군인들에게 "내가 그니라"고 말하자 그들이 뒤로 나자빠졌습니다. 그렇다면 그리스도께서 보다 완전하게 자신을 계시하시며 "내가 그니라"고 말씀하실 때에는 원수들이 얼마나 벌벌 떨겠습니까? 주께서 돌아가시자 온 땅이 흔들리고 하늘이 캄캄해졌는데 살아 계신 구세주로서 다시 오실 그날의 광경이야 얼마나 더 끔찍하고 무섭겠습니까? 어린 양이신 그리스도는 또한 먹이를 산산조각 내는 유다 지파의 사자이기도 합니다. 상한 갈대조차 꺾지 않으시는 그분이 원수들은 철 막대기로 꺾으며 토기장이처럼 그릇처럼 산산조각 내실 것입니다. 그가 의분을 일으켜 무섭게 소탕하실 때는 아무도 숨지 못할 것입니다. 그러나 그의 피로 씻음 받은 백성들은 기쁨으로 나타나실 그를 고대하며 아무 두려움 없이 그것을 견딜 수 있습니다. 오늘 아침은 우리의 부르심과 선택의 확실성에 대해 깊이 묵상해 보도록 합시다.

OCTOBER 10 / 16

"예수께서 이르시되 와서 조반을 먹으라 하시니 제자들이 주님이신 줄 아는 고로 당신이 누구냐 감히 묻는 자가 없더라"_요 21:12

성도는 이 말씀 속에서 예수님께 가까이 나아오라는 거룩한 초대를 받습니다. "와서 조반을 먹으라"는 말씀은 주님과 같은 식탁에서 먹는다는 뜻입니다. 때론 이것이 주님과 나란히 앉아 우리 머리를 주님 가슴에 기대는 것을 의미할 수도 있습니다. 이것은 잔치가 벌어진 집, 구속이라는 사랑의 깃발이 휘날리는 집으로의 초대입니다. 또한 이 말씀은 예수님과의 연합을 연상시켜 줍니다. 왜냐하면 우리가 먹을 수 있는 유일한 식사는 바로 예수님 자신이기 때문입니다! 이 얼마나 놀라운 연합입니까! "내 살을 먹고 내 피를 마시는 자는 내 안에 거하고 나도 그의 안에 거하나니"(요 6:56). 그것은 또 성도들과의 교제를 즐기라는 초대입니다.

여러 가지 점에서 서로 다를지라도 성도들은 영적으로 똑같은 입맛을 갖고 있습니다. 우리 모두는 하늘에서 내려온 생명의 떡을 똑같이 먹습니다. 또한 사랑의 잔이 죽 돌아갈 때 우리는 엄숙한 약속 안에서 서로 하나가 됩니다. 이처럼 오늘 말씀 속에서 우리는 모든 성도를 위한 힘의 원천을 봅니다. 우리는 그리스도를 바라보아야 삽니다. 그러나 그리스도를 섬길 수 있는 힘을 얻으려면 반드시 "와서 먹어야" 합니다. 주님의 이 교훈을 무시함으로써 우리가 얼마나 많은 연약함을 자초하는지! 우리는 복음의 살과 기름으로 배불리 먹고 힘을 축적하여 온 힘을 다해 주님을 섬길 수 있어야 합니다. 오늘 본문을 통해 우리는 예수님께 가까이 가는 것, 예수님과의 연합, 예수님의 백성들에 대한 사랑 그리고 예수님으로부터 오는 힘에 대해 깨달았습니다. 그렇다면 믿음으로 "와서" 주와 함께 "조반을 드십시오."

"다윗이 그 마음에 생각하기를 내가 후일에는 사울의 손에 붙잡히리니 블레셋 사람들의 땅으로 피하여 들어가는 것이 좋으리로다 사울이 이스라엘 온 영토 내에서 다시 나를 찾다가 단념하리니 내가 그의 손에서 벗어나리라 하고"_삼상 27:1

이때 다윗의 마음속에 있던 생각은 거짓이었습니다. 실상 다윗에게는, 사무엘로 하여금 자기에게 기름 부으시고 왕으로 삼으리라 하신 하나님의 약속을 포기할 만한 근거가 전혀 없었기 때문입니다. 여호와는 다윗을 한 순간도 저버리지 않았습니다. 다윗은 여러 가지 시련을 당했으나, 그때마다 하나님께서 또한 피할 길을 마련해 주셨습니다. 다윗에게는 버림 받음에 대한 아무런 증거가 없습니다. 오히려 정반대의 사실을 입증할 과거가 있을 뿐입니다.

우리도 다윗과 똑같은 방식으로 하나님의 도우심을 의심하지 않습니까? 우리에게 지금껏 하나님의 선하심을 의심할 만한 근거가 조금이라도 있었습니까? 오히려 하나님이 그동안 베풀어 주신 긍휼이 너무 많아 놀라게 되지 않습니까? 우리 하나님은 한 번도 우리를 떠나신 적이 없습니다. 어둠 가운데 있을 때에는 하나님의 사랑의 별이 우리에게 빛을 주었습니다. 힘든 싸움에 빠졌을 때는 하나님이 방패를 높이 쳐들고 우리를 보호하셨습니다. 그간의 많은 시련은 언제나 손해보다 유익을 가져다 주었습니다! 지금까지 여섯 가지 환난 가운데서 우리와 함께하신 하나님은 앞으로 당할 일곱 번째 환난에서도 절대 우리를 버리지 않으실 것입니다. 우리가 체험으로 아는 하나님의 신실하심이 곧 그가 우리를 끝날까지 지켜 주실 것임을 입증합니다. 그렇다면 그 증거에 반(反)하는 생각은 하지 맙시다. 왜 그리 옹졸하게 하나님을 의심할 수 있습니까?

"주의 은택으로 한 해를 관 씌우시니 주의 길에는 기름 방울이 떨어지며"_시 65:11

"기름이 떨어지는 주의 길"이 많은데, 특히 기도의 길이 그렇습니다. 골방에서 많은 시간을 보낸 성도들은 "나의 수척함이여, 나의 수척함이여, 내게 화로다"라고 부르짖을 이유가 없습니다. 사력을 다해 기도로 싸워 이긴 성도는 설사 행복하지 않더라도 분명 강건해질 것입니다. 예수님과 단 둘이 있는 시간이 많을수록 우리는 더 많은 확신을 얻게 됩니다. 그러나 반대로 주님과 함께 있는 시간이 적을수록 우리 신앙은 깊이가 없을 뿐 아니라 많은 의심과 두려움에 싸이게 됩니다. 영혼을 풍요롭게 만들어 주는 기도의 길은 아주 연약한 성도에게도 활짝 열려 있습니다. 성도라면 누구라도, 또 언제라도 갈 수 있는 기도의 길. 그러니 사랑하는 자여, 주 앞에서 은밀히 기도하는 시간을 많이 가지십시오. 엘리야도 기도를 통해 기근이 든 이스라엘 밭에 비를 오게 했습니다.

기도의 길 외에 기름이 떨어지는 특별한 길은 바로 교제의 길입니다. 예수님과 나누는 교제의 즐거움을 무엇에 비할 수 있겠습니까! 그 가슴에 기댄 영혼들이 누리는 그 거룩한 평온함은 세상 그 누구도, 그 어떤 말도 담을 수 없습니다. 대부분의 성도들은 산 밑에 머무를 뿐 느보산 꼭대기까지는 오르지 않습니다. 그들은 궁정 외곽에 살면서 지성소에는 들어가지 않습니다. 멀찌감치 서서 희생 제물을 바라보기는 하나 제사장과 더불어 그 제물을 먹거나 번제의 기름을 즐기지는 않습니다. 그러나 당신은 주님의 산에 오르십시오. 지성소로 향하고 제사장과 더불어 앉으십시오. 그러면 그 살과 기름으로 배부를 것입니다.

"형제들아 내가 신령한 자들을 대함과 같이 너희에게 말할 수 없어서 육신에 속한 자 곧 그리스도 안에서 어린 아이들을 대함과 같이 하노라"_고전 3:1

혹시 자신의 거듭난 새 생명이 너무 약해 애통해 하고 계십니까? 믿음이 너무 적어서, 사랑이 너무 빈약해서 애통하십니까? 기운을 내십시오. 당신은 감사할 이유를 갖고 있습니다. 당신은 가장 위대한 성도와 동일하게 그리스도의 피로 값 주고 산 존재입니다. 당신은 하나님의 양자이기에, 아무리 어리고 어리석을지라도 하나님은 당신을 소중히 여기십니다. 당신은 완전히 의롭다 하심도 받았습니다. 또한 당신에게는 언약의 긍휼에 대한 권리가 주어졌습니다. 그 권리는 성숙도에 달린 것이 아니라 그 언약 자체에 달려 있기 때문입니다.

이처럼 당신의 믿음은 그 언약의 소중함을 누릴 수 있는 정도의 지표가 아니라, 당신이 언약 안에서 누릴 수 있는 기업의 표시입니다. 하늘나라의 가족 명단에는 큰 자의 이름이나 작은 자의 이름이 다 똑같은 펜으로 쓰여 있습니다. 하나님 아버지 눈에는 그 가족 가운데 가장 큰 자와 똑같이 당신이 소중합니다. 예수님은 당신에게 아주 다정하십니다. 당신이 마치 꺼져 가는 심지나 상한 갈대와 같을지라도, 주님은 절대 그것을 끄거나 꺾지 않으실 것입니다. 그러므로 절대 풀 죽어 있지 마십시오. 오히려 그리스도 안에서 늘 기운이 넘쳐야 합니다. 당신은 이스라엘의 작은 자에 불과하다고 생각할지 모르나 실상은 천국 보좌에 앉을 자입니다. 믿음이 약하십니까? 그러나 예수님 안에서 모든 것을 유업으로 받을 자입니다. 비록 "자랑할 만한 것이 아무것도 없으며 그 자랑이 헛된 것"이라 할지라도, 여호와를 인하여 즐거워하며 기뻐하십시오.

OCTOBER 10 / 20

"오직 사랑 안에서 참된 것을 하여 범사에 그에게까지 자랄지라 그는 머리니 곧 그리스도라"_엡 4:15

영적으로 발육이 정지된 상태의 그리스도인들이 많이 있습니다. 그들에게는 성장하거나 새로워졌다는 느낌이 전혀 보이지 않습니다. 그러나 "이삭"으로 피어 마침내 "완전한 곡식"으로 익어야 할 때 겨우 "파릇파릇한 잎사귀"로 남아 있어서야 되겠습니까? 주님 안에 있는 그 충만함을 체험적으로 좀더 알아보려는 노력은 하지 않은 채 그리스도를 믿으니 "나는 안전하다"고 말하는 데에 그쳐서야 되겠습니까? 그러면 안 됩니다. 천국 시장의 선한 상인들인 우리는 예수님을 아는 지식에 대해 욕심을 내야 합니다. 다른 이의 포도원을 지켜 주는 일도 좋지만 무엇보다 우리 자신의 영적인 성장과 성숙에 힘써야 합니다.

우리에게도 씨 뿌리는 계절이 있어야 합니다. 그 후에는 주의 임재 안에서 그의 미소의 햇빛을 받으며 익어야 합니다. 주님과 늘 달콤한 교제를 나눠야 합니다. 주님 얼굴을 멀리서 바라보는 것에 만족하지 말고 사도 요한처럼 가까이 가서 그 가슴에 우리 머리를 기대야 합니다. 그때에야 거룩함, 사랑, 믿음, 소망 등의 이 모든 귀한 은사가 자라게 될 것입니다. 성도의 머리에 작열하듯 비치는 성령의 빛을 바라보는 것은 이 세상에서 볼 수 있는 가장 즐거운 광경입니다. 그런 성도는 사울처럼 그 동료들 위에 영적인 거인으로 우뚝 서서 처음으로 의의 태양빛을 반사하며 모든 이들이 볼 수 있도록 그의 빛나는 광채를 드러냅니다. 이로써 보는 이로 하여금 하늘에 계신 아버지께 영광을 돌릴 수 있게 합니다.

"그리스도의 사랑이 우리를 강권하시는도다 우리가 생각하건대 한 사람이 모든 사람을 대신하여 죽었은즉 모든 사람이 죽은 것이라"
_고후 5:14

주께서 당신을 위해 무언가 해 주신 적이 있습니까? 주께서 당신의 죄를 용서해 주셨습니까? 당신을 의의 옷으로 덧입혀 주셨습니까? 당신의 발을 반석 위에 올려 주셨습니까? 당신이 계속 걸어갈 수 있도록 잡아 주셨습니까? 당신을 위해 천국을 예비하셨습니까? 천국에 들어가 살도록 준비시켜 주셨습니까? 당신 이름을 그의 생명책에 기록하셨습니까? 당신을 위해 귀로 듣거나 눈으로 본 적이 없을 만큼 그렇게 많은 긍휼을 베푸셨습니까? 그렇다면, 그 크신 사랑에 보답하십시오. 말로만 제물을 드리지 마십시오. 주께서 다시 오시면 뭐라고 고백하실 겁니까? 주께 받은 사랑을 그의 가난한 백성이나 그의 일을 위해 흘려보내지 않고 물이 고이듯 혼자서만 간직했노라 하실 텝니까?

"면책은 숨은 사랑보다 나으니라"(잠 27:5)고 하셨습니다. 자기 부인이나 관대함, 영웅적 행위, 열심 등을 하나도 만들어 내지 못하는 그런 약한 사랑을 어찌 참사랑이라 하겠습니까! 주님이 당신을 어떻게 사랑하셨으며 당신을 위해 자신을 어찌 하셨는지 한번 생각해 보십시오! 그 사랑의 능력을 안다면 그 사랑이 당신 영혼에 강한 돌풍처럼 불어 그 안에 있는 세속적인 구름들을 모두 쓸어버리고 죄의 짙은 안개를 다 걷어 가게 하십시오. "그리스도를 위하여", 이것만이 불의 혀처럼 당신 안에서 활활 타오르게 하십시오. 오직 "그리스도를 위하여" 늘 기뻐하고 감격하며 사자처럼 담대하고 독수리처럼 신속하게 하나님을 섬기십시오. 사랑은 주님을 섬기는 데 빠르며 주님을 위해 열심히 수고합니다.

"내가 그들의 반역을 고치고 기쁘게 그들을 사랑하리니 나의 진노가 그에게서 떠났음이니라"_호 14:4

이 말씀은 하나님의 성품의 축소판입니다. 이 말씀은 그리스도 안에서 우리에게 주어진 영광스러운 구원의 메시지를 간단히 압축시킨 것으로, "기쁘게(freely)"라는 단어 속에 그 의미의 중심이 실려 있습니다. "기쁘게 사랑한다." 이것이야말로 이 세상 죄인들에게 그 사랑을 자원해서 보내 주시는 하나님의 사랑법에 가장 어울리는 표현입니다. "내가 기쁘게 그들을 사랑하리니." 이 말씀 속에는 사랑을 받는 데 필요한 조건이 없음을 보여 줍니다. 만일 어떤 조건이 조금이라도 필요했다면, 그것은 기쁘게 사랑하는 것이 아니기 때문입니다.

"나는 네가 나를 필요로 하기 때문에 너를 사랑하는 게 아니란다. 다만 너를 기쁘게 사랑할 뿐이란다." 거듭 말하건대 하나님의 사랑을 받는 데는 아무 조건이 없습니다. 은혜 언약은 조건부가 아닙니다. 따라서 우리에게 그 사랑을 받을 만한 자격이 전혀 없다 해도, 하나님께서 "그를 믿는 자는 정죄를 받지 않으리라"고 말씀하실 때, 우리는 예수 그리스도 안에서 우리를 위해 만들어진 하나님의 약속으로 과감히 나아갈 수 있습니다. 하나님의 은혜는 언제나 거저 주어진다는 것, 준비나 자격도 필요 없이 그저 주어진다는 사실입니다. "내가 그들을 기쁘게 사랑하리니." 이 말씀은 패역한 자들, 하나님을 멀리 떠난 자들을 초대하는 말씀입니다. "내가 그들의 패역을 고치고 기쁘게 그들을 사랑하리니." 패역한 자여! 이 관대한 약속의 말씀을 듣고 즉시 돌아와 상처 입은 하나님 아버지의 얼굴을 구하십시오.

"예수께서 열두 제자에게 이르시되 너희도 가려느냐"_요 6:67

많은 사람들이 그리스도를 버리고 더 이상 그리스도와 동행하기를 그쳤습니다. 혹시 당신도 그 중 하나입니까? 무슨 이유로 주님 곁을 떠났습니까? 예수님께서 당신의 모든 필요를 충분히 채워 주시지 않았습니까? 혹시 예수님을 믿었다 낭패를 당했습니까? 지금 이 순간까지 주님이 당신에게 관대하고 동정심 많은 친구였다는 사실을 발견하지 못했습니까? 혹시 더 좋은 친구를 얻을 수 있다고 여기십니까?

누가 금을 납똥과 바꾸겠습니까? 태양보다 더 나은 빛을 발견하기 전까지는 태양을 거부하지 마십시오. 주님보다 더 눈부시게 사랑하는 분을 발견할 때까지는 주님을 떠나지 말아야 할 것입니다. 그런데 사실 주님보다 더 사랑이 많은 분은 절대 없을 테니, 우리는 주님을 영원히 붙들 것입니다. 그의 이름을 우리 팔에 새길 것입니다. 혹시 다른 대장을 섬기기 위해 옛 깃발을 버리거나 반란을 일으켜야 할 필요가 있으리라 생각하십니까? 결단코 그런 일은 없을 것입니다. 인생이 아무리 길어도 주님은 변치 않으십니다. 우리가 가난하면 우리를 부요케 해 주시며 우리가 아프면 침대를 깔아 주실 예수님 한 분이면 됐지 그보다 더 원할 게 무엇입니까? 성경은 "사망이나 생명이나 천사들이나 권세자들이나 현재 일이나 장래 일이나 능력이나 높음이나 깊음이나 다른 어떤 피조물이라도 우리를 우리 주 그리스도 예수 안에 있는 하나님의 사랑에서 끊을 수 없으리라"(롬 8:38-39)고 기록하고 있습니다. 그러니 당신도 베드로처럼 "주여, 우리가 누구에게로 가오리이까?"라고 응답하십시오.

"여호와의 나무에는 물이 흡족함이여 곧 그가 심으신 레바논 백향목들이로다"_시 104:16

수액(수액)이 없으면 나무는 잘 자라지 못할 뿐 아니라 아예 생존할 수도 없습니다. 그리스도인도 마찬가지입니다. 그 안에 생명이 없으면 여호와의 나무가 될 수 없습니다. 성령이 우리 안에 들어오셔서 우리의 생명이 될 때에야 비로소 중생이 이루어집니다. 이후로도 그 중생한 사람 안에 머물러 있는 생명은 그리스도의 살과 피를 먹습니다. 수액은 또 얼마나 은밀한지 모릅니다! 뿌리에서 기체들을 빨아올려 그 무기물을 식물로 변형시키는 과정은 눈에 보이지 않습니다. 마찬가지로 우리의 생명은 뿌리 되신 예수 그리스도 안에 감추어져 있습니다.

그것은 여호와의 비밀입니다. 그리스도인의 생명의 뿌리는 그 생명만큼이나 은밀합니다. 그리고 수액은 백향목 안에서 부단히도 활동합니다! 마찬가지로 그리스도 안에 있는 하나님의 생명도 항상 에너지로 충만해 있습니다. 열매가 맺어지듯 그의 받은 은혜가 언제나 밖으로 역사하지는 않을지라도, 그 생명은 우리 안에서 쉼 없이 역사합니다. 우리가 하나님을 위해 일하지 않을 때에도, 우리 마음은 항상 그를 먹고 살아갑니다. 수액이 잎을 내고 실과를 맺으면서 자신을 나타내듯, 참 건강한 그리스도인은 받은 은혜를 생활과 대화 속에서 드러냅니다. 그는 누구에게든 예수님에 대해 말하지 않고는 못 견딥니다. 그의 행동을 눈여겨보면, 그가 예수님과 함께 있다는 사실을 금세 알아차릴 것입니다. 자기 안에 넘치는 수액을 갖고 있는 사람은 그 행동과 대화가 늘 활기찬 법입니다.

"우리 안에 거하여 영원히 우리와 함께 할 진리로 말미암음이로다"
_요이 1:2

일단 하나님의 진리가 우리 마음속에 들어와 우리 전인(全人)을 그 진리에 복종시키면, 어떤 인간적인 능력이나 지옥의 세력도 그 진리를 우리에게서 몰아낼 수 없습니다. 우리 마음속에 들어온 하나님의 진리는 손님이 아니라 주인입니다. 이것이 바로 참 그리스도인이 판단하는 바입니다. 진리가 우리와 함께 영원히 거할 뿐 아니라 우리의 살아 있는 버팀목이요, 우리가 죽을 때의 위로요, 우리가 부활할 때의 노래요, 우리의 영원한 영광이 되리라는 이 확신 속에 얼마나 많은 자비가 담겨 있는지요! 진리는 그리스도인의 특권입니다.

사실 진리가 없으면 우리의 믿음도 아무 가치가 없습니다. 때로 너무 기본적인 것이어서 초보자를 위한 교훈이라며 더 이상 거들떠보지 않는 진리들도 있을 것입니다. 그러나 하나님의 진리는 어린 아기에겐 부드러운 음식이요 어른들에게는 단단한 음식이 됩니다. 우리가 죄인이라는 이 오랜 진리는 우리를 겸손하게, 그리고 조심하도록 이끌어 줍니다. 주 예수를 믿는 자는 누구나 다 구원 받으리라는 복된 진리가 소망과 기쁨이 되어 항상 우리와 함께 거합니다. 경험은 우리로 하여금 은혜의 교리를 느슨히 붙들게 하기는커녕 오히려 더 단단히 붙잡게 만듭니다. 진리에 거하는 이 사랑이 있는 곳이면 그곳이 어디든 우리의 사랑을 행사해야 합니다. 우리는 단지 우리 교회나 우리 교단만이 아니라 하나님의 은혜로 택함 받은 모든 이들을 진심으로 사랑해야 합니다. 무엇보다도 우리 자신이 그 진리를 사랑하고 퍼뜨립시다.

OCTOBER 10 / 26

"너희가 많은 것을 바랐으나 도리어 적었고 너희가 그것을 집으로 가져갔으나 내가 불어 버렸느니라 나 만군의 여호와가 말하노라 이것이 무슨 까닭이냐 내 집은 황폐하였으되 너희는 각각 자기의 집을 짓기 위하여 빨랐음이라"_학 1:9

교회나 선교 단체에 내는 헌금이 아까워 벌벌 떨면서 그것을 검약이라 부르는 인색한 사람들이 있습니다. 이렇게 함으로써 자신을 가난하게 만들고 있다는 사실을 그들은 전혀 생각하지도 못합니다. 가족 부양을 핑계로 하나님의 일을 등한히 하는 것이 제집에 확실한 파멸을 불러오는 길인데도, 그런 점에 대해서는 새까맣게 모르고 있습니다. 하나님은 그의 섭리 속에서 우리의 수고가 기대했던 것보다 훨씬 더 많은 열매를 맺게 하시는가 하면 우리의 계획을 망쳐 우리로 하여금 혼란과 절망에 빠지게도 합니다. 그런데 성경에 보면 하나님은 기꺼이 내는 자들을 부요케 하시는 반면 인색한 자들은 그 인색함으로 가난하게 내버려 두십니다.

실제로 많은 이들을 접하는 동안 저는 관대하고 후한 그리스도인들이 항상 행복할 뿐 아니라 거의 예외 없이 아주 번영한다는 사실을 발견했습니다. 동시에 인색한 구두쇠는 부자의 요건으로 여긴 바로 그 검약 때문에 오히려 가난해지는 경우를 많이 보았습니다. 우리가 선한 청지기에게 더 많이 맡기듯 우리 하나님도 역시 그러십니다. 또 하나님께 십일조를 드렸다는 사실만으로 마음이 뿌듯해져 마치 자신이 부자가 된 기분이 들게도 해주십니다. 이기적인 사람은 먼저 제집을 챙기나 경건한 사람은 하나님 나라와 그의 의를 앞세웁니다. 장기적으로 볼 때, 이기적인 사람은 잃게 되고 경건한 사람은 얻을 것입니다. 당신도 하나님께 후하게 드리려는 믿음을 가지고 그분을 대접해 드리십시오. 우리는 모두 하나님의 선하심에 빚 진 자들입니다.

"미쁘다 이 말이여 우리가 주와 함께 죽었으면 또한 함께 살 것이요"
_딤후 2:11

바울은 성경에서 "미쁘다 이 말이여"라는 말을 네 번 했습니다. 그 맨 처음 것은 디모데전서 1장 15절, "미쁘다 모든 사람이 받을 만한 이 말이여 그리스도 예수께서 죄인을 구원하시려고 세상에 임하셨다 하였도다"에 나옵니다. 두 번째는 디모데전서 4장 8-9절, "육체의 연단은 약간의 유익이 있으나 경건은 범사에 유익하니 금생과 내생에 약속이 있느니라 미쁘다 이 말이여 모든 사람들이 받을 만하도다"에 있습니다. 세 번째 것은 디모데후서 2장 11-12절, "미쁘다 이 말이여 우리가 주와 함께… 참으면 또한 함께 왕 노릇할 것이요"에 나옵니다. 마지막으로 네 번째는 디도서 3장 8절로 "이 말이 미쁘도다… 이는 하나님을 믿는 자들로 하여금 조심하여 선한 일을 힘쓰게 하려 함이라"는 말씀입니다.

그렇다면 이 네 구절 속의 "미쁘다 이 말이여"는 서로 어떤 관련성이 있을까요? 우선 첫 번째에서는 영원한 구원의 근거가 구세주 예수님의 사역을 통해 나타난 하나님의 거저 주시는 은혜 안에 있다고 했습니다. 그 다음 것은 이 구원을 통해 얻는 하늘과 지상에서의 이중 축복에 대해 긍정하고 있습니다. 세 번째 것은 택함 받은 백성들의 소명, 즉 그리스도를 위해 고난 받아야 함을 이야기합니다. 마지막에서는 그리스도인들이 부지런히 선한 일을 하면서 적극적으로 주를 섬겨야 한다고 설명하고 있습니다. 이 미쁜 말들을 소중히 간직하십시오. 이 미쁜 말들이 우리의 생명이요 위로며 교훈이 되게 하십시오. 그 말들은 지금도 여전히 신실하고, 그 중 어느 하나도 땅에 떨어지지 않을 것입니다.

OCTOBER 10 / 28

"너희가 세상에 속하였으면 세상이 자기의 것을 사랑할 것이나 너희는 세상에 속한 자가 아니요 도리어 내가 너희를 세상에서 택하였기 때문에 세상이 너희를 미워하느니라"_요 15:19

여기 특별한 은혜와 차별되는 배려가 있습니다. 오늘 본문을 보면 어떤 사람들은 하나님의 특별한 사랑을 받는 대상임을 알 수 있습니다. 이 고귀한 선택 교리에 대해 깊이 묵상하는 것을 두려워하지 마십시오. 마음이 무겁고 울적하십니까? 이 선택 교리를 묵상하십시오. 아주 좋은 강장제가 될 것입니다. 은혜 교리를 의심하거나 무시하는 사람들은 에스골의 가장 풍성한 포도송이를 놓치는 셈입니다. 순화된 고급 포도주와 양분이 잔뜩 들어 있는 기름진 것을 놓치는 격입니다. 길르앗에는 이에 버금갈 만한 기름이 없습니다.

요나단은 숲 속에서 꿀을 만지기만 했는데도 그 눈이 밝아졌습니다. 그런데 이 선택 교리는 당신의 마음이 하나님 나라의 비밀을 사랑하고 배울 수 있도록 밝혀 줄 꿀입니다. 그러니 두려워하지 말고 마음껏 드십시오. 왕의 식탁에 놓인 고기는 어느 신하도 해치지 않습니다. 이렇게 차별하시는 하나님의 영원한 사랑을 더 많이 이해할 수 있도록 당신의 마음이 넓어지기를 소원하십시오. 선택 교리처럼 높은 산에 올라갔으면 그 옆에 있는 자매 산인 은혜 언약에도 머무십시오. 예수 그리스도를 보증인으로 한 이 언약의 약속들은 두려워 떠는 영혼들이 평안히 쉴 수 있는 휴식처입니다. 예수님은 우리를 영광으로 인도해 주겠다고 보증하셨으며, 하나님 아버지께서 그 아들의 영혼이 수고한 것에 대한 영원한 보상으로 우리를 그에게 주시겠다고 약속하셨습니다. 그러니 당신은 안전합니다.

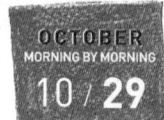

"그러므로 너희는 이렇게 기도하라 하늘에 계신 우리 아버지여 이름이 거룩히 여김을 받으시오며"_마 6:9

모든 참 기도가 그러하듯 이 기도도 "우리 아버지"라는 부름으로 시작됩니다. 성도의 어린애 같은 영은 곧 "하늘에 계신" 하나님 아버지의 위엄을 깨닫게 될 것입니다. "아바 아버지"라고 부르는 그 혀짤배기 같은 소리가 곧 "거룩하고 거룩하다"는 스랍들의 우렁찬 소리로 변할 것입니다. "나라가 임하오시며 뜻이 하늘에서 이루어진 것같이 땅에서도 이루어지이다." 그 후에는 진심으로 하나님을 의지하는 표현이 나옵니다. "오늘 우리에게 일용할 양식을 주시옵고." 성령의 도우심으로 그 영이 더 밝아지면 자기가 의존적인 일뿐 아니라 죄악된 존재임을 발견하기에 자비를 베풀어 주십사고 탄원하게 됩니다. "우리가 우리에게 죄 지은 자를 사하여 준 것같이 우리 죄를 사하여 주시옵고."

이제 죄 사함 받고 그리스도의 의가 전가 되어 자신이 하나님께 용납되었음을 알게 되면 겸손히 간청하게 됩니다. "우리를 시험에 들게 하지 마옵시고." 정말 죄 사함 받은 사람은 거룩하게 되고 싶다는 소원을 품게 됩니다. "우리 죄를 사하여 주시옵고." 이것이 칭의입니다. "우리를 시험에 들게 하지 마시옵고 다만 악에서 구하시옵소서." 이것은 성화를 구하는 기도로 부정적인 구절과 긍정적인 구절의 두 가지로 이루어져 있습니다. 이어 이 모든 것의 결과로 승리에 찬 찬양의 기도가 터져 나옵니다. "나라와 권세와 영광이 아버지께 영원히 있사옵나이다 아멘." 주께서 제시하신 이 짧은 기도는 우리 영혼을 양자가 되었다는 의식에서부터 통치하시는 주님과의 교제로까지 이끌어갑니다.

"내가 전심으로 여호와께 감사하오며 주의 모든 기이한 일들을 전하리이다"_시 9:1

우리는 기도가 응답될 때마다 항상 감사해야 합니다. 마치 천국에서 사랑의 태양이 이 땅을 따스하게 비칠 때 이 땅에서 감사의 안개가 올라가듯 말입니다. 주께서 당신에게 은혜를 베풀어 주셨습니까? 당신의 간구 소리에 그 귀를 기울이셨습니까? 그럼 주께 감사하며 주를 찬양하십시오. 그가 베풀어 주신 긍휼에 대해 감사치 않고 잠잠히 있는 것은 배은망덕의 죄를 범하는 것입니다. 그것은 자기 병을 치료 받고도 자기를 고쳐 주신 주님께 돌아가 감사드리지 않았던 아홉 명의 문둥병자들과 같이 비열한 짓입니다. 주께 감사와 찬양드리는 것을 잊어버리면 우리 자신에게도 유익이 되지 않습니다.

찬양은 기도와 마찬가지로 영적인 생명이 자라나는 데 아주 중요한 방편입니다. 우리의 짐을 덜어 주고, 우리의 소망을 높여 주며, 우리의 믿음을 증진시키는 데 큰 도움을 주는 찬양은 성도의 맥박을 촉진시키며 주님을 새롭게 섬길 수 있도록 힘을 줍니다. 우리의 "구원의 노래"를 듣고 약한 심령들이 힘을 얻을 것이요 축 늘어졌던 성도들은 활기를 되찾을 것입니다. 우리가 서로 시와 찬미와 신령한 노래들로 가르치고 권면할 때 그들의 의심과 두려움이 쫓겨나갈 것입니다. 우리가 여호와의 거룩하신 이름이 광대하다고 말하면, 그들 역시 그 소리를 듣고 "여호와의 도를 노래"하게 될 것입니다. 찬양은 그리스도인의 가장 거룩한 의무입니다. 천사들은 기도는 하지 않았지만 밤낮으로 찬양하는 일을 쉬지 않았습니다. 따라서 구속 받은 당신도 새 노래로 찬양하는 일에 지치지 말아야 합니다.

"하나님이여 내 속에 정한 마음을 창조하시고 내 안에 정직한 영을 새롭게 하소서"_시 51:10

패역한 자라도 그 안에 생명의 불씨가 조금이나마 남았다면 그는 회복을 열망할 것입니다. 그런데 새롭게 되는 데는 우리가 회심할 때 필요했던 것과 똑같은 은혜의 역사가 필요합니다. 회심할 때 그랬듯이 이번에도 회개가 필요합니다. 지금도 그때와 똑같은 믿음만이 우리를 그리스도께 데려올 수 있습니다. 회심할 때처럼 우리의 두려움을 없애기 위해 지극히 높으신 주님, 사랑하는 그분의 입술에서 나오는 한마디 말씀이 필요합니다. 이처럼 맨 처음 느꼈던 성령의 능력이 다시 나타나지 않으면 아무도 새롭게 될 수 없습니다. 그것은 현재 우리의 혈과 육이 회심 이전과 똑같은 상태로 미끄러져 있기 때문입니다.

지금 연약함을 느끼십니까? 그렇다면 하나님께 도와달라고 간절히 기도하십시오. 다윗은 자신이 무력하다고 느꼈을 때 팔짱을 끼고 입을 다물지 않았습니다. 대신 보좌로 급히 달려가 "내 안에 정직한 영을 새롭게 하소서"라고 간구했습니다. 이와 같이 기도하는 사람은 외적으로도 자신의 정직함을 증명해 보일 것입니다. 많이 기도하십시오. 말씀을 많이 섭취하십시오. 당신에게서 주님을 몰아내는 그 정욕들을 죽이고, 또다시 죄를 짓지 않도록 경계하십시오. 당신 안에서 죽어가는 그 은혜를 촉진 강화시켜 줄 모든 복된 규례들을 계속 실천하십시오. 끝으로 모든 능력은 주로부터 온다는 사실을 늘 기억하면서 주님께 "내 안에 정직한 영을 새롭게 하소서"라고 쉬지 말고 부르짖으십시오.

"자매 압비아와 우리와 함께 병사 된 아킵보와 네 집에 있는 교회에 편지하노니"_몬 1:2

당신의 부모와 자녀, 친구와 친지들은 모두 교인입니까? 아니면 그중 어떤 이가 아직 회심하지 않은 상태입니까? 여기서 잠깐 멈춰 서서 나는 진정한 교인인가? 하고 자문해 봅시다. 만약 첫째부터 막내까지 모두 구원 받았다면 가장인 아버지의 마음은 뛸 듯이 기쁠 것이고 어머니의 눈에는 감사의 눈물이 흐를 것입니다! 주님께서 당신 가정에 이런 큰 축복을 허락해 주실 때까지 계속 간구합시다.

오늘 본문에 나오는 빌레몬도 자기 집 사람들이 모두 구원을 얻기를 간절히 원했을 것입니다. 그러나 처음에는 이 소원이 쉽게 이루어지지 않았습니다. 그 집에는 빌레몬에게 나쁜 짓을 한 후 도망친 악한 오네시모가 있었습니다. 그러나 주인 빌레몬은 그를 위해 계속 기도했고, 마침내 오네시모가 하나님의 섭리 아래 바울의 설교를 듣게 되었습니다. 바울의 설교를 듣고 마음이 움직인 오네시모는 빌레몬에게 다시 돌아와 신실한 하인으로서 그를 섬겼을 뿐 아니라 그의 사랑 받는 형제가 되었습니다. 혹시 당신의 집에도 회심하지 않고 집을 나간 자녀나 친지가 있습니까? 그렇다면 그들이 은혜의 복음을 듣고 자원해서 집으로 돌아올 수 있게 해 달라고 특별 기도를 하십시오! 뿐만 아니라 당신의 집이 그저 평범한 가정집이 아니라 그 안에 교회가 있을 수 있도록 가정 예배를 드리십시오. 그리하여 내적인 사랑이 온화하게 흘러나와 외적인 행동도 그리스도를 닮아가게 하십시오. 그리고 주님의 이름을 영화롭게 할 수 있는 은혜를 달라고 간청하십시오.

"나 여호와는 변하지 아니하나니 그러므로 야곱의 자손들아 너희가 소멸되지 아니하느니라"_말 3:6

우리 인생들은 얼마나 변화무쌍합니까? 그런데 전혀 변치 않는 분이 계십니다. 그는 바로 여호와십니다. 태양이 세월과 함께 점점 희미해지며 이 세상도 그 연수가 다해 가고 있습니다. 모두 낡아지기 시작했습니다. 온 하늘과 땅도 곧 사라져 버릴 것입니다. 그들은 멸망할 것이요 옷처럼 낡아질 것입니다. 그러나 불멸하시는 분이 계십니다. 그 연수가 다함이 없으며 그 성품이 절대 변치 않으시는 분. 오랫동안 파도에 시달리던 뱃사공이 마침내 상륙하여 땅에 그 첫발을 디딜 때 얼마나 기쁘겠습니까? 마찬가지로 그리스도인은 "나 여호와는 변하지 아니하나니"라는 진리로 인해 말할 수 없이 기쁠 것입니다.

닻을 꼭 잡아매야 배의 안정이 유지되듯 성도도 소망을 이 영광스러운 진리에 고정시킬 때 비로소 안정을 얻을 수 있습니다. 하나님은 "변함도 없으시고 회전하는 그림자도 없으십니다"(약 1:17). 하나님께 전에 속했던 속성은 지금도 여전히 그의 속성입니다. 그의 능력, 그의 지혜, 그의 공의, 그의 진리 이 모든 것이 하나도 변함없이 그대로입니다. 하나님은 지금까지 항상 그 백성의 피난처요 요새였으며, 도움이셨습니다. 이전에 "영원한 사랑"으로 그의 백성들을 사랑하셨던 하나님이 지금도 여전히 그의 백성들을 사랑하십니다. 마지막 날 이 땅의 모든 것이 불 속에서 다 녹아 없어져도 그의 사랑은 맑은 이슬처럼 생생할 것입니다. 하나님은 변치 않으신다는 이 확신은 얼마나 소중한 확신인지요!

"주께서 이르시되 일어나 직가라 하는 거리로 가서 유다의 집에서 다소 사람 사울이라 하는 사람을 찾으라 그가 기도하는 중이니라"_행 9:11

우리가 기도하면 천국에서 금방 압니다. 사울이 기도를 시작하자 즉시 주께서 그 기도를 들으셨습니다. 이 사실이, 당신에게 얼마나 큰 위로가 되는지요! 우리는 때로 상한 심령으로 무릎을 꿇었지만 한숨짓고 눈물 흘리는 것 외에는 한마디도 못할 때가 많습니다. 그런데 하나님은 바로 그 눈물을 받아 천국에 있는 눈물 단지 안에 소중히 간직하십니다. "주께서 나의 눈물을 주의 병에 담으소서"(시 56:8).

그 떨어지는 눈물방울이 바로 기도입니다. 눈물은 천국의 다이아몬드요 한숨은 여호와의 궁정의 멜로디로 "지극히 높은 곳에 계신 위엄의 하나님께 닿으려는 가장 장엄한 노력"입니다. 당신의 기도가 약하고 떨립니까? 그래도 하나님은 당신의 기도를 들으십니다. 야곱의 사다리는 하늘 높은 곳까지 미쳤으나 우리의 기도는 언약의 천사이신 주님을 의지해서 더 높은 곳까지 미칠 것입니다. 우리 하나님은 "겸손한 자의 부르짖음을 잊지 않으십니다." 하나님은 뛰어난 외모나 고상한 말을 중히 여기지 않습니다. 왕들의 겉치레를 거들떠보지 않으실 뿐 아니라 으스대며 부르는 음악도 듣지 않으십니다. 그러나 슬픔에 푹 젖어 있는 마음, 괴로움에 떠는 입술, 깊은 신음 소리, 참회의 한숨 소리, 이런 것들에는 그 마음을 여십니다. 그런 것들을 기억의 장부에 적어 두십니다. 그는 우리 기도를 장미꽃잎처럼 기억의 책 속에 책갈피로 꽂아 두십니다. 마침내 그 책이 펴질 때 그곳에서 아름다운 향내가 은은히 퍼질 것입니다.

"나에게 이르시기를 내 은혜가 네게 족하도다 이는 내 능력이 약한 데서 온전하여짐이라 하신지라 그러므로 도리어 크게 기뻐함으로 나의 여러 약한 것들에 대하여 자랑하리니 이는 그리스도의 능력이 내게 머물게 하려 함이라"_고후 12:9

하나님을 잘 섬기고 그의 일을 잘 해내기 위한 필수 요건 중 하나는 바로 우리 자신의 연약함을 의식하는 것입니다. 하나님은 자기 힘만 믿고 행진하는 사람과 함께 가시지 않습니다. 승리할 것으로 자만하는 자는 크게 잘못 생각하고 있는 것입니다. 만군의 여호와께서 친히 "힘으로 되지 아니하며 능력으로 되지 아니하고 오직 나의 영으로 되느니라"(슥 4:6)고 말씀하셨습니다. 따라서 하나님을 섬기는 사람들은 하나님의 방식대로 하나님의 힘을 가지고 하나님을 섬겨야 합니다. 그렇지 않으면 그 봉사가 하나님께 열납되지 않습니다.

하나님은 인간이 하나님의 도우심 없이 한 어떤 것도 취하지 않으십니다. 이 땅의 열매에 불과한 것들은 모두 다 내치십니다. 하나님은 오직 천국에서 뿌린 씨로 은혜의 단비를 맞고 그의 사랑의 태양을 받아 익은 곡식만 거두어들입니다. 그분은 당신 안에 있는 모든 것을 다 비우신 후에야 비로소 그 안을 주의 것으로 채우실 것입니다. 먼저 당신의 창고를 깨끗이 청소한 후에야 비로소 가장 좋은 밀로 그곳을 채우실 것입니다. 하나님은 그의 전쟁터에서 그가 친히 부여하신 힘 이외의 다른 어떤 힘도 사용하지 않으십니다. 지금 자신의 연약함에 대해 애통하고 계십니까? 담대하십시오. 하나님이 당신에게 승리를 안겨 주시기 전에 먼저 자신의 약함을 의식하십시오. 당신을 비우는 행위는 바로 하나님의 것으로 채워지기 위한 준비 과정입니다. 당신이 그렇게 풀이 죽어 있는 것은 곧 되살아나기 위한 예비 단계입니다.

"감사함으로 그의 문에 들어가며 찬송함으로 그의 궁정에 들어가서 그에게 감사하며 그의 이름을 송축할지어다"_시 100:4

우리 주님은 그의 모든 백성이 주님의 인품에 대해 아주 많이 알뿐 아니라 그로 인해 행복해지길 원하십니다. 주님은 그의 신부들이 그 덕의 아름다움을 생각하며 즐거워하는 것을 보시고 기뻐하십니다. 따라서 우리는 주님을 빵이나 물처럼 최저한의 필수품 정도가 아니라 아주 맛있는 진미요 희귀하고 매혹적인 즐거움으로 생각해야 합니다. 주님은 자신을 비길 데 없이 아름다운 "값진 진주"로, 신선한 향내를 풍기는 "몰약 향낭"으로, 영원한 향기를 풍기는 "샤론의 장미"로, 흠 없이 순결한 "백합"으로 계시하셨습니다.

하나님이 그 독생자 예수 그리스도를 어찌 여기실지 생각해 보십시오. 주님 발 아래서 그 얼굴을 가리고 있는 것을 가장 큰 영광으로 여기는 천사들과, 그의 피로 씻음 받은 자들, 밤낮으로 주님에게 합당한 찬양을 부르는 성도들은 또한 어떨지 한번 가늠해 보십시오. 우리가 그리스도를 귀하신 분으로 생각할수록, 보좌에 앉으신 주님을 높이 생각할수록, 그 아래서 고개 숙인 우리 자신이 얼마나 낮은지 깨닫게 될 것입니다. 그리고 주님에 대해 우리 분수에 맞는 행동을 하게 될 것입니다. 주님을 귀히 생각할 때 주님을 향한 우리의 사랑이 더욱 커집니다. 그러니 당신이 섬기는 주님의 빼어나심에 대해 많이 생각하십시오. 인간의 본성을 취하시기 전, 창세전의 영광스러운 주님에 대해 깊이 묵상하십시오! 그 높은 보좌에서 내려와 십자가에서 돌아가시기까지 행하신 그 크신 사랑을 묵상하십시오!

NOVEMBER 11/06

"나는 목마른 자에게 물을 주며 마른 땅에 시내가 흐르게 하며 나의 영을 네 자손에게, 나의 복을 네 후손에게 부어 주리니"_사 44:3

마음이 슬프거나 울적해지면, 몹시 불안해 하고 염려하는 가운데 그 상태에서 벗어나려고 안간힘을 씁니다. 그러나 의심과 염려를 사용해 우리 안에 은혜를 증진시키려는 것은 마치 독수리 날개에 사슬을 매달아 놓고 날게 하려는 일만큼이나 어리석은 짓입니다. 하나님을 찾는 영혼을 맨 처음 구원하는 것은 율법이 아니라 복음입니다. 구원 받은 후 기운이 빠진 성도를 다시 회복시키는 것 역시 율법의 속박이 아니라 복음의 자유입니다. 노예적인 두려움을 불러일으키는 것으로는 절대 패역한 자를 하나님께 돌이킬 수 없습니다. 애절한 사랑의 구애만이 그를 예수님의 품으로 인도할 수 있습니다.

당신은 참 믿음의 기쁨을 잃어버린 채 "제게 주의 구원의 기쁨을 회복시켜 주소서"라고 기도하고 계시지는 않습니까? 교회에서나 세상에서 자신이 원하는 것만큼 유용하게 사용되지 못한 것 같습니까? 그렇다면 오늘의 말씀이야말로 바로 당신을 위한 약속의 말씀입니다. "나는 목마른 자에게 물을 주며." 물이 목마른 자를 소생시키듯이 당신이 소생하고 당신의 소원이 이루어질 것입니다. 열매 맺히는 은혜 가운데 많은 열매를 맺게 될 것입니다. 하나님의 선한 특성을 모두 충만하게 누리게 될 것입니다. 그 은혜의 부요함 속에 푹 잠기듯 그렇게 풍성히 받아 누릴 것입니다. 그리고 때때로 강물이 터져 초원이 물바다가 되고 밭이 연못으로 화하듯 당신의 목마른 마음밭이 수원지로 변화될 것입니다.

"내가 너를 내 손바닥에 새겼고 너의 성벽이 항상 내 앞에 있나니"
_사 49:16

  오늘의 본문에서 하나님은 정말 알 수 없다는 듯이 "보라"(Behold, 한글 성경에는 번역되지 않음-역자주)라고 하셨는데, 그리 말씀하신 것도 무리가 아닙니다. 14절을 보십시오. "여호와께서 나를 버리시며 주께서 나를 잊으셨다." 하나님은 이 악한 불신에 너무 놀라 이렇게 말씀하신 것 같습니다! 하나님의 사랑하는 백성이 아무 근거도 없이 이렇게 하나님을 의심하고 두려워하다니요. 오늘 우리는 하나님의 책망어린 사랑의 음성을 듣고 부끄러워해야 합니다. 불신은 얼마나 야릇하고 묘한 것인지 모릅니다. 하나님은 지금까지 그의 약속을 수천 번도 더 지키셨습니다. 하나님은 절대 우리의 기대를 저버리지 않는 분이요 마르지 않는 샘입니다. 그런데도 우리는 끊임없이 의심하고 두려워합니다.

  "보라"라는 말은 감탄과 탄복을 자아내기 위해 쓰인 단어입니다. 정말로 여기에는 우리가 놀라고 탄복할 만한 주제가 들어 있습니다. 본문에는 "네 이름"을 새겼다고 되어 있지 않고 "내가 너를 새겼다"고 되어 있습니다. 즉 우리 이름도 물론 하나님의 손바닥에 새겨져 있지만 그게 전부가 아니라는 뜻입니다. "내가 너를 새겼다." 이것은 "내가 너의 인격, 너의 모습, 너의 사정, 너의 처지, 너의 죄, 너의 유혹, 너의 약함, 너의 부족, 네가 한 일, 이 모든 것들을 다 새겼다"는 뜻입니다. 하나님은 그의 손바닥에 당신을 새겼다고 말씀하십니다. 그런데도 다시 하나님이 당신을 잊어버리셨다고 말하겠습니까?

"그러므로 너희가 그리스도 예수를 주로 받았으니 그 안에서 행하되"
_골 2:6

  신앙생활은 우리 자신의 공로와는 완전히 반대되는 개념입니다. 그것은 단순히 선물을 받아들이는 행위입니다. 땅이 비에 젖어들고, 바다가 강물을 받아들이듯, 우리 역시 그냥 하나님이 주시는 은혜를 값없이 받는 것입니다. 우리는 그저 빈 그릇에 불과합니다. 한편 받는다는 개념 속에는 실현의식, 즉 어떤 것을 실체화시킨다는 의미가 담겨 있습니다. 그리스도는 우리에게 참 실재가 되십니다. 믿음이 없을 때, 예수님은 그저 오래전에 살았던 한 사람에 불과합니다. 그러나 그리스도를 믿는 순간 얘기가 달라집니다. 우리는 예수님을 참인격자로 의식하게 됩니다.

  받는다는 것은 또한 움켜쥔다, 소유한다는 뜻입니다. 내가 받은 그 물건은 이제 내 것입니다. 마찬가지로 내가 예수님을 영접할 때 예수님은 나의 구세주가 되십니다. 생명이나 사망이나 그 외의 다른 어떤 것도 주님을 내게서 빼앗아갈 수 없을 만큼 주님은 내 것이 되십니다. 이 모든 것이 바로 그리스도를 영접하는 것입니다. 즉 그를 하나님이 값없이 주시는 선물로 받아들이고, 그를 내 마음으로 의식하며 나의 것으로 여기는 것입니다. 구원은 눈먼 자들이 눈을 뜨고, 귀머거리들이 들으며, 죽은 자들이 생명을 받는 것입니다. 그런데 우리는 이런 축복뿐 아니라 예수 그리스도 자신마저 받았습니다. 하나님의 아들이 우리 안에 쏟아 부어졌습니다. 우리는 그를 받아 우리의 것으로 삼았습니다. 하늘도 감당할 수 없는 예수님의 마음이 얼마나 너그러운지요!

"그러므로 너희가 그리스도 예수를 주로 받았으니 그 안에서 행하되"
_골 2:6

만일 우리가 가장 깊은 마음속으로 그리스도 자신을 받았다면, 우리의 새 생명은 그리스도와 '걸음'으로써 그분과 아주 친밀한 관계임을 나타내려 할 것입니다. 여기서 걸음(walking)은 곧 행동을 의미합니다. 우리는 우리가 믿는 기독교를 우리의 골방에만 국한시키면 안 됩니다. 그 믿음의 효력을 실제로 나타내야 합니다. 신자라면 그리스도께서 행하셨던 대로 행할 것입니다. 그리스도께서 그 사람 안에 계시기에, 예수님의 형상을 반영하게 될 것입니다. 행함(또는 걸음)은 또한 전진을 나타냅니다. 곧 사랑하는 주님에 대해 최대한으로 알게 될 때까지 은혜에서 은혜로 행하며 앞으로 전진하라는 뜻입니다.

행함은 또 지속성을 의미합니다. 우리는 부단히 그리스도 안에 거해야 합니다. 우리는 언제 어디에서나 그와 함께 있어야 합니다. 행함은 또 습관을 의미합니다. 우리는 그에게 꼭 붙어 있으면서 그 안에서 기동하고 살아야 합니다. "너희가 그리스도 예수를 주로 받았으니 그 안에서 행하되." 그러니 당신이 처음 시작했던 것과 똑같이 하십시오. 처음에 예수 그리스도가 당신의 믿음의 근거요, 생명의 원천이요, 행동의 원리요, 영혼의 기쁨이었던 것처럼 생명이 다할 때까지 주를 항상 그리 생각하십시오. 사망의 음침한 골짜기를 통과할 때와 마찬가지로 하나님의 백성들을 위해 남아 있는 안식과 기쁨으로 들어가십시오.

성령님, 저희가 이 천국 교훈에 순종할 수 있도록 도와주소서!

"영원하신 하나님이 네 처소가 되시니 그의 영원하신 팔이 네 아래에 있도다 그가 네 앞에서 대적을 쫓으시며 멸하라 하시도다"_신 33:27

  처소라는 말은 하나님이 우리의 거처요 우리의 집이라는 생각을 갖게 합니다. 비록 우리 집이 오두막이라 해도 "우리 집"은 언제나 소중한 곳입니다. 따라서 이 비유는 아주 기분 좋은 비유라 할 수 있습니다. 우리는 집에 있을 때 안도감을 느낍니다. 세상을 떠나 조용하고 안전하게 있을 수 있기 때문입니다. 마찬가지로 우리는 하나님과 함께 있을 때 "어떤 악도 두려워하지 않습니다." 그는 우리의 방패요 피난처요 거할 처소이기 때문입니다. 집은 또한 마음 편히 있을 수 있는 곳입니다. 집에서는 오해를 받거나 우리 말이 곡해될까봐 두려워하지 않습니다. 마찬가지로 우리는 하나님과 함께 있을 때 우리 마음속에 있는 소원들을 다 털어놓으며 주님과 자유로운 교제를 나눌 수 있습니다.

  "여호와의 비밀이 그를 경외하는 자들과 함께 있다"면 그를 경외하는 자들의 비밀 역시 여호와와 함께 있어야 합니다. 우리가 일하고 수고하는 것 역시 우리 집을 위해서입니다. 우리 집을 생각할 때, 매일 매일 짐을 질 용기가 생기고 하루의 일과를 수행할 힘이 납니다. 이런 의미에서 하나님은 바로 우리 집이라 말할 수 있습니다. 우리는 하나님에 대한 사랑 때문에 힘이 납니다. 하나님을 생각하되 그의 사랑하시는 아들, 예수 그리스도 안에서 하나님을 생각합니다. 고난 당하신 구주의 얼굴을 보는 것만으로도 주님을 위해 수고해야겠다는 생각을 갖게 됩니다. 이처럼 야곱의 하나님을 자신의 피난처로 삼은 자들은 정말 복 있는 사람들입니다!

"영원하신 하나님이 네 처소가 되시니 그의 영원하신 팔이 네 아래에 있도다 그가 네 앞에서 대적을 쫓으시며 멸하라 하시도다"_신 33:27

그리스도인도 때로는 창피와 굴욕감에 깊이 잠길 때가 있습니다. 자신의 엄청난 죄악성을 깊이 깨달은 그는 하나님 앞에 자신을 낮춥니다. 자신이 너무 무가치한 존재로 보이기 때문에 어찌 기도해야 할지도 모를 만큼 그렇게 자신을 낮춥니다. 그러나 하나님의 자녀여, 이처럼 가장 비천한 자리에 있을 때 바로 그 영원하신 팔이 당신 아래 있다는 사실을 기억하십시오. 죄는 항상 당신을 그처럼 낮은 곳으로 끌어내리지만 그리스도의 크신 대속이 여전히 그 아래 있습니다. 가장 낮은 자리로 내려갈지 모르나 절대 "최고로" 낮은 자리로는 떨어질 수 없습니다. 아무리 낮은 곳으로 떨어져도 그리스도께서 그곳에서 당신을 구원해 주시기 때문입니다. 당신은 절대 영원토록 신실하신 하나님의 은혜 언약이 허용하는 것보다 더 깊은 고뇌와 절망 속에 빠질 수 없습니다. 그의 영원하신 팔이 언제나 당신 밑에 있습니다. 하나님의 영원하신 팔이 이렇게 붙잡아 주는 동안에는 그를 해치려는 사탄의 노력이 무용합니다.

하나님의 이런 확실한 지지는 진실하고 열심 있는 모든 일꾼에게 해당되는 위로입니다. 그것은 매일, 필요할 때마다, 무슨 일에든 능력을 주시겠다는 약속입니다. 더욱이 그것은 사망이 찾아왔을 때도 여전히 유효한 약속입니다. 이생을 사는 동안은 물론이요 이생에서의 마지막 순간에도 그 "영원하신 팔"이 우리를 붙드실 것입니다. "영원하신 하나님은 피곤치 아니하시며 곤비치 아니하시기"에 늘어지거나 힘이 빠질 염려가 없습니다. 바로 그 팔이 우리를 붙들어 주실 것입니다.

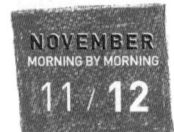

"너희 믿음의 확실함은 불로 연단하여도 없어질 금보다 더 귀하여 예수 그리스도께서 나타나실 때에 칭찬과 영광과 존귀를 얻게 할 것이니라"_벧전 1:7

시련을 받지 않은 믿음은 참 믿음일지라도 틀림없이 작은 믿음입니다. 믿음은 모든 것이 대적해 올 때 가장 잘 자랍니다. 사나운 비바람은 믿음을 훈련시키는 훈련사요 뇌성 번개는 믿음을 비춰 주는 조명사입니다. 빙하 가까이서 자라는 꽃은 그렇게도 곱고 예쁜 푸른색을 냅니다. 남극이나 북극 하늘에서 반짝이는 별이 가장 환하게 반짝입니다. 사막에서 솟아나는 물이 가장 단 법입니다. 마찬가지로 역경 속에서 살아남아 승리한 믿음만큼 소중하고 귀한 믿음도 없습니다. 강제로 물속을 통과하는 체험을 하지 않았다면 당신은 자신이 얼마나 약한 존재인지 알 수 없었을 것입니다. 엄몰하는 물 가운데서 붙들어 주시는 하나님을 체험하지 못했다면 당신은 하나님의 능력을 알지 못했을 것입니다. 이처럼 믿음은 시련을 많이 참고 견딜수록 강하고 굳세며 확실해집니다. 믿음이 소중하듯 믿음의 시련 역시 매우 소중합니다.

그렇다고 이 말에 낙심치 마십시오. 당신은 앞으로 시련을 많이 겪을 것입니다. 때가 되면 하나님께서 시련을 통해 당신의 믿음을 시험하실 것입니다. 믿음의 시련을 통해 많은 것을 얻지 못한다 해도, 당신이 갖고 있는 은혜로 말미암아 하나님께 감사하십시오. 그로 인해 어느 정도의 거룩한 자신감이나마 얻게 된 것을 찬양하십시오. 이 규칙에 따라 하나님과 동행하십시오. 그러면 하나님의 축복을 점점 더 많이 받아 마침내 산을 옮기고 불가능한 일들을 정복하는 믿음에까지 이르게 될 것입니다.

"내 안에 거하라 나도 너희 안에 거하리라 가지가 포도나무에 붙어 있지 아니하면 스스로 열매를 맺을 수 없음같이 너희도 내 안에 있지 아니하면 그러하리라"_요 15:4

당신은 처음에 어떻게 과실을 맺기 시작했습니까? 예수님께 와서 당신 자신을 맡기고 그가 완성하신 의를 의지했을 때 과실을 맺었을 것입니다. 그때는 정말 포도나무가 잘 자라 어린 포도송이가 맺히고, 그 열매에서 싹이 나와 포도나무가 심긴 땅에서 향내가 났습니다. 그런데 혹시 그 이후에 믿음이 약해지지는 않았습니까? 혹시 그렇다면 그 사랑의 때를 기억하고 회개하여 그때처럼 행하십시오. 당신의 모든 열매는 가지되신 주님으로부터 나옵니다.

당신이 가장 열매를 맺지 못했을 때가 언제였습니까? 혹시 주 예수 그리스도로부터 가장 멀리 떨어져 살 때가 아니었습니까? 기도를 게을리 하거나 순전한 믿음에서 떠나 있을 때가 아니었습니까? 주님 대신 받은 은혜에 마음이 빼앗겨 "내 산이 견고히 서 있으니 내가 절대 요동치 아니하리라"고 말하면서 그 힘의 참 원천을 망각했을 때가 아닙니까? 바로 그때 당신은 열매를 맺지 못하지 않았습니까? 우리 중에는 이미 주님 앞에서 처절히 낮아짐으로써, 그리스도를 떠나면 아무것도 아니라는 사실을 배운 성도들이 있습니다. 우리 역시 모든 피조물이 갖고 있는 능력이 아무 열매도 맺지 못하는 것을 보고, "내게서는 아무 열매도 나올 수 없으니 내 모든 열매는 주님으로부터 발견되어야 한다"며 울부짖은 적이 있습니다. 이러한 과거의 체험을 통해, 우리는 그리스도 안에 있는 하나님의 은혜를 의존해야 더 많은 열매를 맺을 수 있다는 사실을 배웠습니다. 그렇다면 우리의 생명뿐 아니라 열매 맺는 것을 위해서도 예수님을 의지합시다.

"또 지붕에서 하늘의 뭇 별에게 경배하는 자들과 경배하며 여호와께 맹세하면서 말감을 가리켜 맹세하는 자들과"_습 1:5

이 사람들은 자기들이 양쪽 신을 다 믿고 있으니 안전하리라 생각했습니다. 그들은 여호와를 믿는 동시에 말감에게 절했습니다. 그러나 하나님은 이런 이중성을 혐오하시며 이런 위선을 증오하십니다. 일상사에서도 두 마음을 가진 자는 멸시를 당하는데 신앙 문제에서야 오죽하겠습니까? 오늘 말씀을 보십시오. 하나님은 그런 자들에게 아주 끔찍한 형벌을 내리십니다. 하나님을 알고 인정하며 심지어 그를 따르겠노라 고백하면서도 동시에 악을 사랑하며 악이 그 마음을 지배하도록 내버려 두는 죄인을 하나님이 어찌 그대로 두시겠습니까?

당신도 혹시 이런 이중인격의 죄를 범하고 있지는 않은지 잘 살펴보십시오. 당신은 예수님의 제자라고 고백하고 있습니다. 그런데 진심으로 그를 사랑하고 있습니까? 당신의 마음이 하나님과 바른 관계에 있습니까? 한 발은 진리의 땅에 다른 한 발은 거짓의 바다에 두고 있으면 무서운 속도로 실족해 완전히 파멸하게 될 것입니다. 그리스도는 우리의 모든 것이 되시든가 아니면 아무것도 되시지 않을 것입니다. 하나님이 온 우주를 채우고 계십니다. 따라서 이 우주에는 다른 신이 존재할 여지가 전혀 없습니다. 당신은 과연 십자가에 못 박히신 예수님만 의지하면서 오직 그분만을 위해 살고 있습니까? 그렇다면 당신을 구원으로 인도한 그 능력의 은혜가 참으로 복됩니다. 그러나 만일 그렇지 않다면 지금 당장 주님께 나아가 회개하십시오.

"여호와의 분깃은 자기 백성이라 야곱은 그가 택하신 기업이로다"
_신 32:9

그들은 어떻게 여호와의 것이 되었을까요? 그것은 하나님께서 주권적으로 선택하셨기 때문입니다. 하나님이 그들을 택하시어 그의 사랑을 쏟아 부으셨습니다. 그러나 그들 안에 어떤 선이 있어서 그리 하신 것은 아닙니다. 오직 그들은 하나님의 자유의사에 따라 선택된 것입니다. 그들은 또한 주님이 값 주고 사심으로써 하나님의 것이 되었습니다. 하나님은 최고의 값을 지불하셨습니다. 그들을 사시되 금이나 은처럼 썩어질 것으로 사신 것이 아니라 주 예수 그리스도의 보혈로 사셨습니다. 이렇게 여호와의 분깃은 완전히 구속 받았습니다. 택함 받은 모든 자에게 찍혀 있는 핏자국을 보십시오. 비록 사람의 눈에는 보이지 않지만 "주는 그의 것인 자들을 아시기" 때문에 그리스도는 그들을 아십니다. 주는 그 양들을 일일이 다 세고 계시며 자기 생명과 맞바꾼 교회를 잘 기억하십니다.

그들은 또한 정복에 의해 그의 것이 되었습니다. 하나님이 우리 안에서 얼마나 치열한 전쟁을 치르셨는지 아십니까! 우리에게 얼마나 자주 항복하라고 말씀하셨는지 아십니까! 그런데 우리는 문빗장을 꼭 걸어 닫았을 뿐 아니라 벽까지 쌓아올렸습니다. 주께서 폭풍우를 보내심으로써 당신의 마음을 취하셨던 그 감격적인 순간이 기억나지 않습니까? 우리가 쌓은 벽에 자신의 십자가를 기대 놓고, 붉은 피로 물든 그 전능하신 긍휼의 깃발을 우리 성채에 꽂으셨던 때가 기억나지 않습니까? 그렇습니다. 우리는 정말 그의 전능하신 사랑에 의해 정복된 행복한 포로들입니다!

"내 심령에 이르기를 여호와는 나의 기업이시니 그러므로 내가 그를 바라리라 하도다"_애 3:24

이것은 "여호와가 부분적으로 나의 기업이라"는 뜻도 아니요, "여호와가 내 기업 안에 있다"는 뜻도 아닙니다. 하나님 자신이 내 영혼의 기업의 총체가 되신다는 뜻입니다. 우리가 소유하거나 소원하는 모든 것이 그 안에 놓여 있습니다. 여호와는 나의 기업이십니다. 그의 은혜나 그의 사랑이나 그의 언약만 내 것이 아니라 여호와 자신이 나의 기업이십니다. 그는 우리를 그의 기업으로 택하셨고 우리는 그를 우리의 기업으로 택했습니다. 물론 여호와께서 우리를 위해 우리의 기업을 먼저 택해 주셨습니다. 여호와는 우리의 모든 것을 채우시고도 남을 만큼 충족한 기업이십니다. 하나님이 스스로 족한 분이십니다.

사실 인간의 소욕을 다 만족시켜 주는 것은 쉬운 일이 아닙니다. 탐욕스러운 인간은 자신이 원하던 것이 충족되었다고 생각하는 순간 또다시 무언가 부족해서 울부짖습니다. 그러나 성도의 모든 소원은 우리의 기업 되신 하나님 안에서 발견할 수 있습니다. 그래서 "하늘에서는 주 외에 누가 내게 있으리요 땅에서는 주밖에 나의 사모할 이 없나이다"(시 73:25)라고 말하게 됩니다. 때문에 우리는 마땅히 그 기쁨의 강물을 마시게 해 주신 "여호와를 기뻐해야" 합니다. 주안에서 항상 기뻐합시다. 우리가 얼마나 복되고 행복한 백성인지를 이 세상에 보여 줍시다. 이렇게 해서 그들도 "하나님이 너희와 함께하심을 들었나니 우리가 너희와 함께 가려 하노라"(슥 8:23)고 소리칠 수 있게 만듭시다.

"이는 만물이 주에게서 나오고 주로 말미암고 주에게로 돌아감이라 그에게 영광이 세세에 있을지어다 아멘"_롬 11:36

"영광이 그에게 세세에 있으리로다." 이것만이 우리 성도들의 유일한 소원이 되어야 합니다. 이에 비하면 다른 모든 소원은 부차적이요 종속적인 것에 지나지 않습니다. 물론 성도는 사업이 번창하기를 바랄 수도 있습니다. 또 더 많은 은사와 은혜를 얻고 싶어할지 모릅니다. 그러나 오직 "그에게 영광이 세세에 있을지어다"라는 이 소원을 증진시키는 데 도움이 될 때에만 그래야 합니다. 그리스도인인 당신은 "하나님의 것이요 하나님으로 말미암은" 존재입니다. 그러니 "하나님을 향해" 사십시오. 하나님을 사랑하는 것이 이 세상에서 가장 기쁜 일이 되게 하십시오. 이것을 모든 일의 근거로 삼으십시오. 당신의 동기를 붙잡는 원동력이 되게 하십시오. 하나님을 당신의 유일한 목표로 삼으십시오. 모든 슬픔은 자아를 생각하는 곳에서 시작됩니다.

당신은 하나님을 영화롭게 하려는 소원 안에서 점점 자라가십시오. 젊을 때 하나님을 송축했던 그 찬양만으로 만족하지 마십시오. 하나님이 당신에게 더 많이 주신 만큼 당신도 하나님께 더 많이 드리십시오. 당신이 맨 처음 가졌던 믿음보다 더 강한 믿음으로 하나님을 찬양하십시오. 당신의 찬양의 향로에 숯과 유향을 더 많이 집어넣으십시오. 크고 자비로우신 하나님께 드리는 이 송영에 "아멘"으로 화답하며, 당신의 개인적인 봉사와 늘어나는 거룩함을 통해 생활 속에서 하나님을 영화롭게 하는 삶을 실천하십시오. 바로 오늘부터 시작하십시오!

"내 누이, 내 신부는 잠근 동산이요 덮은 우물이요 봉한 샘이로구나"
_아 4:12

은혜로워진 성도의 마음은 덮은 우물과 같습니다. 마치 그 위에 큰 건물이 지어져 있어, 은밀한 입구를 아는 사람을 제외하고는 아무도 들어갈 수 없게 만든 동방의 샘처럼 덮은 우물입니다. 그 안에는 어떤 인간적인 기술로도 건드릴 수 없는 신비한 생명이 있습니다. 그것은 어느 누구도 알 수 없는 비밀입니다. 아니, 그 생명을 소유한 자신조차 말할 수 없는 그런 비밀입니다. 오늘의 말씀에는 이런 은밀함뿐 아니라 분리됨의 의미도 들어 있습니다. 즉 그것은 지나가는 사람이 모두 다 마실 수 있는 공동 샘이 아닙니다. 다른 이들은 마실 수 없도록 따로 보존된 샘입니다. 이것은 영적인 생명에 있어서도 마찬가지입니다.

하나님의 택함 받은 백성들은 영원한 작정 속에서 분리되었습니다. 그들은 구속의 날, 다른 이들은 가지지 못한 생명을 소유함으로써 분리되었습니다. 그래서 이제 더 이상 이 세상을 고향으로 느끼거나 이 세상의 쾌락을 즐길 수 없습니다. 한편 그 속에는 성별이라는 개념이 들어 있습니다. 성도의 마음은 예수님을 위해 보존된 우물입니다. 모든 성도는 하나님의 인치심이 자기 위에 있다고 생각해야 합니다. 그래서 바울과 함께 "이후로는 누구든지 나를 괴롭게 하지 말라 내가 내 몸에 예수의 흔적을 지니고 있노라"(갈 6:17)고 말할 수 있어야 합니다. 마지막으로, 여기에는 안전함의 의미가 포함되어 있습니다. 이 땅과 지옥의 모든 권세가 힘을 합쳐 대적한다 해도 그 불멸의 생명은 여전히 존재할 것입니다. 그것은 하나님께서 약속하셨기 때문입니다.

"그러나 어리석은 변론과 족보 이야기와 분쟁과 율법에 대한 다툼은 피하라 이것은 무익한 것이요 헛된 것이니라"_딛 3:9

우리의 연수는 아주 짧습니다. 그러니 별로 중요하지 않은 문제를 가지고 왈가왈부하느니 선을 행하면서 시간을 보내는 편이 훨씬 낫습니다. 옛 학자들은 실제적으로 중요하지 않은 문제들로 토론을 일삼음으로써 많은 해악을 끼쳤습니다. 그런데 오늘날 교회도 난해하거나 중요치 않은 질문들로 인해 괴로움을 겪고 있습니다. 그 싸움으로 인해 어느 한 쪽이 더 지혜로워지는 것도 아니요, 사랑이 깊어지거나 지식이 많아지는 것도 아닙니다. 성경이 침묵하고 있는 점들, 오직 하나님께만 속한 신비들, 해석하기 까다로운 예언들, 의식 준수에 관한 문제들에 대해 변론하는 것은 모두 다 어리석은 짓입니다. 우리는 이런 어리석음을 다 피해야 합니다. 우리가 사도 바울의 교훈(딛 3:8)처럼 선한 일에 힘쓴다면 이런 입씨름에는 관심조차 가질 시간이 없을 것입니다.

그러나 다음과 같은 질문에는 피하지 말고 부딪혀야 합니다. "나는 주 예수 그리스도를 믿고 있는가? 내 영혼이 새로워졌는가? 나는 지금 육체를 따라 살지 않고 성령을 따라 살고 있는가? 은혜 안에서 자라고 있는가? 내가 나누는 대화들은 내 구주 예수님의 교훈을 돋보이게 하는가? 나는 주님의 재림을 고대하는가? 주를 위해 내가 더 할 수 있는 일은 무엇인가?" 만일 그동안 덮어놓고 이의를 제기하며 트집 잡기에만 전념했다면, 이제부터라도 그 비판적인 능력을 봉사하는 일에 투여합시다. 그편이 훨씬 더 유익합니다. 화평케 하는 자가 되어 우리의 교훈과 본을 통해 다른 사람들도 "어리석은 변론을 피할 수 있도록" 인도하는 일에 앞장섭시다.

"주여 주께서 내 심령의 원통함을 풀어 주셨고 내 생명을 속량하셨나이다"_애 3:58

예레미야 선지자는 너무나도 분명히 말하고 있습니다. 그는 "나는 하나님께서 내 심령의 원통함을 풀어주시기를 희망한다, 믿는다, 아니면 그렇다고 이따금씩 생각한다"고 말하지 않았습니다. 오로지 쟁론의 여지없는 기정사실로 말하고 있습니다. 예레미야 선지자가 모든 영광을 하나님께만 돌리면서 얼마나 감사함을 표하는지 한번 보십시오! 그는 자신의 공로나 간청의 말을 한마디도 하지 않았습니다. 그는 자신의 원통함이 해결된 것은 오로지 "주께서" 하신 일이라고 말합니다. "주여, 주께서 내 심령의 원통함을 풀어 주셨고 내 생명을 속량하셨나이다."

성도는 항상 이처럼 감사하는 영을 길러야 합니다. 온 땅이 감사하는 성도들의 노래로 가득 찬 성전이 되어야 하며, 하루하루가 아름다운 감사의 향내가 올라가는 향로가 되어야 합니다. 예레미야는 주의 긍휼을 기록하면서 얼마나 기뻐하고 있는지 모릅니다. 의기양양해 하며 그 무거운 짐을 번쩍 쳐들고 있습니다! 이제껏 그는 낮은 토굴 속에 있었습니다. 그리고 사실 지금도 슬피 우는 선지자에 지나지 않습니다. 그런데 우리는 "예레미야애가"라고 불리는 바로 이 책 속에서 미리암이 소고 치며 불렀던 노래처럼 맑고 아름다운 소리, 드보라가 승리의 함성을 외치며 바락을 만났을 때 냈던 소리처럼 높고 날카로운 소리로 천국을 향해 올라가는 예레미야의 음성을 듣습니다. "주께서 내 심령의 원통함을 풀어 주셨고 내 생명을 속량하셨나이다." 당신도 여호와의 인자하심을 실제로 체험하시기 바랍니다.

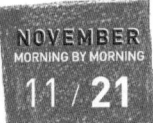

"하나님의 성령을 근심하게 하지 말라 그 안에서 너희가 구원의 날까지 인치심을 받았느니라"_엡 4:30

성도의 모든 축복은 오직 은혜의 성령이라는 통로를 통해 우리에게 옵니다. 성령의 성화 작업을 떠나서는 거룩한 생각과 경건한 예배, 인자한 행동과 같은 선한 것들이 우리 안에서 전혀 나올 길이 없습니다. 설사 선한 씨앗이 우리 안에 심겨진다 해도 성령께서 돕지 않으시면 그 씨앗은 싹을 틔울 수 없을 것입니다. 지금 예수님을 위해 말하고 싶습니까? 성령께서 당신의 혀를 건드리셔야 가능합니다. 기도하고 싶습니까? 성령께서 당신을 위해 중보 기도해 주셔야 합니다. "나를 떠나서는 너희가 아무것도 할 수 없음이라"(요 15:5).

당신은 포도나무 수액을 떠나서는 아무 열매도 맺을 수 없는 존재입니다! 하나님이 그의 영을 통해 주신 그 생명이 없다면 당신은 자기 안에 그 어떤 생명도 가지지 못한 존재입니다! 그렇다면 죄를 지음으로써 성령을 근심시키거나 화나게 하는 일이 없도록 조심하십시오. 우리 영혼 속에서 역사하시는 성령을 소멸하는 일이 없도록 조심하십시오. 성령께 주도권을 드리고 그가 인도하실 때 즉시 따를 준비를 하고 있으십시오. 성령을 떠나서는 우리가 전적으로 약하다는 사실을 알고 그에게 드려야 할 마땅한 경의를 표한 후, 이렇게 기도하면서 오직 성령만 의지하도록 합시다. "성령님, 성령께서 들어오실 수 있도록 제 온몸과 마음을 활짝 열어 주십시오. 부디 제 안에 들어오시어 그 자유로운 영으로 저를 붙들어 주소서."

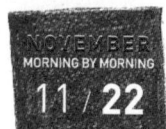

"야곱이 아람의 들로 도망하였으며 이스라엘이 아내를 얻기 위하여 사람을 섬기며 아내를 얻기 위하여 양을 쳤고"_호 12:12

출애굽기에서는 야곱이 그동안의 수고에 대해 외삼촌 라반에게 말하는 부분이 나옵니다. "내가 이 이십년을 외삼촌과 함께하였거니와… 물려 찢긴 것은 내가 외삼촌에게로 가져가지 아니하고… 낮에 도적을 맞았든지 밤에 도적을 맞았든지 외삼촌이 그것을 내 손에서 찾았으므로 내가 그것을 스스로 보충하였으며 내가 이와 같이 낮에는 더위와 밤에는 추위를 무릅쓰고 눈 붙일 겨를도 없이 지냈나이다"(창 31:38-40).

그런데 우리 구세주는 이 땅에 계실 때 이보다 더 애쓰고 수고하며 사셨습니다. 그는 자신이 마지막으로 하셨던 말씀, "아버지께서 내게 주신 자 중 하나도 내가 잃지 않았나이다"처럼 끝까지 자기에게 맡겨진 모든 양떼들을 지키셨습니다. 그는 밤새 그의 백성들을 위해 기도로 씨름하느라 주무실 틈도 없었습니다. 베드로를 위해 간구하시더니 또 금세 다른 일로 눈물 흘리며 중보기도를 하셔야 했습니다. 굳이 따지자면 지금껏 차가운 밤하늘 아래서 별을 쳐다보고 있던 목자 중 그리스도만큼 불평할 수 있는 자격을 갖춘 사람도 없을 것입니다. 그리스도께서 그의 신부를 손에 넣기 위해 애쓴 그 수고는 어느 목자의 수고와도 비교할 수 없습니다. 양들이 짐승에게 물려 찢기면 야곱이 모두 보충해야 했습니다. 바로 우리 예수님도 그의 교회를 위해 그처럼 수고하셨습니다. 땀 흘리며 수고한 야곱을 쳐다보십시오. 그러면 그 안에서 "그는 목자같이 양떼를 먹이시며"(사 40:11)라고 한 우리 주님의 모습을 발견하게 될 것입니다.

"만일 우리가 하나님과 사귐이 있다 하고 어둠에 행하면 거짓말을 하고 진리를 행하지 아니함이거니와"_요일 1:6

우리는 그의 사랑 안에서 그리스도와 사귑니다. 주께서 사랑하시는 것을 우리도 사랑하게 됩니다. 그가 성도들을 사랑하시니 우리도 그들을 사랑하고, 그가 죄인들을 사랑하시니 우리도 그들을 사랑합니다. 우리는 또 그의 소원 속에서 그리스도와 사귑니다. 그가 하나님의 영광을 소원하시니 우리도 하나님의 영광을 위해 수고합니다. 그가 모든 피조물이 하나님 아버지의 이름을 사랑하고 공경하기를 소원하시니 우리 역시 매일 "나라가 임하시오며 뜻이 하늘에서 이루어진 것같이 땅에서도 이루어지이다"라고 기도 드립니다.

우리는 또 그의 고난 속에서 그리스도와 사귀게 됩니다. 물론 주님처럼 십자가에 못 박히거나 잔인한 죽음을 당하지는 않지만, 그래도 그리스도께서 비난당하실 때 우리 역시 비난당합니다. 또한 우리는 우리의 분량대로 사람들에게 진리의 말씀과 사랑의 행동 가운데 사역함으로써 그의 수고한 대로 그리스도와 사귑니다. 우리는 또 그의 기쁨 안에서 그리스도와 사귑니다. 그리스도가 행복할 때 행복해 하며, 그가 높이 될 때 기뻐합니다. 당신은 이 기쁨을 맛본 적이 있습니까? 이 땅에서 우리 안에 성취된 그리스도의 기쁨을 소유하는 것, 그래서 우리의 기쁨이 충만해지는 것, 이보다 더 순전하고 감격스러운 기쁨도 없을 것입니다. 그리스도의 영광이 우리의 이 사귐을 완성하기 위해 우리를 기다립니다. 이제 그의 교회는 그의 사랑하는 신부요 왕비로서 그와 함께 보좌에 앉게 될 것입니다.

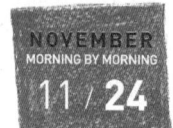

"여호와는 거기에 위엄 중에 우리와 함께 계시리니 그 곳에는 여러 강과 큰 호수가 있으나 노젓는 배나 큰 배가 통행하지 못하리라"
_사 33:21

넓은 하수나 강은 땅을 비옥하고 풍요롭게 만듭니다. 넓은 하수 가까이 있는 땅에서는 갖가지 식물들이 자랄 뿐 아니라 수확도 풍성히 거둘 수 있습니다. 하나님과 교회의 관계도 이와 같습니다. 하나님을 모신 교회는 풍족합니다. 교회가 구하는데 하나님이 무엇인들 그 교회에 주시지 않겠습니까? "만군의 여호와께서 이 산에서 만민을 위하여… 연회를 베푸시리니"(사 25:6). 만일 당신이 무엇인가 부족해서 괴로움에 빠져 있다면 그것은 순전히 당신 잘못입니다.

본문의 넓은 하수와 강은 또한 교역을 가리킵니다. 우리는 구주를 통해 과거와 교역을 합니다. 갈보리라는 재산, 언약이라는 보물, 선택이라는 옛 부요함, 영원이라는 창고, 이 모두가 "주"라는 넓은 하수와 강을 통해 우리에게 옵니다. 우리는 또 미래와도 교역합니다. 엄청난 배들이 강을 타고 천년왕국으로부터 우리에게 옵니다! 우리는 영광의 주님을 통해 천사들과도 교역합니다. 보좌 앞에서 노래하고 있는 피로 씻음 받은 맑은 영들과 교제합니다. 그보다 더 신나는 일은 무한하신 하나님과 교제를 나눌 수 있다는 것입니다. 넓은 하수와 강은 특별히 안전이라는 개념을 설명하기 위해 쓰였습니다. 옛날에는 강이 곧 방어물이었습니다. 하나님이 그의 교회를 얼마나 확실히 방어하고 계신지 보십시오! 마귀는 절대 이렇게 넓은 하나님의 강을 건널 수 없습니다. 물론 우리를 괴롭힐 수는 있지만 절대 파괴할 수는 없습니다. 어떤 배도 노를 저어 우리의 강을 침략할 수 없으니 안심하십시오.

11 / 25

"주의 성령이 내게 임하셨으니 이는 가난한 자에게 복음을 전하게 하시려고 내게 기름을 부으시고 나를 보내사 포로 된 자에게 자유를, 눈 먼 자에게 다시 보게 함을 전파하며 눌린 자를 자유롭게 하고"
_눅 4:18

포로된 자들에게 자유를 줄 분은 오직 예수님뿐입니다. 만유의 후사이신 성자 예수님은 인간을 자유롭게 하실 권리를 갖고 계십니다. 성도들은 이 하나님의 공의를 존중합니다. 그 자유는 또한 큰 희생의 값을 치르고 얻어낸 자유입니다. 그리스도는 당신을 자유케 하나, 그것은 곧 그의 결박 당하심을 의미합니다. 당신이 포로에서 풀려난 것은 주께서 당신의 짐을 대신 져 주셨기 때문입니다. 이처럼 큰 희생을 대가로 치르고 산 자유지만 주님은 그것을 값없이 주십니다.

예수님은 우리에게 아무것도 요구하지 않습니다. 우리의 도움이나 공로에 전혀 상관없이 그냥 구원해 주십니다. 더욱이 예수님이 주시는 그 자유는 영원히 보장된 자유입니다. 어떤 쇠사슬도 우리를 다시 묶지 못합니다. 그것은 또한 영원한 자유를 의미합니다. 이 세상은 그 모든 유혹의 올무를 우리에게 씌우려고 애쓸 것이며, 우리의 거짓된 마음은 우리를 선동하여 괴롭게 할지도 모릅니다. 그러나 우리를 위하시는 주님이 그 모든 원수들보다 훨씬 더 많은 능력을 갖고 계십니다. 하나님이 죄 없다 선언하시는데 감히 누가 우리를 정죄하겠습니까! 당신은 이제 더 이상 율법 아래 있지 않고 그 저주로부터 자유로워졌습니까? 그렇다면 감사와 기쁨으로 하나님 안에서 자유를 실천하십시오. "나는 진실로 주의 종이요 주의 여종의 아들 곧 주의 종이라 주께서 나의 결박을 푸셨나이다"(시 116:16), "주님, 무엇을 하리이까?"(행 22:10).

"네 손이 일을 얻는 대로 힘을 다하여 할지어다 네가 장차 들어갈 스올에는 일도 없고 계획도 없고 지식도 없고 지혜도 없음이니라"_전 9:10

"네 손이 일을 얻는 대로" 하라심은 가능한 일들을 하라는 뜻입니다. 우리 마음은 우리가 절대 하지 못할 일들을 많이 생각해 냅니다. 물론 그런 생각을 하는 것까지는 나쁘지 않지만, 정말 유용한 존재가 되고 싶다면 계획을 구상하고 그것에 대해 말하는 것에만 만족해서는 안 됩니다. "우리 손이 일을 얻는 대로" 일을 수행해야 합니다. 선한 행위 하나가 멋진 이론 천 마디보다 훨씬 가치 있습니다. 그러므로 어떤 큰 기회를 기다리거나 다른 종류의 일을 기다리지 말고 매일 "일을 얻는 대로" 합시다. 또한 일을 얻는 대로 하되 "힘을 다하여" 하십시오. 그 일을 신속히 하십시오. 내일 무엇을 할까 생각하는 데에 인생을 야금야금 써 버리지 마십시오. 내일 일을 미리 함으로써 하나님을 섬기는 사람은 이 세상에 하나도 없습니다. 오늘 행하는 그 일들을 통해 그리스도를 영화롭게 하고 동시에 축복도 받는 것입니다. 뿐만 아니라 그리스도를 위해 무슨 일을 하든 온 정성을 다 기울이십시오. 이따금씩 생각나면 섬기는 식으로 대충 하지 말고 온 마음과 뜻과 정성을 다해 하십시오.

성도는 전적으로 약한 존재이므로 그 자신 안에는 능력이 없습니다. 그의 능력은 만군의 주 여호와께 있습니다. 그렇다면 여호와의 도우심을 구하십시오. 기도와 믿음으로 전진하십시오. 그리고 "우리 손이 일을 얻는 대로" 한 후에는 주님의 축복을 기다리십시오. 이런 식으로 잘 행한 일에 대해서는 반드시 좋은 결과가 따를 것입니다.

NOVEMBER 11 / 27

"대제사장 여호수아는 여호와의 천사 앞에 섰고 사탄은 그의 오른쪽에 서서 그를 대적하는 것을 여호와께서 내게 보이시니라"_슥 3:1

예수님은 우리를 하나님의 왕 같은 제사장들로 삼아 주셨습니다. 우리는 이 땅에서도 구별된 삶과 거룩한 봉사로 이 제사장직을 담당하고 있습니다. 지금은 모든 곳이 하나님의 성전이기에, 하나님의 백성들은 매일의 일과 속에서도 성전에서처럼 하나님을 진심으로 섬길 수 있습니다. 그들은 기도와 찬양이라는 영적 제물은 물론 자신을 "산 제물"로 바침으로써 항상 "사역하게 되어" 있습니다.

그런데 오늘 말씀에서 여호수아가 사역을 위해 서 있는 곳이 어딘지 눈여겨보십시오. 그것은 바로 여호와의 천사 앞입니다. 나는 그 천사, 언약의 사자인 예수님 앞에 내게 있는 모든 것을 드립니다. 그를 통해 드려진 나의 기도는 그의 기도에 싸여 하나님께 열납됩니다. 나의 찬양 또한 그리스도의 정원에서 따온 몰약, 침향, 육계와 함께 달콤한 향내를 냅니다. 내가 그리스도께 드릴 것이 오직 눈물뿐이라면, 주님은 그 눈물을 자신의 눈물 단지 속에 넣어 그의 눈물과 한데 섞으실 것입니다. 내가 그리스도께 드릴 것이 오직 신음과 한숨뿐이면, 주님은 그것도 기꺼이 열납해 주실 것입니다. 그도 한때 마음이 상하여 그 영으로 심히 탄식하신 적이 있기 때문입니다. 여호와 앞에 서 있는 당신은 용납된 자입니다. 따라서 당신이 한 일들이 그 자체로는 혐오의 대상일지라도, 하나님은 그리스도 안에서 그것을 받으시며 거기서 아름다운 향내를 맡으십니다. 하나님은 흡족해 하시고 당신은 그분의 복된 자가 되는 것입니다.

"형제들이 와서 네게 있는 진리를 증언하되 네가 진리 안에서 행한다 하니 내가 심히 기뻐하노라"_요삼 1:3

진리가 가이오 안에 있었으며 가이오는 진리 안에서 행했습니다. 전자가 없었다면 후자는 절대 발생하지 않았을 것입니다. 또 만일 가이오에 대해 후자처럼 말할 수 없었다면 전자는 순전히 가장한 것에 불과했을 것입니다. 진리는 영혼 속으로 들어가되 그 영혼 안에 스며들어야 합니다. 그렇지 않으면 아무 가치가 없습니다. 신조로만 알고 있는 교리는 그저 손에 든 빵과 같습니다. 그러나 마음으로 삭인 교훈은 자꾸자꾸 축적되어 마침내 몸을 건강하게 유지하는 소화된 음식입니다. 진리는 우리 안에서 살아 역사하는 힘이요, 능동적인 활력이요, 내주하는 실체요, 우리 존재의 기본 구조의 일부가 되어야 합니다.

사람이 그의 옷이라든가 사지는 잃어버리고도 살 수 있지만 몸속 기관들은 아주 중요해서 생명을 완전히 잃어버리기 전에는 절대 떨어져 나가지 못합니다. 마찬가지로 그리스도인도 죽을 수는 있지만 진리는 부인할 수 없습니다. 진리가 안에서 빛을 발하면 외적인 생활과 대화 속에 곧 그 환한 빛이 비추게 됩니다. 진리 안에서 행하면 거룩하고 신실하며 단순하고 정직하며 성실한 삶을 살게 됩니다. 이런 것들은 복음이 가르치고 성령이 우리로 하여금 받을 수 있게 만드시는 진리의 당연한 산물입니다.

자비하신 성령님, 오늘도 저희를 성령의 권위로 다스리고 통치해 주소서. 그리하여 어떤 거짓이나 죄악도 우리 마음을 범하지 못하게 해 주소서.

NOVEMBER 11/29

"너는 네 백성 중에 돌아다니며 사람을 비방하지 말며 네 이웃의 피를 흘려 이익을 도모하지 말라 나는 여호와이니라 너는 네 형제를 마음으로 미워하지 말며 네 이웃을 반드시 견책하라 그러면 네가 그에 대하여 죄를 담당하지 아니하리라"_레 19:16-17

돌아다니며 남의 이야기를 논하거나 퍼뜨리는 것은 삼중의 독을 뿜어내는 행위입니다. 즉 말하는 사람 자신과 그 말을 듣는 사람, 그리고 소문의 당사자 이렇게 세 사람을 해치는 행위입니다. 하나님의 말씀 속에 들어 있는 이 교훈은 우리에게 사실이거나 거짓을 막론하고 어떤 소문도 퍼뜨리지 말라고 엄히 금하고 있습니다. 우리는 여호와의 백성이 좋은 평판 듣는 것을 소중히 여겨야 하며 마귀를 도와 교회와 여호와의 이름을 불명예스럽게 하는 일을 부끄럽게 생각해야 합니다. 입에서 나오는 대로 말할 것이 아니라 굴레를 씌워야 합니다. 노아의 지혜로운 두 아들은 그 아비의 하체를 옷으로 덮어 준 반면 그의 수치를 드러낸 미련한 아들은 무서운 저주를 받았다는 사실을 기억하십시오.

성령은 우리가 죄를 엄히 책망하는 것에 대해 허락하셨습니다. 즉 죄를 범한 형제 뒤에서 그를 악담하는 대신 그 형제의 면전에서 그를 책망하라고 했습니다. 이것이 그리스도를 닮은 태도로서 하나님의 축복 아래 유용한 방법입니다. 실로 신실한 사역자나 형제들로부터 적당한 때에 지혜롭고 애정 어린 경고를 받음으로써 엄청난 죄에서 벗어난 사람들이 많이 있습니다. 친구의 잘못을 은혜롭게 다룰 수 있는 본보기를 우리 주 예수님 안에서 발견해 봅시다. 주님은 베드로에게 경고하시되, 그 경고를 하시기 전에 먼저 기도하셨을 뿐 아니라 그 경고를 받고도 자기는 절대 주님을 부인치 않으리라던 베드로를 온유하게 참아 주셨습니다. 이것이 바로 잘못한 형제들에 대해 우리가 취해야 할 태도입니다.

"아마샤가 하나님의 사람에게 이르되 내가 백 달란트를 이스라엘 군대에게 주었으니 어찌할까 하나님의 사람이 말하되 여호와께서 능히 이보다 많은 것을 왕에게 주실 수 있나이다 하니라"_대하 25:9

이 질문은 유다 왕 아마샤에게 대단히 중요했던 질문처럼 보이는데, 어쩌면 시험과 유혹을 받은 그리스도인에게 더 필요한 질문일지 모르겠습니다. 돈을 잃는 것은 언제든지 기분 좋은 일은 아닙니다. 설사 꼭 필요할 때라 해도 우리 육신은 그 희생을 하려 하지 않습니다. 사람들은 온갖 이유들을 대며 불의한 이득에 손을 뻗치고, 양심을 지키면 손해를 본다고 생각합니다. 심지어 성도들조차 "우선 살고 보자"는 데에 비중을 두는 일이 있습니다.

이런 상황에서, "여호와께서 능히 이보다 많은 것을 왕에게 주실 수 있나이다"라는 말은 그 불안한 질문에 대한 아주 만족스러운 대답이 됩니다. 우리 하나님 아버지가 돈주머니 끈을 쥐고 계시며 우리가 그를 위해 잃는 것에 대해 천배로 갚아 주실 것입니다. 따라서 우리는 그의 뜻에 순종하고 그가 우리를 위해 공급하실 것에 안심해야 합니다. 성도들은 한 톤의 금보다 한 알의 마음의 평화가 더 가치 있다는 사실을 압니다. 영적으로 볼 때는 올이 다 보일 정도로 낡은 코트를 입고 있어도 선한 양심을 지닌 사람이 양심을 잃어버린 채 비싼 옷을 걸치고 있는 이보다 훨씬 부자입니다. 진실한 마음의 소유자에게는 하나님의 미소만 있으면 지하 감옥이라도 좋습니다. 은혜로운 영에게는 하나님이 이맛살을 찌푸리시면 궁전도 지옥 같을 것입니다. 우리의 보물은 그리스도께서 하나님 보좌 우편에 앉아 계신 저 하늘 위에 있기 때문에, 최악의 경우 모든 재능들이 다 없어진다 해도 그 보물을 잃어버릴 염려는 없습니다.

"주께서 땅의 경계를 정하시며 주께서 여름과 겨울을 만드셨나이다"
_시 74:17

겨울로 접어드는 첫 달, 차갑게 내리는 눈과 살을 에는 바람은 하나님이 예수 그리스도 안에서 당신과 맺은 그 영광스러운 언약을 지키리란 사실을 확신시켜 줍니다. 사계절이 있을 것을 약속하시고 그 약속을 지금까지 지켜 오신 하나님께서 그의 사랑하는 아들 예수 그리스도 안에서 하신 약속을 어기실 리 없지 않습니까?

영혼의 겨울은 결코 마음 편한 계절이 아닙니다. 그러나 영혼에 겨울이 임하게 하는 분도 바로 주님이십니다. 주님은 역경이란 살을 에는 돌풍을 보내시어 기대의 싹들을 얼게 하십니다. 또 빙판을 보내시어 즐거움이라는 시냇물도 얼리십니다. 마찬가지로 상실, 십자가, 무거운 짐, 질병, 빈곤, 그 외의 수많은 다른 재난들이 모두 여호와께로부터 오되 그의 지혜로운 계획에 따라 오는 것입니다. 예컨대 서리는 해로운 해충들을 죽이고 극심한 질병들이 생기지 못하도록 예방해 줄 뿐 아니라 딱딱한 흙덩이를 잘게 부수어 토양을 부드럽게 만들어 줍니다. 고난의 계절인 겨울 뒤에는 이런 좋은 결과들이 항상 따라옵니다. 때문에 우리는 하나님을 소중히 여겨야 합니다. 하나님이야말로 모든 환난의 때에 끊임없는 위로와 아늑함을 제공하시기 때문입니다. 이제 주의 약속이라는 포근한 옷을 두르고 나가 겨울에 할 수 있는 일을 찾으십시오. 춥다는 이유로 게으름을 피우며 쟁기질하지 않는 것은 악한 일입니다. 그런 사람은 여름에 구걸하되 아무것도 얻지 못할 것입니다.

DECEMBER 12 / 02

"나의 사랑 너는 어여쁘고 아무 흠이 없구나"_아 4:7

교회를 보고 탄복하시는 주님의 감탄은 정말 놀라울 정도이며, 교회의 아름다움을 보고 격찬하시는 모습은 참으로 열정적입니다. 주님은 교회를 보고 그냥 어여쁘다고만 하시는 게 아니라 "아무 흠이 없다"고 하십니다. 주님은 교회를 보시되, 그 대속의 보혈로 깨끗이 씻음 받고 그 공로로 의의 옷을 입고 그분 안에 있는 교회로 보십니다. 실로 교회는 주께서 감탄하고 탄복하시는 자신의 완전한 바로 그 자체요, 교회의 거룩함과 영광과 완전함은 그가 사랑하는 신부의 등에 걸쳐 준 자신의 영광스러운 의복입니다. 신랑 되신 주께 교회는 "너는 여자 중 가장 아름다운 자"로 불릴 만큼 그렇게 아름답습니다.

예수님은 그가 택한 신부를 이 세상의 모든 여왕이나 황후들과도 바꾸지 않을 것이요 심지어 천사들과도 바꾸지 않을 것입니다. 또한 교회는 달과 같아서 별보다 훨씬 더 밝은 빛을 냅니다. 주님은 친히 모든 사람들에게 교회에 와서 메시지를 들으라고 초청하십니다. 그들을 초청하시되, 그들의 관심을 끌려고 특별 감탄사인 "보라"(behold, 개역개정에는 번역되지 않았음-역자주)는 말까지 사용하십니다. "보라 내 사랑 보라 너는 어여쁘고도 어여쁘다"(아 4:1). 주님은 바로 지금도 자신의 이런 견해를 널리 알리십니다. 그리고 언젠가는 그의 보좌에서 일어나 온 우주 앞에서 교회의 진실성을 인정하실 것입니다. 자신이 택한 교회의 사랑스러움을 엄중히 인정하시면서 "내 아버지께 복 받을 자들이여"(마 25:34)라고 말씀하실 것입니다.

DECEMBER 12 / 03

"나의 사랑 너는 어여쁘고 아무 흠이 없구나"_아 4:7

주님은 그의 교회가 충만하게 아름다운 것을 긍정적으로 선언하셨습니다. 그런 주님이 이번에는 "아무 흠이 없구나"라는 문장을 통해 교회에 대한 그의 찬양을 확증하고 계십니다. 트집잡기 좋아하는 이 세상이 그는 교회의 어여쁜 부분만 언급하고 흉한 모습에 대해서는 고의적으로 생략했다고 빈정거릴까 그러셨는지, 예수님은 교회가 완전히 아름다울 뿐 아니라 전혀 흠이 없다고 선언하심으로써 교회에 대한 그의 칭찬을 한마디로 요약하십니다.

주께서 만일 교회에는 아주 추한 흉터가 하나도 없다든가 끔찍한 불의가 전혀 없다든가 치명적인 부패가 전혀 없다고 말씀하셨다 해도 사실 우리는 그 칭찬에 놀랐을 것입니다. 그런데 교회가 다른 모든 형태의 더러움은 물론이요 아주 조그마한 흠조차 없다고 증언하시니, 우리는 그저 어안이 벙벙할 뿐입니다. 주께서 교회의 모든 흠을 서서히 제거하겠노라 약속하셨다 해도 기쁠 텐데, 그것이 이미 다 이루어져 교회에는 아무 흠이 없다고 말씀하고 계시니 너무 기쁜 나머지 어찌해야 할지 모를 정도입니다. 예수 그리스도는 그의 신부와 전혀 싸우시지 않습니다. 교회는 종종 주님을 떠나 방황하고 성령을 근심시켜 드리지만, 그렇다고 교회에 대한 주님의 사랑이 식는 것은 아닙니다. 때로 꾸짖기는 하시지만 그것도 항상 인자한 의도에서 가장 온유한 방식으로 꾸짖으십니다. 그럴 때도, 언제까지라도 주님에게는 교회가 "나의 사랑"입니다. 주님이 이렇게 대해 주시니 우리로서는 얼마나 감사한지요!

"내가 너와 함께 있으매 어떤 사람도 너를 대적하여 해롭게 할 자가 없을 것이니 이는 이 성 중에 내 백성이 많음이라 하시더라"_행 18:10

하나님은 가장 더러운 자, 가장 나쁜 자, 가장 방탕한 술주정뱅이들 가운데서도 반드시 구원 받아야 할 백성을 택하셨습니다. 따라서 우리는 선을 행하려 할 때 이 말씀으로부터 큰 힘을 얻어야 합니다. 우리가 그런 이에게 가는 이유는 하나님이 우리를 그 영혼에 대한 생명의 메신저로 안수하셨기 때문입니다. 그리고 그들은 반드시 그 말씀을 받아야 하는데, 그렇게 해야 하나님의 예정된 뜻이 이루어지기 때문입니다. 구속 받은 백성 중 많은 이들이 아직 중생하지 못했으나, 그들은 반드시 중생할 것입니다. 바로 이 사실로 인해, 우리는 영을 소생케 하는 하나님의 말씀을 들고 그들에게 갈 때 많은 위로를 받습니다.

그리스도는 보좌 앞에서 이 경건치 못한 자들을 위해 기도하십니다. "내가 비옵는 것은 이 사람들만 위함이 아니요 또 그들의 말을 말미암아 나를 믿는 사람들도 위함이니"(요 17:20). 무지하고 불쌍한 영혼들은 예수님이 자기들을 위해 기도드린다는 사실을 전혀 모르지만, 그래도 주님은 그들을 위해 기도하십니다. "아직 무화과나무의 때가 아니라." 하나님의 예정된 순간은 아직 오지 않았습니다. 그러나 그때가 되면 그들이 모두 복종할 것입니다. 성령께서 충만한 능력으로 오실 때는 아무도 감히 저항할 수 없기 때문입니다. "주의 권능의 날에 주의 백성이… 즐거이 헌신하니"(시 110:3). "그가 자기 영혼의 수고한 것을 보고… 많은 사람을 의롭게 하며… 내가 그로 존귀한 자와 함께 분깃을 받게 하며 강한 자와 함께 탈취한 것을 나누게 하리니"(사 53:11-12).

DECEMBER
MORNING BY MORNING
12 / 05

> "구하라 그리하면 너희에게 주실 것이요 찾으라 그리하면 찾아낼 것이요 문을 두드리라 그리하면 너희에게 열릴 것이니"_마 7:7

이 땅에서 아직도 구하기만 하면, 통행하는 사람 누구에게나 빵을 제공해 주는 곳이 한 곳 있습니다. 그곳은 바로 성 십자가 병원입니다. 어느 여행객이든 그 병원 문을 두드리면 빵을 얻을 수 있습니다. 예수 그리스도는 죄인들을 너무 사랑하신 나머지 죄인이 배고플 때마다 빵을 얻을 수 있도록 성 십자가 병원을 지으셨습니다. 그뿐인 줄 아십니까? 그 십자가 병원에 샘까지 만들어 놓으셨습니다. 그 샘의 물은 언제나 가득 차 있으며 항상 효력이 있습니다. 지금껏 그 샘에 들어갔던 죄인 중 그 영혼의 얼룩이 씻기지 않은 사람은 한 명도 없습니다. 진홍빛 같고 주홍빛 같은 죄들이 모두 다 사라집니다. 그래서 눈보다 더 희어집니다. 그런데 주님은 이것만으로는 부족하다는 듯 그곳에 옷장까지 만들어 두셨습니다. 그래서 그저 죄인이라는 이름으로 신청서를 낸 사람이라면 누구나 새 옷을 입을 수 있습니다. 만약 군병으로 차려입기 원한다면 갑옷도 입을 수 있습니다. 갑옷뿐 아니라 검과 방패까지 구비되어 있습니다. 단순히 긍휼의 문만 두드리면 이 모든 것을 받을 수 있습니다.

당신은 이 아침, 그 문을 세게 두드리며 주님께 큰 것을 구하지 않겠습니까? 당신이 원하는 것을 주님 앞에 다 아뢰기 전에는, 당신이 구한 모든 것을 다 받으리라는 믿음이 생기기 전에는 절대 그 은혜의 보좌를 떠나지 마십시오. 예수님이 초청하실 때는 수줍어 말고 즉시 가십시오. 이런 축복들을 얻을 수 있는데도 냉랭한 마음으로 자신을 억제하지 말고 속히 은혜의 보좌로 나아가십시오.

DECEMBER 12/06

"무릇 흙에 속한 자들은 저 흙에 속한 자와 같고 무릇 하늘에 속한 자들은 저 하늘에 속한 이와 같으니"_고전 15:48

그리스도의 머리와 지체는 모두 한 본성으로 되어 있기에, 느부갓네살 왕이 꿈에 본 그 괴물 같은 신상과는 전혀 다릅니다. 그가 꿈에서 본 신상의 머리는 정금이었고 그 배와 넓적다리는 놋이요 그 종아리는 철이요 그 발은 얼마는 철이요 얼마는 진흙이었습니다. 그러나 그리스도의 신비한 몸은 절대 상반되는 것들이 불합리하게 혼합되어 있지 않습니다. 그 지체들이 죽을 수밖에 없는 존재들이었기에 예수님도 죽으셨습니다. 그러나 영화된 그 머리가 불멸하니 그 몸 역시 불멸합니다. 이래서 "내가 살므로 너희도 살 것이라"는 말씀이 가능한 것입니다.

특히 그 몸의 지체들인 우리는 모두 사랑하는 머리되신 주님과 똑같습니다. 머리가 택함 받은 것처럼 지체들도 택함 받았으며, 머리가 용납된 것처럼 지체들도 용납되었고, 머리가 살아 있으니 지체들도 살아 있습니다. 머리가 순금이라면 그 몸의 모든 지체들도 역시 순금입니다. 그리스도 안에서 우리는 이처럼 영광스런 존재입니다. 우리는 전능하신 하나님을 "아바, 아버지라"라 부르며, 성육신하신 하나님께 "주는 나의 형제요 나의 남편이시니이다"라고 말합니다. 부디 이 특권을 놓치는 일이 없도록 합시다. 무분별한 나태로 인해 자기가 얼마나 훌륭한 가문에 속해 있는지 알아가는 일을 게을리 하는 일이 없도록 합시다. 자신이 그리스도와 함께 연합되어 있다는 이 엄청난 하늘의 영광을 생각하고, 현세의 허망한 것들에만 사로잡혀 어리석게 매달리는 일이 없도록 합시다.

DECEMBER 12/07

> "하나님께서 세상의 천한 것들과 멸시 받는 것들과 없는 것들을 택하사 있는 것들을 폐하려 하시나니"_고전 1:28

우리는 사방에서 죄인들과 마주칩니다. 아무데나 가고 싶은 데로 가보십시오. 죄인들을 찾기 위해 굳이 이 땅을 이 잡듯 뒤질 필요도 없습니다. 모든 도시와 마을 그리고 거리에서 죄인들을 발견할 수 있을 것입니다. 예수님은 바로 이런 죄인들을 위해 돌아가셨습니다. 누군가 인간성이 가장 형편없는 사람을 뽑아낸다 해도 나는 여전히 그 뽑힌 사람에게 희망을 가질 것입니다. 바로 우리 주 예수 그리스도께서 죄인들을 찾아 구원하시려고 이 땅에 오셨기 때문입니다.

주님의 선택적인 사랑은 이 세상에서 가장 악한 자들을 가장 훌륭한 사람들로 만들었습니다. 은혜는 시냇가의 조약돌을 주워 왕의 면류관에 박힐 진주로 바꾸어 놓습니다. 또한 무가치한 납똥을 순금으로 바꾸어 놓습니다. 주님의 유효한 은혜는 가장 더럽고 불결한 자들을 불러 인자하신 주님의 식탁에 앉게 합니다. 따라서 아무도 절망할 이유가 없으며, 누구를 절망케 할 수도 없습니다. 예수님이 물기어린 눈으로 바라보는 사랑으로, 피 흐르는 그의 상처에서 흘러나오는 사랑으로, 신실하고 강인하며 순전하고 사심 없는 영속적인 그의 사랑으로, 불쌍히 여기는 구세주의 마음으로, 당신에게 간청합니다. 마치 내게는 이 모두가 아무 상관없다는 듯이 돌아서지 마십시오. 그리스도를 믿으십시오. 그러면 구원 받을 것입니다. 당신의 영혼을 그에게 맡기십시오. 주께서 영원한 영광 중에 계신 아버지 오른편으로 당신을 데려가실 것입니다.

DECEMBER 12 / 08

> "그러나 사데에 그 옷을 더럽히지 아니한 자 몇 명이 네게 있어 흰 옷을 입고 나와 함께 다니리니 그들은 합당한 자인 연고라"_계 3:4

오늘의 말씀은 칭의를 이해하게 합니다. "그들은 흰 옷을 입고 다니리니." 즉 믿음으로 말미암아 자신이 의로워졌음을 알게 되리란 뜻입니다. 그들은 그리스도의 의가 자기에게 전가됨으로 인해 자신이 방금 떨어진 눈송이보다 더 희어졌다는 사실을 알아차립니다. 이 말씀은 또한 기쁨 및 즐거움과도 관련이 있습니다. 유대 전통에서 흰 옷은 휴일에 입는 옷이었습니다. 그들은 "너는 가서 기쁨으로 네 음식물을 먹고 즐거운 마음으로 네 포도주를 마실지어다 이는 하나님이 네가 하는 일을 벌써 기쁘게 받으셨음이니라 네 의복을 항상 희게 하며"(전 9:7-8)라는 솔로몬의 말을 이해할 것입니다. 즉 하나님이 용납하셨기에 기쁨과 즐거움의 흰 옷을 입고 주 예수님과 달콤한 교제를 나누는 것입니다. 그러나 구원의 기쁨과 주 예수님과의 편안한 교제를 상실한 사람들은 움츠러들어 있습니다.

오늘의 이 약속은 또한 하나님의 보좌 앞에서 흰 옷을 입고 거니는 것과 관련됩니다. 여기서 자기 옷을 더럽히지 않은 자들은 저 천국에서도 흰 옷을 입고 걸을 것입니다. 그들은 우리의 이해를 초월하는 기쁨, 꿈에도 생각할 수 없는 행복, 도저히 상상할 수 없는 축복을 소유하게 될 것입니다. "길에서 더럽히지 않은 자들"은 모두 이것을 갖되 자신의 공로나 선행이 아닌 은혜로 말미암아 그리할 것입니다. 주께서 그들을 "합당하게" 만드셨기에 그들은 그리스도와 함께 흰 옷을 입고 거닐면서 생명수를 마시게 될 것입니다.

"그러나 여호와께서 기다리시나니 이는 너희에게 은혜를 베풀려 하심이요 일어나시리니 이는 너희를 긍휼히 여기려 하심이라 대저 여호와는 정의의 하나님이심이라 그를 기다리는 자마다 복이 있도다"
_사 30:18

하나님은 종종 기도 응답을 늦추십니다. 야곱은 날이 거의 밝아올 때까지 천사로부터 축복을 받지 못했습니다. 그는 축복을 받기 위해 밤새 씨름해야만 했습니다. 불쌍한 수로보니게 여인은 주님께 한동안 아무 말도 듣지 못했습니다. 바울은 "육체의 가시"를 제거해 달라고 주님께 세 번이나 간청했지만 하나님의 은혜가 그에게 족하다는 약속만 받았습니다. 당신은 하나님의 자비의 문을 두드렸는데 아무 응답도 받지 못했습니까? 그러나 실망치 말고, 하나님께서 우리를 계속 기다리게 하시는 특별한 이유에 대해 생각해 보십시오. 어쩌면 여호와는 주시기도 하고 거두시기도 할 권리를 갖고 계심을 깨닫게 하시려고 그러실 수도 있습니다.

그러나 기도 응답이 지체되는 보다 큰 이유는 바로 우리의 유익을 위해서입니다. 당신의 소원이 좀더 간절해질 수 있게 하시려 기다림을 주시는지도 모릅니다. 응답이 지체되면 더욱더 소원하기 마련이고, 자신이 구하는 것의 필요성을 좀더 분명하게 볼 것이며, 그토록 오래 기다렸기에 하나님께 받는 그 긍휼을 더욱 소중히 여길 것입니다. 혹은 응답의 기쁨을 주시기 전, 당신 안에 무언가 잘못된 것이 제거되기를 기다리실 수도 있습니다. 설사 즉각적인 응답이 오지 않더라도 하나님은 절대 그 기도들을 잊지 않고 계십니다. 잠시 후면 즐겁고 만족스러운 기도 응답을 받게 될 것입니다. 따라서 절망에 빠져 입을 다물고 있지 말고 계속해서 열심히 간구하십시오.

"그 후에 우리 살아 남은 자들도 그들과 함께 구름 속으로 끌어 올려 공중에서 주를 영접하게 하시리니 그리하여 우리가 항상 주와 함께 있으리라"_살전 4:17

그리스도께서 우리를 찾아오실 때는 그것이 아무리 달콤하다 해도 얼마나 짧고 순간적인지 모릅니다! 우리 눈이 그를 보고 말할 수 없는 영광으로로 즐거워하는가 하면 어느새 그의 모습을 볼 수 없게 됩니다. 사랑하는 주님이 우리에게서 떠나가셨기 때문입니다. 그는 마치 노루나 사슴처럼 산등성이로 날쌔게 뛰어다니십니다. 향료가 있는 땅으로 가버리시고 백합화 가운데서는 더 이상 양식을 드시지 않습니다.

천국에서는 염려나 죄가 우리를 방해하지 않을 것입니다. 우느라 우리 눈이 희미해지지도 않을 것이요 이 세상 일로 우리의 행복한 생각들이 흐트러지지도 않을 것입니다. 이처럼 아무 방해도 받지 않은 채 의의 태양이신 주님을 피곤치 않은 눈으로 영원히 바라볼 것입니다. 주님을 이따금씩 뵙는 것만도 이렇게 기분이 좋은데 그 복되신 얼굴을 항상 끊임없이 바라볼 수 있다니, 우리와 주님 사이에 구름 한 점 없이, 곤하고 괴로운 이 세상을 보기 위해 눈을 돌릴 필요도 없이 주님만 바라볼 수 있다니, 이 얼마나 멋진 일입니까!

복된 날이여, 너는 언제 밝아 오는가? 오 지지 않는 태양이여, 떠오르라! 감각이나 직관의 기쁨이 곧 우리를 떠날지도 모르나 이것은 영광스러운 변상을 해 줄 것입니다. 죽는 것이 예수님과의 끊임없는 교제 속으로 들어가는 것에 지나지 않는다면, 사망은 정말 유익한 것으로 사망의 그 검은 물방울은 곧 승리의 바다에 삼키우고 말 것입니다.

12 / 11

"너희를 부르시는 이는 미쁘시니 그가 또한 이루시리라"_살전 5:24

천국은 "더럽혀지지 않은 기업"으로, 완전히 거룩한 땅입니다. 따라서 완전히 안전한 곳입니다. 때로 성도들은 이 땅에서도 천국의 안전한 기쁨을 맛보고 있습니다. 하나님의 말씀은 어린양과 하나 된 자들이 모두 다 안전하다고 가르칩니다. 의인들은 모두 그 길에 꼭 붙어 있을 것이요 그리스도의 보호 아래 자기 영혼을 맡긴 자들은 그가 신실하며 변개치 않는 보존자라는 사실을 발견할 것입니다. 하나님의 약속의 말씀이 이렇게 우리를 지지하시기에 우리는 이 땅에서도 안전을 누릴 수 있습니다. 그것은 그를 믿는 자는 아무도 영원히 멸망치 않고 그가 있는 곳에서 함께 영원히 거하리라는 예수님의 확실한 약속으로부터 오는 거룩한 안전함입니다.

하나님께서 당신에게도 그리스도 예수 안에 있으면 안전하다는 사실을 깨닫게 해주시기 바랍니다! 당신 이름이 그의 손바닥에 새겨져 있음을 확신시키시며 당신 귀에 대고 "두려워 말라 내가 너와 함께함이니라"는 말씀을 속삭여 주시기 바랍니다. 언약의 큰 보증이신 우리 주님을 바라보십시오. 이 신실하고 참되신 분은 하나님의 가족 중 가장 약한 자인 당신도 그의 택한 모든 족속들과 더불어 반드시 하나님 보좌 앞에 세우실 것입니다. 이렇게 기분 좋은 사실을 묵상할 때, 당신은 주님의 포도나무에서 나오는 맛있는 과즙을 마시며 낙원의 열매들을 맛볼 것입니다. "너희를 부르시는 이는 미쁘시니 그가 또한 이루시리라"는 말씀을 요동치 않는 믿음으로 굳게 믿으십시오.

"그가 서신즉 땅이 진동하며 그가 보신즉 여러 나라가 전율하며 영원한 산이 무너지며 무궁한 작은 산이 엎드러지나니 그의 행하심이 예로부터 그러하시도다"_합 3:6

하나님은 한번 행하셨던 일을 또다시 행하십니다. 사람의 길은 변화무쌍하지만 하나님의 길은 영원합니다. 주의 행하심은 지혜롭게 심사숙고한 결과입니다. 인간은 급한 열정이나 두려움에 의해 행동할 때가 많기 때문에 어쩔 수 없이 후회와 변경이 뒤따르기 마련입니다. 그러나 전능하신 하나님은 무엇에 놀라서 행하시는 법이 없으며 일어난 일 중 미리 예견치 않으셨던 일도 없습니다. 그의 행하심은 또한 불변하시는 그의 성품에서 나온 당연한 결과입니다. 영원하신 하나님 자신이 변하지 않는 한, 그의 행하심 역시 영원히 동일합니다.

더욱이 하나님의 행하심은 불가항력적인 능력을 구현시킨 것이므로 외적인 어떤 요소가 그 길을 바꿔 놓을 수도 없습니다. 하박국 선지자는 여호와께서 그의 백성들을 구원하시기 위해 앞으로 진군해 가실 때는 하수들로 땅을 쪼개며 산들이 흔들리고 바다가 손을 높이 들며 해와 달이 멈춘다고 말합니다. 그런데 누가 그의 손을 멈출 수 있으며, 누가 그에게 무엇을 하고 있느냐고 말할 수 있겠습니까? 그러나 하나님의 행하심이 안전한 이유가 비단 그 능력에만 있는 것은 아닙니다. 그의 행하심은 영원한 의의 원리의 현현이기에 절대 없어질 수 없습니다. 악행은 부패를 낳고 멸망을 초래하지만 진리와 선은 그 주변에 영원토록 줄어들지 않는 생명력을 갖고 있습니다. 오늘 아침, 다음 두 가지 사실을 기억하며 자신 있게 하늘에 계신 우리 아버지께 나아갑시다. 예수 그리스도는 어제나 오늘이나 영원토록 동일하시며 그의 백성들에게 항상 자비하십니다.

"은은 백 달란트까지, 밀은 백 고르까지, 포도주는 백 밧까지, 기름도 백 밧까지 하고 소금은 정량 없이 하라"_스 7:22

소금은 하나님께 드리는 모든 번제에 사용되었는데, 그 보존 및 정화시키는 특성 때문에 우리 영혼에 대한 하나님의 은혜로도 상징됩니다. 오늘 말씀을 보면, 아닥사스다 왕이 제사장 에스라에게 소금을 줄 때 그 수에 제한을 두지 않았다고 했습니다. 이 말씀을 깊이 묵상할 때, 우리는 만왕의 왕께서 그의 왕 같은 제사장들에게 은혜를 나누어 주실 때도 주님 편에서는 절대 그 공급을 중단하시지 않으리란 확신을 얻게 됩니다. 여호와 안에서는 전혀 제한이 없습니다.

물론 은혜라는 경제 안에서는 정수가 있는 것들이 있습니다. 예를 들어 식초와 담낭(활력과 고통)은 우리에게 한 방울이라도 더 가지 않도록 정확히 달아서 주십니다. 그러나 은혜라는 소금에 대해서는 정수가 없습니다. "구하라 그러면 너희에게 주실 것이요"(마 7:7). 사람이 너무 많은 돈이나 너무 많은 명예를 가질 수는 있지만 너무 많은 은혜를 가질 수는 없습니다. 은혜의 과잉이란 있을 수 없는 일입니다. 돈이 많아지면 염려도 많아지지만 은혜가 많아지면 기쁨이 많아집니다. 지혜가 많아지면 슬픔도 많아지지만 성령이 충만해지면 기쁨이 충만합니다. 그러니 지금 당장 은혜의 보좌로 가서 천국 소금을 많이 달라고 간구하십시오. 그 은혜의 소금이 당신이 당하는 불행들에 간을 쳐줄 것입니다. 당신의 불행에 소금은 맛을 더할 것입니다. 그것은 또한 당신의 마음이 부패하지 않도록 지켜줄 것입니다. 마치 소금이 파충류들을 죽이듯 당신의 죄를 죽일 것입니다.

"그들은 힘을 얻고 더 얻어 나아가 시온에서 하나님 앞에 각기 나타나리이다"_시 84:7

"저희는 힘을 얻고 더 얻어." 즉 저희가 점점 더 강건해졌다는 뜻입니다. 여행을 처음 시작할 때는 새로운 마음으로 질서 있게 나아가지만 곧 길이 험해지고 햇볕이 쨍쨍 내리쬐면 앉아 쉬기도 하고 괴롭고 곤한 마음이 들기도 합니다. 그러나 새 은혜를 받아 순례길을 가는 성도는 여러 해 동안 애쓰고 싸운 여정 속에서도 처음 출발했을 때처럼 원기 왕성합니다. 물론 전과 똑같이 쾌활하거나 의기양양하지 않을 수는 있습니다. 그러나 참 능력을 이루는 모든 부분에서는 전보다 훨씬 더 강건해졌으며, 비록 그 보행이 전보다 느려졌을지는 몰라도 훨씬 확실한 걸음으로 순례길을 갈 것입니다. "소년이라도 피곤하며 곤비하며 장정이라도 넘어지며 쓰러지되 오직 여호와를 앙망하는 자는 새 힘을 얻으리니 독수리가 날개 치며 올라감 같을 것이요 달음박질하여도 곤비하지 아니하겠고 걸어가도 피곤하지 아니하리로다"(사 40:30-31).

안달하는 사람들은 앞날에 대한 걱정으로 속을 태웁니다. 그들은 "오, 슬프다! 우리는 불행에 불행만 당하는구나!" 하면서 한탄합니다. 물론 그것은 맞는 말입니다. 그러나 힘을 얻고 더 얻는 것 역시 사실입니다. 그 한가운데 충분한 은혜가 들어 있지 않은 채 오직 불행으로만 뭉쳐져 있는 그런 불행은 없습니다. 하나님은 성숙한 성도의 어깨에 짐을 얹으실 때 그와 함께 그 짐을 질 수 있는 힘, 즉 원숙한 어른의 힘도 아울러 주십니다.

"그들이 소리를 높여 다시 울더니 오르바는 그의 시어머니에게 입 맞추되 룻은 그를 붙좇았더라"_룻 1:14

오르바와 룻, 두 사람 모두 나오미를 사랑했습니다. 그래서 나오미가 유다 땅으로 돌아가려 하자, 둘 다 나오미와 함께 출발했습니다. 그러나 시험의 때가 왔습니다. 나오미는 그 둘을 생각해서 암울한 현실에 대해 말해 주었습니다. 그런 다음 원한다면 모압 친구들에게 돌아가도 좋다고 말했습니다. 처음에는 두 사람 모두 여호와의 백성들과 운명을 함께하겠다고 대답했습니다. 그러나 오르바는 좀더 생각하더니 나오미에게 입을 맞춘 후 시모와 시모의 백성과 시모의 하나님을 뒤로 한 채 우상을 숭배하는 자기 친구들에게로 돌아갔습니다.

그러나 룻은 온 마음을 다해 시모의 하나님께 자신을 맡겼습니다. 모든 일이 순조로울 때 여호와의 도를 사랑하기는 쉽습니다. 그러나 어려울 때 주의 도를 붙잡는 것은 결코 쉬운 일이 아닙니다. 입으로만 신앙을 고백하며 입 맞추기란 그다지 어렵지 않습니다. 그러나 실제로 여호와께 매달리는 것(이것은 진리와 거룩함을 지키겠다는 거룩한 결심으로 나타납니다)은 결코 쉽지 않습니다. 당신은 어떻습니까? 당신의 마음이 예수님께 고정되어 있습니까? 주님을 위해 세상적인 모든 것을 잃어버릴 준비가 되어 있습니까? 물론 우리가 그 후에 얻게 될 유익은 그 값을 충분히 보상해 주고도 남을 것입니다. 성경에서는 오르바에 대한 기록이 더 이상 나오지 않습니다. 그러나 룻은 하나님의 은혜로 그 이름이 만왕의 왕 되신 우리 주님의 고상한 계보에 들어감으로써 역사와 천국 속에 영원히 살아 있습니다.

"수고하고 무거운 짐 진 자들아 다 내게로 오라 내가 너희를 쉬게 하리라"_마 11:28

사람들은 채찍 같은 공포에 밀려 율법 앞으로 가지만 복음은 사랑의 줄로 사람을 이끕니다. 예수님은 항상 양들보다 앞서 가시며 온유하게 "오라"고 말씀하시는 선한 목자십니다. 율법은 하나님과 사람 사이의 간격을 벌려 놓지만 복음은 끔찍하게 벌어진 그 틈 사이에 죄인이 건널 다리를 놓습니다. 당신이 처음 거듭난 순간부터 영광의 나라에 들어갈 때까지, 그리스도는 당신에게 "오라, 내게 오라"고 말씀하십니다. 마치 엄마가 어린 자녀에게 손을 내밀고 이리 "오라"고 하듯이 말입니다. 그분은 당신에게 대장을 따르는 군인처럼 자신을 따르라고 말씀하십니다. 항상 당신 앞서 행하시며 그 길을 닦아 주십니다.

오늘 당신은 평생 동안 그를 따르라고 부르시는 주님의 고무적인 음성을 들었습니다. 죽음의 엄숙한 시간이 이르렀을 때도 주께서는 당신을 천국으로 인도해 들이시며 "오라, 내 아버지께 복 받은 자여"라는 달콤한 말씀을 하실 것입니다. 이것은 당신을 향한 그리스도의 부르짖음만은 아닙니다. 당신이 신자라면 그리스도를 향한 당신의 부르짖음도 "오소서! 오소서!"라고 해야 할 것입니다. 당신은 그의 재림을 학수고대하게 될 것입니다. 주님과의 가깝고 친밀한 교제를 몹시 갈망하게 될 거란 말입니다. 그때가 되면 아마도 당신은 주님을 향해 이렇게 말씀드릴 것입니다. "주여, 오셔서 저와 함께 거하소서. 오셔서 제 마음을 다스리시며 제가 전적으로 주님만 섬길 수 있도록 구별시켜 주소서."

"가서 예루살렘의 귀에 외칠지니라 여호와께서 이와 같이 말씀하시기를 내가 너를 위하여 네 청년 때의 인애와 네 신혼 때의 사랑을 기억하노니 곧 씨 뿌리지 못하는 땅, 그 광야에서 나를 따랐음이니라"
_렘 2:2

그리스도에게는 그의 교회를 생각하고 그 아름다운 모습을 보는 것이 몹시 즐거운 일입니다. 새가 그 둥지로 돌아오고 여행자가 서둘러 귀가하듯, 사람의 마음도 자신이 택한 대상을 계속 추구합니다. 우리는 소중히 여기는 것들을 항상 보고 싶어합니다. 이것은 우리 주 예수님도 마찬가지입니다. 영원 전부터 "그는 인생들을 기뻐하셨습니다." 그의 생각은 언제나 이 세상에서 자기 백성을 택할 그때로 돌아갔습니다. 그는 "내 형질이 이루어지기 전에 주의 눈이 보셨으며 나를 위하여 정한 날이 하루도 되기 전에 주의 책에 다 기록이 되었나이다"(시 139:16)라고 말하십니다. 이 세상의 기초가 세워졌을 때도 주님은 거기 계셨고 이스라엘 백성의 수에 따라 열방의 경계를 정하셨습니다.

주님은 성육신하시기 전에도 인간의 모습으로 여러 번 이 땅에 오셨습니다. 마므레 상수리 수풀 근처에서(창 18장), 얍복 강가에서(창 32:24-30), 여리고 성 밑에서(수 5:13), 그리고 바벨론의 풀무불 가운데서(단 3:19, 25) 그의 백성을 찾아오셨습니다. 이스라엘 대제사장의 가장 훌륭한 장식품은 이스라엘 지파의 이름이 새겨진 흉배였습니다. 마찬가지로 그리스도께서 가장 귀히 여기시는 보물도 우리의 이름이 새겨진 흉배입니다. 우리는 주님의 온전하심에 대해 묵상하기를 자주 멈추지만, 주님은 끊임없이 우리를 기억하십니다. 이전에 주님을 자주 망각했던 우리 자신을 책망하며 이제부터라도 주님을 잘 기억할 수 있는 은혜를 달라고 기도합시다.

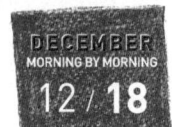

"너희는 옷을 찢지 말고 마음을 찢고 너희 하나님 여호와께로 돌아올지어다 그는 은혜로우시며 자비로우시며 노하기를 더디하시며 인애가 크시사 뜻을 돌이켜 재앙을 내리지 아니하시나니"_욜 2:13

옷을 찢는다든가 종교적 감정을 나타내는 것은 위선적일 때가 많습니다. 그러나 참 회개는 이보다 훨씬 어려운 일이기에 결과적으로 훨씬 적게 일어납니다. 사람들은 아주 복잡하고 세세하게 규정된 의식들을 준수하려 듭니다. 이런 것들이 육을 기쁘게 하기 때문입니다. 그러나 참 기독교는 그 마음의 동기까지 철저히 조사하기에 세상적인 인간의 취향에는 잘 맞지 않습니다. 외적인 종교의식을 준수하는 일은 우리에게 일시적인 만족감을 줍니다. 우리의 눈과 귀를 즐겁게 해 주고, 자만심을 부풀려 주며, 자기 의를 세워 줍니다. 그러나 궁극적으로, 그것은 우리를 기만합니다. 우리 영혼이 사망의 강을 건너 심판대 앞에 섰을 때에는 종교의식보다 더 실속 있는 무언가가 필요하기 때문입니다.

그러나 마음을 찢는 일은 성령의 역사로 이루어지는 행위입니다. 그것은 개인적으로 은밀히 체험하는 슬픔입니다. 단순히 어떤 의식을 지키는 형식이 아니라 성도의 마음속 깊은 곳에서 그 영혼을 움직이시는 성령의 역사에 의해 체험되는 슬픔입니다. 그것은 사람을 대단히 겸손케 하며 죄를 완전히 추방합니다. 동시에, 자기를 낮추지 않는 교만한 영들은 도저히 맛보지 못할 자비로운 위로를 위한 달콤한 준비 단계이기도 합니다. 또한 그것은 오직 하나님의 택한 자들에게만 속했으므로 분명히 차별적입니다. 오늘의 말씀은 우리에게 마음을 찢으라고 명합니다. 당신의 단단한 마음을 갈보리로 가져가십시오. 주님의 그 음성은 지금도 여전히 강력합니다.

"제비는 사람이 뽑으나 모든 일을 작정하기는 여호와께 있느니라"
_잠 16:33

일을 작정하는 것이 여호와께 있다면 우리의 인생은 누가 결정하겠습니까? 제비 뽑는 것 같은 단순한 행위마저 하나님께서 인도하신다면, 우리의 인생에서 일어나는 사건들이야 더 말해 무엇하겠습니까? 특히 우리의 복되신 주님께서 "너희에게는 머리털까지 다 세신 바 되었나니 참새 한 마리도 너희 아버지께서 허락지 아니하시면 땅에 떨어지지 않는다"(마 10:29-30)고 말씀하신 걸 보면 이것은 사실입니다.

부디 이 말씀을 항상 기억하십시오. 그러면 마음이 평온해질 것입니다. 사람이 염려하면 믿음으로 기도할 수 없습니다. 이 세상일로 많은 걱정을 하면 주님을 잘 섬기지 못하고 오직 자기 생각만 하게 됩니다. "먼저 하나님의 나라와 그 의를 구하십시오." 그러면 모든 것이 더해질 것입니다. 자신의 운명과 처지에 대해 안달하지 마십시오. 오직 지혜롭게 순종하는 일에만 신경을 쓰십시오. 우리의 필요를 공급하는 일은 그리스도께 일임하십시오. 지금까지 하나님의 마음이 자비롭지 않은 적이 있었습니까? 아니, 단 한 번도 없었습니다. 그의 측량할 수 없는 지혜를 보십시오. 무엇보다, 당신의 중보자 되신 예수 그리스도를 바라보십시오. 그리고 당신 자신에게 이렇게 물어보십시오. "주님께서 나를 위해 간청하고 계신데 하나님 아버지께서 나를 박대하실 수 있을까?"라고 말입니다. 참새까지 기억하시는 하나님, 그 하나님께서 과연 그의 불쌍한 자녀 중 한 사람이라도 잊으실까요? "네 짐을 여호와께 맡기라 그가 너를 붙드시고 의인의 요동함을 영원히 허락하지 아니하시리로다"(시 55:22).

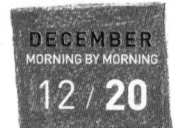

"옛적에 여호와께서 나에게 나타나사 내가 영원한 사랑으로 너를 사랑하기에 인자함으로 너를 이끌었다 하였노라"_렘 31:3

   성령은 종종 아주 은혜로운 방법으로 우리 영혼에 예수님의 사랑을 증거하십니다. 그는 우리에게 그리스도의 것들을 계시해 주십니다. 구름에서 어떤 소리가 들리는 것도 아니요 밤에 어떤 환상을 보는 것도 아니지만, 우리는 성령으로 인해 이보다 더 확실한 증거를 갖고 있습니다. 성령께서 우리 마음속에 심어 주신 증거는 얼마나 만족스러운지 모릅니다. 천사가 천국에서 날아와 우리를 향한 구세주의 사랑을 개인적으로 알려 주는 것보다 더 만족스럽습니다.

   천국문에서 가장 가까운 곳에 살았던 주의 백성들에게 한번 물어보십시오. 틀림없이 이렇게 말할 것입니다. 자신들을 향한 그리스도의 사랑이 어찌나 분명하고 확실한 사실로 깨달아지던지, 그들 자신의 존재는 의심할 수 있을지언정 그의 사랑은 절대 의심할 수 없었노라고 말입니다. 그렇습니다. 당신과 저는 주님의 임재로부터 새로워지는 체험을 한 후 확신의 경지에까지 도달한 적이 있습니다. 그때 우리는 우리 머리를 주님 가슴에 기댈 만큼 자신감이 있었습니다. 그래서 사도 요한이 주님 품에 기대어 있을 때 그러했듯이 우리도 우리를 향하신 주님의 사랑을 조금도 의심치 않았습니다. 그때 우리는 "주여, 주를 배반할 자가 나입니까?"라는 음울한 질문 따위는 하지 않습니다. 주님이 그 입으로 친히 우리에게 입 맞춰 주시고 우리를 품에 꼭 안고 계셨기에 우리의 모든 의심이 사라졌습니다. 그의 사랑은 우리 영혼에 포도주보다 더 달콤한 것이었습니다.

DECEMBER MORNING BY MORNING 12/21

"내 집이 하나님 앞에 이같지 아니하냐 하나님이 나와 더불어 영원한 언약을 세우사 만사에 구비하고 견고하게 하셨으니 나의 모든 구원과 나의 모든 소원을 어찌 이루지 아니하시랴"_삼하 23:5

이 언약은 하나님으로부터 시작된 것입니다. 하나님이라는 말마저 얼마나 위대한지요! 말씀 한마디로 이 세상을 있게 하신 그 하나님께서 높은 보좌에서 몸을 굽혀 당신 손을 잡으시며 언약을 맺으셨습니다. 그런 놀라운 겸손이 어디 있습니까? 만왕의 왕이시며 아무 부족함이 없는 하나님, 만고의 여호와 영원하신 엘로힘, "그가 나와 더불어 영원한 언약을 세우셨습니다." 그런데 그 언약은 아주 개인적으로 적용된다는 사실에 유의하십시오. 성도는 각자 그 언약의 달콤함을 누립니다. 하나님이 온 세상을 위해 화목하셨다는 말보다는, 하나님이 바로 나를 위해 화목하셨는지가 궁금합니다. 그가 언약을 맺었다는 말 자체가 와 닿기보다는, 그가 바로 나와 더불어 언약을 맺으셨는지가 알고픈 것입니다. 그분과 내가 더불어 언약을 맺었다는 확신이 얼마나 복된 것인지요! 성령 하나님께서 내게 이런 확신을 주신다면, 그의 구원은 나의 것이요 그의 마음이 나의 것이며 그 자신도 나의 것입니다. 그는 나의 하나님이십니다.

이 언약은 영원히 지속되는 언약입니다. 영원한 언약이란 시작도 없으며 절대 끝나지도 않는 언약입니다. 인생의 모든 것이 불확실합니다. 그런데 그 가운데서 "하나님의 견고한 터는 섰다"(딤후 2:19)는 사실을 알고 "내 언약을 깨뜨리지 아니하고 내 입술에서 낸 것은 변하지 아니하리로다"(시 89:34)라고 여호와가 친히 하신 약속을 갖고 있다니, 이 얼마나 마음 든든한 일입니까? 비록 나의 집이 내 마음의 소원만큼 하나님과 함께하지 못한다 해도, 나는 죽어 가던 다윗이 노래했듯 이 말씀을 노래할 것입니다.

"두려워하지 말라 내가 너와 함께함이라 놀라지 말라 나는 네 하나님이 됨이라 내가 너를 굳세게 하리라 참으로 너를 도와주리라 참으로 나의 의로운 오른손으로 너를 붙들리라"_사 41:10

하나님은 이런 약속을 지키실 수 있는 강력한 비축 창고를 갖고 계십니다. 그는 모든 것을 다 하실 수 있습니다. 당신은 하나님이 이 땅을 다 말리실 수 있다고 생각합니까? 높이 치솟은 전능하신 그 능력의 산을 산산이 부수어 놓을 수 있다고 생각하십니까? 그렇다면 절대 두려워하지 마십시오. 결코 인간의 힘이 하나님을 능가할 수 있으리라고 생각지 마십시오. 이 땅을 그 궤도에 있도록 지시하시는 하나님, 태양이라는 뜨거운 용광로를 돌리시고 천국의 등불들을 손질하시는 하나님, 그 하나님께서 친히 당신에게 매일매일 힘을 주겠노라 약속하셨습니다.

하나님이 옛적에, 이전 세대에게 어찌 행하셨는지 기억하십시오. 그가 무엇을 말씀하셨고 그 일이 어떻게 이루어졌는지 기억하십시오. 그가 어찌 명하시고 또 그 명한 것이 얼마나 빨리 이루어졌는지 기억하십시오. 세상을 창조하신 하나님의 기운이 점점 쇠해지고 있습니까? 하나님은 이 세상을 허공에 매달아 놓으신 분입니다. 이런 일도 하시는 하나님이 그의 자녀들은 후원해 줄 수 없겠습니까? 능력이 부족해서 그의 말씀을 신실하게 지키시지 못할 것 같습니까? 그렇다면 사나운 비바람을 제어하시는 분은 누굽니까? 하나님은 바람을 그의 날개로, 구름을 그의 병거로 삼고 대양을 그 손안에 쥐고 계신 분 아닙니까? 그런데 어떻게 그런 하나님이 당신을 실망시킬 수 있다고 생각합니까? 하나님은 오늘 말씀처럼 신실한 약속을 친히 성경에 기록해 놓으셨습니다. 더 이상 의심하지 마십시오. 한 순간이라도 그런 생각을 하지 마십시오.

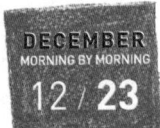

"청함을 받았을 때에 차라리 가서 끝자리에 앉으라 그러면 너를 청한 자가 와서 너더러 벗이여 올라앉으라 하리니 그때에야 함께 앉은 모든 사람 앞에서 영광이 있으리라"_눅 14:10

자신의 죄를 의식하고 겸손해진 영혼은 그가 서 있는 곳이 얼마나 엄숙한 곳인지 알고 위압감을 느낍니다. 온 땅에서 여호와의 위대하심을 의식하는 그 영혼은 어느 곳에서나 그 임재 속에 서 있습니다. 그는 진실로 부끄러워하며 가장 낮은 자리를 택합니다. 그런 다음 은혜 안에서 성장함에 따라, 그의 두려움은 공포심이 전혀 없는 경외감으로 변합니다. 물론 그는 자신이 서 있는 곳이 얼마나 엄숙한지 절대 망각하지 않을 것이며, 창조할 수도 있고 파괴할 수도 있는 하나님 존전에서 느꼈던 그 거룩한 두려움을 절대 상실하지 않습니다. 그래도 그의 두려움은 거룩한 외경심이지 불안이나 공포에서 오는 두려움은 아닙니다.

그는 예수 그리스도 안에서 하나님께 더욱 가까이 올라오라는 부르심을 받습니다. 그리하여 이 하나님의 사람은 영광스러운 스랍들처럼 예수 그리스도의 보혈과 의라는 양 날개로 얼굴을 가리고 외경심에 고개를 숙인 채 하나님의 영광의 광채를 받으며 보좌 가까이로 나아갈 것입니다. 그는 거기서 사랑의 하나님, 선하신 하나님을 뵙고 언약을 지키시는 하나님을 깨달을 것입니다. 그는 하나님 안에서 그의 위대하심보다는 그의 선하심을, 그의 위엄보다는 그의 사랑을 더 많이 볼 것입니다. 그때 아직도 전처럼 겸손히 엎드려 있던 그 영혼은 보다 신성한 중보라는 자유를 누리게 될 것입니다. 무한하신 하나님의 영광 앞에 엎드려 있는 동안, 그는 "사랑하는 자 안에서" 용납되었다는 사실로 인해 감격스러워할 것입니다.

"우리 주 예수 그리스도의 은혜를 너희가 알거니와 부요하신 이로서 너희를 위하여 가난하게 되심은 그의 가난함으로 말미암아 너희를 부요하게 하려 하심이라"_고후 8:9

주 예수 그리스도는 영원히 부요하시며 영화로우시고 높이 계신 분이십니다. 그러나 "그는 부요하신 자로서 우리를 위하여 가난하게 되셨습니다." 부유한 성도가 가난한 형제의 필요를 채워 주지 않는 한 그와 참된 교제를 나눈다고 볼 수 없듯이, 거룩하신 우리 주님도 우리를 부요케 만들기 위해 가난해지시지 않는 한 우리와 참된 교제를 나누실 수 없었습니다. 만일 주님이 그 영광의 보좌에 그냥 계셨다면, 그래서 우리가 그의 구원을 받지 못하고 타락의 멸망 속에 그대로 있었다면, 주님과 우리 사이의 교제는 불가능했을 것입니다. 타락한 우리는 은혜 언약 없이 하나님과 대화를 나누는 일이 불가능합니다. 마치 벨리알이 그리스도와 하나 될 수 없는 것과 같은 이치입니다.

그리스도는 그 교제를 다시 회복시키시려고 그의 재산을 가난한 우리에게 주셨습니다. 주님은 높은 곳에서 낮은 곳으로, 우리는 낮은 곳에서 높은 곳으로 올라가 서로 포옹하며 참되고 진실한 교제를 나누는 일이 필요했습니다. 그런데 이 교제는 주님이 먼저 시작하셨으며 또 먼저 시작하셔야 합니다. 주님의 의가 우리에게 전가되어 우리의 죄책이 없어져야 비로소 우리 영혼이 정결해져 주님과 교제할 수 있습니다. 그리고 주님 자신의 보혈로 우리를 씻겨 주셔야지, 그렇지 않으면 우리가 너무 더러워 주와 교제할 수 없을 것입니다. 바로 여기에 사랑이 있습니다! 주 예수님은 당신의 지위를 높여 그와 함께 교제를 나눌 수 있게 하시려고, 바로 당신을 위해 "가난하게 되셨습니다."

"그러므로 주께서 친히 징조를 너희에게 주실 것이라 보라 처녀가 잉태하여 아들을 낳을 것이요 그 이름을 임마누엘이라 하리라"_사 7:14

오늘은 베들레헴으로 가 봅시다. 가서 의아해 하는 목자들과 예배하는 동방 박사들 틈에 끼어 유대인의 왕으로 나신 이를 봅시다. 우리는 믿음으로 "우리에게 한 아이가 태어나고 우리에게 한 아들이 주어졌다"고 노래할 수 있습니다. 예수님은 성육신하신 여호와요, 우리 주요, 우리 하나님이시지만 동시에 우리의 형제요, 친구십니다. 그러니 가서 주님을 경배하고 예배합시다. 주님을 뵈올 때 그가 신비하게 잉태되었다는 사실에 유의합시다. 처녀가 잉태하여 아들을 낳은 사건은 전무후무합니다. 주님의 탄생에 대해 하나님이 주신 맨 처음 약속은 바로 "여자의 후손"이라는 것이었습니다. 하와가 먼저 죄를 짓고 낙원에서 쫓겨났으며, 이후 낙원을 회복할 주님을 이 세상에 낳았습니다.

우리 구주는 참 인간이셨지만 그 인간적 본성은 하나님의 거룩한 자입니다. 그러니 경외심을 품고 거룩한 아기 예수 앞에 엎드립시다. 또 그가 미천한 가문 태생이었음에 유의합시다. 그의 어머니는 공주나 여선지자가 아닌 그냥 "처녀"였습니다. 그녀가 정혼한 이는 가난한 남자였습니다. 더욱이 주님이 탄생한 곳은 얼마나 보잘 것 없는 장소인지요! 임마누엘 하나님은 우리의 본성 속에, 우리 필생의 일 속에, 우리의 형벌 속에, 우리 무덤 속에 그리고 지금은 우리의 부활과 승리 속에서 우리와 함께하십니다. 아니, 오히려 우리가 그의 부활과 승리와 영광의 재림 속에 함께 있다고 말하는 편이 나을지도 모르겠습니다.

"기록된 바 첫 사람 아담은 생령이 되었다 함과 같이 마지막 아담은 살려 주는 영이 되었나니"_고전 15:45

예수님은 그가 택하신 자들의 머리십니다. 혈육에 속한 자가 모두 다 아담 안에서 똑같이 개인적 관련을 갖고 있듯(왜냐하면 아담은 행위의 법 아래에서 인류의 대표자요 언약의 머리로 간주되기 때문입니다), 은혜의 법 아래에서 구속 받은 모든 영혼은 하늘로부터 오신 주님과 하나가 됩니다. 그는 두 번째 아담으로 사랑의 언약 안에서 택하신 자들의 대리자요 보증인이십니다. 사도 바울은 아브라함이 멜기세덱을 만났을 때 레위족이 아브라함의 허리에 있었다고 선언하고 있습니다.

그렇다면 성도들은 영원 전부터 중보자 되신 예수 그리스도의 허리에 있었다는 진리가 성립됩니다. 우리는 그리스도 안에서 십자가에 못 박혔으며 그와 함께 장사 지낸 바 되었습니다(골 2:10-13). 또한 우리는 일어나 그와 함께 하늘에 앉았습니다(엡 2:6). 교회는 이렇게 율법을 완성했으며, 그의 사랑하는 자 안에서 용납되었습니다. 아담의 의는 아담이 그 의를 유지하는 동안만 우리의 것이었습니다. 그리고 그가 죄를 범하는 순간 그 죄는 곧 우리의 죄가 되었습니다. 마찬가지로 두 번째 아담이신 예수님의 존재와 그가 행하신 모든 것이 이제 다 우리의 것입니다. 그가 우리의 대표이기 때문입니다. 이것이 바로 은혜 언약의 기초입니다. 대표자와 대리자라는 이 은혜로운 체계, 바로 이에 대해 순교자 유스티니아누스도 "오 얼마나 복되고 달콤한 변화인가!"라고 부르짖었던 것입니다. 이것이 바로 우리를 구원시키는 복음의 토대입니다. 따라서 우리는 이것을 담대한 믿음으로 받아들여 온전히 기뻐해야 합니다.

"왕골이 진펄 아닌 데서 크게 자라겠으며 갈대가 물 없는 데서 크게 자라겠느냐"_욥 8:11

구멍이 많고 속이 빈 왕골처럼 위선자는 실속이 없습니다. 왕골이 바람에 흔들리듯, 기회주의자들은 어떤 영향을 받을 때마다 그것에 다 굴복합니다. 그러나 바로 이런 속성으로 인해 왕골은 사나운 비바람에도 부러지지 않습니다. 마찬가지로 위선자들 역시 어떤 핍박이 와도 아무 해를 받지 않습니다. 혹시 당신의 믿음이 왕골 같지는 않습니까? 좋은 친구들과 교제할 때만, 기독교를 믿는 게 유익할 때만 하나님을 섬기고 있는 것은 아닙니까? 주님 손에서 위로 받을 때만 주님을 사랑하지 않습니까? 그렇다면 당신은 비열한 위선자입니다.

시들어 가는 왕골처럼 사망이 당신에게서 모든 외적인 즐거움들을 앗아갈 때 당신은 함께 멸망할 것입니다. 그러나 만일 육신의 위로가 거의 없을 때, 당신을 둘러싼 모든 것이 은혜는커녕 오히려 원수가 될 때도 여전히 주님께 신실했노라 정직하게 주장할 수 있다면, 당신 안에는 순수한 경건이 살아 있는 셈입니다. 왕골은 진펄이 없으면 절대 자랄 수 없으나, 여호와의 오른손에 의해 심겨진 초목들은 가뭄에도 번성합니다. 마찬가지로 경건한 사람은 그의 세상적인 처지나 환경이 좋지 않을 때 가장 잘 자라는 경우가 많습니다. 돈주머니 때문에 그리스도를 따르는 사람들은 바로 유다와 같은 자들이요 떡과 고기 때문에 그를 따르는 자들은 마귀의 자식들입니다. 그러나 그를 사랑하기에 주를 따르는 자들은 주께서 사랑하시는 바로 그의 것입니다.

"내가 그리스도와 함께 십자가에 못 박혔나니 그런즉 이제는 내가 사는 것이 아니요 오직 내 안에 그리스도께서 사시는 것이라 이제 내가 육체 가운데 사는 것은 나를 사랑하사 나를 위하여 자기 자신을 버리신 하나님의 아들을 믿는 믿음 안에서 사는 것이라"_갈 2:20

인자하신 하나님이 지나시다가 피투성이인 우리를 보시고 "살라"고 말씀하셨습니다. 이것이 주께서 맨 처음으로 하신 일입니다. 생명이 부여되기 전에는 주님 나라의 일에 참여할 능력이 전혀 없기 때문입니다. 성도들이 소생하는 순간, 은혜가 부여해 주는 생명은 바로 그리스도의 생명입니다. 그 생명이 마치 줄기에서 나온 수액처럼 가지인 우리 안으로 들어와 우리 영혼과 하나님 사이에 살아 있는 관계를 확립시켜 줍니다. 믿음은 이 연합에서 나온 첫 열매로 이 연합을 알아보는 은혜입니다. 교회라는 몸을 그의 영광스런 머리에 연결시키는 것은 바로 목에 해당되는 이 믿음입니다. 믿음은 주 예수님을 확실하고 단호하게 꼭 붙잡습니다. 믿음은 주님의 탁월하심과 가치를 압니다. 그래서 어떤 유혹도 믿음을 유인하여 다른 것을 믿게 할 수 없습니다.

예수 그리스도는 이 천국의 은혜인 믿음을 몹시 기뻐하십니다. 그래서 늘 그의 영원하신 팔로 믿음을 품에 안고 아무 부족함이 없도록 충분히 후원하심으로써 그것을 계속 강건케 하십니다. 바로 여기로부터 살아 있는 즐거운 연합이 확립되어, 그 연합에서 신랑과 신부가 몹시 마시고 싶어하는 사랑, 자신감, 동정심, 만족, 기쁨이라는 강물이 흘러나옵니다. 영혼이 그리스도와 자기 사이에 확립된 이 하나 됨을 분명히 인지하면, 그 맥박이 뛰는 것과 그 한 피가 서로의 정맥을 통해 흐르는 것을 느낄 수 있습니다. 그때 그의 마음은 이 땅으로부터 천국 가까이로 가, 신랑과 가장 숭고한 영적 교제를 즐길 준비를 이룹니다.

> "사무엘이 돌을 취하여 미스바와 센 사이에 세워 이르되 여호와께서 여기까지 우리를 도우셨다 하고 그 이름을 에벤에셀이라 하니라"
> _삼상 7:12

오늘의 말씀에서 "여기까지"라는 말은 마치 과거를 가리키는 손가락과 같습니다. 20년이나 70년이나 "여호와께서 여기까지 도우셨습니다!" 가난할 때나 부요할 때나, 아플 때나 건강할 때나, 집에 있을 때나 해외에 나가 있을 때나, 육지에 있을 때나 바다에 있을 때나, 영예로울 때나 수치스러울 때나, 괴로울 때나 기쁠 때나, 시험을 당할 때나 승리할 때나, 기도할 때나 유혹 받을 때나, 그 모든 것들 속에서 "여호와께서 여기까지 우리를 도우셨습니다!"

그러나 "여기까지"라는 말은 또 앞쪽을 가리키기도 합니다. 사람이 어떤 지점까지 와서 "여기까지"라고 말할 때는 아직 끝까지 다 오지 않았다는 뜻입니다. 아직도 가야 할 길이 더 남아 있다는 의미입니다. 시련과 기쁨, 유혹과 승리, 기도와 응답, 수고와 힘, 싸움과 승리, 이런 것들을 좀더 겪은 후에 병이 들고 나이가 많아지고 다시 병이 들었다가 죽습니다. 그럼 여기서 다 끝난 것일까요? 아닙니다! 아직도 더 남아 있습니다. 우리는 예수님을 닮은 모습, 보좌, 거문고, 노래, 시편, 흰옷, 예수님의 얼굴, 성도의 무리, 하나님의 영광, 영원의 충만함, 무한한 축복, 이 모든 것들 속에서 깨어날 것입니다. 그러니 힘을 내십시오. 감사하는 마음으로 자신 있게 당신의 "에벤에셀"을 세우십시오. 당신을 여기까지 도우신 주께서 당신의 순례길이 다 끝날 때까지 도우실 것입니다.

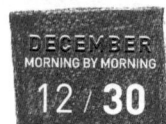

"일의 끝이 시작보다 낫고 참는 마음이 교만한 마음보다 나으니"
_전 7:8

저기, 기어가는 벌레를 보십시오. 그 모습이 얼마나 초라합니까! 그런데 그 벌레가 자라 멋진 날갯짓으로 햇빛 속을 날아다니거나 생기발랄하게 꿀을 빨아 먹는 모습을 보십시오. 그것이 그의 끝입니다. 이 애벌레는 바로 당신입니다. 단, 당신이 사망의 껍질 안에 싸여 있을 때까지의 모습입니다. 그리스도께서 나타나시면 당신도 그리스도와 같이 될 것입니다. 주님의 모습 그대로 주님을 보게 될 것입니다. 천국에서 깨어났을 때 그리스도와 같이 되어 있는 당신 모습에 만족할 수 있으려면, 이곳에서도 그리스도처럼 사람이 아니요 벌레로 있는 것에 만족하십시오.

보석 세공인은 거칠고 단단해 보이는 다이아몬드 원석의 모든 면을 다듬습니다. 다이아몬드는 많은 것을 잃습니다. 다이아몬드 자체로서는 대단한 희생을 감수해야 합니다. 그러나 이 다이아몬드는 왕의 면류관에 박힙니다. 기쁜 나팔 소리와 함께 왕이 그 면류관을 머리에 씁니다. 그 왕관에서 광채가 납니다. 바로 보석 세공인에 의해 그렇게 고통스럽게 깎이던 그 다이아몬드에서 나오는 광채입니다. 당신은 자신을 바로 이런 다이아몬드에 비길 수 있습니다. 하나님의 백성으로서, 당신은 지금 깎는 과정을 거치고 있습니다. 믿음과 오래 참음으로 그 과정을 잘 견디십시오. 눈에 보이지 않는 영원하신 불멸의 왕께서 머리에 면류관을 쓰실 바로 그날, 그 면류관에서 비치는 영광의 광채 중 하나가 바로 당신에게서 나오게 될 것입니다. 주님은 이렇게 말씀하셨습니다. "나는 내가 정한 날에 그들을 나의 특별한 소유로 삼을 것이요"(말 3:17). 일의 끝이 시작보다 낫습니다.

12/31

"명절 끝날 곧 큰 날에 예수께서 서서 외쳐 이르시되 누구든지 목마르거든 내게로 와서 마시라"_요 7:37

  오늘 본문 속에는 불쌍히 여기시는 주님의 마음이 분명히 표현되어 있습니다. 본문 말씀을 보십시오. 예수님께서 외치셨다고 했는데 그것은 그의 목소리가 컸다는 사실을 암시할 뿐 아니라 그 음성이 부드럽고 다정했음도 의미합니다. 그분은 우리에게 하나님과 화목하라고 간청하십니다. "우리가 그리스도를 대신하여 사신이 되어 하나님이 우리를 통하여 너희를 권면하시는 것같이 그리스도를 대신하여 간청하노니"(고후 5:20). 당신은 죄인들을 위해 우시는 주님의 그 깊은 사랑의 외침을 듣고 자원하는 심령으로 주께 돌아가십시오. 모든 것이 다 풍성히 준비되어 있습니다. 그의 대속으로 우리의 양심이 평강을 얻습니다. 그의 복음으로 우리의 명철은 가장 훌륭한 교훈을 받습니다. 그의 인격은 우리 마음이 사랑할 수 있는 가장 고결한 대상입니다. 예수님 안에 있는 진리로부터 우리는 가장 순전한 양분을 공급 받습니다.

  목마른 자에게 물을 줄 때는 금잔이나 보석으로 장식된 술잔이 필요 없습니다. 목마른 사람은 자기 몸을 굽혀 입으로 흐르는 물을 벌컥벌컥 마십니다. 부르트고 문드러지고 오염된 입을 가진 사람도 하나님의 사랑에서 흘러나오는 이 강물을 마실 수 있습니다. 그들은 절대 이 강물을 오염시킬 수 없습니다. 오히려 그 물로 정결케 될 것입니다. 예수님은 소망의 샘입니다. 그러니 사랑하는 독자여, 구세주의 사랑에 찬 음성을 들으십시오. 주님께서 우리 각자에게 이렇게 외치고 계십니다. "누구든지 목마르거든 내게로 와서 마시라."

"구제를 좋아하는 자는
풍족하여질 것이요
남을 윤택하게 하는 자는
자기도 윤택하여지리라"

_잠 11:25

... Morning by Morning

사명선언문

너희가 흠이 없고 순전하여……세상에서 그들 가운데 빛들로
나타내며 생명의 말씀을 밝혀 _ 빌 2:15-16

1. 생명을 담겠습니다
만드는 책에 주님 주신 생명을 담겠습니다.
그 책으로 복음을 선포하겠습니다.

2. 말씀을 밝히겠습니다
생명의 근본은 말씀입니다.
말씀을 밝혀 성도와 교회의 성장을 돕겠습니다.

3. 빛이 되겠습니다
시대와 영혼의 어두움을 밝혀 주님 앞으로 이끄는
빛이 되는 책을 만들겠습니다.

4. 순전히 행하겠습니다
책을 만들고 전하는 일과 경영하는 일에 부끄러움이 없는
정직함으로 행하겠습니다.

5. 끝까지 전파하겠습니다
모든 사람에게, 땅 끝까지, 주님 오시는 그날까지
복음을 전하는 사명을 다하겠습니다.

서점 안내

광화문점	서울시 종로구 새문안로 69 구세군회관 1층 02)737-2288 / 02)737-4623(F)
강남점	서울시 서초구 신반포로 177 반포쇼핑타운 3동 2층 02)595-1211 / 02)595-3549(F)
구로점	서울시 동작구 시흥대로 602, 3층 302호 02)858-8744 / 02)838-0653(F)
노원점	서울시 노원구 동일로 1366 삼봉빌딩 지하 1층 02)938-7979 / 02)3391-6169(F)
일산점	경기도 고양시 일산서구 중앙로 1391 레이크타운 지하 1층 031)916-8787 / 031)916-8788(F)
의정부점	경기도 의정부시 청사로47번길 12 성산타워 3층 031)845-0600 / 031)852-6930(F)
인터넷서점	www.lifebook.co.kr